JN313273

スポーツビジネスの法と文化
アメリカと日本

グレン M. ウォン
Glenn M.Wong
川井 圭司
Keiji Kawai
著

成文堂

はしがき

　2007年秋からの2年間、私は幸運にも、マサチューセッツ大学 (UMass Amherst) 経営大学院スポーツマネジメント学科に客員研究員として留学する機会を得た。Glenn M. Wong 教授、そして Lisa P. Masteralexis 教授という2人の著名で有能なスポーツ法学者を擁する UMass の魅力は、私の中で傑出していた。のみならず、スポーツ経済学、スポーツ社会学、スポーツマーケティング、スポーツツーリズム、スポーツ史など、スポーツ分野の社会学的な分野を網羅するスポーツマネジメントの教育機関の中でも、UMass は全米有数のプログラムを誇っており、私は思いがけず、スポーツの社会学的研究の基礎を拡大するという点においても、まさに好機に恵まれたのであった。

　着任して間もなく、大学院で開講されているスポーツ法、スポーツ経済学、スポーツ社会学、スポーツ組織論、スポーツマーケティングなどの講義に聴講を願い出で、それぞれの議論に参加させてもらった。しかし、意気込んで講義に臨んでみたものの、語学の壁に苛まれた。講義中、聞き取れる単語から、教授や受講生の発言の文脈を想像し、必死に議論を試みるのであるが、なかなか、それがうまく噛み合わない。それどころか、私の質問や発言の意味がそもそも理解してもらえないことが多々あった。ただ、周囲の迷惑も顧みず、「各授業で必ず1回は挙手をして何か発言する」ことを自分の課題と決意していたため、毎回、拙い私の英語にクラス全体を付き合わせてしまった。

　本来、客員研究員は、受け入れ機関においては、知識を提供、共有し、相互に研究を深めることが期待される。そもそもそこに、大学が客員研究員を受け入れる意義がある。ところが、私の場合、例えば、大学院の授業に小学生が1人、紛れてしまったともいうべき、実に痛ましい状況となり、クラスへの貢献どころか、ただの厄介なお荷物になってしまっていた。これには、私もさすがに自己嫌悪に陥り、また罪悪感に苦しんだ。日本では大学教員であるという多少のプライドはもはや完全に打ち砕かれていった。

そうした苦悩は10カ月ほど続いた。そのうちに、徐々にではあるが英語に対する多少の自信が生まれ（あるいは、私の拙い英語に周りが慣れた？）、少しずつクラス内での議論が成立し始めた。ここまで来れば、後は早かった。
　2年目には、Glenn M. Wong教授のティーチングアシスタントを務め、Sports Lawのクラスの運営補助に従事させてもらうまでになったほか、"Essentials of Sports Law"の第4版の改訂作業にも加わった。同書は、アメリカスポーツ法を代表する屈指のテキストであり、日本でもよく知られているが、他のケースブックとは異なり、判決文の掲載を可能な限りコンパクトにし、その分、スポーツ法の歴史的背景や論点整理に重点が置かれているため、全体を広く、深く理解するのに最良の書となっている。
　Wong教授は、週3回の授業ごとにミーティングを行い、私のほか2名のティーチングアシスタントとともに、授業の進め方、授業で使用するスライドの内容、学生の反応、ディスカッションクラスの準備などについて検討された。この経験が、スポーツ法の研究、そして教育に関する私の視野を飛躍的に拡大させたことはいうまでもない。
　Wong教授は、眼光鋭く、周囲の空気をピリッと引き締める威厳をもつ人物である。メリハリがあり、受講生の好奇心を掻き立てながら進めていく彼の講義は学生に絶大な人気を誇っていた。同教授が教育殊勲賞を授与された経歴も十分うなずける。また、2009年には、アメリカのスポーツ教育において最も影響力を持つ100人の1人にも選出されている。
　ある日、私がWong教授に『スポーツビジネスの法と文化　—アメリカと日本—』の共著出版について打診した際、やさしい目つきで私の説明に頷きながらも、完全には納得していない様子が感じられた。"Essentials of Sports Law"の翻訳には関心はないか、という逆の提案もあったが、私は、共著という形に特別な意義を感じていた。というのは、共同で新たな書物を生み出す作業は、その完成まで互いに議論を継続していくことを前提としており、それは、私の留学期間をはるかに超えて、プロジェクトを継続することを意味していた。そしてそのプロセスこそが、私の研究に深みを与えるものであると確信していたからであった。実際、帰国後も彼にメールを通じて何度も何度も質問を投げかけては、議論を交わした。また2010年の夏に、

アーモストを再び訪問、1か月間にわたって滞在し、Wong 教授との出版プロジェクトに従事する機会を得た。議論が白熱し、気がつけば、5時間が経過したこともあった。こうしたプロセスを経て、これまで見えていなかった文化的相違や、価値観の相違、またアメリカでの司法判断の奥にある哲学のようなものが、次第に感じられるようになっていった。

本書は、こうした2年間にわたる共同研究と議論の成果である。Wong 教授の人気講義「スポーツ法」の内容を中心として、そこで使用されたテキスト（Essentials of Sports Law）、スライドやその他の資料から、日本にとって興味深い論点を抽出・整理し、その論点について議論を交わし、質疑応答を経て、本書が形成されていった。もとより、私の未熟さから、十分な議論が展開できていない個所、アメリカの論点の本質を見抜いていない個所も少なくないと認めざるを得ない。しかし、日本的視座からアメリカスポーツ法の論点を整理し、その全容を明らかにして、これを転換期にある日本スポーツ界に提示することの意義は決して小さくないと確信している。

本書の対象は、大学でスポーツ法を学ぶ初学者から、スポーツビジネスに関わる専門家、スポーツ政策担当者に至るまで、広くこれを想定し、アメリカでの論点を網羅しつつ、こうした論点について、できる限り図表を挿入し、また折に触れてポイントを整理することで、理解を容易にするよう心がけた。また脚注については、最小限にとどめ、参考文献等については、原則として最後にまとめてリストにあげることにした。

留学中、とにかく多くの人に支えられ、お世話になり、また教えを受けた。とくにスポーツ経営大学院学科長である Lisa P. Masteralexis 先生には公私ともに大変お世話になった。Masteralexis 先生が担当する Sports Law と Labor Relations in Professional Sports に、2年連続で参加を許され、また 2009 年 3 月にサンアントニオで開催された Sports Recreation Law Association の大会では、「プロ野球の労使関係日米比較」というテーマで同先生との共同発表の機会を得た。彼女からの学びが、本書に反映されていることはいうまでもない。

その他、家族ぐるみでお付き合いをし、折に触れて議論にお付合いいただ

いたスポーツ経済学者で Smith College 教授の Andrew Zimbalist 先生、スポーツ法学の若手精鋭である Saint Louis University の Anastasios Kaburakis 先生、そして、スポーツ社会学者で Amherst College 教授の Allen Guttmann 先生には、それぞれの学問的見地から助言や指摘を受け、多くの示唆をいただいた。また、Marquette University National Sports Law Institution 代表の Matthew J. Mitten 教授には、かつて訪問した誼（よし）みもあって、2008 年秋、National Sports Law Association の大会で、「日本プロ野球の労使関係」の発表の機会を与えていただいた。留学中、はじめてのアウトプットとなった当学会で、思いのほか好評を得たことで、失いかけていた自信を取り戻すことができたと同時に、このことが、留学の前半戦を耐え忍んだことへのご褒美にも思えた。これらの先生方に、この場を借りて心から感謝したい。

　なお、本書は、アメリカスポーツ法の権威である Glenn M. Wong 教授との共著である点、また学術書でありながら図表を多用し、かつカラー印刷によって視覚に訴えた点など、殊のほか斬新な試みとなった。それだけに、成文堂の方々には一方ならぬご苦労をおかけした。特に、取締役の土子三男さんには拙著『プロスポーツ選手の法的地位』（2003 年）の出版以来、折に触れて激励を賜り、今回も企画段階から多大なご尽力をいただいた。また編集部の篠崎雄彦さんには編集上の私の面倒な注文にも常に真摯にご対応いただいた。御両所に深くお礼申し上げる次第である。

　最後に、校正ゲラを丁寧に読み返してくれた木山丈偉さん、南川純子さんに、またこのたびの共同研究を裏方として支えてくれた、マサチューセッツ大学の学生アシスタント、Teresa Skelly さん、Sam Ehrlich さん、Joshua Nadreau さん、Drew McCracken さん、Adam Shniderman さんに、そして、誰よりも、3 年にわたって親交を深め、いつも最大の配慮をもって接し、指導して下さった共著者の Glenn M. Wong 教授に対して、ここに改めて感謝の誠を捧げたい。

2011 年 8 月 1 日

　　　　　　　　　　　　　　　　　　　　　　　　　川　井　圭　司

序　文

　2007年9月、川井圭司先生がアメリカのマサチューセッツ大学経営大学院スポーツマネジメント学科に着任した。

　アーモストへの到着後、間もなく彼は私の研究室を訪ね、2年間の滞在で、英語力を伸ばすことと、アメリカのスポーツ法を学ぶこと、の二つが目標であると私に明言したのであった。最初のミーティングから、その目標に対する彼の真剣な姿勢がうかがえた。2008年、彼は、私が担当する「スポーツ法入門」に参加したいと、私の了解を求めてきた。その授業はスポーツマネジメント学部の必修科目となっており、学部生を対象とするものであった。

　このクラスは学生の多くが、法科大学院への進学に関心をもっている。私は彼の申し出に対して、こう答えた「もちろん。もし、よければ、ティーチング・アシスタントとして授業をサポートしてくれないか？」

　この授業は、120人という大講義だったため、数名のティーチング・アシスタントが担当教授を補助することになっていた。通常、ティーチング・アシスタントは（修士・博士課程の）大学院生が担当することになっている。講義担当教授が月、水曜日に授業を行い、金曜日にはそのクラスを4分割し、ディスカッションを行う。こうしたディスカッションの授業の司会をティーチング・アシスタントが担当することになっており、そのため、アシスタントは、講義の内容を精査し、例題を作成し、これによって、受講生の参加意欲を促す仕組みになっている。そして、アシスタントは、毎週の議論に向けた宿題を準備する。また、学期中、3回にわたって実施される試験問題の準備と採点を行う。

　川井先生は、小クラスでの議論の司会を担当することはなかったが（小クラスでは司会を担当するアシスタントを補助した）、すべてのクラス、議論、宿題作成、試験等に携わった。ここで川井先生は、アメリカスポーツ法を内外から精査することができたばかりでなく、その機会を十分に活用した。また、彼は、授業の中で、「日本野球と移籍問題」についての講義をしてくれた。

こうして、彼は、学生にとっても、また私にとっても、重要でかつ興味深い国際的な視野をもたらしたのであった。

Law and Business of the Sports Industries (1986) に続いて、1988年に出版した私の著書、*Essentials of Sports Law* は、アメリカで、最初のスポーツ法のケースブックである。このことからも明らかなように、私はアメリカスポーツ法に何十年も携わってきた。学期中、川井先生は、アメリカスポーツ法についての質問を私に投げかけ始めた。その質問の中には、もちろん、言語、文化、制度的な相違から来るものもあった。そして、中には、非常に鋭い質問があることに私は気付き始めた。たとえば、以下のようなものである。

- *North American Soccer League v. NFL*, 670 F.2d 1249 (2d Cir.1982) 後のクロス・オーナーシップ政策はその後、どのように変更されたのか？
- アメリカではアマチュアリズムの定義が変化してきたのか？過去においては、選手のみならず、スポーツ団体、学校機関、指導者も、勝利に対して経済的な動機を持つことはタブーであったはずでは？
- フロリダ州立大学のアメリカンフットボールのコーチ、Bobby Bowdenが不正をした事件で、NCAAが調査して得た情報を、フロリダ州の情報公開法を根拠に、開示を求める判決について、パブリックポリシーの観点から、あなたはどう考えるか？

こうした彼の質問は、私にとって、新鮮な見方を発掘するきっかけとなり、うまく説明をする手助けとなったり、また特定の論点について再検討をするきっかけとなったりした。

この学期が終了する頃 (2008年12月)、川井先生は私に書籍の共著の話をもちかけた。それは日本とアメリカのスポーツ法の比較分析をするというものであった。当初、多くのプロジェクトに従事し、執筆に追われていた私は、その提案に対して、にわかに積極的にはなれなかった。しかし、時間が経つにつれ、そのプロジェクトに興味をそそられ、また川井先生（今は、ケ

イジ）との友人関係の深まりを楽しむようになっていた中で、私はそのプロジェクトに同意したのであった。

　アメリカスポーツ法が他国に一歩、先んじている理由は、アメリカでは1970年代初期からスポーツがビジネスとして認識され、運営されてきたことにある。そしてビジネス的なアプローチやこれによる収益の増加が訴訟を引き起こし、またスポーツ法という研究分野を生み出したのである。日本のスポーツがビジネス（収益）との関わりを（本格的に）持ち始めたのは、1990年代以降のことである。

　本書は米・日の法理論をもとにスポーツ法の論点を比較検討するものである。反トラスト法の適用如何、あるいは裁判所の判決は日米でどのように異なるのか。そして、こうした相違は、スポーツ団体の相違、スポーツの在り方の相違、あるいは文化的な相違によるものなのか。
　たとえば、不法行為法の分野では、アメリカのほうが、個人責任に基づいた処理がなされる、つまり、危険の引き受けの範囲が広い。
　日本での労働法の分野では、いまだ経営サイドが優勢にある。他方、アメリカでは、1960年代は日本と同じ状況であったが、その後、労働組合の強力なリーダーシップと訴訟により、この状況は大きく変化してきた。日本文化においても、今後、選手会がより大きな交渉力を獲得してゆくことは可能であろうか。
　日本では、スポーツを巡る男女差別を禁止するタイトル９のような法律は存在していない。このような法律が将来的に日本で成立することはあるのだろうか。その他、さまざまな論点について、今後の動向を追っていくことは米国にいる私にとっても非常に興味深い。

　「歴史に学ばない者は過ちを繰り返す」という格言がアメリカにある。この格言は以下の問いかけに我々を導く。アメリカスポーツ法には、日本のスポーツ法学者に指針を与えるものが存在するであろうか？もし、存在するのであれば、政策決定をする立場にある人は、アメリカのスポーツやスポーツ

法の歴史を学ぶことで、アメリカで生じた問題を回避し、日本スポーツ法を改善させることができるであろうか？訴訟を回避するための特別法は存在するか？プロスポーツにおける労働争議を回避することはできるか？薬物検査の分野で、個人の権利とスポーツ団体の権利のバランスを適切に保つことができるか？

日本やその他の国の人々には、アメリカの歴史、つまり、アメリカにおけるスポーツ法を巡って生じてきた論点を見渡すことができる。もし、これらの決定が日本の理想、文化、目標と合致するのであれば、アメリカ型スポーツ産業の一部の側面を取り入れることができるし、同時に、アメリカでの過ちを学び、別の方向に歩みを進めることもできる。

ここまで、極めて興味深い行程であった。いくつかの論点では、タイムマシーンに乗って過去を旅したような心地に私をさせた。これらの論点については、さらに改善するチャンスが日本の人々には残されているのである。これは見ものである。いつか日本を訪れ、その後の進捗状況をこの目で見てみたい。

本書が日本の政策決定者に指針を示し、その判断材料を与えることが、我々にとっての願いであるのだから…。

2011年7月14日

グレン M. ウォン

Preface

Dr. Keiji Kawai arrived in the United States (US) and at the University of Massachusetts Sport Management department in Amherst, Massachusetts in September, 2007.

Shortly after arriving in Amherst, Dr. Kawai arranged a meeting with me where he told me that he wanted to accomplish two things during his stay in the US: improve his English and learn about sports law in the US. Right away, at this first meeting, he seemed very serious and intent on accomplishing his goals. Next year, Dr. Kawai asked me for permission to attend my sports law course, "Introduction to Sports Law." This is a required course in the Bachelor of Science program in Sport Management in the Isenberg School of Management at the University of Massachusetts. The students in the class were primarily juniors and sophomores, majoring in Sport Management. Many are interested in attending law school. I responded with an offer ― "Yes, and if you would like, please also consider helping as a teaching assistant." Since the course was a large lecture class (120 students), teaching assistants are used to help the professor. Teaching assistants are usually graduate students (Master of Science, Master of Business Administration, and Doctoral students). The professor lectures on Mondays and Wednesdays, and the class is divided into four sections and meets on Fridays. These discussion sections are led by teaching assistants, who review the material covered in the lectures, work on case problems, and it encourages student participation (due to the smaller class size). Teaching assistants help prepare the weekly assignments, which provide the topics for the Friday discussion sections. The teaching assistants are also involved with preparing and grading the three exams administered during the semester. While Dr. Kawai did not lead any of the discussion sections (he attended them and assisted the other teaching assistants), he fully participated in all the classes, discussions, assignments, and exams for the class. Dr. Kawai was able to get an inside and behind the scenes look at US sports law and he took full advantage of this opportunity. He also gave a lecture to the class on Japanese baseball and free agency. So for the students and for me, he added an important and interesting international perspective to the class.

A book I authored, *Essentials of Sports Law*, was first published in 1988.

It was my second book, after *Law and Business of the Sports Industries* (1986), which was the first sports law case book. So I have been working in US sports law for many, many years. During the semester with Dr. Kawai, he started asking me questions about US sports law. Some of the questions, certainly understandably, were the result of language, cultural, or systematic differences. But then I started to realize that several of his questions were very incisive ones such as:

- What is the current policy of the ban of cross ownership in the NFL after North American Soccer League v. NFL, 670 F.2d 1249 (2d Cir.1982)?
- Has there been any change in the definition of amateurism in the US? In the past, was it taboo for not only players but also sports associations, educational institutions, or coaches to have economic motivations for winning?
- A case involving Florida State University and head football coach Bobby Bowden highlighted this issue: A Florida court ruled that the NCAA had violated Florida's "sunshine" laws in their investigation of academic impropriety by members of FSU's football team. Does this mean that the NCAA should have made available the information they had which was related to the Bobby Bowden case even though they own this information? What do you think of this Florida decision from the public policy perspective?

For me, this provided a fresh look at sports law and helped me explain things better and/or to re-examine certain issues.

Towards the end of the semester (December, 2008), Dr. Kawai approached me with the idea about co-authoring a book that would be a comparative analysis at Japanese and US sports law. At first, I was reluctant since I was in the midst of several writing projects. But over time, I was intrigued by the project and enjoying my developing friendship with Dr. Kawai (now Keiji) and I signed on to the project.

The US is at the forefront of sports law, a primary reason being that sport was being viewed as and run as a business in the US starting in the 1970s. And with the business approach and the increases in financial stakes, came the litigation and a new field of study, sports law. Japan entered into an era of more substantial financial stakes beginning in the 1990s.

This book takes a comparative view of sports law on a legal theory basis in the US and Japan. So, for example, how do the antitrust laws and court decisions differ between the US and Japan? And are the differences the result of sports governing body differences, differences in development, or cultural differences (which may be reflected in either the laws or the court decisions)?

It has been interesting seeing where cultural differences, such as in the area of tort law, where in the US, there seems to be more personal responsibility, i.e. there is a greater degree of assumption of risk. In Japan in the area of labor law, management currently seems to have the upper hand. In the US, in professional team sports in the 1960s, management also had the upper hand, but that changed over time with strong union leadership and litigation. Will Japan's cultural differences allow the unions to have more bargaining power/leverage in the future? And in Japan, gender discrimination laws such as Title IX do not currently exist. Will these types of laws be passed in the future in Japan? These issues and other will be interesting to follow.

There is a saying in the US: "Those who cannot learn from history are doomed to repeat it." So that leads to the questions: Is there anything in the history of US sports law which can help and guide Japanese sports lawyers? And if there is, will the people in decision making positions use US sports and sport law history to improve the Japanese sports law industry by avoiding some of the pitfalls which occurred in the US? Are there certain laws which can be passed to avoid litigation? Can work stoppage in professional sports be avoided? Can the government make decisions that properly balance the rights of individuals and those of sports associations in areas such as drug testing?

The people of Japan, and other countries, now have the benefit of seeing history, in other words seeing what has happened in sports law in the US. The people of Japan now have the ability to follow certain aspects of the US sports industry, if those decisions are consistent with the ideals, the culture, and the goals of the Japanese people. They also have an opportunity to learn from the mistakes made in the US and take a different direction.

It has been a fascinating journey to this point in time. With certain issues, for me it has been a visit to the past in a time machine. With other issues, the Japanese people have a chance to do it better. How will things unfold with the Japanese sports industry? It will be interesting to watch. I hope to visit Japan and see it on a first hand basis. It is our hope that this book, Sports Business Law and Culture — The US and JAPAN, may help the decision makers in Japan make informed decisions.

Glenn M. Wong
July 14, 2011

目　次

はしがき ……………………………………………………………………… *I*
序　文 ………………………………………………………………………… *V*

序　章 ………………………………………………………………………… *1*

第1章　日本スポーツと法的論点
―2000年、日本スポーツ界の転換期―

1. アマチュアスポーツ ………………………………………………… *9*
   1) 千葉すず選手のスポーツ仲裁（*9*）　2) 肖像権を巡る問題（*11*）
   3) 日本のアマチュアリズム（*13*）
   4) 学生野球憲章とプロ野球による利益供与（*16*）　5) 特待生問題（*18*）
   6) スポーツ事故を巡る参加者の法的責任（*21*）
   7) 施設管理者の法的責任（*23*）　8) 指導者の法的責任（*24*）
   9) 誓約書の効力―権利放棄「身体生命」（*26*）
   10) スポーツ基本法の成立（*27*）
2. プロスポーツ ……………………………………………………… *27*
   1) プロスポーツと労働法（*27*）　2) プロスポーツ選手の労働者性（*28*）
   3) プロ野球選手会のストライキの背景（*31*）
   4) プロ野球再編を巡る労使紛争の勃発（*34*）
   5) 司法救済（仮処分）の申立て（*35*）
   6) 球団側に求められた誠実交渉（*36*）　7) ストライキの違法性（*38*）
   8) コミッショナーの権限（*39*）
   9) プロスポーツの取引慣行と独占禁止法　～ドラフトを巡る議論（*41*）
   10) 2004年の新規参入と保証金（*42*）　11) 2008年の保留制度改正（*43*）
   12) 契約違反の移籍―プロスポーツと契約法（*43*）

13）プロ野球選手の肖像権——スポーツと知的所有権（45）
　14）代理人制度（47）　　15）アンチ・ドーピングの動向（49）

第2章　アメリカ・カレッジスポーツ
　　　　　——商業化とアマチュアリズムの狭間で——

1. NCAA ·· 55
　1）NCAA の歴史（55）　　2）NCAA の目的（55）
　3）NCAA の組織構造（56）　　4）NCAA の財政（57）
　5）NCAA の収益分配（60）　　6）ディビジョンⅠ（D1）への加盟条件（60）
　7）ナイト（Knight）委員会（61）
2. スポーツ組織内の紛争 ·· 64
　1）組織内決定を巡る司法介入（64）
　2）NCAA による政策実行の強制力（66）　　3）高校スポーツ（68）
　4）アスリートの権利（団体による処分と適正手続き）（68）
　5）スポーツ団体の社会的責任（69）
3. アマチュアリズム ··· 72
　1）選手資格（72）　　2）プロアマの関係（72）　　3）学業とのバランス（73）
　4）資格要件と移籍（74）　　5）学生選手が受領できる費用（75）
　6）大学スポーツの商業化（75）　　小　括（78）

第3章　スポーツとジェンダー
　　　　　——タイトルⅨと女子スポーツの発展——

　1）タイトルⅨの成立とその後の動向（83）　　2）女性スポーツの発展（84）
　3）タイトルⅨ制定と学校スポーツ（86）
　4）公民権局とその政策——コンプライアンス（87）
　5）公民権局の分析とタイトルⅨの執行（89）
　6）タイトルⅨの射程と市民権回復法（89）　　7）スポーツ・ケース（91）
　8）逆差別の議論（97）　　小　括（98）

第4章　コミッショナーの権限
―リーグ利益にかかわる判断の裁量と限界―

1) コミッショナーの誕生と発展（*101*）
2) コミッショナーと球団・チームオーナーとの関係（*102*）
3) コミッショナーの権限（*103*）
4) コミッショナーの権限を巡る訴訟（*105*）
5) コミッショナー権限の推移（*108*）　　小　括（*109*）

第5章　スポーツと反トラスト法
―チームのフランチャイズと競争制限―

1) 反トラスト法の概要（*113*）　　2) プロリーグ運営と反トラスト法（*115*）
3) プロリーグのフランチャイズ生成の歴史（*115*）
4) フランチャイズの移転に対する制限（*117*）
5) 新規参入への制限と反トラスト法（*122*）
6) リーグ間の市場争い（*123*）　　7) 単一実体説（*127*）
8) 個人スポーツを巡る反トラスト訴訟（*130*）　　小　括（*132*）

第6章　スポーツと労働法
―アメリカ4大リーグの労使関係―

1. 労働市場と反トラスト法 ……………………………………………………… *137*
   1) 選手市場の制限と反トラスト法の関係（*137*）
   2) 野球の反トラスト法適用除外（*138*）
   3) 野球に関する特例を確立させた連邦最高裁判決（*139*）
   4) 野球以外のプロリーグと反トラスト法（*140*）
2. アメリカ4大リーグの労使関係 ……………………………………………… *142*
   1) プロスポーツと労使関係（*142*）　　2) プロスポーツと労働法（*143*）
   3) MLBの仲裁手続（*147*）　　4) MLB選手会のストライキ（*149*）

5）労働法と反トラスト法の交錯（*152*）
6）カート・フラッド法制定の経緯（*153*）
7）カート・フラッド法の意義（*154*）
8）2011年のNFLとNBAのロックアウト（*157*）

3. 4大リーグの労働協約（CBA）比較 ·· *158*
1）選手会の発足と労働協約の締結（*158*）　2）選手契約と雇用保障（*158*）
3）ドラフト制度（*159*）　4）FA制度（*164*）
5）サラリーキャップ（*167*）　6）収益分配制度（*169*）
7）苦情処理・仲裁制度（*172*）　8）選手の肖像権（*173*）　小　括（*175*）

第7章　スポーツと契約
―契約による拘束と契約違反の法的効果―

1）導　入（*179*）　2）契約の成立要件（*179*）　3）契約の譲渡（*179*）
4）契約違反（債務不履行）とその救済（*180*）
5）契約違反を巡る紛争（*181*）　6）統一選手契約（*182*）
7）保留条項とその効力（*183*）　8）ユニークスキル条項（*186*）
9）統一選手契約と労働協約の関係（*187*）
10）選手の活動・行動に対する制限（*188*）
11）選手契約の譲渡（トレード）（*188*）
12）健康・負傷に関する事項（*189*）
13）不完全なプレーと債務不履行（*190*）
14）契約関係への不法介入（*190*）　15）コーチ契約（*192*）　小　括（*195*）

第8章　スポーツとメディア
―スポーツ放送とそれを巡るアメリカの政策―

1）導　入（*199*）　2）スポーツ放映権誕生の歴史（*200*）
3）著作権法（*202*）
4）連邦通信委員会（FCC）規則（*204*）

5) スポーツ放送法 Sport Broadcasting Act of 1961（206）
6) 4大プロスポーツリーグの放映権（207）
7) NFL以外のプロリーグの放映権（209）　8) NCAAの放映権（210）
9) ボウルチャンピオンシリーズ（BCS）（211）
10) 大学スポーツの放映権規制と反トラスト法（212）
11) Regents of University of Oklahoma 最高裁判決の波紋（214）
12) テレビ放映における選手個人の権利（216）
13) サイフォニング（スポーツ放送の有料化）（218）
14) ブラックアウト（218）　　小　括（219）

第9章　スポーツと知的財産権
―スポーツ商品ビジネスの権利義務関係―

1) 商標権とは（223）　2) 連邦商標法（225）　3) 商標権侵害（226）
4) 商標法を巡るスポーツ・ケース（227）
5) アンブッシュ・マーケティング（230）
6) 大学スポーツのライセンシング（232）
7) 大学スポーツのライセンスを巡る訴訟（233）
8) 商標法とオリンピック（235）
9) 試合内容の配信と主催者の権利（236）
10) パブリシティ権（肖像権）（238）　　小　括（240）

第10章　スポーツ・エージェント
―エージェントの功罪と法規制―

1. スポーツ産業とエージェント ……………………………………… 245
   1) スポーツ・エージェントの誕生と発展（245）
   2) スポーツ代理産業の発展（247）
   3) スポーツ・エージェントの法的意義と役割（247）
   4) 代理人の義務（248）

2. エージェントを巡る規制―プロスポーツ― 249
    1) スポーツ・エージェントの規制（249）　2) 選手会による規制（250）
  3. エージェントを巡る規制―大学スポーツ― 252
    1) NCAA の規制（252）　2) UAAA（253）　3) SPARTA（256）
    4) FTC の権限（257）　5) エージェント禁止規定を巡る近時の動向（258）
    小　括（260）

第11章　スポーツと薬物
―混迷する薬物問題の行方―

  1) スポーツと薬物―歴史的経緯（265）　2) 薬物と法的論点（265）
  3) ミッチェル報告書（267）　4) MLB 薬物問題の伏線（270）
  5) 薬物問題黎明期の制裁（272）　6) BALCO 社を巡る騒動と偽証罪（274）
  7) プロスポーツ界の薬物使用を規制する法案（275）
  8) 選手会の団体交渉上の戦略（275）　9) 個別契約と薬物規制（277）
  10) 学生スポーツと憲法問題（278）
  11) 大学スポーツにおける薬物検査の導入（280）
  12) 高校スポーツと薬物検査の導入（282）
  13) NCAA と薬物検査の現状（283）
  14) 各リーグにおける薬物規制（284）　小　括（292）

第12章　スポーツ事故と法的責任
―加害責任の免責と限界―

  1) アメリカ不法行為（297）
  2) アメリカにおける危険引受の法理の生成（297）
  3) 危険引受法理の理論的混乱と現状（298）
  4) スポーツ参加者の事故責任（300）　5) 指導者の責任（306）
  6) 施設管理者の責任（310）
  7) 政府免責（Sovereign Immunity）・公益法人免責（Charitable Immunity）（312）

8) 免責約款の効力 (*313*)　　9) 使用者責任 (*315*)　　10) 労災補償 (*316*)
小　括 (*317*)

最終章　スポーツとグローバリズム
　　　　―日本プロ野球選手のMLB流出と法的論点―

1. グローバル化を巡る法的議論への誘い ……………………………………… *321*
    1) プロ野球とグローバル化 (*321*)　　2) 保留制度 (*323*)
    3) FA（フリーエージェント）制度 (*324*)
2. MLB移籍を巡る紛争の経緯 …………………………………………………… *326*
    1) 野茂選手のケース (*326*)　　2) 伊良部選手の移籍 (*331*)
    3) ソリアーノ選手の移籍 (*332*)
3. ポスティング制度の導入 ……………………………………………………… *333*
    1)「1967年日米間選手契約に関する協定」の終焉 (*333*)
    2) ポスティング制度の概要 (*333*)　　3) ポスティング制度への批判 (*335*)
4. ポスティング制度の法的論点 ………………………………………………… *339*
    1) リーグ内移籍制限とその合理性 (*339*)
    2) リーグ外移籍制限とその合理性 (*339*)
    3) 合理性が認められる制限の効力 (*341*)
    4) アメリカにおける議論 (*341*)
5. 田澤問題が示すもの …………………………………………………………… *343*
6. まとめ―海外移籍制限を巡る日米の対応の差異― ………………………… *347*
    1) 契約書に対する意識 (*347*)
    2) 協約締結関係、交渉における態度の公正と誠実 (*348*)
    3) 給与格差に見る競争市場と相互扶助 (*349*)
    4) 入札金のなぞ (*350*)
    5) NPBの市場保護主義に対するアメリカの見解 (*351*)
    6) 選手会のジレンマ (*352*)

おわりに ……………………………………………………………………………… *353*

参考図書 ……………………………………………………………………… *356*
事項索引 ……………………………………………………………………… *363*
アメリカ判例索引 …………………………………………………………… *369*

序　章

　2000年を境に、日本スポーツはその様相を大きく変化させてきた。1993年、Jリーグが発足し、野球に次いで、2つ目のプロスポーツリーグの誕生となった。1998年に長野オリンピックが開催され、そして2002年には、FIFA ワールドカップが日韓共催という形で実施された。新たなプロスポーツリーグの誕生や、国際大会等のビックイベントを経て、選手のメディア価値が増大し、スポーツの商業化が加速するなどスポーツを取り巻く環境が大きく変容するなかで、スポーツを巡る権利義務の検証と整理が不可欠となってきた。その状況を裏付ける事例として、①千葉すず選手のスポーツ仲裁裁判所（Court of Arbitration for Sport = CAS）への申立て、②2004年のプロ野球界再編を巡って実施された、選手会による史上初のストライキ、③プロ野球ゲームを巡る選手の肖像権訴訟、④JOCの肖像権ビジネスの動向、⑤プロバスケットボールリーグ、bjリーグ設立の経緯、⑥田澤選手のMLB移籍を巡る騒動など、枚挙にいとまがない。
　他方、サッカー試合中の落雷事故などを契機に、学校あるいはコミュニティスポーツにおいて、事故責任を巡る注意義務の限界についての議論がにわかに活発化してきている。

　以上のように、近年、スポーツを巡る法的紛争が多様化し、かつ増加する傾向にある。その背景として、①日本における経済環境の変化、②利害関係者の権利意識の増大、③スポーツにおける商業主義の浸透、④オリンピックやサッカーワールドカップ等の更なるメガイベント化、⑤少子化を背景とする学校・大学間競争の激化、⑥スポーツのグローバル化、などがあると指摘できる。
　2007年の西武ライオンズの裏金事件に端を発した高校野球の特待生問題は、団体内部の規律の問題を露呈したのであるが、これについてもスポーツとビジネスの関係が根底にある。もちろん、こうした裏金の問題は、今に始まったことではない。このタイミングで大きな論争を巻き起こしたのは、ス

ポーツを巡る環境の変容とともに、日本社会のスポーツを見る目が変化してきたことの表れともいえよう。

　2011年6月、日本では、スポーツ立国の実現を目指し、国家戦略として、スポーツに関する施策を総合的かつ計画的に推進することを目的として、スポーツ基本法が制定され、またスポーツの推進のための基礎的条件として、スポーツに関する紛争の迅速かつ適正な解決に向けた施策を定めることとした。これらの動静も当然、2000年以降の潮流のなかにある。

　他方、アメリカでは1970年代以降、①大学スポーツのビジネス化、②プロスポーツリーグの労使紛争、を背景に、スポーツを巡る法的紛争が急増した。たとえばアマチュアスポーツでは、大学選手の権利、学生スポーツにおける男女平等、NCAAによるアマチュア規制、他方、プロスポーツでは、フランチャイズ移転、保留制度、ドラフト制度、サラリーキャップ制度、放映権、肖像権、団体交渉における誠実義務等、を巡って争われてきた。

　スポーツのビジネス化が日本よりも20年、いや30年先駆けて隆盛を迎えたアメリカでの動向は、転換期にある日本スポーツの将来を見据えるうえで、格好の材料を与えてくれる。

　本書は、アメリカスポーツ法の論点を明らかにし、かつ日本スポーツ法の論点の違いを整理することで、日米比較検証の糸口を掴むことを、その目的としている。この目的をさらに推し進めるためには、日米の文化的差異、そして社会的価値観の相違、歴史的背景による制度の相違など、より細やかで、横断的な側面から考察を加えなければならない。これらの詳細な検討については筆者の今後の課題とし、便宜的に、①社会的活動、②経済的活動、③労使関係、④経済政策、⑤反トラスト法の目的、⑥契約、のカテゴリーに分けて、日米の特徴を表すキーワードを当てはめてみると、それぞれ、①共同体主義と個人主義、②協力的と競争的、③強調的と敵対的、④公正な市場と自由競争市場、⑤公正・自由な競争と経済効率、⑥合理的解釈と明確性重視、となるだろう。このキーワードを念頭に置きながら、本書が扱う論点を検証していくと、ぼんやりとではあるがこうした日米の骨格の違いが浮き彫りになってくる。

日米の文化的差異

	日本	アメリカ
社会的活動	共同体主義	個人主義
経済的活動	協力的	競争的
労使関係	協調的	敵対的
経済政策	公正な市場	自由競争市場
反トラスト法の目的	公正・自由な競争の促進	経済効率の向上
契約	合理的解釈	明確性を重視

　アメリカでは、個人主義が社会的価値として浸透していることは、よく知られている。アメリカの個人主義に対して、日本の共同体主義という表現が適切かについては、議論の余地があるが、アメリカの個人主義がスポーツ法を巡る多くの論点と、その背景となる社会的価値において、随所に見受けられる。たとえば、事故における危険の引受や免責の同意に関わる場面においてである。

　自ら危険に接近したものは、そのリスクを引き受けるという思想、つまり、スポーツに内在する危険について、当事者がそのリスクを理解し、自らの選択において参加していたか、が問題とされる。個人の選択を尊重するアメリカ型社会的価値の表れといえる。

　経済活動においてアメリカでは、「競争的であることが資源の適正分配を生み、結果として社会の利益に資する」という市場原理への絶大な信頼がある。特に、1980年代からはその傾向が顕著であるといわれる。競争や市場原理に対する思想の相違が日米間の反トラスト法の運用差を決定づけている。

　アメリカでは、プロスポーツリーグにおける各球団は、テレビ契約、選手獲得、フランチャイズの移転等について、それぞれ自由な取引が保障されるべきとの視点から議論が展開される。したがって、取引を抑制する制度は、あまねく反トラスト法の問題とされることになる。一方、日本では、競争が不公正であるか否かが検討され、競争の制限が社会的にどのような影響を与

えるのかが中心に議論される。よって、競争制限を目ざとく取り上げ、反トラスト法をもって対応するという積極的な運用はアメリカほど顕著には見られないのである。

たとえば、ドラフト制度について、アメリカでは各球団と選手との自由な取引を制限することで、市場原理に基づかない年俸となることが反競争的であり反トラスト法に違反すると指摘されてきたのに対し、日本では、職業選択の自由という憲法論が議論の中心となってきたという経緯も、日米の違いを如実に示している。

労使関係については、1960年代にアメリカ4大プロスポーツリーグにおいて、選手会が労働組合としての認証を受け、以後、団体交渉に基づいて、労働条件の向上を目指してきた。今や4大プロスポーツリーグの運営を決定づけるのは労使関係といっても過言ではない。この敵対的（adversarial）ともいえる労使関係に基づく団体交渉こそ、公正かつ適正な利益分配をもたらすという考えがその根底にあり、時に労使が激しく対立し、選手側のストライキやリーグ側のロックアウトなど、団体交渉過程における究極の手段も頻繁に行使されてきた。こうして、労働法は反トラスト法とともにアメリカスポーツ法の双璧となってきたのである。

契約に関しては、解釈の余地を残し、より柔軟な対応と処理を期待する日本と、すべて書面で明示し解釈の余地を残さないアメリカとの違いは、スポーツ選手の契約の頁をみれば一目瞭然である。常識や伝統を重んじて争いごとを避けようとする傾向にある単一民族と、多様な価値観、哲学の存在を背景とする多民族国家との違いが、契約書の在り方に影響を与えているといえよう。また、このことは、ビジネスの規模にも当然、左右される。つまり、ビッグビジネスになれば、紛争の火種が増加するため、これを予防するために、あらかじめ権利関係を詳細なまでに明確化する契約内容となるのである。

こうしたアメリカスポーツ法の論点を概観し、また日米の特徴、相違をあぶり出しながら、課題の本質をより明らかにするために、まずは日本のスポーツ法の論点を整理し、続いて、アメリカの大学スポーツにかかわる論点、

プロスポーツにかかわる論点を概観し、加えて、グローバル化が進む日米プロ野球の動向と法的論点を整理し、それぞれ日米の相違に着目して、小括でまとめることにしたい。

第 1 章

日本スポーツと法的論点
―2000 年、日本スポーツ界の転換期―

- ▶ 日本のアマチュアリズム
- ▶ アマチュアスポーツを巡る法的論点
- ▶ プロスポーツを巡る法的論点

1. アマチュアスポーツ

1）千葉すず選手のスポーツ仲裁

2000年のシドニー五輪への出場を目指していた千葉すず選手は、水泳日本選手権の女子200メートル自由形で、五輪出場の目安となる参加標準記録を突破して優勝したが、日本水泳連盟は千葉選手を五輪代表選手として選出しなかった。そこで、千葉選手が日本水連に対して落選理由の開示を求めたところ、「選考は公正で、落選理由は従来、本人にも公表していない」として、この要望を退けた。

これを受けて、千葉選手はCASに救済を求めたのであった。このCASとは、国際オリンピック委員会（IOC）の主導で1984年に設立された第三者機関（世界30数カ国の約150人の法曹関係者が調停委員を務めている）で、ドーピング（禁止薬物使用）を巡る処分の不服をはじめ、競技結果の判定、あるいは出場資格の認定を巡る紛争について裁定を下す仲裁機関である。

千葉選手のケースでCASは、日本水連の選考過程は公正であったとして、千葉選手の主張を退けた。しかし、日本水連が事前に選考基準を明確に選手へ告知していれば今回の提訴は避けられたとして、日本水連に千葉選手へ提訴費用の一部として1万スイスフラン（当時約65万円）の補償金を支払うよう指示した。

この一連の騒動が、大きくメディアに取り上げられたこともあって、競技者が所属団体の決定に対して不服がある場合には、第三者の判断を仰ぐことができるというスポーツ仲裁制度の存在とその意義が日本中に知れ渡った。

これ以外にも、日本人選手がCASを利用したケースとして、Ｊリーグ選手のドーピングを巡る紛争がある。ドーピング禁止規定違反の処分取り消しを求めた川崎フロンターレ・我那覇和樹選手について、仲裁裁定は、2008年5月28日に我那

千葉すず選手
（写真：築田純／アフロ）

覇選手の主張を全面的に認め、Jリーグが決定した出場停止6試合の処分を取り消した。また、仲裁裁定はJリーグに対して、我那覇選手が負担した弁護士費用などのうち2万ドル（当時約210万円）を支払うよう要請した。

　日本国内では、1999年ごろ、CASに相応する機関の導入が日本オリンピック委員会（JOC）内で検討され始め、2003年に日本スポーツ仲裁機構（JSAA）が設立された。その設立母体はJOC、日本体育協会、日本障害者スポーツ協会の3団体であり、これら3団体に所属する競技者と団体との紛争が対象とされた。現在は、従来の「スポーツ仲裁」と、これに加え「特定仲裁合意に基づくスポーツ仲裁」の2種類がある。

　スポーツ仲裁では、①競技者および競技チームを申立人とし、競技団体を相手方とする、②設立母体たるJOC、日本体育協会、日本障害者スポーツ協会およびその加盟・準加盟競技団体の決定、裁定などの処分を争う、③スポーツ競技の場における審判の判定は除外、④仲裁の合意が前提、⑤仲裁手続の費用は5万円、⑥仲裁人の選任（スポーツ仲裁人候補リスト）、⑦通常3週

JSAAの判断

事件番号	事件名	申立の概要	結論
JSAA-AP-2003-001	ウェイトリフティング事件	除籍処分の取り消し	決定の取消し　申立料金の相手方負担
JSAA-AP-2003-002	テコンドー事件	ユニバーシアード大会派遣選手等選考決定の取消等	請求棄却（一部は却下）
JSAA-AP-2003-003	身体障害者水泳事件	強化指定選手に指定しない旨の決定の取消等	請求棄却
JSAA-AP-2004-001	馬術事件	オリンピック大会派遣人馬決定の取消等	請求棄却　しかし、申立料金および申立人の要した費用のうち50万円の相手方負担
JSAA-AP-2004-002	身体障害者陸上競技事件	パラリンピック大会派遣選手決定の取消等	請求棄却（一部は却下）
JSAA-AP-2005-001	ローラースケート事件	アジア選手権派遣選手決定の取消	申立て却下
JSAA-AP-2006-001	セーリング事件	ナショナル・チームへの内定取消決定を取り消すよう指導勧告せよ等	請求棄却（被申立人の決定の内容確認請求については認容）
JSAA-AP-2008-001	カヌー事件	オリンピック大会派遣選手決定の取消等	請求棄却（一部は却下）

JSAA-AP-2009-001	軟式野球事件	大会に参加できない旨の決定の取消等	決定の取消し 申立料金の相手方負担
JSAA-AP-2009-002	綱引事件	公認審判員資格認定等に関する疑義を委員会で審査することを拒否する決定の取消等	決定取消し（一部は却下）
JSAA-AP-2010-002	ボウリング事件（1）	国体の県代表選手の決定の取消等の指導をせよ等	請求棄却（一部は却下）
JSAA-AP-2010-004	ボウリング事件（2）	国体の県代表選手の決定の取消等	請求棄却（一部は却下）
JSAA-AP-2010-005	障害者バドミントン事件	アジアパラ競技会の日本代表に申立人を選定しないことの決定が効力を有しないことの確認等	決定力が効力を有しないことの確認等（一部は却下）
JSAA-DP-2008-001	自転車競技ドーピング事件	日本ドーピング禁止規律パネルの決定の取消	請求棄却
JSAA-DP-2008-002	自転車競技ドーピング事件	資格停止処分の変更	申立て却下

『スポーツ六法』739頁（信山社、2011年）

間以内での審理、⑧柔軟な判断が可能、という特徴を持つ。

2004年に加えられた「特定仲裁合意に基づくスポーツ仲裁」では従来の「スポーツ仲裁」では除外されていたスポーツの紛争すべてを対象としている。この新制度では、①一律の仲裁申立料金（52,500円）、②請求金額に応じた管理料金、③仲裁判断作成に要した時間に応じた仲裁人報奨金が申立手続きに必要とされている。

これまでに日本スポーツ仲裁機構において処理された案件は表の通りである。

2）肖像権を巡る問題

肖像権とは、人が自己の肖像（画像、彫刻など）をみだりに他人に撮られたり使用されたりしない権利であり、これは大別して、人格権と財産権に分類される。そして後者をパブリシティ権と呼ぶことがある。今日、スポーツ選手の肖像権を巡る財産的価値はますます増加する傾向にある。アマチュアリズムの下で、選手は自己の肖像を利用することで経済的利益を受けることが

禁止されてきたが、スポーツの商業化およびアマチュアリズムの崩壊とともに、近年、スポーツ選手のパブリシティ権についても再考されるようになった。ここでは、オリンピック選手の強化とパブリシティ権についての動向を概観しよう。

オリンピック選手の強化について、「がんばれ！ニッポン！キャンペーン」という選手肖像権ビジネスが一定の役割を担ってきた。この「がんばれ！ニッポン！キャンペーン」とは、JOC傘下にある強化団体のすべての選手についてJOCが肖像権を一括管理し、選手をCM出演させる権利をJOCの公式スポンサーに与え、スポンサー企業から得た協賛金を加盟競技団体に選手強化費として還元する仕組みである。モスクワオリンピックの前年、1979年にスタートしたこの制度により、JOCは全収入の5分の1に相当する利益を上げ、手数料や税金、必要経費を除く残金を各競技団体に強化費として分配してきた。ちなみに、2004年までのプログラムでは、4年間2億円の協賛金で公式スポンサー（このプログラムでは「オフィシャルパートナー」と呼ばれた）を募り、10社が契約をした。これによりJOCは2001年からの4年間に約45億円を集めた[1]。他方、CMに出演した選手へは協力金として300万円程度を支給してきた。このシステムは、従来のアマチュアリズム、すなわち①スポーツを行うことによって、自ら物質的利益を求めない、②スポーツによって得た名声を自ら利用しない、との思想を前提として機能してきたといえる。

そもそも肖像権は個人の権利であり、個人の自由選択に委ねるべきだとす

1　朝日新聞2003年10月30日朝刊1頁。

る権利意識の高まりの中で、1990年代後半に、JOCの肖像権ビジネスに対する抵抗が強まっていった。肖像権個人管理の流れの口火を切ったのがマラソンの有森裕子選手であった。有森選手は自由なタレント活動やCM出演が認められるプロ容認を日本陸上連盟に求め、陸連もこれを容認する方向で検討を進めた。こうした動向を受けてJOCは2001年から改革に乗り出し、一括管理から除外される選手や、条件付きでCM出演を認める特別認定選手の制度を設けて一括管理制度の死守を試みた。しかし、これらの制度はもはや選手の権利意識とのギャップを埋める手段として十分に機能するものにはならなかった。そこで、2004年、JOCはシンボルアスリートという新たな制度導入を発表した。これは、肖像権管理を特定の選手に限定（シンボルアスリート）し、各選手の同意を得ることを前提とする制度であり、選手への協力金を上限2,000万円に引き上げ、他方、企業協賛金を2億円から3億円に引き上げた。こうして、選手個人の権利とJOCや各競技団体の強化費のバランスを取る形での再出発となったが、シンボルアスリートを辞退する選手が多数となるに至った。このことは、日本におけるオリンピックスポーツのプロ化の幕開けを告げる象徴的な出来事といえよう。

3）日本のアマチュアリズム

そもそも国際的潮流としてのアマチュアリズムが日本に導入されたのは、日本がオリンピックに参加するようになったストックホルム大会（1912年）以降のことである。その3年前の1909年に、柔道の父、嘉納治五郎が日本人、東洋人として初めてのIOC委員に選出されたのであった。もっともこれには日清戦争、日露戦争をきっかけとする欧米諸国の日本への注目の高まりが背景にあったといわれている。1911年、大日本体育協会が日本スポーツ界の統括団体として創設され、嘉納氏が初代会長に選出された。大日本体育協会は、その後、大日本体育会、日本体育協会と名称を変更しながら、一貫して日本のスポーツ振興にかかわる中心組織として君臨してきた。

当初、日本でのアマチュアに関する規定として登場したのは1924年の「第7回オリンピック予選会出場申込心得」である。ここでは、「脚力ヲ用フルヲ業ト」する者や「金銭、物品ヲ授与スル競技大会」に参加した者は参加

資格を得ない、とされた。
　その後、大日本体育協会が「競技者資格」なるものを規定している。これによると競技者を「普通競技者」「競技指導者」「準職業競技者」「職業競技者」の４種に分類し、同協会が運営する大会については「普通競技者」のみ参加を認め、他方「職業競技者」の参加を否定しつつ、「競技指導者」「準職業競技者」については同協会が例外的に参加を認める権限を有していた。ちなみに、準職業競技者とは「職業上自ラ競技ノ練習ニ利用シ得ル者」をいい、車夫、郵便配達夫、牛乳配達夫、魚屋引子を例示している。
　ただし1924年に、この規定は、一部の職業を不合理に排除するものであるとして論争（裁判沙汰）になり、その後、1925年に大日本体育協会は各競技のアマチュア資格の詳細については、それぞれの競技団体に委ねるとした[2]。
　1942年に大日本体育協会が大日本体育会として新たに発足した。そして、大日本体育会が改めて「（日本体育協会）アマチュア規定」をもったのは戦後、1947年のことであった。1948年に大日本体育会から名称変更した日本体育協会は、1971年に「アマチュアスポーツの在り方」を策定し、「日本体育協会アマチュア規定」の前文として追加した。その後、これらの規定は1986年制定の「日本体育協会スポーツ憲章」に統合された。当該憲章の前文は「この憲章は、<u>財団法人日本体育協会の目的とするアマチュアスポーツ発展のための精神を基調とし、これに基づく本会加盟団体の使命及び本会の加盟競技団体における競技者規定等を定めるための基準を示したものである。</u>」（筆者下線）としている。そして、２条は、「アマチュア・スポーツマンのあり方」として、①スポーツを行うことによって、自ら物質的利益を求めない、②スポーツによって得た名声を、自ら利用しない、と明記された。
　その後、社会人野球、ラグビー、バレーボールを代表とする企業スポーツや、高校野球、大学ラグビーを代表とする学校スポーツなどのアマチュアスポーツが全盛期を迎えることになる。
　１世紀近く、日本スポーツの錦の御旗となってきたアマチュアリズムは、

2　内海和雄「アマチュアリズムの終焉」一橋大学研究年報26号123頁（1978年）参照。

金銭を行動の動機とすること潔しとしない武士道精神に合致し、日本で広くかつ深く浸透してきた。しかし、スポーツの商業化による経済的価値の向上により、現場の実態との乖離が進み、アマチュアリズムは、もはや遵守不能なスローガンになり、さらには桎梏にすらなってきたのであった。こうして、2008年、このスポーツ憲章のアマチュアに関する規定は、大幅に変更されるに至った。具体的にはプロ・アマの混在を原則として容認したうえで、アマチュア規定を堅持するか否かについては、あくまでも各競技団体の自己判断に委ねることになったのである。

　具体的な変更点は以下の通りである。まず、「日本体育協会の目的とするアマチュアスポーツの発展のための精神」の一文が前文から削除され、加えて、2条の「アマチュア・スポーツマンのあり方」も削除されている。ただし、附則2に、特に当該条項を必要とする団体については、①スポーツを行うことによって、自ら物質的利益を求めない、②スポーツによって得た名声を、自ら利用しない、の2点を含めることができるという形がとられた。

　この2008年の改正には2つの意義を見出すことができる。1つは、これまでアマチュアスポーツの統括団体として君臨してきた日本体育協会が、プロ・アマの垣根を取り払ったことである。これまでの憲章では、たとえば、ラグビー、バレーボール等に見られるようにプロ選手（契約選手）とアマ選手（一般社員としての扱い）が混在するチームやリーグについて既存の規定と実態との間に乖離が生じていた現状に日本体育協会が歩み寄った形になった。

　もう1つは、出場資格の決定につき、各競技団体に大幅な裁量を与えたことである。これはIOCが1974年にアマチュア規定を廃止し、各国際競技連盟（International Federation, IF）の判断に委ねた際の経緯と決着に類似している。今後、各競技団体がプロとアマの関係をどのように位置づけて運用していくのかが大いに注目される。

　その是非は別として、「スポーツで金を稼ぐことは必ずしもスポーツの純粋性を否定するものではない」という見方が徐々に支配的になってきた。大学スポーツにおいても、スポーツを経営の基幹とする大学が増加している。なぜなら、大学スポーツの強化が大学知名度の向上に加え、偏差値にも大き

く影響するとされるからである。スポーツの強化が大学経営の使命として実施されることで、文武両道を前提としてきた伝統的な大学スポーツはもはや過去のものになりつつある。大学スポーツのあるべき姿を、ここで立ち止まって考える時期に来ているといえよう。

4）学生野球憲章とプロ野球による利益供与

　2007年、西武ライオンズが東京ガスと早稲田大学のアマチュア選手2人に対して総額1,600万円の金銭を供与していたという事実が発覚した。いわゆる西武裏金事件である[3]。当時の日本学生野球憲章第13条2項は「選手又は部員は、いかなる名義によるものであつても、職業野球団その他のものから、これらとの入団、雇傭その他の契約により、又はその締結を条件として契約金、若しくはこれに準ずるものの前渡し、その他の金品の支給、若しくは貸与を受け、又はその他の利益を受けることができない。」として、プロ野球球団への入団を条件とする金品の支給または貸与を禁じていた。にもかかわらず、同憲章に抵触するいわゆる「裏金」が横行していたのであった。

　その背景として、いわゆるドラフト逆指名、自由獲得枠の存在があったと指摘された。つまり、大学生・社会人選手についてはドラフト1巡あるいは2巡選択権に替えて自由交渉が許されるという制度の下で、各球団が有望選手の青田刈りに乗り出し、学生野球憲章に違反する行為が誘発されたというわけである。プロ野球改革の一環として2005年以降、この自由獲得枠は漸減され、2007年に廃止、1巡目のみ、重複指名の場合は抽選、2巡目以降は成績順に指名権を獲得するという新制度に移行された。もっとも、この学生

---

[3] この件では、野球協約第194条の「野球を利益ある産業とする目的を阻害する行為」として、NPBは高校生ドラフト（新人選手選択）会議での上位2人の指名権剥奪（はくだつ）と制裁金3000万円の処分を西武ライオンズに科した。第三者で構成される独立の調査委員会によれば、球団創設からの27年間に高校・大学・社会人チームの監督ら関係者延べ170人に金品供与があったとされたが、いずれのケースも、2005年6月に不正なスカウト活動等を禁止する「倫理行動宣言」の前として制裁処分は下されなかった。なお、2004年8月13日、読売ジャイアンツが明治大学の一場靖弘選手に対して、2003年12月から2004年7月までの間、食事代や交通費、小遣い、餞別等として、数回にわたり総額約200万円の現金を渡していたことを明らかにし、これをきっかけに、横浜、阪神にも同選手に対する金銭供与があったことなども判明した。こうした不祥事を受けて、2005年に倫理行動宣言がNPB12球団で採択されたのであった。

野球憲章は、あくまでアマチュア野球界の規則であり、プロリーグ側に法的義務を発生させるものではない。プロリーグとアマチュアの組織との間に何らかの合意や取り決めがなければ、選手への接触や金銭授受を取り締まるべき主体は、もっぱらアマチュア連盟側ということになる。具体的には、このような「裏金」を享受したアマチュア選手に対して連盟がその選手資格を剥奪する、という処分をもって対応する他はない。こうした観点から、学生選手資格を巡る警察的権限の整備が検討されるべきといえよう。
　この点、アメリカの大学スポーツでは、NCAAがアマチュアリズムに関して詳細な規定を定め、これに違反する選手については資格剥奪、あるいはチームの試合出場停止、奨学制度適用選手数の制限などの警察的権限を有し、規定の遵守につき一定の強制力を保持している。
　ちなみにアメリカでは、プロ野球界のドラフトあるいは入団交渉を巡って、エージェントの介在を規制することで、大学スポーツたるアマチュアリズムとの調和を図っている。アメリカでは、NCAA ディビジョンⅠあるいはⅡに所属する4年制大学の場合、大学2年生（あるいは21歳）以上であればドラフトの対象となる。つまり、選手側は、球団による指名を拒否し、大学でのプレーを継続することもできる。そこで大学2年生から4年生の期間、選手と球団との間での契約条件を巡る駆け引きが繰り広げられることもある。興味深いのは、NCAAが、この期間の球団による接触を規制するのではなく、こうした構造へのエージェントの介在を規制するという点である。NCAA規定によると、選手がエージェントを介在させて球団との交渉を行うことはできないことになっている。この規定に反し、選手がこうした合意をエージェントと交わした時点で、大学スポーツにおける選手資格を失うことになっている。これは、加熱するエージェントビジネスからの選手保護も目的の1つである。しかし他方、ドラフト指名を受けた選手が大学スポーツの継続を念頭に置いて球団との交渉に臨む場合、エージェントを伴う交渉ができず、その意味で不利な交渉を強いられることになるため、却って学生選手保護の精神に悖るとの批判もある。

5）特待生問題

　近年、わが国では、学校野球におけるアマチュアリズムを巡り大きな議論が巻き起こった。前述の西武裏金事件に端を発した高校野球特待生制度の問題で、2007年5月3日、日本高校野球連盟（以下、高野連）による調査の最終集計が発表された。それによると憲章違反を申告した高校は、高知県を除いて全国46都道府県で計376校に上り、対象部員は7,971人を数えることが判明した。この調査で、学生野球憲章から大幅に乖離している高校野球の実態が露呈される結果となった。

　争点となった『日本学生野球憲章』第13条1項は以下の通りである。「選手又は部員は、いかなる名義によるものであっても、他から選手又は部員であることを理由として支給され又は貸与されるものと認められる学費、生活費その他の金品を受けることができない。但し、日本学生野球協会審査室は、本憲章の趣旨に背馳しない限り、日本オリンピック委員会から支給され又は貸与されるものにつき、これを承認することができる。」

　つまり、野球部員であることを理由とした授業料、生活費の免除（特待生制度）、その他の奨学金制度も禁止される内容になっている。しかし、他のスポーツにおいては特待生制度が公認されている現状に鑑み、この野球憲章は実態に合わない規定として見直しを求める声も高まった。そこで、高野連は堀田力元最高検察庁検事を座長とする有識者会議を設置し、その答申を得ることとした。

　有識者会議の最終答申では、野球の能力が特に優秀である生徒を特待生として取り扱う制度を容認すべきであるとし、その条件として以下のものを挙げている。①特待生制度の有無、人数、基準、採用手続の公開、②各学年5名以下の制限（が望ましい）、③怪我の場合の学校生活継続の措置、④国外からの特待生に対する教育上の配慮。

　加えて、答申は（1）全国高校体育連盟との協議および他のスポーツとも共通した特待生制度のルールづくり、（2）日本学生野球憲章全般の見直し、（3）加盟校との意思疎通の改善など、を今後の課題として挙げた。

　最終答申のポイントは、第1に、高野連による特待生制度の公認、第2に、教育的目的にかなう公平かつ合理的な特待生制度の基準の策定、第3

に、他のスポーツとの連携促進、である。

　なお、特待生制度を巡る議論では、1学年5人という人数制限について、これは私学の経営権を侵害しているという指摘もあった。この点について答申は、特待生制度の設置・運営については、第一次的に各高校の自主性を尊重するが、スポーツ競技と学校の名声との相関関係を背景として生じうる過当競争により、教育目的に沿わない運用がなされる畏れが強いため、高野連により一定の規制・監督が必要との結論に至った。

　スポーツがメディアとの関係を深める限り、プロ・アマにかかわらずスポーツの商業化は必然の趨勢となる。なぜなら、高校や大学名がメディアに露出することは、望む望まざるにかかわらず同教育機関の認知度を高め、当該チームのみならず、監督、選手自身の経済的価値が増加するからである。少子化に伴い、各教育機関の学生獲得競争が激しさを増すなかで、知名度の維持・向上を目的として各教育機関がスポーツに期待を寄せるのはむしろ当然の成り行きと理解すべきであろう。そのような気運を前提として、いかにアマチュアリズムを保持し、大学スポーツのあるべき姿を模索していくのかが喫緊の課題となっている。こうした流れを受けて、2010年5月、日本学生野球協会が学生野球憲章を全面改正するに至った。新憲章は特待生制度のルール設定については、全日本大学野球連盟、日本高校野球連盟にそれぞれ委ねるとしたものの、学生野球を「学校の部活動としての野球」と定義し、学校教育と野球部の活動との調和を強調し、部活偏重や商業化の排除を求める内容となった。たとえば第10条は以下のように明記している。

① 野球部の活動は、部員の教育を受ける権利を妨げてはならず、かつ部員の健康を害するものであってはならない。
② 加盟校は、前項の目的を達するために、野球部の活動の時期、時間、場所、内容などについて配慮しなければならない。この場合、原則として1週間につき最低1日は野球部としての活動を行わない日を設ける。
③ 学生野球団体は、前2項の目的を達するために、野球部の活動の時期、時間、場所、内容などについて基準を定めるものとする。
④ 学生野球団体は、大会を開催するに際して、第1項の目的を達するために、大会の開催時期などに配慮をしなければならない。

また、第11条は「加盟校および指導者は、部員に対して、定められた教育課程を履修することを保障しなければならない」としている。さらに有償コーチの報酬については、「教職員の給与に準じた社会的相当性の範囲を超える給与・報酬を得てはならない」(24条)として、これを規制するに至った。また4条では「合理的理由なしに、部員として学生野球を行う機会を制限されることはない」として、技能が秀でた学生に限定して入部を許可するなどの学校・チーム側の態度を牽制した。こうして、教育の一環として実施される学生野球の意義を「学業との両立」に求め、これを前提として、健全な野球環境の整備を目指すこととされたわけである。

　この理念を実現するために、全日本大学野球連盟または日本高等学校野球連盟が学生野球団体、野球部、部員、指導者、審判員および学生野球団体の役員に対して注意または厳重注意、あるいは指導をする権限を持つと明記されている。さらに、本憲章の違反については、日本学生野球協会が、該当の野球部、部員、指導者らに対して処分権を有するものとし、以下の処分を予定している。
(1)　謹慎処分対象者が個人の場合であって、野球部活動に関わることの禁止
(2)　対外試合禁止処分対象者が野球部の場合であって、対外試合への参加の禁止
(3)　登録抹消・登録資格喪失処分対象者が個人、野球部または学生野球団体であって、学生野球団体へ登録をしている者については登録を抹消し、処分対象者が未登録の場合には、登録資格の喪失
(4)　除名処分対象者が個人であって、学生野球資格の喪失
　その上で、これらの処分に対する適正手続きを保障し、処分や決定の不服については日本スポーツ仲裁機関に申し立てることが可能とされた。

　以上のように、2008年の特待生問題を契機に、日本学生野球協会は学生野球の意義を再考し、望ましい方向を明らかにしたうえで、これに向けて大きく舵を切ることを宣言したのであった。

　なお、特待生の人数について、高野連は、2011年5月に、「1学年5人以内」とする制度を正式に導入した。これは09年度以降3年間試行されてき

たガイドライン（努力目標）を踏襲したものであった。ただし、4年後をめどに見直し、その後3年ごとに再検討することとしている。なお、違反に対する罰則は予定されていないが、日本学生野球協会の指導・処分の対象になる。こうした日本での動向との関わりで、アメリカにおける大学スポーツの商業化の経緯と現状には注目すべき点が多く含まれている。大学スポーツ商業化の光と影については第2章で扱う。

6）スポーツ事故を巡る参加者の法的責任

　スポーツの参加者同士による衝突などの事故について、わが国では「被害者に危険の承諾がある」とするか、「加害者の行為は正当行為である」として、違法性が阻却されるという考え方が一般的である。すなわち裁判所は次のような見解に立つ。「一般に、スポーツの競技中に生じた加害行為については、それがそのスポーツのルールに著しく反することがなく、かつ通常予測され許容された動作に起因するものであるときは、そのスポーツの競技に参加した者全員がその危険を予め受忍し加害行為を承諾しているものと解するのが相当であり、このような場合加害者の行為は違法性を阻却する[4]」。このような見解は危険の承諾説、又は引受説といわれ、スポーツ事故処理の常套句となってきた。

　ただし、スポーツ事故のケースにおいて留意すべきことは、これまでのケースでは加害者の過失を認定した上で、被害者に危険の引き受けがあったなどとして違法性を阻却し、損害賠償責任を否定した事例はないということである。つまり、これまでの裁判例においては、加害者に過失がない場合に賠償責任が否定されるに過ぎず、過失がある場合には必ず賠償責任が肯定されているのである。ここではその指摘にとどめ、加害者の責任が肯定された事例をいくつか見ていくことにしよう。その第1は、スキーパトロールがその任務遂行中にジャンプし、転倒していた女性スキーヤーの顔面に失明等の重傷を負わせたというものである[5]。本件では、ジャンプの際には危害を予防する一層の注意を払う義務があったのに、これを怠った被告には重大な過失

4　東京地判昭45・2・27判時473号53頁。
5　東京地判昭39・12・21判時393号17頁。

があり、被告の行為はその作法と過失の程度において到底社会的に容認されうるものではないとして不法行為に基づく損害賠償責任（225万円）を肯定した。次に、柔道クラブの指導員が受け身の取れない初心者を相手に内股をかけ、大腿骨骨折の重傷を負わせたというケースにおいて裁判所は、指導者は初心者と組んで練習する際には、受け身を取れるかどうかを確かめて練習に入るべきであるのに、これを怠ったことに重大な過失があるとして損害賠償責任（57万円）を肯定している[6]。さらに、高校柔道部の練習中に締め技によって下級生を死亡させたケースでは、危険を防止するために守るべき義務（危険な行為をしない義務、及び締め技をかけて相手が意識を失った場合には活を入れて意識が戻ったとしても、以後は練習を中止して休ませなければならない義務）を怠ったとして損害賠償責任（923万円）を肯定している[7]。また、ロッククライミングの練習場において2人でパーティーを組み、岩登りの練習中に初心者であったパートナーが転落し頚椎損傷の障害を負ったケースでは、指導者的な立場にあるパートナー（以下、被告）がザイルを確保するという注意義務に違反したとして被告の過失責任が肯定されている[8]。ただ、原告（初心者）にも落ち度があったとして3割の過失相殺による減額を認め、4,316万円の支払いが被告に命じられた。そして、地域親睦を目的とする男女混合ソフトボール大会で、ホームベースにスライディングをした男性ランナーが女性キャッチャーに膝靭帯の切断という傷害を負わせたケースで、長野地裁佐久支部は、スライディングによる結果を予見し、これを回避する義務があったのにこれを怠ったとして被告の男性ランナーに対して100万円の損害賠償を命じた。

　これらは必ずしもルールに違反したものではなく、通常、誰にでも起こりうるケースであるが、原告が初心者や女性である点を重視して、損害賠償責任を認めたケースであると指摘できる。また、ゴルフやスキーについては、自動車事故と同様に注意義務が設定され、それに違反した場合に加害者に責任を課している。裁判所の判決に至らなかったケースも考慮すると、このような事故は相当数にのぼると思われる。また、初心者、子供、女性、高齢者

---

[6]　静岡地沼津支判昭47・10・19判時696号211頁。
[7]　千葉地判昭49・9・9判時779号93頁。
[8]　横浜地判平3・1・21判タ768号192頁。

といった様々な層が参加するレクリエーションスポーツにおいては、このようなケースがかなり多いのではないかと推測されよう。

なお、上記のケースの多くは、結果的には加害責任を肯定しながらも、過失相殺による賠償額の減額をしており、必ずしも被害者に過失があったとはいえない場合でも、危険を引き受けていたとして損害賠償額を減額している。つまり、スポーツという一種の人的、社会的結びつきの中での共同的な活動を通じて事故が発生したことについて、たとえ被告に過失があったとしてもその法的責任を被告1人が全面的に負うのは公平性を欠くという認識がある。

当事者間の法的責任についても白黒をはっきりさせるアメリカとの比較において、日本では、加害者に責任を負わせつつも賠償額を調整することで、被害者にも損害の負担を強いる処理が多く見受けられる。いわば「痛み分け」的な解決を導く点に日本的紛争処理の特徴が表れているといえよう。

7）施設管理者の法的責任

施設の設置や管理に瑕疵、つまり欠陥や落ち度があったために、何らかの事故が発生した場合、施設管理者はこの事故についての賠償責任を負う。

2006年、埼玉県ふじみ野市の流水プールで吸水口の蓋が外れていたことにより、小学3年生の児童が排水溝に吸い込まれ死亡する事故が発生した。事故後の調査で以下の事実が明らかとなった。

①ふじみ野市から管理委託を受けていた業者は別の下請け業者に業務を丸投げしていたこと、②プールの監視員に十分な研修や指導を行っておらず、また泳げない監視員が多数いたこと、③蓋が外れているとの通報が事故前にあったにもかかわらず、プ

朝日新聞2006年8月1日朝刊1頁

ールから客を出さずに係員が工具を取りに向かっている間に事故が起こったこと、④問題の蓋については、蓋と吸水口のボルト孔がずれてしまいボルトで固定できない状態にあり、蓋を針金でくくりつけることで固定していたこと等、ずさんな管理体制が明らかになった。

国家賠償法2条には「道路、河川その他の公の営造物の設置又は管理に瑕疵があつたために他人に損害を生じたときは、国又は公共団体は、これを賠償する責に任ずる。」としている。

本件では、国家賠償法2条により、ふじみ野市および管理委託業者にそれぞれ賠償責任が容認された。

なお、民間施設では適用される法律が異なり、国家賠償法2条に対応する条文は民法717条の土地工作物責任である。第717条「土地の工作物の設置又は保存に瑕疵があることによって他人に損害を生じたときは、その工作物の占有者は、被害者に対してその損害を賠償する責任を負う。ただし、占有者が損害の発生を防止するのに必要な注意をしたときは、所有者がその損害を賠償しなければならない。」

最近では、楽天の日本製紙クリネックススタジアムでファウルボールが顔面に直撃し、視力低下の重傷を観客が負う事故が発生している。そして当該観客は防護ネットの高さが不十分だったとして、楽天イーグルスおよび宮城県に対して損害賠償を求める訴えを提起した。本件のポイントはスタジアムとしてどの程度の防護が求められるのかという点にあったが、仙台地裁は「平均的な高さを保ち、プロ野球の球場に求められる社会的通念上の安全性を供えている」と判断し、原告の請求を棄却した[9]。

8) 指導者の法的責任

サッカー試合中の落雷事故について指導者の過失責任を否定する判断を下した高裁判決の上告審で、最高裁は、2006年、当該落雷事故は「予見可能であり、教諭は予見すべき注意義務を怠った」として、高裁判決を破棄し、同高裁に差し戻した[10]。事実の詳細は以下の通りである。

---

9 仙台地判平23・2・24。
10 最2小判平18・3・13判時1929号41頁。

部活試合中の落雷で失明
3億円の賠償命令
高校・主催者側に
高松高裁差し戻し審

朝日新聞2008年9月18日朝刊1頁

　第1試合が開始された午後1時50分頃には、運動場の上空には雷雲が現れ、小雨が降り始め、時々遠雷が聞こえるような状態であった。第1試合が終了した午後2時55分頃からは、上空に暗雲が立ち込めて暗くなり、ラインの確認が困難なほどの豪雨が降り続いた。午後3時15分頃には、大阪管区気象台から雷注意報が発令されたが、本件大会の関係者らは、このことを知らなかった。午後4時30分の直前頃には、雨がやみ、上空の大部分は明るくなりつつあったが、運動場の南西方向の上空には黒く固まった暗雲が立ち込め、雷鳴が聞こえ、雲の間で放電が起きるのが目撃された。雷鳴は大きな音ではなく、遠くの空で発生したものと考えられる程度ではあった。

　引率の教諭は、稲光の4、5秒後に雷の音が聞こえる状況になれば雷が近くなっているものの、それ以上間隔が空いているときには落雷の可能性はほとんどないと認識していたため、午後4時30分の直前頃には落雷事故発生の可能性があるとは考えていなかった。

　そこで、第2試合が上記気象状況の下で開始されたが、まもなく落雷が発生し、選手（原告・上告人）は視力を失い、手足が不自由な状態になった。

　このケースで、1審、2審は「本件の状況下において、平均的なスポーツ指導者が落雷事故発生の具体的危険性を認識することが可能であったと認めることはできない。」として指導教員等の責任を否定した。これに対して最高裁判所は、「雷鳴が大きくなくても、教諭は落雷の危険が迫っていることを具体的に予見することが可能で、教諭は予見すべき注意義務を怠った」として高裁に差し戻したのであった。

　差戻し審で高松高裁は、指導教諭等の過失責任を認め、土佐高校、高槻市体育協会に3億円の賠償を命じた。なお、その後、高槻市体育協会は、賠償

金を支払う十分な財力がなかったことから、自己破産に追い込まれることとなった。

これまで天災地変として認識されてきた落雷のリスクについても、予見可能であり、その回避について、指導者側が責任を負うというこの判断は、指導現場に大きな波紋を呼ぶものとなった。

9）誓約書の効力──権利放棄「身体生命」

危険を伴うスポーツイベントや活動に従事する前に、あらかじめ主催者側の過失責任を免責する旨の合意をする場合がある。たとえば、「この活動に伴って発生する事故のリスクはすべて自分の責任において引き受け、主催者に対する賠償請求権を放棄します」といった内容の合意である。当事者は自分の判断でいかなる契約をも締結することができる（契約自由の原則）。ただし、契約の内容が犯罪行為にかかわる場合、あるいは公序良俗に反するような場合、契約は無効となる。それでは、相手方の過失責任を免責する旨の合意はどのように扱われるのであろうか。

この点、2000年スキューバダイビングで溺死した参加者の遺族が、イベントを開催した業者を相手に損害賠償を求めた裁判で、大阪地裁は「『生命・身体にかかわる権利侵害』についてまで賠償請求権を放棄するとの同意免責は公序良俗に反し、無効である」として、原告の請求を認めた。また、2001年に、ダイビング講習中に溺れて脳に障害を負った事故について東京地裁は、ダイビングインストラクターとスクールの過失責任を認定し、かつ同意免責の効力を否定して約1億6,000万円の支払を命じている。

これは成人が自己の判断において、相手方の過失責任を免責する合意をしたとしても、その合意が「自分の生命や身体の安全」にかかわる場合には、法的効力を持ち得ないとするものである。なお、2000年に消費者契約法が成立し、事業者の損害賠償の責任を免除する条項の無効などが盛り込まれた。消費者と事業者との間の情報の質や量、さらに交渉力に格差がある点が、消費者と事業者間の契約に司法が介入する根拠となっている。

10) スポーツ基本法の成立

　1961年にわが国で初めてスポーツ政策に関する基本方針を定めたスポーツ振興法が制定されたが、以来、50年が経過し、スポーツを行う目的が多様化するとともに、地域におけるスポーツクラブの成長、競技技術の向上、プロスポーツの発展、スポーツによる国際交流や貢献の活発化など、スポーツを巡る状況は大きく変化してきた。

　こうした変化に対応し、わが国におけるスポーツのあり方の基本指針を再度明確にするものとして、2011年6月にスポーツ基本法が制定されるに至った。

　この法律は、スポーツに関する基本理念を定め、国および地方公共団体の責務ならびにスポーツ団体の努力等を明らかにするとともに、スポーツに関する施策の基本となる事項を定めることにより、スポーツに関する施策を総合的かつ計画的に推進し、もって国民の心身の健全な発達、明るく豊かな国民生活の形成、活力ある社会の実現および国際社会の調和ある発展に寄与することを目的としている。スポーツ振興が国の責務であるとしたこのスポーツ基本法により、今後、より積極的なスポーツ政策の展開が期待されている。

2. プロスポーツ

1) プロスポーツと労働法

　プロスポーツは労働法と深い関係にある。というのは、スポーツを糧にして生活をするプロスポーツ選手は、労働者としての側面を持っているからである。そこで、プロスポーツ選手への労働法の適用いかんが論点となる。

　アメリカでは、1960年代にいわゆる4大プロスポーツリーグにおいて、選手会が全国労働関係法の下で、労働組合としてその活動を活発化させ、その後、1970年代後半より団体交渉において選手の労働条件に影響するあらゆる制度が決定されるに至っている。こうしたスポーツと労働法のかかわりは、アメリカスポーツ法の根幹となってきた（6章　スポーツと労働法参照）。

　これに対して、日本では従来、プロスポーツ選手は労働者であるという理

解に乏しい面があり、近年に至るまで、実務上はおろか、学術上も労働法上の論点が議論されることはあまりなかった。ところが、2004年に実施されたプロ野球選手会による史上初のストライキを機に、プロスポーツ選手の労働者性を巡る議論が一気に浮上することになった。

2）プロスポーツ選手の労働者性

　日本のプロスポーツ選手は、アメリカの選手に比べ非常に不明瞭な法的地位に置かれているといえる。プロリーグに所属する選手は、被用者（employee）であると明確に位置付けられているアメリカに対して、わが国のプロ野球選手やJリーガーに代表されるプロリーグの選手は、現在、それぞれの法律によって異なる取扱いを受けている。たとえば、労働組合法上、これらの選手は、労働者であると解されているが、労働基準法上は労働者としての扱いを受けていない。また税法上は事業所得者とされ、独占禁止法（以下、独禁法）においては労働者であると解されている。以下、それぞれの取扱い経緯について確認しておこう。

　労働法　　わが国には労働法という名前の法体系は存在しておらず、それは労働に関する法の総体を意味する表現にすぎない。この労働法は、労働組合法（以下、労組法）を中心とする労使関係法と、労働基準法（以下、労基法）を中心とする雇用関係法に大別することができる。プロ野球選手は前者においては労働者と解されているものの、後者においては労働者としての扱いを受けていない。

　労使関係法の基幹をなす労組法は、いわゆる労働三権を保障する憲法28条に基づいて制定されたものであり、労使間の実質的な対等関係の実現等をその主眼としている。その労組法は、労働者について次のように定義している。「職業の種類を問わず、賃金、給料その他これに準ずる収入によって生活する者」（労組法3条）。

　これに対して、憲法27条2項（勤労条件の法定）の要請に基づき、労働条件の最低基準を定める労基法では、「職業の種類を問わず、事業又は事務所…に使用される者で、賃金を支払われる者」（労基法9条）とし、定義に若干の違いがみられる。そこで、この相違をどのように解するかが問題となる。

プロ野球選手の法的地位の現状　概念図

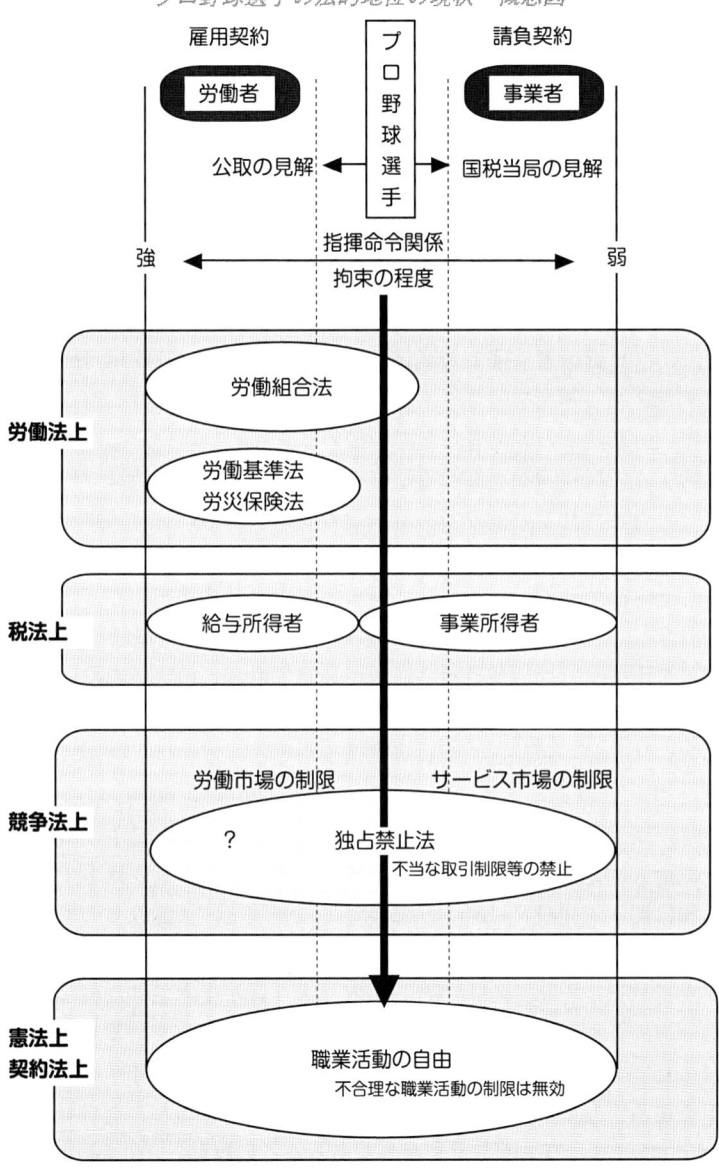

```
         雇用契約      ┌─┐      請負契約
        ╭─────╮       │プ│      ╭─────╮
        │ 労働者 │      │ロ│      │ 事業者 │
        ╰─────╯       │野│      ╰─────╯
                      │球│
         公取の見解 ←──│選│──→ 国税当局の見解
                      │手│
                      └─┘
    強 ←──────── 指揮命令関係 ────────→ 弱
              拘束の程度
```

労働法上
- 労働組合法
- 労働基準法 / 労災保険法

税法上
- 給与所得者
- 事業所得者

競争法上
- 労働市場の制限　　サービス市場の制限
- ？　　独占禁止法
- 不当な取引制限等の禁止

憲法上 契約法上
- 職業活動の自由
- 不合理な職業活動の制限は無効

労基法9条にいう「使用される者」とは、労務の遂行ないし内容につき自らの裁量の幅が制約されており、他人による具体的な指示の下に労務提供を行う者と解されている。また「賃金」とは、労務提供者に支払われる報酬が労働の対価としての性格を有するものをいう（労基法11条）。したがって、契約の形式が請負や委任となっていても、「使用され」、「賃金」を受けるものであるか否かの実質的な判断により決せられる。

このように労組法上の「労働者」と労基法上の「労働者」には別の定義が用いられていることから、労組法上の「労働者」と労基法上の「労働者」とは必ずしも一致しないと解されているのである。

この点、プロ野球選手は1985年の組合申請、および2004年の団体交渉権確認仮処分を巡る訴訟を通じて、一貫して労組法上の労働者と解されてきたが、他方、労基法上の労働者としての扱いは受けていない。したがって労基法と連動する労災保険法、最低賃金法を包含する雇用関係法についてはその保護の対象外とされているのである。このように日本のプロスポーツ選手は団体交渉によって球団との交渉力の不均衡を是正し、労働条件の対等な決定を実施しうる法的地位を与えられている一方で、労基法を中心とする労働者保護の対象になっていないというのが現状である。この現状を前提とすれば、プロスポーツでは労使自治の領域が通常労働者との比較において、より広く許容されるということができる。

　　その他の法律　　税法上、プロ野球選手やJリーガーは、労働者ではなく事業者とされている。まず、所得税法204条1項4号（報酬、料金、契約金等の源泉徴収）では、「職業野球の選手、職業拳闘家、競馬の騎手、モデル、外交員、集金人、電力量計の検針人その他これらに類する者で政令で定めるものの業務に関する報酬又は料金」について、弁護士、芸能人らの報酬とともに、給与所得とは別の分類においている。また、さらに旧大蔵省通達において、プロ野球選手を事業所得者として取り扱う旨が指示された経緯もある。

その一方で、独禁法においては労働者であると解されている。公正取引委員会は、1978年の参議院法務委員会で、プロ野球の取引慣行に対する独禁法適用を巡る議論の際に、選手契約は雇用契約であるとし、プロ野球選手は「労働者」であるとの見解を示したのである。この際に、公正取引委員会は、

ドラフト制度等、プロ野球の取引慣行に対する独禁法適用の是非について、選手契約は雇用契約であり「取引」に該当しないという理由で、独禁法の適用を否定し、その後、独禁法を巡る議論は停滞していった。しかし、近年、肖像権を巡る訴訟のなかで、球団による選手の肖像権利用の根拠とされる統一契約書第16条は、独禁法の不公正な取引方法の一般指定14項（優越的地位の濫用）または13項（拘束条件付取引）に該当すると選手側から主張されるなど、球界の制限的取引慣行とのかかわりにおいて独禁法上の議論が高まった。

3）プロ野球選手会のストライキの背景

プロ野球における球団合併問題に端を発した選手会と日本野球機構（以下、NPB）の労使紛争が2004年7月以降、連日連夜マスコミに取り上げられ、瞬く間に国民の一大関心事となっていった。そして9月18日と19日の2日間にわたり、ついにストライキという伝家の宝刀が選手会によって抜かれたわけである。その背景には、いったい何があったのか、またこの紛争で、どのような法律問題が発生したのか。以下では、その経緯と背景を概観しておこう。

労使紛争の根源　　プロ野球界には「球界の憲法」ともいわれる日本プロフェッショナル野球協約（以下、「野球協約」）があり、プロ野球のあらゆる制度に関する規定がこの野球協約に定められている。ここで注目すべきは、まず、野球協約はセ・パ両リーグの代表と各球団の代表らの合意書であって、規定の改廃に選手は関与できないことである。そして、選手が球団との間に締結する統一選手契約は、野球協約の規定を組み入れた、文字通り「統一」の様式となっている。つまり、この統一選手契約に選手が署名することで、野球協約に定められた内容にも合意した、ということになる。言い換えれば、プロ野球界では各リーグ代表者と球団側が野球協約を改正することで、選手の労働条件を含むあらゆる制度の策定が可能な仕組みになっているのである。

労働組合としての選手会　　選手会は1985年9月30日、組合資格審査の申立てを行い、これを受けた東京都地方労働委員会は同年11月5日に選手

会を労組法上の労働組合として認定した。東京地労委は、プロ野球選手の労務提供のあり方等について、通常の労働者とは異なるが、①試合日程・場所等は球団（使用者）の指示に基づいていること、②参稼報酬は労務の対価と認められること、③選手は労働力として球団組織に組み入れられていること、④最低年俸、年金、傷害保障、トレード等の各条件について団体交渉が十分に機能しうること等から、プロ野球選手を労組法上の労働者と判断したものと考えられる[11]。

次に、選手会が労組法上の労働組合としてその保護を受けるためには、①プロ野球選手が主体となって組織していること、②組合員（選手）の労働条件の維持・改善等を目的としていること、③自主的に結成・運営されていること、④均等待遇等を規約に規定していることなどが要件となるが、これらの要件も充たされているとして選手会は労組法上の保護を受けうる労働組合であることが確認されている。

このように選手会は労組法上の労働組合であるため、球団は、選手会の活動を理由とする不利益取扱いを禁止され、選手会が求める団体交渉を正当な

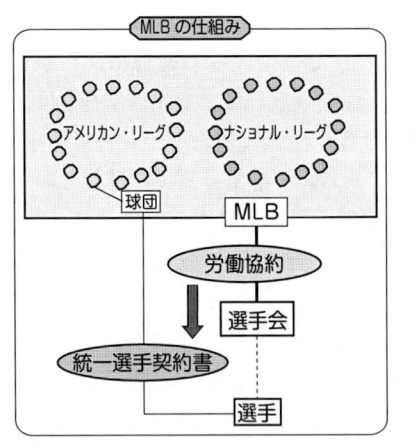

MLB と NPB の契約関係仕組み比較

11　松田保彦「日本プロ野球選手会の労働組合の結成について」季刊労働法139号155頁（1986年）参照。

理由なく拒否することはできない。一方、選手会は労働条件の維持・向上を求めてストライキを実施することも許されているのである。

ただし、労働組合として認定された1985年以後も、選手会は労働組合としての機能を十分に果たしてきたとはいえない。たとえば、1993年のFA制度（一定の期間を経て他の球団へ移籍する制度）導入に関しては、選手会側が意見を出し、球団側がその一部を受け入れた形になっているが、事実上、それは球団側が選手の要望を聞き入れただけのことであり、法的な要求に従ったわけではないとの指摘もある。

その後、選手側の権利意識の高まりに伴い、選手会による労働組合としての活動が徐々に活発化してきた。ここにきて眠れる獅子が目を覚ましたのである。たとえば、2001年に選手会は以下の交渉事項を掲げた。①選手契約（参稼報酬・査定等の見直し）、②代理人制度の整備、③移籍制度の緩和（FA資格取得期間の短縮・補償制度の廃止）、④ドラフト制度の見直し、⑤年金制度の改善、⑥選手懲罰における適正手続、⑦紛争処理制度の見直し、⑧試合日程の見直し、⑨肖像権に関する拘束の緩和、⑩プロ・アマ問題、⑪労働協約の締結。

なお、この最後に掲げられた「労働協約の締結」には実は深い意味がある。

そもそも、労働協約とは、労働組合と使用者またはその団体との間に結ばれる労働条件その他に関する協定であり、書面で作成し、両当事者が署名または記名押印することによって効力を生じる（労組法14条）。労働協約に定める労働条件その他の労働者の待遇に関する基準に違反する労働契約の部分は無効とされ、無効とされた部分は協約で定めた内容となる（同16条）。このように労働協約は、労使間の最重要ルールとしてこれに反する取決めを無効にする力（強行的効力）を持ち、加えて労働契約の内容を直接に決める力（直律的効力）を持っているのである。つまり、選手会は、選手の労働条件について団体交渉を実施し、労働協約を締結することで、これまで一方的に策定されてきた条件の改善を目指したわけである。

ただし、この労働協約が締結されるためには、団体交渉が不可欠となる。選手会はこの団体交渉が誠実に行われていないとして、2002年3月に労働

委員会に不当労働行為の救済を求めた。その結果、2年後の2004年3月に労使交渉に関する協定書を作成することで双方が合意し、和解が成立した。この和解では、①団体交渉のルールについては別に定める覚書に沿って行うこととし、相互に誠実な交渉を行うこと、②外国人選手の出場登録枠の見直し、FAの資格取得要件の緩和等について双方が誠実に交渉すること、が確認された。

　こうして実質的な団体交渉の実施に向け選手会は着実にその歩みを進めてきた。その矢先に球団合併に伴う球界再編問題が浮上することになる。

4）プロ野球再編を巡る労使紛争の勃発

　近鉄とオリックスの球団合併問題が2004年6月13日に突如として明るみに出た。これに追い討ちをかけるように1リーグ制への移行についてもNPBの議題となっていった。NPBの意向は、赤字球団の数を減らすことでリーグの再興を目指すというものであったが、こうした動きに対して、選手会は、「球団数の減少は選手の雇用に著しい影響を及ぼすものである」と猛反発し、「仮に球団合併が強行されることになれば、ストライキも辞さない」と強気の姿勢を示した。この後、球団合併を巡る球界再編の問題は野球界のそれにとどまらず、国民世論を巻き込む大論争へと発展したのであった。

　選手会は、まず、野球協約19条に定める特別委員会の開催をNPBに求めた。この特別委員会とは、球団代表で構成される実行委員会の審議事項中、「選手契約に関係ある事項」については、この特別委員会の議決を経て、これを実行委員会に上程することとされ、特別委員会の構成員10人のうち4人は選手がメンバーとなるものである（野球協約19条）。この特別委員会に提出される議案の可決は出席委員の4分の3以上の賛成が必要とされているため、メンバーとなる選手4人がこれに反対すれば、合併案を否決に追い込めるというもくろみもあった。

　しかし、NPBは、「合併は経営判断であり、特別委員会の対象事項ではない」として特別委員会の開催を拒否した。

5) 司法救済（仮処分）の申立て

　その後、選手会は東京地裁に、地位確認等の仮処分を申し立てた。仮処分とは民事上の権利の実現が何らかの原因で困難な状態になっている場合に、「債権者に生ずる著しい損害又は急迫の危険を避けるため」にその権利に関する紛争が訴訟的に解決するまでの間、暫定的、仮定的になされる命令のことである（民事保全法23条1項・2項）。

　選手会は次の2点について仮処分を求めた。①（i）合併に関する件（選手の解雇等を不可避的に伴う合併を回避すること等を含む）および（ii）合併に伴う労働条件、が義務的団体交渉事項に当たるため、これらについて選手会は団体交渉を求める地位にあること。②特別委員会の決議を経ない限り合併について実行委員会およびオーナー会議が合併の決議をしてはならないこと。

　この申立てに対して東京地裁は、①選手会およびNPBは団体交渉の主体となる、②（ii）については義務的団交事項に当たる、③（i）については、もっぱら企業経営に関する事項であって使用者の処分可能なものといえず、義務的団交事項に当たらない、④合併後の選手の分配についてNPBから提案がなされており、団体交渉を拒否しているとはいえない、⑤特別委員会の対象事項は、選手契約に直接関係する事項であり、合併に伴って選手契約に間接的に影響があるにすぎない事項はこれに含まれない、⑥現時点では選手会に著しい損害が生じるとは認められない、として申立てを却下した[12]。

　この判断を不服とした選手会は東京高裁に抗告をした。

　高裁は、まず、選手会に労組法7条の団体交渉権があることを認めた。さらに、交渉事項については、地裁決定と同様に交渉事項のうち、（ii）は義務的団交事項に該当するとしたうえで、（i）についても選手の労働条件に係わる部分は、義務的団交事項に該当する、と判断した。

　結果的にこの抗告も、緊急の必要性は認められないとして棄却されたのであるが、高裁は球団側の団体交渉に対する態度について、次のようなコメントを付け加えた。すなわち、①NPBがこれまで応じてきた交渉等が誠実さを欠いていたことは否定できない、②NPB側が応じるという9月9日から

12　日本プロフェッショナル野球組織団交事件・東京地決平16・9・3。

の交渉の法的性格等にも疑問の余地がある、③万一、NPB が誠実交渉義務を尽くさなければ、不当労働行為の責任を問われる可能性等があるばかりでなく、野球の権威等に対する国民の信頼（野球協約3条）を失うという事態を招きかねない、と[13]。

6）球団側に求められた誠実交渉

　団体交渉において使用者は、合意を求める組合の努力に対し誠実な対応を通じて合意達成の可能性を模索する義務を負う。このような義務を誠実交渉義務という。実定法上の定めはないものの、労働法における学説や裁判例においては、使用者に以下の義務を求めている。①組合の主張・要求に対して対案を提示し、また資料を提供すること。②根拠なく自己の主張に固執しないこと。つまり譲歩意図もしくは紛争解決の意図をもって交渉すること。③交渉権限を付与された者が出席すること。④引き伸ばし戦術をとらないこと。

　高裁決定において誠実交渉義務違反の疑いがあるとの指摘があったわけであるが、その理由は次の点にあったと考えられる。

　交渉窓口　1985年に選手会が労働組合と認定されて以降、選手会に対する NPB 側の交渉窓口は、選手福祉委員会とされていた。この委員会はその後、1991年に選手関係委員会に改名されている。そのメンバーは全12球団中6球団の球団役員で構成された。つまり実行委員会の半分のメンバーが窓口となっていたのである。これらのメンバーによる交渉がどのように機能していたか、あるいは機能していなかったのか、についての経緯と詳細は必ずしも明らかではないが、問題は、これらの交渉担当者が NPB から実質的な交渉権限を与えられていたか否かである。さらに、この紛争の前後から、協議・交渉委員会が設置された。これらの名称はともかくとして、仮に実行委員会およびオーナー会議の存在等を理由に交渉担当者が実質的な回答を拒否し続ける対応をしていたとすれば、こうした行為は誠実交渉義務に違反することになる。

13　日本プロフェッショナル野球組織（団交等仮処分抗告）事件・東京高決平16・9・8。

球団側の発言　　「たかが選手が」、「選手会を労働組合とは認識していない」、「ストを実施すれば損害賠償を請求する」などの球団側の発言があったことについて、労働法との関係でいかなる問題が生じうるかについて若干の検討を加えておこう。こうした経営者側の発言については、支配介入の問題として捉えることができる。支配介入とは、使用者が、労働組合の結成・運営を支配し、またはこれに介入することをいう。こうした行為は不当労働行為として禁止されている（労組法7条3号）。支配介入の典型としては、組合員であること等を理由とする解雇・配転や正当な組合活動に対する妨害等が挙げられるが、使用者側の発言、意見表明等も組合運営に対する使用者の干渉行為とみなされる場合には支配介入となり不当労働行為が成立する。ただし、使用者の言論の自由（憲法21条）との関係で、その限界が問題となる。今日では、①発言の内容、②それがなされた状況、③それが組合の運営や活動に与えた影響、④推認される使用者の意図などを総合して支配介入の成否が判断されている。

　「たかが選手が」という発言については感情論として強く非難されるべき表現ではあるが、選手会に対する威嚇的・萎縮的効果という観点からは、これが支配介入に該当するとは言い難い。また、「ストをすれば損害賠償を請求する」との発言についても、「球団合併は経営事項であり、これに反発するストライキには正当性がない」という見解が成立しうると考えれば、そうした見解の表明にとどまる限り、支配介入に当たるとはいえない。

　これらに対し「労働組合とはみなしていない」とする発言は、より大きな問題を孕んでいるといえる。なぜなら、この発言は、1985年に選手会が組合認証を受け、さらに2002年に不当労働行為の申立てをし、2004年3月にNPBと選手会で和解に至った経緯をないがしろにする内容といえるからである。先にみた球団側の発言を包括してみれば支配介入に当たる疑いがあると同時に、これまでの選手会との交渉において誠実な対応をしてこなかったことを推測させる言動といえよう。

　　情報提供義務　　ここにいう誠実な交渉とは、労働組合の主張を使用者が呑むことを意味するのではなく、その主張や要求に応じた資料を提示するなどして合意達成の可能性を模索することを意味する。したがって、労使交渉

の席で、使用者の論拠に資料の提示が不可欠となる場合に、使用者がそれを提示しなければ誠実交渉義務違反となる[14]。球界再編を巡る労使紛争においても、その交渉過程で情報提供義務が十分に果たされたか否かについては問題とされなければならない。また、今後、サラリーキャップ制度（年俸総額に対する上限設定）等の導入を検討することになれば、もちろんこれにかかわる財政上の情報提供が前提となるわけである。

7）ストライキの違法性

労組法8条は、「使用者は、同盟罷業その他の争議行為であつて正当なものによつて損害を受けたことの故をもつて、労働組合又はその組合員に対し賠償を請求することができない」としている。

前述の通り、選手会は労組法上の労働組合といえるので、正当なストライキについては、労組法8条により損害賠償責任を免除される。では、「正当でない」ストライキとはどのようなものであろうか。

正当性の判断基準について労組法は何も触れていないため、「労働条件決定における労使対等の原則」という労組法の基本理念に基づいて、ストの主体、目的、開始時期・手続、態様等の側面から個別具体的に検討されることになる。

たとえば、次のようなストライキは正当性を失うと考えられている。①組合員の一部が労働組合の承認を得ないで、あるいは労働組合の意思と無関係に行うスト（山猫スト）、②労働組合が政治的な要求を掲げて国や地方公共団体に対して行うスト（政治スト）、③ある企業で労働争議が発生している場合に、他の企業の労働者で組織されている労働組合が当該争議を支援して行うスト（同情スト）、④団体交渉を経ないスト、⑤予告を欠く抜き打ちスト、などである。

日本経済新聞 2004年9月18日朝刊38頁

14　日本アイ・ビー・エム事件・東京地判平14・2・27労判830号66頁参照。

2004年の労使紛争では、球団合併という経営事項が問題となったのであるが、こうした事項に対するストは正当といえるのであろうか。この点、学説では、経営事項に関わる事項であっても労働者の労働条件の維持・改善を目指すものは正当である、とするのが通説となっている[15]。
　判例では、刑事責任にかかわる事例であるが、炭鉱会社の鉱業所長の追放を主張して労働争議をする場合においても、それが専ら同所長の追放自体を直接の目的とするものではなく、労働条件の維持・改善その他、経済的地位の向上を図るための必要手段としてこれを主張するときは、争議行為として正当性を失わないと判断したものがある[16]。また、経営補助者である非組合員の解雇の撤回を目的の1つとして掲げた争議行為について、公正な人事機構の確立を要求することにより組合員その他従業員の労働条件の改善ないしその経済的地位の向上を図ることを目的としたものとして、正当性を認めたものがある[17]。
　このように学説・判例は経営事項についても、労働条件とのかかわりにおいて実施されるストライキは正当性を失わないとしている。2004年の球界再編では12球団から11球団への球団削減が問題となり、仮に短期的に選手の雇用が確保されたとしても中長期的にはダブつきが生じ、今後の労働条件の悪化は必然と考えられたため、こうした雇用確保を含めた労働条件の維持・改善を目的とする限り、ストライキは正当性を否定されるものではない。さらに、この労使紛争で、そもそもNPBに継続して不誠実な対応があったという背景の存在が、ストの正当性判断に際して、当然考慮されなければならない。

8）コミッショナーの権限

　日本プロ野球におけるコミッショナーの権限については、野球協約2章に規定されている。まず、2章8条は、コミッショナーの職権について、次のように規定している。「(1) コミッショナーは、日本プロフェッショナル野

15　菅野『労働法』602頁など。
16　大浜炭鉱事件・最2小判昭24・4・23刑集3巻5号592頁。
17　高知新聞社事件・最3小判昭35・4・26民集14巻6号1004頁。

球組織を代表し、これを管理統制する。(2) コミッショナーが下す指令、裁定、裁決ならびに制裁は、最終決定であって、この組織に属するすべての団体と個人を拘束する。」さらに、9条（指令、裁定および裁決）は、「(1) 指令　コミッショナーは、野球最高の利益を確保するために、この組織に属する団体あるいは個人に指令を発することができる。(2) 裁定　コミッショナーは、この組織に属する団体または個人間の紛争につき事情を聴取し裁定する。」(2008年以前)

　これらの規定によれば、リーグ運営につき、コミッショナーは大幅な権限を与えられていることがわかる。この規定は、もともとMLBの規定を参考にして作られているのであるが、そのMLBでは、野球最高の利益 (Best interest of baseball) を根拠に、コミッショナーが積極的にリーグ運営に介入してきた経緯がある。一方、わが国では、2004年の球界再編を巡る根来周泰コミッショナー（当時）の言動について、コミッショナーとしてのリーダーシップを発揮していないばかりか球団代表者たちに対して及び腰であるとの批判が、マスコミを中心に展開された。

　ここで、コミッショナー権限についての規定とその運用に着目して、若干の検討を加えてみよう。まず、当該条項の文言と、日本の球団オーナーがコミッショナーに求める役割には少なからぬギャップがあったように思われる。そもそも、この協約の締結当事者は球団オーナーである。私的団体の規約はその当事者を拘束するにとどまる。野球最高の利益を根拠に、コミッショナーの具体的な指令を受けることを期待した球団オーナーが果たしてどの程度いたのであろうか。

　こうした団体内部のガバナンスにおいては、不文律が存在し、これと矛盾する明文規定が実効性をもたないというケースは少なくない。本件も、本音（不文律）と建前（規定）に食い違いがあり、コミッショナーが協約当事者たる球団オーナーの本音にしたがった、（その意味では合理的な）運用がなされたケースと見ることもできる。もっとも、内規の不遵守や軽視があれば、プロ野球界の社会的信用を低下させる可能性もある。いずれにせよ、野球最高の利益という漠然とした条項によって、リーグ運営に干渉するにはそれなりの運用実績や、協約締結当事者からの具体的な委託が不可欠であるとの判断が

コミッショナーにあった。少なくとも日本プロ野球においては、コミッショナーがリーグ運営について実質的なリーダーシップを発揮してきた経緯はなく、現在においても、コミッショナーはそのような権能を期待されているとはいえない。むしろ、リーグの象徴的な地位を有するにとどまるという理解が協約当事者たる球団関係者の大方の理解といえよう。なお、野球協約9条の「野球最高の利益」の文言は、2009年に「この組織全体の利益」に改められた。

　他方、日本のプロ野球との比較において、アメリカではコミッショナーが運用上も、大きな権限を行使してきたが、それは歴史的な経緯によるところが大きい。すなわち、八百長事件（ブラックソックス事件）を契機にMLBにコミッショナーが導入され、その処理にあたった初代コミッショナーのケネソー・ランディスは、球団オーナーらにコミッショナーの裁定に対する訴権を放棄させ、自らの裁定を終局的判断とすることを条件にして、その職を引き受けたのである。コミッショナーの権限について、まさに満を持した状態で、ランディスは、その後、「野球最高の利益 (best interest of baseball)」を根拠にして、球界浄化、適正運営を目指し大鉈を振るっていったのであった[18]。

9）プロスポーツの取引慣行と独占禁止法　～ドラフトを巡る議論

　ドラフト制度については、かねてより、その違法性が指摘されてきた。その論拠の中心は「職業選択の自由」に対する侵害というものである。憲法22条は、個人は職業選択の自由を有し、公共の福祉に反しない限り、最大限の自由が保障されるとしているが、こうした憲法の趣旨に反するドラフト制度は、法的に効力を否定されるべきであるという議論がある。このような憲法論からの主張に対しては、ドラフト制度は、プロ野球選手という職業選択を排除するものではない、との反論もある。

18　なお、Jリーグのチェアマンは Jリーグの運営に関して次の権限を行使することになっている。(1) Jリーグ全体の利益を確保するためのJリーグ所属の団体および個人に対する指導、(2) Jリーグ所属の団体および個人の紛争解決および制裁に関する最終決定、(3) 実行委員会の招集および主宰、(4) その他定款および本規約に定める事項（Jリーグ規約第7条〔チェアマンの権限〕）。

他方で、ドラフト制度の独禁法上の違法性が指摘された経緯もある。12球団が共謀して、選手の自由な取引を制限することで、人為的に買い手市場を生み出しているという主張である。仮に、ドラフト制度が存在せず、Jリーグのように自由な交渉が容認されれば、選手の交渉力は向上し、市場における適正価格（労働条件）で契約されると考えるのである。この独禁法の議論に対しては、12球団単一説がしばしば主張される。つまり、NPBが1つの会社であると考えれば、各球団はNPBの支社にすぎず、競争関係が存在しないため、独禁法の出る幕はないという反論である。これと同じ反論が、単一実体説（single entity theory）と呼ばれ、アメリカでもかつて主張されたが、1980年代の判決でこの主張がことごとく否定された。ところが、近年、NFLの帽子やジャージの製造販売排他的契約を巡るケースでロゴの管理販売等の側面においてNFLは単一実体であるといえる、との判断がアメリカ連邦地裁、連邦高裁で相次いで下され、にわかに実務界での注目を浴びた。このケースの動向が注目されていたが、2010年5月にNFLの単一実体性を否定する連邦最高裁判決が下され、単一実体説の復興に終止符が打たれる結果となった（第5章　スポーツと反トラスト法参照）。

10）2004年の新規参入と保証金

　2004年の日本プロ野球界再編を巡り、公正取引委員会がNPBの市場戦略に関して、独禁法上の問題を指摘する一幕があった。このことは、わが国のスポーツ法学において注目すべき事実といえる。当時、NPBは新規参入の球団に対して、60億円の加盟料を求めるとの方針を固めていたのであるが、同委員会は、この保証金の金額が不合理であり、独禁法が規制する市場障壁に該当する恐れがあるとのコメントを発表したのであった。この公正取引委員会の見解を巡っては、以下の2点が重要となる。第1に、コメントの前提として、NPBの単一実体説を否定していること。第2に、同委員会がNPBの取引に対して将来的な介入の可能性を示したこと。

　結局、NPB側が60億円の加盟料を廃止し、25億円の預かり保証金制度を導入したことで事なきを得た。従来、新規加盟球団が支払う加盟料は既存球団に分配されていたが、新たに導入された預かり保証金は、10年間資格

を継続的に保有した時点で返還される。このように預かり保証金制度は安易な球団譲渡や身売りを防止する目的で導入されたのである。

近年では、この預かり保証金についても、2005年に当該制度の適用を受けたソフトバンクや楽天から見直しを求める声が上がっている。たとえば、「25億円は当該球団が破綻した時に備えての金銭だというが、12球団のリスクは同じはずで、どういう意味の金銭なのか疑問もある」との指摘がある。

FA制度の導入と変遷

年度	要件年数	移籍補償金	選手の類型
1993	10年	前年俸の150%	すべて
1997	9年		
2004		前年俸の120%	
2008	8年	年俸のランクに応じて決定 (0%〜80%)	高校出身者
	7年		大学・社会人出身者

11) 2008年の保留制度改正

2008年、NPBは保留条項について大きな変更を実施した。というのはFA資格取得の最短年数を従来の9年から高校生選手については8年、大学および社会人選手については7年に緩和したのである。もちろん、こうした規制緩和の背景には選手会の交渉力の向上、改善がある。2004年のストライキ以降、プロ野球界の労使関係は一変し、労使関係の対等化が一気に進んだ。ここに、労使の自治において球界再編を目指す土壌が確立したといえよう。

この規制緩和には、もう一方で、有能選手の海外流出を懸念したNPBが国内FA市場を活性化させることで、MLB移籍の潮流に歯止めをかける狙いもあったと考えられる。その意味では、海外流出の歯止めを求めるリーグ側と、移籍制限の段階的緩和を求めてきた選手会の思惑が一致したとみてよい。

12) 契約違反の移籍―プロスポーツと契約法

1993年にFA制度が導入されるまで、NPBにおいては選手の意思による移籍が認められていなかった。トレードに出されるか、あるいは解雇される場合を除いては、ドラフトにより入団した球団で引退するまでプレーするほ

かなかったわけである[19]。1993年にFA制度が導入され、それ以降、最短で入団10年後に所属球団を含め他球団（海外球団を含む）との自由交渉権を獲得することになった[20]。その後、その要件が9年、そして2008年には8年と7年に緩和されてきた[21]。換言すれば、球団は選手を長期間にわたって拘束できるが、他方、当該選手の雇用を保障するものではない、ということである。通常の雇用契約では、期間の定めを決めた場合には、労使がその期間について互いに拘束されることになるが、プロ野球の選手契約では、一方的な契約更新権が球団にのみ与えられており、その意味で相互的なものではなかった。契約法の観点からは、このような拘束に法的効力が認められるかが議論の対象となる。具体的には、労使の非対称性、あるいは長期にわたる不合理な拘束があるとして、このような契約は公序良俗に反し無効である、との主張もある。しかし、この非対称性については、2004年以降の選手会の活動とその成果をみても明らかなように、大幅に改善されてきた。そもそも、労働組合法はこうした非対称性を是正するために、労働者の団結権、団体交渉権、団体行動権（ストライキ）を保障し、これを阻害する活動について不当労働行為として行政機関（労働委員会）の介入を予定しているのである。

　さて、このような選手契約が法的拘束力を持つことを前提として、以下では、一方的な契約破棄があった場合の契約法上の論点を整理しておこう。

　プロスポーツ選手が選手契約を一方的に破棄して、他のチームやリーグに移籍した場合、当該契約違反に対する法的措置はどのようなものが想定されているのであろうか。ちなみに、サッカーでは世界組織たるFIFAが国際移籍を管理しており、契約違反を伴う海外移籍については、原則としてFIFAの規定に基づいて契約違反をした選手やクラブに対して制裁が科される。また、契約違反、つまり債務不履行に対する損賠賠償についてはFIFAのDRC（Dispute Relation Chamber）で決定されることになっている。

19　1993年にFA制度が導入される前にも、10年の稼働を条件に移籍を可能とする10年選手制度が存在していた。1949年の野球協約施行により、同制度が確立し、1961年には事実上の運用停止、1975年に協約改正により、廃止された。
20　FA獲得要件では、1軍登録の期間が考慮される。
21　2008年のFA制度の改正では、海外球団については、9年に据え置かれた。

これに対して野球の場合、FIFA に対応する世界的な統括機関が存在していない。国際野球連盟 (International Baseball Federation) があるが、肝心の MLB がその傘下に入っておらず、プロスポーツにおける国際移籍について管理・規制する権限を持っていないのである。したがって、選手契約に違反して海外移籍をした場合、これに対する法的救済は困難を極める。各国の司法介入 (救済) では、国を跨ぐ移籍についてはその処理に限界があるのみならず、仮に移籍が違法としても、これに対する法的救済の実効性が無いに等しくなるからである。

　他方、契約違反に基づく国内移籍については、法的救済の可能性を検討していく実益がある。契約違反を伴う移籍が発生した場合に、金銭補償をもって処理するのか、あるいは移籍の差止めなどによって契約の履行を当該選手に求めるのかについては、これまでほとんど議論されてこなかった。しかし、野球において独立リーグが並存し、またバスケットボールにおいても日本バスケットボールリーグ (JBL) と bj リーグが併存する現状において、こうした論点にかかわるケースが発生するのも時間の問題といえよう。

　この点、アメリカでは、金銭補償ではなく、他チームへの移籍を禁止するインジャンクション (差止命令) が司法救済として活用されている。

13) プロ野球選手の肖像権　スポーツと知的所有権

　近年、野球選手の肖像権の管理を巡り労使の対立が司法に持ち込まれた。ゲームソフト会社コナミと NPB が野球ゲームの独占契約を締結したことに対して、NPB 所属球団がゲームソフトや野球カードなどに使われる選手の肖像や名前を一元的に管理しているのは不合理として、選手 34 人が、球団に肖像の使用を認める権利がないことの確認を求めたのであった (コナミ訴訟)。

　その一方で、2004 年に公正取引委員会が、コナミと NPB の独占契約は他の業者との競争を排除するものであり、独禁法に違反する恐れがあるとの見解を示し、これを受けて、コナミは独占契約の解除を容認したほか、肖像権の帰属についても、今後の司法判断に沿って対応すると表明した。

　その後も、選手の肖像権の帰属を巡る NPB および選手会の見解の相違に

ついて、引き続き、司法判断に委ねられることになった。統一選手契約書の16条には、「球団が指示する場合、選手は写真、映画、テレビに撮影されることを承諾する。なお、選手はこのような写真出演等に関する肖像権、著作権等のすべてが球団に属し、また球団が宣伝目的のために、いかなる方法でそれらを利用しても、異議を申し立てないことを承認する。なおこれによって球団が金銭の利益を受ける時、選手は適当な分配金を受けることができる。さらに選手は球団の承諾なく、公衆の面前に出演し、ラジオ、テレビのプログラムに参加し、写真の撮影を認め、新聞雑誌の記事を書き、これを後援し、また商品の広告に関与しないことを承諾する。」とある。原告の選手らは、これを楯に球団の宣伝目的については、球団が選手の肖像権についての管理・使用権を持つが、商業利用についてはこの限りではなく、ゲームソフトや野球カード等の商業利用については選手側が別途合意しない限り、球団側に管理・使用権が発生しない、との主張を展開した[22]。

このケースで、東京地裁は次のように述べて選手側の請求を棄却した。
① 統一契約書第16条では「球団が指示する場合、選手は写真、映画、テレビに撮影されることを承諾する。」とし、「また球団が宣伝目的のために、いかなる方法でそれらを利用しても、異議を申し立てない」とある。選手の肖像権に関する全ての権利が球団に属し、球団は「宣伝目的」のためにいかなる方法でも利用できる。
② 「宣伝目的」とは、統一契約書がアメリカ大リーグを参考に作られた際に、「パブリシティ」を「宣伝」と訳した経緯、それ以前にも巨人の選手のブロマイドや、阪神の選手の氏名や肖像を使用した玩具などで、それぞれの球団などがこれを許諾していた事情から、この統一契約書もそうした慣行をもとに制定されたと考えられる。ゆえに「広く球団、プロ野球の知名度向上に役立てる目的」と定義でき、広告宣伝だけでなく、選手の氏名や肖像を商業的に使用する場合も、球団やプロ野球の知名度の向上に役立つ限りこれに含まれる。したがって、選手側の主張（「宣伝目的」とは「広告宣伝目的」だけであって「商品化目的」は含まないとの主張）は

---

22 東京地判平18・8・1判時1957号116頁。

認められない。
③ ゲームソフトなどへの選手肖像権の使用は、この目的に適い、選手も長期間にわたって許容してきた。
④ 現状として、球団が多大な投資を行って選手の商品価値を向上させており、球団や選手の商品価値が低下する事態を防止するために使用形態を管理する必要性もある。また、交渉窓口を一元化してライセンシーの便宜を図っているし、結果として選手の氏名や肖像使用の促進にもつながる。
⑤ ただし長年にわたり変更されておらず、時代に即して再検討する余地はある。

　その後、2008年に2審知的財産高等裁判所も地裁の判断を支持し、ついに2010年6月、最高裁でも選手側の上告が退けられた。
　こうして本件では、選手の氏名や肖像の商業利用についても球団側が管理する旨が統一選手契約書16条によって合意されており、当該契約の内容は著しく不当とはいえず、有効であるとの判断が確定したのであった。こうして選手側の司法救済の試みはあえなく敗れた。とはいえ、もちろん、選手側には団体交渉という別のチャンネルがある。つまり、労使の自治において権利義務関係を決定していくというプロセスである。この点、先に指摘したように、2004年以降、選手会はNPBに対する交渉力を改善させており、団体交渉において球界の取り決めを変更させていくことは十分に可能であるといえる。

14) 代理人制度
　日本では、スポーツ代理人の歴史はまだ浅い。1992年に当時ヤクルトの古田敦也選手が、初めて代理人交渉に挑んだが、「代理人が関与することは日本の風土になじまない」として、球団に拒否された経緯がある。野球協約には、入団時の交渉については、本人が対面で直接交渉して契約しなければならないとする「対面契約」の規定がある。ただし、この規定は、主として親、あるいは第三者によって、本人の利益に反する交渉が実施される恐れを排除することを目的とするものであり、代理人の同席による交渉などについ

てはこの限りではなく、またこれ以外の規定についても、代理人交渉を禁止するものは存在しない。

　代理人交渉に応じる法的義務が球団側にあるか否かについては、今後、議論を深めていく必要のある論点ではあるが、概していえば、球団による代理人交渉の拒否は、これをもって当然に違法ということはできない。そもそも交渉の方法は、あくまでも私的自治の問題といえ、制度導入の是非および制度設計については労使交渉で整備すべき、ということになろう。ただし、代理人の介在をNPBが結託して排除する場合には、独禁法の問題となりうることを指摘しておかなければならない。

　NPBでは、2000年のオフにようやく代理人交渉の扉が開かれたのであるが、制度の運用に当たっては以下の条件が課されている。すなわち、①代理人は弁護士に限定すること。②選手契約交渉における選手の同席に関して、初回の交渉には必ず選手が同席すること。③1人の代理人が複数の選手と契約することは認めないとすること（いわゆる1代理人、1選手の制限）。この③については、多くの選手を顧客にして、リーグ運営に影響力を与える、いわゆるスーパーエージェントの出現を排除することがその目的とされている。

　なお、選手会は、代理人への報酬を年俸の1～2％程度とする目安をモデルとして提示しているが（日本プロ野球選手会・選手代理人報酬ガイドライン）、これはあくまでもガイドラインであって、法的効力をもつものではない。

　他方、Jリーグでは、発足当初から、FIFAおよびJFAの規則により、日本国内の選手契約に関するクラブとの交渉において、選手を代理できる代理人資格者について明らかにしている。

　具体的には、①JFAがライセンスを発行したJFA認定選手エージェント、②外国サッカー協会がライセンスを発行した外国サッカー協会認定選手エージェント、③日本の弁護士法に基づく弁護士、④親、兄弟、配偶者、である。上記以外の者を利用することは禁止されており、これに違反した選手は、懲罰の対象となる。

　今後、NPBでも、代理人交渉について、弁護士以外にも門戸が開かれるかが注目されるところである。代理人交渉の普及は、選手と球団との人的関係を基盤とする人情的あるいは温情的交渉から、選手の価値について、市場

における客観的な評価を重視する合理主義的交渉への移行を示すものといえ、プロスポーツ界が、権利義務を重視する利益社会へと、その姿を変えつつある流れが見て取れる。

15) アンチ・ドーピングの動向

日本国内では、1964年の東京オリンピックの際に開催された「世界スポーツ科学会議」で、はじめてドーピングが公式の話題となった。その後1972年、札幌冬季オリンピックを前に、「日本体育協会スポーツ科学委員会」によって、アンチ・ドーピングの普及・啓発、検査方法の研究が進められ、それらの一環として「ドーピングガイドブック」が作成された。以後、オリンピックをはじめとする国際大会への派遣代表選手に対して、またわが国で開催される国際大会においてもドーピング検査が実施されることとなった。

日本スポーツ界におけるドーピング・コントロールへの認識はその後も、必ずしも高くなかったのであるが、1994年の広島アジア大会で違反者が多数発覚したこと、さらに、1996年に実施された国際陸上連盟の競技外抜き打ち検査の結果、日本人選手の薬物使用が判明し、当該選手に対して資格停止処分が下されたことで、にわかに関心が高まっていった[23]。こうした動向を受けて、1997年に、JOCは、アンチ・ドーピング規程を作成し、アンチ・ドーピングシステムの在り方を提言という形で示した。

他方、世界的にもアンチ・ドーピングの推進が求められ、IOCが開催した「スポーツにおけるドーピングに関する世界会議」においてローザンヌ宣言が採択されたことを受けて、1999年に、世界アンチ・ドーピング機構（WADA）が設立された。そして、日本でも、このWADA規定に準拠する形で、2001年に、財団法人日本アンチ・ドーピング機構（JADA）が設置されるに至った。こうした動向に沿って、日本政府も、2006年12月、ユネスコの反ドーピング条約を締結して国を挙げて取り組むことを明らかにしている。

---

23 国民体育大会においても、2003年の静岡国体夏季大会から検査を実施、ドーピング・コントロール規定を日本体育協会が定めるに至った。

このように2000年を境に、国内外でアンチ・ドーピングの潮流が加速したのであるが、この流れは、やがて、NPBやJリーグなどのプロスポーツにも浸透していった。現在、NPBとJリーグでは、それぞれ薬物検査が導入され、違反者に対する制裁が予定されている。
　たとえば、NPBでは、2005年、公式戦中のドーピング（禁止薬物使用）検査の導入を発表し、NPBと日本プロ野球選手会が事務折衝の中で合意した。その結果、禁止薬物のリストは、国際野球連盟のルールに準拠し、少なくとも月に1度、各球団2人ずつを抜き打ち検査するとされた。札幌ドームを除いて尿を採取する規格通りの施設がないため、各球場に採尿施設を置くまでは啓蒙期間とし、罰則規定は設けず、薬物が検出されても、本人への厳重注意のみで公表しないこととした。また、ドーピング検査導入に伴い、新たに医事委員会が設置された。
　なお、アンチ・ドーピングの違反者に対する制裁については、世界基準に準ずるべきか否かの論争がある。WADAおよびJADAの規定では、薬物使用に関わる違反が確定すれば、1回目は原則2年間、2回目は永久に競技大会出場資格を停止するという厳格な制裁が科される。しかし、このような制裁はプロ選手にとっては死活問題となるため、プロスポーツ界は世界基準の採用に、二の足を踏む実態となっているのである。
　現在、NPBでは、禁止薬物や検査方法は五輪などの国際大会と同じ基準を採用しつつも、制裁については独自の対処をしていくとして、違反者には内容に応じて軽度のものから順に、次の4段階の処分が科されることになっている。すなわち、①譴責、②10試合以下の公式戦出場停止、③1年以下の公式戦出場停止、④無期限の公式戦出場停止、である。
　これと同様に、Jリーグでも、①譴責、②1試合以上6試合以下の公式試合の出場資格の停止、③12か月以下の公式試合の出場資格の停止、④無期限の資格停止の処分、が予定されている。
　なお、Jリーグでは、選手の薬物使用について、クラブにも3,000万円を限度に、制裁金を科すという罰則が予定されており、他方、NPBでも、1,000万円を限度とする同様の罰則が導入された。

異議申立ての手続き　2008年5月にNPBは「NPBアンチ・ドーピン

グ特別委員会」を設置した。コミッショナーやコミッショナー事務局長、NPB 医事委員長ら 6 人で構成されるこの特別委員会は、ドーピング検査で禁止薬物が検出された旨の報告が NPB 医事委員会からあった場合、当該選手に対する制裁内容を決定する機関とされた。当時、本委員会が決定する制裁に対して、異議が申し立てられた場合も本委員会が処理することになっていた。これに対しては、異議申立ての手続保障として、その実質を損ねるとの声も上がっていた。そこで、NPB は、2009 年 1 月、ドーピング違反で制裁を受けた選手の異議申立てを受け付ける上訴機関を新設し、より客観的かつ中立的な手続きを保障することとした。これ以降、「NPB アンチ・ドーピング調査裁定委員会」と「NPB アンチ・ドーピング特別委員会」に組織が分離され、前者が制裁内容の決定、後者が異議申立て手続きをそれぞれ担当することとなった。なお、当該上訴機関である現行の特別委員会はドーピングに詳しい医師や弁護士ら 3 人の委員で構成される[24]。

我那覇選手を巡る仲裁　　ところで、J リーグでは、WADA の世界基準では禁止されていない物質の摂取に対する制裁の是非を巡り、CAS に申し立てられたケースがある。2007 年、川崎フロンターレの我那覇和樹選手がチームドクターから生理食塩水とビタミン B1 を点滴されたことについて、J リーグ臨時理事会でドーピング違反であると認定され、我那覇選手に公式戦 6 試合出場停止、川崎フロンターレに制裁金 1,000 万円を科すことが承認された。

これに対して、各クラブの担当医が連名で質問状を提出し、点滴はドーピングに当たらないと主張し、加えて、同年 12 月、我那覇選手の弁護団が、処分取り消しを求める申立書を CAS に送付した[25]。

2008 年、本件で CAS は、①当該医療行為は WADA の規定では、正当な医療行為であるが、J リーグは WADA の基準を採用していなかった、②J リーグが、正当な医療行為について詳細な条件を示していなかった、③我那覇選手本人が医師の判断や診断書を評価する必要はなく、過失があったとは

24　これらのメンバーの選出についても選手会が関与を求めている。
25　WADA も当該点滴は、WADA の基準においては、禁止対象となる行為には該当しないとした。

いえない、などと指摘して、Jリーグの処分の取消しを命じる裁定を下し、かつ、仲裁にかかった費用、その他仲裁に関連して我那覇選手が支払った費用のうち2万ドルをJリーグ側が負担すべきであるとした。

　これを受けて、Jリーグは、2009年、WADAの世界基準に則って実施されるJADAのドーピング検査を受けることを発表した。それまで独自規定に基づく検査を実施してきたが、日本サッカー協会がJADAに加盟したことで、傘下団体のJリーグがこれに従う形となった。

第 2 章

アメリカ・カレッジスポーツ
―商業化とアマチュアリズムの狭間で―

▶ NCAA とは
▶ NCAA の商業化
▶ 現状と目的の矛盾

1. NCAA

1) NCAAの歴史

　NCAAとは大学スポーツの運営管理を目的として、1906年に設立された非営利の団体であり、今日、アメリカの大学スポーツ全般を統括する大組織に発展してきた。1900年代初期、大学スポーツを巡ってアメリカンフットボールの試合中に死亡事故が発生したことや、学業への悪影響が社会問題化したことを受けて、当時のルーズベルト大統領がスポーツの適切な運営と管理を大学機関に求めた。これを受けて、1906年にIAAUS（Intercollegiate Athletic Association of the United States：合衆国大学間体育協会）が設立され、続いて1910年にNCAA（National Collegiate Athletic Association：全米大学体育協会）に名称が変更された。NCAAは当初、陸上等の大会運営を中心としていたが、その後野球、バスケットボール、水泳など種目数を増加させていった。現在、NCAAは23の競技で88の大会を運営しており、全ての競技を合わせると、1,200以上の大学から合計4万人以上の選手が大会に参加している。こうした大会への参加のほか、NCAAの競技に携わっている選手数は実に36万人にのぼる。

2) NCAAの目的

　NCAAの基本目的は、①加盟大学機関の競技スポーツを、教育の一環として企画・運営すること、そして②教育課程における必須としてのスポーツ、学生選手、その団体の擁護である。同時に、NCAAはアマチュアスポーツたる大学スポーツとプロスポーツの境界を明確化し、この境界内活動の堅持に努めている。

　その他、NCAA憲章には以下の項目が目的として掲げられている。

　(a)大学競技スポーツプログラムの改善。(b)大学スポーツに対する各大学機関による管理監督の原則確保。(c)学生選手の奨学金制度・スポーツマンシップ・アマチュアリズムに関する資格基準の設定。(d)競技規則の公式化・出版。(e)大学スポーツの記録保持。(f)大学スポーツ大会の運営・監

督。(g)他の組織との協力・連携。(h)大学スポーツを巡る諸問題に対応する規定制定。(i)大学スポーツの多角的研究。

3）NCAA の組織構造

　NCAA は 1973 年にディビジョン I（D1）、ディビジョン II（D2）、ディビジョン III（D3）の 3 つの区分を設置し、以来、各大学のスポーツ強化体制、すなわち、スポーツ奨学生の人数や大学が援助するチーム数など NCAA が定める規則に基づいて大学がグループ化されてきた。このうち、スポーツ奨学金の支給が許されるのは D1 と D2 のカンファレンス（NCAA の下部組織。これについては後述する。）に属する大学のみである。1978 年にはアメリカンフットボールにおける D1 はさらに D1-A、D1-AA へと細分化され、アメリカンフットボールをサポートしていないカンファレンスは D1-AAA として区別されるに至った。また、NCAA は 1982 年までに女子リーグの運営も開始した。

　なお、D1-A および D1-AA は、2006 年にそれぞれ、フットボール・ボウル・サブディビジョン（Football Bowl Subdivision）とフットボール・チャンピオンシップ・サブディビジョン（Football Championship Subdivision）に名称変更された。

　ところで、1997 年に NCAA の政策意思決定過程を巡って重要な変更が施された。それは、NCAA 全体で統一的に意思決定がされていたものを、ディビジョン別での政策意思決定に移行されたことである。かつては、D2、D3 も NCAA 全体にかかわる政策決定において、議決権を持ち、NCAA の政策決定に影響力をもっていた。しかし、各ディビジョン別に政策が決定されることになり、NCAA の中で、D1 に所属する大学機関の影響力が増加し、その一方で数の上では多い、下位のディビジョンに属する大学機関の声が NCAA 全体には届かなくなっ

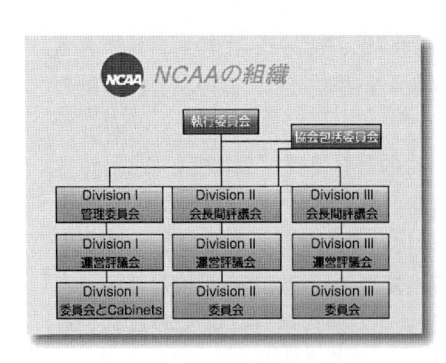

> **NCAA 理事会**
> 20人の理事の内訳
>
> 1. NCAA 会長
> 2. FBS（かつてのD1-A）の最高責任者（8人）
> 3. FCS（かつてのD1-AA）の最高責任者（2人）
> 4. D1の最高責任者（2人）
> 5. D2の最高責任者（2人）
> 6. D3の最高責任者（2人）
> 7. 3つの運営評議会の議長

た。すでに大学スポーツが経済面で大学経営に大きな影響を与えるD1がNCAAの運営を巡る政策決定権を優先的に支配したことで、大学スポーツの商業化を助長する結果となった。

NCAAの加盟大学の構成を見ると、全体の約半数が州立大学である。もっとも私立大学を含めほぼすべての大学が連邦政府からの財政的支援を受けている。またNCAAは学生選手個人を加盟者としておらず、あくまでも大学機関が加盟対象となり、当該大学が学生選手の規律・制裁について直接、責任を負うという関係にある。たとえば、学生がNCAAの規約に違反した場合には、NCAAが大学にその事実を通知し、大学に対して学生への制裁を要請する。そして、この要請に大学が従わない場合には、NCAAが当該大学機関に対して制裁を加えるという関係になっている。

なお、NCAAの傘下にカンファレンスが存在し、それが地域ごとに大学チームを束ねている。もともと大学間の地域での大会や活動を促進するために設立された各カンファレンスには5から12の大学機関が所属し、独自の規約策定権限も与えられている。地域での対抗戦のほか、特に組織的に成功を収めてきたカンファレンスにおいて、カンファレンス拡張のプライオリティは、過去20年間で大きく変化を遂げてきた。たとえば、ビッグ・イースト・カンファレンスのメンバー、ボストン・カレッジ、バージニア工科大学、マイアミ大学は、アトランティックコースト・カンファレンスに移籍した。これによって、アトランティックコースト・カンファレンスは南フロリダから、ニューイングランドにかけて拡張されることになった。

アトランティックコーストはとくにフットボールのレベルが高く、上記大学の移籍は、こうしたスポーツによる増収を見込んでのことであった。

4) NCAAの財政

NCAAは、非営利団体ではあるが、豊富な財源を持っている。その主な

NCAA 総収益とテレビ放映権収益の比較

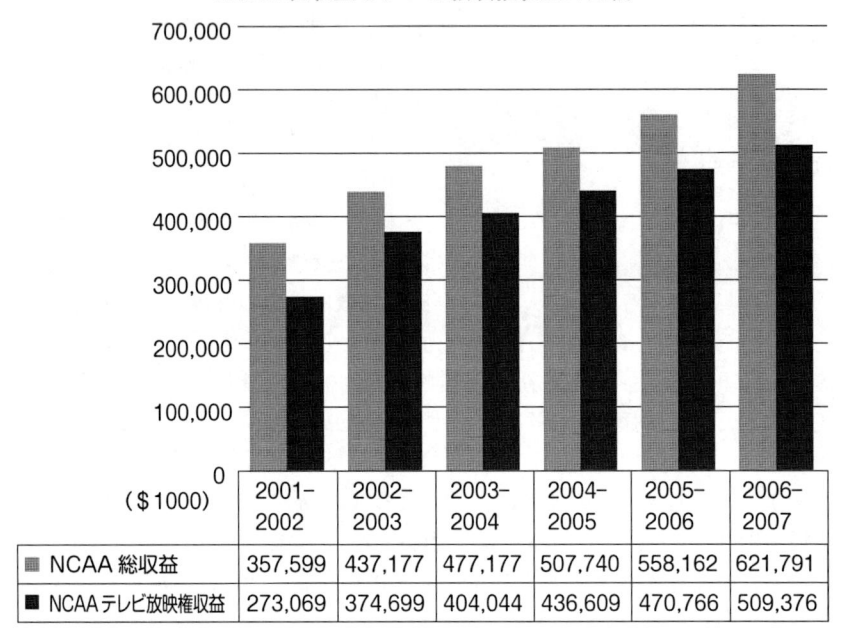

($1000)	2001–2002	2002–2003	2003–2004	2004–2005	2005–2006	2006–2007
■ NCAA 総収益	357,599	437,177	477,177	507,740	558,162	621,791
■ NCAAテレビ放映権収益	273,069	374,699	404,044	436,609	470,766	509,376

　収入源はテレビ放映権である。2006-2007年では、テレビとマーケティングによる収益はNCAAの全収益のうち81.9％となっている。ちなみに、2001年には、TVとチケットのみで、2億7,610万ドル、これは全収益の85％に該当する。さらに、3大ネットワークの1つであるCBSとの間に11年契約を締結し、これにより2012-2013年は764万ドルが見込まれている。もっともこのテレビ放映権収入は、人気のある大学スポーツに限定される。その急先鋒はバスケットボールである。各カンファレンスで好成績を収めた選りすぐりの65チームが3週間かけて全米1位を争うNCAAバスケットボールの決勝トーナメントは「3月の狂乱（March Madness）」と呼ばれ、毎年、異様なほどの盛り上がりを見せる。この「3月の狂乱」がNCAAの運営収益の実に90％を生み出している。
　このようにNCAAはバスケットボールのみに財源確保を委ねる仕組みに

なっており、その点で脆弱な体制であると指摘されてきた。そこで、近年、財源確保の見直しを図り、他の収入源の開拓に心血を注いできた。たとえば、1998年に、エージェント会社と契約し、ラジオ放映権、TVショー、出版権を当該会社に譲渡し、これにより1,150万ドルを得た。こうしたビジネスが今後も展開されていくことは間違いなさそうである。

その他、あまり日本では知られてないが、D1女子バスケットボール、大学野球ワールドカップも1億3,570万ドルの収益を上げており、今後のビジネス的展開が注目される。

ところで、バスケットボールとともにアメリカ大学スポーツの双璧をなす（アメリカン）フットボールは意外にもNCAAに対する財政的な貢献度が低い。というのは、NCAA主催のポストシーズン・ゲームが存在しないからである。大学フットボールの決勝戦たるボウルチャンピオンシップシリーズ（BCS）は絶大なる人気を誇っているが、実は、NCAAではなく、カレッジフットボールのボウル・サブディビジョン（D1-A）によって運営されている。つまり、フットボールのエリート校がNCAAから離れて、BCSを独自に運営しているわけである。

BCSボウル・ゲームの出場校は、原則としてそのシーズンの上位10校であり、6つのBCSカンファレンスの各カンファレンスの優勝校と、一般枠で選ばれる4つのチームからなる。これら10チームが、伝統的な4つのボウルチャンピオンシップ、すなわち、ローズ、オレンジ、フィエスタ、シュガーボウルに加えて、2006-07年以降に導入されたBCSナショナル・チャンピオンシップ・ゲームで試合を行っている。

2006年までは、4つのボウル・ゲームが持ち回りで、全米1位の位置づけとなるナショナル・チャンピオンシップを開催していたのであるが、独立したナショナル・チャンピオンシップ・ゲームが導入され、以降、これが全米1位決定戦となっている。

なお、BCSナショナル・チャンピオンシップ・ゲームを戦うのは、レギュラーシーズン終了時点でBCSランキング第1位と第2位にランクされたチームであり、そのランキングは、シーズンの戦績、コーチ、ジャーナリストによる投票を指標として決定されるため、トーナメント方式で勝ち抜いた

チームが出場するわけではない。

5) NCAAの収益分配

1,200校が加盟するNCAA主催の大会は言うまでもなくその規模が大きく、それだけに費用もかさむ。専門職員の人件費、チャンピオンシップの開催が主な経費となる。NCAAは非営利団体であるため、経費を引いた利益はNCAA加盟機関に分配される。そこで注目されるのが、配分の割合である。NCAAからD1所属の大学に分配される総額は2006年度に3億3,192万5,620ドル、D2へは2,663万9,186ドル、そしてD3へは1,747万8,629ドルとなっている。D1の大学はより多くの利益を生むことから、配分も大きい。

先に指摘した通り、このNCAAの収益の大部分はD1バスケットボールのチャンピオンシップによるものである。NCAAからD1カンファレンスにも収益分配があるが、ここでも成果報酬制が適用されている。ちなみに2007-2008年についてNCAAからD1カンファレンスへ分配された総額は1億4,330万ドルで、いずれのカンファレンスにいくら分配するかについては、過去6年間のトーナメントにおける競技成績に応じて分配額が決定される仕組みになっている。大学は金銭的動機をもとにチーム運営に従事しているといっても過言ではない。チームの強化がNCAAからのさらなる収益分配をもたらし、またチームの活躍が地元のファンやOBに喜びと興奮を与え、彼らからの寄付金の増加につながってゆくのである。このように、D1でスポーツチームを盛り上げていくことは、大学経営に大きな影響を与えるわけである。

6) ディビジョンⅠ (D1) への加盟条件

D1加盟チームの保有が大学経営に経済的利益をもたらす構図については、すでに指摘した通りであるが、

NCAAの収益分配

分配額（2006年-2007年)	
D1	$331,925,620
D2	$26,639,186
D3	$17,478,629

D1、D2、D3の各リーグへの加盟には一定の条件をクリアしなければならない。ちなみにD1リーグへの加盟条件は次のとおりである。まず、財政的に支援するスポーツについて大学機関が男女それぞれ7チーム以上を有し、さらに男女混合のチームについては2チーム以上有することが必要となる。これに加えて、奨学金を受ける選手の人数や各競技で定められている必要試合数に関する基準をクリアしなければならない。なお、D1の中でもアメリカンフットボールについては、観客動員数によってボウル・サブディビジョン（D1-A）とチャンピオンシップ・サブディビジョン（D1-AA）に細分化されている。

7) ナイト（Knight）委員会

アメリカの大学スポーツの在り方について大きな影響を及ぼしてきたナイト委員会と呼ばれる外部機関がある。当委員会は大学スポーツの商業化に歯止めをかけ、高等教育機関における本来の教育価値を見直そうとする姿勢を前面に出してきた。なぜなら、この組織はそもそも1980年代後半に選手のリクルートを巡る大学スポーツ界のスキャンダルを受けて設立されたからである。ナイト委員会は、ジョン・ナイト氏とジェームズ・ナイト氏の兄弟によって設立された基金を元に1989年10月に設立された。同委員会は1993年に3冊のレポートを発表し、これが1996年のNCAA事業再編の動機付けとなった。

同委員会は22人の独立の審議委員により構成され、教育、ビジネス、スポーツ各界のリーダーが名を連ねた。

大学スポーツの在り方に影響を持つ有識者会議
ナイト委員会
1989年に大学スポーツを巡るスキャンダルや不正を正すために有識者によって組織された独立機関

NCAAは1996年までに当委員会の提案事項の約2/3を採用

大学スポーツ運営の政策転換
大学長の責任と権限を拡充

ナイト委員会は、大学に対して何ら法的あるいは制度的な権限を持つものではないが、同委員会によって1996年までになされた提案のうちの3分の2をNCAAが採用しており、実質的にはNCAAの政策決定に大きな影響を与えてきた。そうした政策決定のうち、1990年代で最も重要なものは大

学スポーツ局（Athletic Department：大学スポーツ活動を管理・運営する大学の一部門）のガバナンス構造改革である。大学スポーツ局の責任者であるアスレチック・ディレクター（Athletic Director）に代えて、大学長を学校のスポーツ政策、財政を巡る決定の責任者とした。このように教育機関のトップに大学スポーツの行き過ぎをチェックさせる仕組みを導入したのである。

同委員会は2000年、2001年にも開催され、1990年代にNCAAが採用した改革の評価を実施した。この内容は、2001年に報告書『行動の要求：スポーツと高等教育の再構築（A Call to Action：Reconnecting Sports to Higher Education)』として公表された。同報告書は、1990年の提案を採用した際のNCAAおよび大学機関の誠実さを評価しつつ、他方で、1990年代の大学機関における対策は十分ではなく、結果的に腐敗抑制には失敗したと指摘した。これによると、1980年代には、D1-Aの106機関のうち、57機関（54％）に学生選手への利益供与等の重大なNCAA規則違反があり、さらに1990年代にも、D1-Aの114機関のうち、58機関に同様の違反があったとされる。こうして、トップレベルにある大学のうち半分の機関がルール違反をしている醜態が露呈されたのである。

同委員会は違法行為以外にも、経済的な意味での「軍備拡大」競争、低い卒業率、加速する商業主義の問題、アマチュアリズムの理想の崩壊について指摘した。「広く、また加速する学業と運動文化との戦いに誰が勝利するかは明らかである。多くの場面で本末転倒が見られる」などがそれである。

委員会はNCAAと、その所属機関に対して以下、15項目の提言を発表した。

① 学生選手は、入試基準、学位取得基準等について他の学生と同様に扱われるべきである。
② 2007年までに、50％の卒業率を確保できていないチームはポストシーズンでのプレーを禁止されるべきである（ちなみに、2000年は321チーム中180チームがこの基準を満たしていない）。
③ 一定の選手について、奨学金はこれらの選手が卒業するまでを対象として支払われるべきである。
④ 試合期間、練習期間、ポストシーズンのそれぞれの期間を短縮するべき

である。
⑤ NBAおよびNFLはマイナーリーグを発達させるべきである。つまり、高等教育に関心のない選手または関心があっても学力が及ばない選手の代替的な機会が確保されるべきである。
⑥ D1におけるフットボールとバスケットボールへの支出（奨学金を含む）を削減するべきである。
⑦ タイトル9の遵守と女子選手への支援が確保されるべきである。
⑧ コーチの給与は大学の一般的な基準に合わせて減額されるべきである。
⑨ コーチの名声は個人だけでなく、大学の名声に裏付けられるものであるため、CM出演依頼等、コーチの学外商業活動については、当該業者とコーチ個人ではなく、大学が交渉すべきである。
⑩ テレビ放送局（CBS）からの収益の分配に関するNCAAの計画は変更されるべきである。すなわち、試合の勝ち負けではなく、学術上の成績や男女平等の実現に応じて分配が決定されるべきである。
⑪ 各大学が、試合日、放送、あるいは広告についての決定をするべきである。
⑫ 大学は伝統的な学術的価値を損なうような商業的契約を締結するべきではない。
⑬ アリーナやスタジアムでの広告は最小化するべきである。
⑭ ユニフォームの企業ロゴを禁止するべきである。
⑮ ネバダ州で合法とされている大学スポーツに対する賭博を禁止する連邦法制定に向けた行動をとるべきであり、また各大学長はキャンパス内に蔓延る違法賭博について何らかの対策をとるべきである。

　仮に、ナイト委員会による、この2001年の提言が採用されていれば、フットボール、バスケットボールを巡るビジネスは大きく変容することになったに違いない。たとえば、トップレベルの高校生選手のリクルートが減少し、多くのトップコーチが大学からプロチームに移籍することになったであろう。
　ところで、NCAAが採用した提案のうち、司法審査の対象となったもの

がある。特に注目すべきは、NCAAによるアシスタントコーチの給与制限が反トラスト法違反とされた *Law* 事件[1]である。NCAAがアシスタントコーチの報酬を16,000ドルに制限したことに対して、これが反トラスト法に違反するとの訴えが提起された。本件で、連邦控訴裁判所は、不合理な制限であり違法との判断を下し、最終的に5,500万ドルの賠償金の支払いをすることで和解が成立した。こうして、ナイト委員会の提案の実施が反トラスト訴訟を生み、結果的にNCAAが多額の賠償金の支払いを強いられるという皮肉な結果となった。2001年の提言の実現については、多くの利害調整が必要であり、このケースは、大学スポーツの理想と現実の隔たりをかえって浮き彫りにしたともいえる。

2. スポーツ組織内の紛争

1）組織内決定を巡る司法介入

　大学、あるいは高校はその組織としての内部規約を制定し、その規定に基づいて様々な決定を下しているのであるが、こうした規定や決定も司法審査の対象になる場合がある。1960年代までの裁判所は、スポーツプログラムに関する学校内部の事項への介入には消極的であった。しかし、1960年代初期に、結婚や髪形などの身体的外見を含む個人の行為を規制していたことに対して学生選手から訴えが提起され、裁判所はこれらのケースについて司法審査を容認し、個々の選手の憲法上の権利を侵害する規定や決定は無効とする判断を下したのであった。1980年代以降は、選手資格やチーム資格を巡って多くの訴訟が提起されたが、こうした内部規約を巡る訴えでは、以下の条件が存在する場合に限って裁判所の介入が肯定されてきた。

① 当該規定が不当または不合理であり、パブリックポリシー（公序良俗）に反する場合。
② 当該規定が当該団体の権限を逸脱している場合。
③ 当該団体が自ら定めた規定に違反している場合。

---

1 *Law v. NCAA*, 134 F.3d 1010（10th Cir. 1998）.

④　当該規定が、不合理または恣意的に適用された場合。
⑤　当該規定が法に違反する場合。
⑥　当該規定が個々人の憲法上の権利を侵害する場合。

　要するに、スポーツ団体の判断に詐欺、共謀、不合理な処理、あるいは恣意的、気まぐれな処理があって初めて、裁判所が介入することができるのである。以下、問題となったケースを見てみよう。

　【ケース1】　レスリングの試合で原告が試合直後にヘッドギアを20フィートから30フィート放り投げたことが、スポーツマンシップに違反するとしてペナルティが課され、結果的に相手選手が優勝になった Rodriguez 事件[2]で、裁判所は、高校スポーツ連盟に恣意的、気まぐれ、権限踰越はなかったとして、原告の請求を棄却した。

　【ケース2】　NCAA が主催するレスリング大会参加資格について争われた Hart 事件[3]では、1審が原告の学生に5回目のシーズンへの参加資格を与えるインジャンクション[4]を認めたことについて、2審の連邦高裁は、NCAA の大会参加を拒否されたことをもって原告に回復不可能な損害があったとはいえないとして、NCAA 主催の大会への参加についてインジャンクションをもって当該紛争を解決するのは不適当とし、インジャンクションを容認した1審の判断を破棄した。

　【ケース3】　Phillip 事件[5]では、高校時代に必修13コースを修了しなかった原告に対して、NCAA が大学選手資格要件を満たさないと通告し、また原告が入学したフェアフィールド大学からの特別免除（waiver）の要請ついても NCAA が棄却決定をしたことについて、連邦控訴裁判所は、NCAA に恣意的な判断があったわけではないとして、原告の主張を支持した1審判決を破棄・差戻しした。

　【ケース4】　Dempsey 事件[6]では、デラウエア体育協会が、留年した原告

2　*Rodriguez v. New York State Public High School Athletic Association*, 809 N.Y.S.2d 483 (2005).
3　*Hart v. NCAA*, 550 S.E.2d 79 (W. Va. 2001).
4　インジャンクションとは、被告に一定の行為をなすことを禁じたり、違法状態の排除のために被告に一定の作為を命じる裁判所救済である。
5　*Phillip v. Fairfield University*, 118 F. 3d 131 (2d Cir. 1997).
6　*Dempsey v. State*, WL 3933737 (Del. Ch. December 21, 2006).

が学業成績の基準をクリアできなかったことにより、当該原告の5年目の大会参加資格を与えなかったのであるが、原告は、母親が交通事故にあったため、介護および兄弟の養育が必要となり、学業に専念できず成績が低下し、スポーツ参加の成績基準要件を満たせなかったと主張した。これについて裁判所は成績を上げるために努力した形跡もなく、かつ成績不良と母親の事故に相当因果関係がないとして原告の請求を棄却した。

【ケース5】 女子高校生ゴルファーが州主催の秋の男子個人戦への参加を拒否されたことについて、マサチューセッツ州の均等保護法に違反するかが争われた Thomka 事件[7] では、当該取扱いはマサチューセッツ州法に違反するとされた。当該判決は、①原告が参加できるとされた春のトーナメント数が秋の男子トーナメント数よりも少ないこと、②秋のトーナメントはショーケース（show case）としての意義が大きいこと、③原告が男子に負けない成績を残したことを指摘した。

2) NCAAによる政策実行の強制力

NCAAの規定に違反する加盟校にいかなる処分を加えるか。このことはNCAAの政策実行においてきわめて重要となる。NCAAは1948年に最初の強制プログラムを導入した。これはリクルート（選手の囲い込み・青田買い）の問題を解決するためであった。1948年、NCAAは、憲章遵守委員会（Constitutional Compliance Committee）を設立し、新しい指針の解釈および違反の調査を担当させた。続いて、1951年には違反調査委員会（Committee on Infractions）に名称変更し、調査権限が強化された。さらに1973年に調査部門と違反審査委員会を分離し、調査権限（investigations）と審査権限（hearings）を併存させた。こうして、調査権限の

NCAAによる政策実行の強制力

各大学機関への調査依頼権

強制手続き
1. 報告
2. 予備調査
3. 公式調査
4. 違反調査審問委員会
5. 事実認定
6. 違反報告書／制裁
7. 異議申立て（任意）

※カンファレンスごとに独自の政策実行手続きがあり、コミッショナーが調査について権限を持つ

---

[7] Thomka v. Massachusetts Interscholastic Athletic Association, Inc.（MIAA）, 2007 WL 867084 (Mass. Super. February 12, 2007).

強化とともに、審査手続きの充実を図ることで、バランスのとれた形での政策実行力の強化を実現させた。

1980年代初期、アマチュア規定違反が続出し、大学スポーツにモラルハザードが蔓延し始めたため、NCAAは特別会議を招集し（この招集はこれまでの歴史でもたった5回）、より強大な執行権限およびNCAA規則違反の大学に対する制裁についての権限を強化した。その典型が、いわゆる「死刑」制度の導入であった。すなわち5年間に2度のNCAA規則の重大なる違反をした大学に対して、最低2年間、試合出場資格を停止という極めて厳格な制裁を追加したのであった。ちなみに、この「死刑」宣告を受けたのは、南メソジスト大学1校のみである。同大学には再三にわたるNCAA規則違反があったのであるが、特に1970年代中旬から1986年にかけて卒業生から学生選手に提供された60,000ドルの不正金の存在が1987年の試合出場停止処分（死刑宣告）の決め手となった。

この制裁により同大学のフットボールは劇的に弱体化し、出場停止処分以降、勝ち越したシーズンは1回のみという低迷状態に陥った。その後、違反大学に対するNCAAの制裁は軟化しており、南メソジスト大学のケースに匹敵するような違反についても、NCAAは死刑宣告を回避する傾向にある。

こうしたNCAAの強制プログラムの使命は、元来NCAA規則違反を抑制するための適切な制裁を模索することにある。違反ケースについて、手続きの公正および、迅速かつ公平な解決が求められるのである。こうした制裁を科すことで、無関係の選手、コーチ、管理者、ライバル、他の大学との公平性を確保することを主眼としている。

ところで、これらの制裁に対しては、異議申立ての道が開かれている。NCAA違反調査委員会の判断に異議がある大学機関は、NCAA上訴委員会に申立てをすることができる。この手続きでは、すべての必要な情報が公表され、また執行手続きにおいては適正手続き（デュープロセス）が保障される。この適正手続きとは、「何人も適正手続きによらずに、その生命、自由または財産を奪われない」とする合衆国憲法修正第5条および修正第14条に依拠するものであり、たとえば、制裁や不利益処分を巡って、告知・聴聞または弁明の機会が与えられていなければ、その処分は憲法違反として無効

とされる。

こうした理念に則り、NCAAと調査担当機関による執行手続きにおいては、対象機関（大学）に弁明の機会が保障されている。なお、執行手続きは以下の7段階が予定されている。

すなわち、報告、予備尋問、公式尋問、違反審査委員会における審問、事実認定、違反報告書および制裁の決定、異議申立て（任意）である。

3）高校スポーツ

全米高校協会には、NCAAやIOCのような規則制定権限はない。全米高校協会は競技基準を設定し、高校大会のルールを制定するが、NCAAやIOCのような執行手続きも存在しない。これについては州の協会に規則制定権があり、それぞれが紛争解決手続きを設置しているのである。

この手続きは、選手、コーチ、審判、および教育機関の間での紛争を広く対象にしており、一方、各教育機関（学校）は独自の手続きを保有している。したがって、当該紛争が学内で解決できない場合に、州の協会に付託されることになるのである。たとえばカリフォルニア州スポーツ協会（CIF）は、当該協会の憲章に「本協会はこれらの規則と最低基準の確立を促進するために、加盟機関に規約違反があった場合には、適切な制裁を科す」と規定し、その制裁権を明記していると同時に、生徒資格に関する州レベルの異議申立てについては、仲裁に付託する旨を明記している。また各加盟校および協会の各部門間に紛争が生じたときにも、拘束力のある仲裁に付託されることになっている。

4）アスリートの権利（団体による処分と適正手続き）

スポーツ組織が「ステイト・アクター（state actor：州行為者）」に該当するか否かは、その法的位置づけを大きく左右する。なぜなら、スポーツ組織がステイト・アクターであれば、その判断や決定に対して、選手個人が憲法上の保護を求めることができるからである。具体的には修正第14条（適正手続き）の保護である。この点、NCAA規則に違反したとして処分されたコーチが、適正手続きを欠いていたとして訴えを提起した *Tarkanian* 事件[8]で連

> **憲法を巡る問題**
> **デュー・プロセス（due process of law）**
> 個人の権利を保護するために確立された
> 「法に基づく適正手続」
> 生命・自由・財産が奪われる場合を対象
>
> **保障の程度はケースバイケースで判断**
> 1. 違反の大小
> 2. 大学機関や選手個人に生じる影響の大小
> 3. 賦課される制裁の大小

邦最高裁は、NCAAはステイト・アクターに該当せず、選手個人が修正14条の保護を求めることはできないとした。NCAAは私立大学の加盟が大半を占めており、公的な組織とみなすことはできないという判断であった。この判断については20年を経た現在、大学スポーツの公共性の観点から見直しを求める声もある。

これに対して、高校のスポーツ組織はステイト・アクターと認識され、不利益処分における適正手続きの保障など、アスリートの憲法上の権利が保護されてきた。

Brentwood Academy 事件[9]で、連邦最高裁は、高校スポーツ協会はその構成教育機関のほとんどが政府の助成を受けていることから、当該協会はステイト・アクターに該当し、同協会から制裁を受けた原告は修正14条と均等平等法の保護対象となるとした。また、大学バスケットボール選手が競技参加資格に必要な特定の単位を獲得できなかったため、学位プログラムの履修を求めたが、大学側から不誠実かつ適正手続きなく拒否された結果、競技参加資格を喪失したと主張して訴えを提起した *Hall* 事件[10]では、プロ選手になることが見込まれる学生選手がその選手資格にかかわる処分を受ける場合、将来のキャリアに大きく影響するため、一種の財産権として適正手続きによる保障を受けることができるとされた。

5）スポーツ団体の社会的責任

法人格を持つ組織として、スポーツ団体は社会に対して一定の義務を負う。具体的には、協会としての社会的責任、記録の公開、反トラスト法上の責任、公共施設への資金提供などである。それ自体は私的な組織とされる任

---

8 *NCAA v. Tarkanian*, 488 U.S. 179（1988）.
9 *Brentwood Academy v. Tennessee Secondary School Athletic Ass'n*, 531 U.S. 288（2001）.
10 *Hall v. University of Minnesota*, 530 F. Supp. 104（D.Minn. 1982）.

意団体あっても、一般社会に対して責任を負うことになる。

　Greene 事件[11]では、アイオワ州立大学・スポーツ評議会への会議公開法 (Iowa open-meeting law) の適用について争われた。この点について、州裁判所は、同評議会は私的団体ではあるものの、準公的な性質（性格）をもつとして会議公開法が適用されるとの判断を下した。その理由は、同スポーツ評議会は、公的機関である州立大学評議会（board of regents）によって責任と権限を委譲されており、したがって州法で権限を移譲された「理事会」にあたるというものであった。

　アイオワ州では、州立大学のスポーツ評議会も情報開示を要請されるとするこの判決に対しては、NCAA の根強い反発がある。アマチュアリズムを維持するためには、その違反行為等の摘発を巡る調査において、情報源の秘匿が不可欠であり、機密調査ファイルの公開は NCAA の調査手続きの実効性を著しく低下させるというのが NCAA の主張である。NCAA では、告発された加盟機関が NCAA の執行官と協同して、事件の真実性を調査するという協同主義 (cooperative principle) が取られており、情報公開を懸念する大学機関が NCAA の調査への協同に消極的になることで、調査手続きの実効性が担保できない状況が生まれるからである。

　このように、情報開示を巡っては公的観点からの社会的権利の確保と、組織における情報の秘匿性の保護が二律背反になる。仮に会議公開法の適用を受けた場合であっても、どの程度の情報公開が同法によって要請されることになるのかが今後問われることになる。

　いずれにせよ、準公的団体（州立大学等）は記録の開示を公的審査として求められる可能性がある。ほかにも、フロリダ州公的記録法の下で、州立大学における新コーチまたはアスレチック・ディレクターの採用を巡る面接の記録が公開されたケースがある。このように候補者、面接場所、質問内容、回答内容等がメディアに公開されることで、大学機関およびそのスポーツ局は、公平性、妥当性の確保への慎重な対応がこれまで以上に求められるようになってきているのである。

11　*Greene v. Athletic Council of Iowa State University*, 251 N.W.2d 559 (Iowa 1977).

南メソジスト大学におけるリクルーティング・スキャンダルを巡り、当時の担当記者が NCAA および同大学に情報の公開を求めた Kneeland 事件[12]では、第5巡回区連邦控訴裁判所は NCAA およびカンファレンスはステイト・アクターではなく、テキサス州記録公開法（Texas Open Records Act）の適用を受けないと結論した。

　これに対して、Hansberry 事件[13] における裁判所の判断は、高校スポーツを運営する州スポーツ協会はステイト・アクターに該当するとした。当該事件は、マサチューセッツ州スポーツ協会（Massachusetts Intercollegiate Athletic Association : MIAA）に所属していた原告が、参加資格期間満了を理由に競技参加が認められなかったことに対して同協会に異議を申し立てたことが発端となった。原告の申立ては権利放棄（waiver）を理由に却下されたが、原告は、事実上のステイト・アクターである州スポーツ協会が行なった申立て却下の審査会議が公開されなかったことに対し、会議公開法の適用を受けると主張して訴えを提起したのである。これについてマサチューセッツ州上位裁判所は原告の主張を認め、原告の競技参加資格を否定した決定について議論の余地があるとした。

　これら2つのケースでの結論は、NCAA はステイト・アクターではないとした1988年の Tarkanian 事件連邦最高裁判決を反映したものとなっている。つまり、同裁判決以降 NCAA はステイト・アクターではないと解釈されるため、公的組織を対象とする法律が適用されないのが原則であるが、他方、高校スポーツ協会はステイト・アクターと解釈されるため、公的組織を対象とする情報公開法など社会的責任に関わる州法の適用を受ける可能性が大きいのである。

ステイト・アクション (State Action)
憲法に保障される権利を主張するためには、
権利侵害の主体が「ステイト・アクター」でなければならない。
▼
ステイト・アクションなき憲法違反はない！

・ステイト・アクションとは？
　ステイト・アクターによる直接／間接の行為
　NCAA ≠ ステイト・アクター
　高校スポーツ協会＝ステイト・アクター

12　*Kneeland v. NCAA*, 850 F.2d 224（5th Cir. 1988）.
13　*Hansberry v. Massachusetts Interscholastic Athletic Ass'n*, 1998 Mass. Super LEXIS 706（Mass. Super. Ct. Oct. 21, 1998）.

ところが、2010年5月、フロリダ州最高裁がNCAAへの情報公開法の適用を肯定する判決を下し、物議をかもしている。当該訴訟は、オンライン試験を巡る学生選手の不正行為が発覚し、NCAAによる勝利剥奪処分が確定したフロリダ州立大学のケースを巡って、AP通信社らがフロリダ州の情報公開法に基づいてNCAAと同大学に資料の開示を求める訴えを提起したものであった。

当該判決に対しては、競争の公正と平等を担保するためのNCAAの活動が大幅に阻害される点で、その代償は計り知れないとの批判も根強く、今後の動向が注目される。

3. アマチュアリズム

1) 選手資格

選手資格については各アマチュアスポーツ団体が独自の規定を置いている。ほとんどの団体は、いかなる金銭的利益の授受も禁止し、これに違反した者は競技資格を失うとされている。しかし昨今、選手資格の見直しを行ない、生活・練習・競技に関する一定の費用に対する金銭的補償を容認するという姿勢を打ち出す団体も少なくない。

その一方で、オリンピックにおけるU.S. Rowing（ボート）はアマチュアリズムを堅持する姿勢を一貫して示してきた。また、NCAAでは、内規に選手資格について規定しており、「スポーツ参加に対して金銭を受け、または受ける約束をしたものは、大学スポーツへの参加資格を得ない」[14]とし、運用面でも厳格な対応を見せている。

2) プロアマの関係

一般にひとたびプロになった競技者は大学における競技参加資格を失う。従来、アマチュア資格を保持しながら、他のスポーツであっても、プロになることは認められなかったが、この規制は次第に緩和されてきた。NCAA

---

14 Bylaw 14.01.3.2.

でも、他のスポーツでプロになった選手については、アマチュア資格（大学スポーツ参加資格）を失わないことになっており、たとえば、プロ野球のマイナーリーグでプレーした選手が大学フットボールの参加資格を得ているケースがある。ただし、同じ競技において過去にプロ契約をした経験がある場合はもはや参加資格を得ることはできない。

なお、参加資格が法的紛争に発展する可能性は以前にも増して高まっているといってよい。特に大学のバスケットボールとフットボールは、経済的な市場が拡大しているため、金銭的動機付けなど、アスリートを取り囲む環境が大きく変わってきているからである。

NCAAは、アマチュア資格を巡る規制は大学スポーツの存在意義にかかわる問題としており、日本との比較においても、極めて広範かつ詳細な規制を設けている。たとえば、GPA（Grade Point Averege＝学生の成績評価値）、進級状況について一定の基準を設ける学業資格規定があるほか、移籍についても移籍先の大学でのプレーが一定期間制限される。また年齢制限、在籍年数規制やプロとしての金銭授受がある場合の選手資格喪失などに及んでいる。

3）学業とのバランス

学業資格規定の目的は、学生選手に対して適切な修業を要請することにある。いわゆる文武両道である。スポーツを巡って大学にもたらされる経済的利益が増大するなかで、この要請は益々重要になってきている。経済的利益を優先し、学業に関心のないアスリートをリクルートし、プレーさせる動機を大学側がもつ状況が生じているからである。本来、学生は高等教育機関において学業に従事し、それと両立する範囲でスポーツに参加するべきであるという思想が学業資格規定にはっきりと表れている。

しかし、この理想の実現は極めて困難であることはいうまでもない。なぜなら、大学スポーツの社会的または経済的影響が大きくなればなるほど、その理想と現実の乖離が増大するという矛盾を孕んでいるからである。つまり、大学スポーツの商業化は、その市場価値を著しく高め、またそれだけに社会的な関心を集める存在となったがゆえに、本来課外教育の一環とされる大学スポーツが独り歩きし、その本質が崩れようとしているのである。その

ため、現実に引き起こされる多くの不祥事による大学スポーツへのネガティブなイメージを払拭するためにも、NCAAは大学機関に対する規制(学業に関する最低基準)強化を余儀なくされているのである。

4) 資格要件と移籍

大学スポーツでは移籍がしばしば問題になる。アメリカでは転学や転部という移籍(transfer)が頻繁に見られる。大学スポーツ選手においてもこれが当てはまるが、NCAAは大学間の選手引き抜きや、選手のチーム移籍が度を超えることがないように転学に対して一定の規制をしている。こうしたNCAAの移籍ルールは次の2点を主な目的とする。①選手に対する他大学からの移籍の誘因を抑制すること。②学生選手が将来に役立つ好条件の大学をハシゴするような行為を抑制すること。

当該ルールを巡っては、教育としてのスポーツの健全な発展の観点から、移籍という学生選手の個人の権利が制限されることになる。この点、裁判所は概して移籍ルール(規制)については、違憲の疑いも、基本的人権の侵害も認められないとして、これを支持してきた。

最近のケースでは、南カリフォルニア大学の元女子サッカー選手が同大学とパシフィック・テン・カンファレンス(Pac-10)[15]を相手に訴えを提起したTanaka事件[16]がある。原告は、①カンファレンス内の移籍規制は、移籍の自由(UCLAへの移籍)を不当に制限するものであり、反トラスト法に違反する、②原告は南カリフォルニア大学を去る前に学業上の不正を告発したが、この報復として当該規定が適用された、と主張した。

これについて裁判所は、①移籍規定が関連市場において反競争的であることを原告が立証できておらず、反トラスト法における関連市場を明確にしていない、②原告への当該規定の適用(制裁)が報復行為であるとはいえないとして訴えを棄却した。

---

15 NCAAの傘下にあるカンファレンスのひとつ。カリフォルニア大学バークレー校、スタンフォード大学、UCLA、南カリフォルニア大学、ワシントン大学を中心とするNCAAのDivision Iのメンバー10校が参加している。
16 *Tanaka v. University of Southern California*, 252 F.3d 1059 (9th Cir. 2001).

同じカンファレンス内の移籍については、1年間 (one academic year) の出場制限が課せられる。もっとも、競技によっては1回までは移籍を容認するという例外措置もあるが、D1のフットボール、バスケットボール、野球、男子アイスホッケーには例外措置の適用がない。

5）学生選手が受領できる費用

　アマチュアリズムの概念を前提としているため、学生選手は金銭的利益の享受を厳しく禁止される。金銭的利益を引き合いにして大学が学生選手のリクルートを実施することがないようにNCAAが監督の目を光らせている。学生選手は現金または賞品のためにプレーすることを禁止されるのはもちろん、NCAAのガイドラインによって許されるもの以外は、寄付を含めていかなる金銭的援助をも得ることはできない。

　ところで、NCAAでは各大学が選手に奨学金として支給できる費用は、実際かつ必須の費用 (Actual and necessary expenses) に限定されている。そして、学費のほか、練習や試合に伴う旅費、食費などの費用として「相当」の範囲を超えるものは金銭的補償と見なされ、これを受けた選手は大学選手資格を喪失する。またこれらの費用は定期的に支払われなければならず、試合成績や他のインセンティブに基づいて支払うことは認められていない。

6）大学スポーツの商業化

　1970年代まで大学スポーツはあくまでも教育の一環であり、「取引」「商業」に該当しないと考えられ、反トラスト法の適用対象になるという議論は生じなかった。ところが、1970年代に入り、反トラスト法の適用を巡って争われた *Amateur Softball Ass'n.* 事件[17]において、大学スポーツ団体も「取引 (trade) および商業 (commerce)」に携わっているとして、ソフトボール協会は反トラスト法の適用を免れないとされた。つまり、スポーツ協会の主たる目的が非営利なものであっても、協会の行為や運営によっては反トラスト法の対象になりうるとしたのであった。

17　*Amateur Softball Ass'n. v. United States*, 467 F.2d 312 (10th Cir. 1972).

また、*Tondas* 事件[18] でも同様の判断がなされた。アマチュアホッケー協会は相当な市場をもっており、経済的な力も持ち合わせているため、反トラスト法による規制対象となりうるとした。

　こうした趨勢の中で、NCAA は 1970 年代後半と 1980 年代前半に、反トラスト訴訟の標的となった。NCAA は大学スポーツのコーチングスタッフの人数に制限を課していたのであるが、*Hennessey* 事件[19] ではこの制限はアシスタントコーチの役務の州際における流れを抑制するため、州際通商（州を跨ぐ規模の取引）に十分な影響を与えるとして連邦反トラスト法の適用を是認した。しかし、裁判所は当該制限の基本目的は、大学スポーツでの競争を維持、促進することであり、当該制限は合理の原則の下で、許容されるものであり、反トラスト法に違反しないとの判断を下した。

　他方、*Board of Regents of Oklahoma* 事件[20] では、大学スポーツのテレビ放映数の制限について、最高裁が反トラスト法に違反するとの判断を下した。当時、D1 のアメリカンフットボールについて、NCAA が各チームの放映数を制限し、NCAA が原則として一括販売をすることとしていた。その理由は、当該パッケージ契約は NCAA 加盟校の利益になるというものであった。つまり、①テレビ放映数の規制により、入場料収益を確保できること。②テレビ放映による NCAA の収益を各大学に広く分配し、より多くの大学の試合放映が可能になること。つまり、各機関の自由交渉が認められると、一部の人気大学だけがテレビ放映の対象となり、こうした大学のみに注目が集まり、学生アスリートのスカウト等にも不公平が生じるというわけである。

　これに反して、NCAA の会員であり、かつフットボールの強豪大学の利

NCAA v. Board of Regents（1984）
連邦最高裁の判断
NCAA は商業的な取引に従事しており、反トラスト法の規制対象になる。よって、NCAA によるTV放映数の制限は、反トラスト法に違反する。
ポイント
・NCAA も反トラスト法の規制対象となる
・大学間収益の均衡という目的によって正当化されず
・NCAA に対する最初の反トラスト法訴訟の成功例
・最高裁の先例の拘束

18　*Tondas v. Amateur Hockey Ass'n. of the United States*, 438 F. Supp. 310（W.D.N.Y. 1977）.
19　*Hennessey v. NCAA*, 564 F.2d 1136（5th Cir. 1977）.
20　*NCAA v. Board of Regents of Oklahoma*, 468 U.S. 85（1984）.

益促進を目的とする大学フットボール協会（College Football Association：CFA）の会員でもあったオクラホマ大学とジョージア大学が個別のテレビ契約を締結し、NCAA の制限を超える試合放映を開始したため、NCAA が制裁措置を宣言したのであった。そこで、オクラホマ大学とジョージア大学は反トラスト訴訟を提起し、①NCAA の規制は放映の価格固定に該当する、②NCAA の規制は大学フットボールのテレビ市場の独占に該当する、と主張した。

1 審は典型的なカルテルであるとして原告の主張を採用し、2 審も基本的にこれを支持したものの、独占の主張については退けた。続く連邦最高裁は NCAA のテレビ放映数の規制は不合理な取引制限であり、反トラスト法に違反すると結論した。

本件において NCAA は、大学スポーツの放映権が自由市場化すれば、大学間の放映権収入に著しい格差が生じ、ひいてはスポーツ競技における不均衡をもたらすと主張した。この点について連邦最高裁は、各大学のスポーツ競技の不均衡を是正するためには、各大学の強化費に制限を設けるなどの方法もあり、そのような施策を講じることなく、自由競争を抑制する NCAA の規制を正当化することはできないとした。また、視聴可能な試合数が制限されることで、ファン（消費者）の利益に悖ることを指摘した。

当該最高裁判決は 7 対 2 の判断であった。反対意見を表明したホワイト判事は次のように指摘している。①各大学で得られる収益を均一化することでアマチュアリズムの理念を達成するという目的において、当該制限は合理的であること。②市場を一般的な娯楽と考えた場合には、NCAA の制限はむしろ競争促進的な効果を持つこと。

当該判決の意義は次の 3 点に集約できる。第 1 に、NCAA の制限を巡るケースで、初めて反トラスト法上の違法性が容認されたこと。第 2 に、テレビ放映による NCAA の収益が減少したこと。この点が実務におけるもっとも大きなインパクトといえる。第 3 に、将来の先例になることである。

Board of Regents of Oklahoma 判決後、再び、大学スポーツの商業化に追い打ちをかける判決が連邦控訴裁判所で下された。NCAA が D1 のアシスタントコーチの給与を 16,000 ドルに制限したことが反トラスト法に違反す

るかが争われた *Law* 事件[21] である。アシスタントコーチであった原告は「当該制限は人為的にアシスタントコーチの市場価格を抑制している」と主張したのに対して、NCAAは①新人コーチを維持できる、②費用を削減できる、③戦力の均衡を図ることができる、と反論した。

連邦控訴裁判所は、アシスタントコーチの給与制限は、各大学チーム間の戦力均衡を目的としているとはいえず、また当該規定と戦力均衡維持との関係が十分明瞭ではないとして原告の主張を認め、損害賠償額2,230万ドルとしてその3倍賠償6,690万ドルを容認した。その後、NCAAは原告との間で5,450万ドルの支払いをすることで和解した。

Board of Regents of Oklahoma と *Law* 判決の共通点は、商業活動の制限とアマチュア競技としての制限を分けて考える点である。テレビ放映、コーチ給与は商業活動の制限であり違法であるが、他方、奨学金制度、成績基準の設定はアマチュア競技としての制限であり合法というわけである。

ところで、近年、NCAAの元選手が、NCAAに対して奨学金支給の上限額の設置は反トラスト法に違反するとして訴えを提起した *White* 事件[22] がある。NCAAの規定により奨学金は、授業料、部屋代、寮費、必修科目に関する書籍代などが相当の範囲に限定されている。これに対して、元選手は、①それ以外にも教育費がかかる、②NCAAの規定は選手のリクルートを巡って、各大学がより好条件の財政支援を提示するという大学間競争を妨げており、反トラスト法上の問題がある、と主張したのであった。

本件は、裁判所の判断を待たずに、NCAAが1,000万ドルの支払いをすることで和解に至っている。

小 括

アメリカの大学スポーツは、アメリカンフットボールとバスケットボールの2つが人気の面で突出しており、大金をもたらすビッグビジネスになっている。各大学はD1の試合をホームスタジアムやアリーナで主催することで、チケットやグッズ収入を得る。さらに、チャンピオンシップ・シリーズ

---

21 *Law v. NCAA*, 134 F.3d 1010 (10th Cir. 1998).
22 *White v. NCAA*, CV06-0999 (C.D. Cal. January 29, 2008).

への進出、そしてその結果に応じて、放映権等による大会収益がカンファレンス、あるいはチームに分配されるため、チームの強化と経済的動機が直結する。そのことが大学スポーツの前提たるアマチュアリズム、そして学業と課外活動のバランスを危うくするため、NCAAがアマチュアリズムの堅持と学業成績の維持に対する積極的な介入を行っているのである。アメリカにおけるアマチュアリズムとは、学生選手がスポーツによって金銭を授受してはならないという理念、この1点にあり、大学、プロチーム、代理人等による金銭の授与がないようNCAAが監視し、これにかかわった大学や選手に制裁を加えることで、この理念が徹底される。その一方で、一部の大学スポーツの運営は徹底した収益化が図られ、多額の収益を生むビッグビジネスになっている。こうした大学スポーツのビジネス化については、分け前を得ることができない学生選手によって収益を上げる点を捉えて、アマチュアリズムを隠れ蓑とする搾取でしかないという冷ややかな批判もある。

　これに対して、日本では、学生スポーツにおいて、経済的動機とチーム強化が直結することを嫌う向きがある。たとえ選手が金銭的利益を得ていなくとも、チーム運営がビジネス化する、言い換えれば経済的動機がチーム強化に結び付くことで、アマチュアリズムの意義が蝕まれると考えられているからである。

　また、学生スポーツを巡る取引制限の認識についても、日米にはっきりとした差異がみられる。その1つの表れが、大学スポーツのコーチに対する報酬制限である。アメリカでは、アシスタントコーチの報酬制限について、反トラスト法を巡る問題が指摘され、*Law*判決は、反トラスト法に違反するとの判断を下した。その一方で、2010年に全面改正された日本学生野球憲章では、「指導者は、当該加盟校の教職員の給与に準じた社会的相当性の範囲を超える給与・報酬を得てはならない。」としているが、この規定について独占禁止法を含む法的観点からの指摘は見受けられない。

第3章

スポーツとジェンダー
―タイトルIXと女子スポーツの発展―

- ▶ タイトルIXとは
- ▶ タイトルIXが女子スポーツに与えた影響
- ▶ 男子スポーツ競技の弱体と逆差別論

1) タイトルIXの成立とその後の動向

タイトルIX（Title IX of the Education Amendments of 1972）とは、学校教育での男女差別を解消する目的で制定された連邦法であり、次のように規定されている。「合衆国において、何人も性別を理由として、連邦の公的資金を受ける教育プログラム、または活動において、その参加を否定され、利益の獲得について差別されることはない」。

この法律は学校スポーツにきわめて大きな影響を与えてきた。1970年代以前は、人種、性別ともに差別に関する意識は低かったのであるが、1972年にタイトルIXが制定され、このことがスポーツの分野でも性差別を巡る訴訟の嚆矢となり、性差別を裁判所で争うためのきわめて強力な武器となっていった。

ところが、1980年代にはこうしたスポーツにおける女性の権利を求めた訴訟が次々に失敗し、タイトルIXのムーヴメントが下火になっていく。その理由は、第1に、修正連邦平等権法（Federal Equal Rights Amendment）が不成立となったことである。タイトルIXの実行強化のために、各州において制定されている平等保護法を連邦法として制定し、平等の概念を全米で確立させるという目論見が脆くも頓挫したのであった。連邦としてのアメリカの世論が必ずしも平等実現に積極的ではなかったことがうかがえる。そして第2

タイトル IX の成立とその後の経緯

-1972-タイトルIX成立 -1974-Javits修正法 -1975-タイトルIX規制 -1979-OCRによる政策解釈 -1980-調査マニュアル -1984-*Grove City College v. Bell* -1988-市民権回復法 -1990-調査マニュアル修正 -1992-*Franklin v. Gwinnett County public Schools* -1994-Athletics Disclosure Act	-1996-*Cohen v. Brown University* -1996-解釈書簡 -1999-*Mercer v. Duke University* -2002-「競技均等委員会」設置 -2002-*National Wrestling Coaches Assn v. Dept. of Ed.* -2005-タイトルIX解釈—調査 -2005-*Jackson v. Birmingham Board of Education* -2005-ロバート判事、最高裁主任判事に任命

に、*Grove City College* 事件[1]で最高裁がタイトルIXの適用対象について連邦政府からの補助金を直接受ける教育プログラムに限定したことである。この最高裁判決により、スポーツ分野へのタイトルIXの適用が事実上、棚上げとなった。第3に、当時のアメリカの政治情勢があげられる。ドナルド・レーガン大統領が1980年に就任し、以来、12年にわたって共和党政権が継続する。リベラリズムの立場をとる民主党に対して、保守主義に立脚し、かつ、小さな政府を目指す共和党の政治体制は女性スポーツへの政策的介入に消極的であったといえる。

しかし近年になって再び、政治的にスポーツ分野へのタイトルIXの適用が促されることになった。1988年に成立した市民権回復法(Civil Rights Restoration Act)は、スポーツプログラム(athletic program：日本の運動部活動)が直接的に連邦の公的資金を得ていなくても、タイトルIXが適用されるとし、1984年の *Grove City College* 事件連邦最高裁判決を覆したのである。これによって再び、スポーツにおける女性差別禁止のムーヴメントが活性化した。

加えて、1992年、*Franklin* 事件[2]で最高裁がタイトルIX違反を理由とする金銭的補償を容認した。この最高裁判決は、タイトルIXを巡る訴訟を急増させるという意味で、大きなインパクトを与えた。なぜなら、金銭的補償を得られることで、弁護士にとっても訴訟に持ち込みやすい土壌が形成されたからである。

他方、こうした経緯の中で、各大学のスポーツ局(Athletic Department)は多額の金銭補償を伴う訴訟を回避する措置をとり、タイトルIX遵守の気運が高まっていった。そして、タイトルIXは現在も、女性が平等権を主張する重要な法源の1つとなっている。

2) 女性スポーツの発展

1980年代以降の女性スポーツの発展にタイトルIXが大きく貢献したが、これを補完するその他の要因として、①女性に対する評価の社会的変化、②

---

1 *Grove City College v. Bell*, 465 U.S. 555 (1984).
2 *Franklin v. Gwinnett County Public Schools*, 503 U.S. 60 (1992).

女性の潜在的身体能力の見直し、③女性によるスポーツ参加の楽しみ方の発見、なども挙げることができる。

こうして勢いを得た1990年代におけるアメリカ女性スポーツの躍進は目を見張るものがある。サッカー女子のアメリカ代表が1996年のアトランタ五輪で金メダル、続く1999年のサッカーワールドカップアメリカ大会でも優勝を果たした。ただ、その後、2001年に女子プロサッカーリーグWUSA（Women's United Soccer Association）が設立されたのであるが、興業収益が伸びず3年後に休止に追い込まれた。その後、2009年から男子プロサッカーリーグMLSの傘下として女子プロサッカーWPS（Women's Professional Soccer）が復活している。

その他、女子プロバスケットボールリーグのWNBA（Women's National Basketball Association）も2002年に設立され、またテニスやゴルフ等の個人競技でも女性の目覚ましい活躍が世界的に知られるところである。

1990年代以降の女性スポーツにおける輝かしい功績は、にわかにタイトルIXの評価を高める結果となった。女子のスポーツ参加率で見ても、タイトルIX以前は高校での女性のスポーツ参加率は7％、大学では16％であったのが、1992年までにそれぞれ37％と35％に増加し、2006年のNCAAの報告書によればNCAAの加盟校での女子スポーツ参加率は43％にのぼっている。

女子のスポーツ参加とその効用についての調査研究が1985年[3]と1995年[4]にそれぞれ発表され、「年少期にスポーツに参加した女性は、不参加の女性と比較して自分に自信をもっており、身体的また社会的に自負心をもっている」と指摘された。また、女性スポーツ財団（The Women's Sports Foundation）は「スポーツに参加している女性は学業的にも優れており、特に、科学の授業で、よい成績をとることが多い」との研究結果を発表している。また、NCAAの報告書（2006年）によると女子学生の大学卒業率で比較した場合、スポーツ参加者で71％、不参加者は64％となっており、スポーツ参加者の方が卒業率において、より高い数値であったことも指摘された。これらの研

3　The Miller Lite Report.
4　The Melpomene Institute.

究報告は、これまでほとんど注目されてこなかった女子スポーツに対する社会の認識を変える推進力を与えたとされる。

3) タイトルIX制定と学校スポーツ

「アメリカ合衆国において、連邦政府による公的資金援助を受けている教育プログラムあるいは活動について、何人も性別を理由として、その参加を除外され、または否定され、もしくは差別されることはない」とするタイトルIXは、もともと学校スポーツにおける男女の平等を必ずしも視野に入れていたわけではなかった。1972年の成立当時、そもそも学校スポーツが当該制定法の射程に入るかは明らかでなく、大学スポーツ関係者からは、収益を上げる大学スポーツはタイトルIXの対象除外とすべきとの声が高まり、活発なロビー活動も展開された。しかし、その甲斐もむなしく、(タイトルIXについて裁量、執行権限を持つ) 連邦保健教育福祉省 (Health, Education and Welfare: HEW) がスポーツや体育は教育の一環であるとして、課外活動としてのスポーツもタイトルIXの規制対象に含めることになった。1974年には、競技スポーツもタイトルIXの例外ではないことがジャビッツ修正法 (Javits' Amendment) に明記された[5]。そして、1979年の「大学スポーツに関するタイトルIXの政策解釈」において①男女の興味と関心、能力に応じた配慮、②財政支援 (奨学金など) の均等、③スポーツ器具、練習や試合時間、リクルート、コーチング等に関する待遇および利益供与の均等、が大学スポーツの分野で求められるとされた[6]。

ただ、大学スポーツへのタイトルIXの運用については、この1979年の解釈発表に至るまでには紆余曲折があった。1975年7月、連邦保健教育福祉省はタイトルIXを実行するために規則[7]を発行したのであるが、当該規則はあいまいで、かつ不適切であるとして多くの批判を受けることになった。これに対応する形で1978年12月、同省は詳細を説明する政策解釈を発表した。しかし、それでもなお状況が改善しなかったため、1979年12月、連邦

5　Section 844 of the Education Amendments of 1974.
6　A Policy Interpretation: Title IX and Intercollegiate Athletics of 1979.
7　Title 45, Code of Federal Regulations (C.F.R.), section 86 A-F.

保健教育福祉省の業務を引き継いだ教育省公民権局 (Office for Civil Right：OCR) が改めてタイトルIXの政策解釈を発表したのであった。この内容は、大学、立法関係者および有識者の意見、さらに世論を反映させる形で幾多の修正を経て完成されたのであった。こうして、大学スポーツに関する実質的なガイドラインの発表は1972年のタイトルIX成立から実に7年を経過してからとなった。

4) 公民権局とその政策―コンプライアンス

1979年の連邦保健教育福祉省の分離改組以降、教育省公民権局が、実質的なタイトルIXの運用を担ってきた。この公民権局が、1979年にタイトルIXについての政策解釈を発表し、大学スポーツの分野で①男女の興味と関心、能力に応じた配慮、②財政支援（奨学金など）の均等、③スポーツ器具、練習や試合時間、リクルート、コーチング等に関する待遇および利益供与の均等、が求められることを明らかにした。この3点については先に述べた通りである。

公民権局は、1980年、1982年にタイトルIXコンプライアンスについての暫定的指針を出し[8]、1997年に発行した『タイトルIX：進展の25年』[9]、2003年の内部文書[10] 等によって、以下の基準を設定するに至った。

1. 男女の学生の関心および能力に見合ったプログラムを学校がどの程度提供しているか。ここでは、学校が「公平および効率的」に男女双方のスポーツを巡る関心と能力に対応し、しかるべき配慮をしているか、がポイントとなる。具体的には、①大学スポーツへの参加について男女数が相当に比例しているか、②大学におけるスポーツプログラムが、不平等な地位にある性への関心を反映して拡大されてきたか、③大学が現行プログラムにおいて、不平等な地位にある性の能力・関心に応じた十分な配慮をしたか、が考慮さ

8　Interim Title IX Intercollegiate Althetics Manual (1980), Guidance for Writing Title IX Intercollegiate Athletics Letters of Findings (1982), Title IX Athletics Investigator's Manual (1990).
9　Title IX: 25Years of Progress.
10　Assistant Secretary "Dear Colleague" letter.

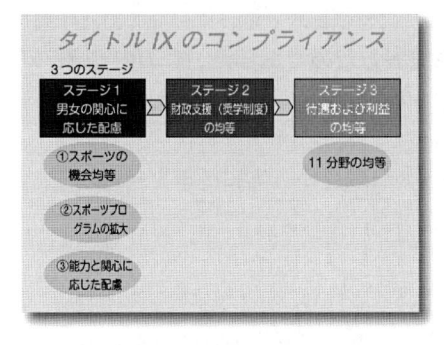

れる。

2. 男女の選手が受ける財政支援が「相当に比例」しているか。たとえば男女の奨学金制度に格差があったとしても、正当理由および非差別的要因があれば、問題はない。説明できない格差が存在し、この格差が1％以上である場合、公民権局は差別があると認定することになる[11]。

3. 特定のプログラムにおいて、学校がどの程度、男女間の均等な取扱い、利益供与、機会提供をしているか。ここでは、①スポーツ道具の提供と管理、②試合、練習の日程、③旅費手当、④学業補助の機会、チューターの任命と報酬、⑤コーチングの機会、コーチの任命と報酬、⑥ロッカールーム、練習場、競技場の提供、⑦医療およびトレーニング施設とサービスの提供、⑧住居、ダイニング施設とサービスの提供、⑨宣伝広告、⑩補助的サービスの提供、⑪学生選手のリクルート、が考慮される。

なお、以下の4点については、タイトルIX遵守の例外とされている。①特定スポーツの独自の本質上、やむを得ない場合。②一時的かつ特別な状況が存在する場合。③人気スポーツにおいて求められる群衆整理のための財政支出。④格差が生じているが、教育機関が自ら改善中（あるいは具体的に改善しようとしている）の事項。

男女のコーチの報酬については、報酬額、契約期間、経験、その他の要素が評価され、加えて、義務、責任の本質、アシスタントの人数、参加者の人数、競技レベルなどの条件が考慮される。

なお、チーム編成についても男女平等の観点から一定の規制があり、同種目で男女それぞれのチームを別に編成することは許されるが、仮に、学校が特定スポーツで一方の性のみを援助し、他方の性を援助しない場合については、他方の性に対してトライアウト（入部テストへの参加）が認められなけれ

11　1998 OCR Letter on Financial Aid.

ばならない。ただし、当該スポーツがコンタクトスポーツの場合はこの限りではない。そのコンタクトスポーツとして、ボクシング、柔道、アメリカンフットボール、ラグビー、バスケットボール、アイスホッケー等が列挙されている。

5) 公民権局の分析とタイトルⅨの執行

　タイトルⅨ違反の調査を巡っては、公民権局が、スポーツごとの分析ではなく、全体のプログラムを対象にした検討を実施する。調査手続きには、公民権局自らランダムに実施するケースと個人からの不服申立てによるケースがある。調査手続きは以下の2段階を経て行われる。

　第1段階として、公民権局は学校が保管している記録の調査を開始する。その際、学校は、同局の調査に対して記録を開示する義務を負う。また、学校は、個人からの不服申立てがあった場合の調査担当責任者をあらかじめ選任し、全学生および教職員に当該責任者の氏名、オフィスの住所、電話番号を周知させなければならない。

　第2段階として、こうした予備調査の後、公民権局が正式なヒアリングを開催するか、ケースを却下するかを決定する。公民権局が正式なヒアリングを求めた場合、学校は顧問弁護士の同伴を求めることができる。

　なお、1996年にスポーツ局の男女公正に関する情報公開法（Equity in Athletics Disclosure Act : EADA）が制定され、連邦の資金援助を受ける学校に対して、スポーツ参加者数、スタッフ数、収益と費用等についての男女別データを、教育省に毎年報告する義務が課されている。

6) タイトルⅨの射程と市民権回復法

　1974年のジャビッツ修正法によって学校スポーツもタイトルⅨの対象になることが明らかにされたことについては前述したが、そもそも、タイトルⅨは、学校内で連邦の資金援助を受ける特定のプログラムについて適用されるのか、あるいは学校全体に適用されるのかについて論争が巻き起こった。

　この議論の行方は大学スポーツの運営を大きく左右するものであった。というのも、大学スポーツが連邦補助金を直接使用することは稀で、タイトル

> **タイトル IX の射程**
>
> **Grove City v. Bell 1984**
> タイトル IX の適用は特定のプログラムに限定
>
> **Civil Rights Restoration Act 1987**
> タイトル IX の適用は教育機関全体
>
> **Franklin v. Gwinnett County Public Schools 1992**
> タイトル IX の違反が故意になされた場合、損害賠償請求も可能

IXが連邦の公的資金を得るプログラムに限定されるのであれば、実質的には大学スポーツはタイトルIXの適用を免れることになったからである。タイトルIX制定後、1980年代の司法判断においてもこの点の解釈に不一致が生じていた。たとえば、性別を理由に高校ゴルフ部から排除されたとして女子高生がタイトルIXに基づく救済を求めた *Othen* 事件[12]、さらに、大学スポーツの運営における男女差別が争われた *Bennett* 事件[13]で、それぞれ「プログラム限定適用論 (programmatic approach)」が採用され、スポーツプログラムが直接に公的資金を得ていない場合には、タイトルIXの規制対象に該当しないとされた。これに対して *Haffer* 事件[14]では「教育機関一般適用論 (institutional approach)」が採用され、たとえ、スポーツのプログラムが、連邦公的資金を得ていなかったとしても、大学が当該資金を得ている限り、タイトルIXの規制対象になるとされたのである。

しかし、その2年後に連邦最高裁が *Grove City College* 事件[15]で、この議論に終止符を打った。すなわち、該当プログラムに連邦からの公的資金が使われていない場合には、タイトルIXは適用されないとして、「プログラム限定適用論」に軍配を上げたのであった。

こうして、大学スポーツへのタイトルIX適用を巡る議論が収束するのであるが、前述の通り、当該最高裁判決を覆すための法律、市民権回復法 (Civil Rights Restoration Act of 1987) が連邦議会によって成立した。

アメリカ連邦議会は、この市民権回復法を成立させ、スポーツプログラム

---

12 *Othen v. Ann Arbor School Board*, 507 F.Supp. 1376 (E.D. Mich. 1981), aff'd., 699 F.2d 309 (6th Cir. 1983).
13 *Bennett v. West Texas State University*, 525 F.Supp. 77 (N.D. Tex. 1981), rev'd, 698 F. 2d 1215 (5th Cir. 1983), cert. denied, 466 U.S. 903 (1984).
14 *Haffer v. Temple University*, 688 F.2d 14 (3rd Cir. 1982).
15 *Grove City College v. Bell* 465 U.S. 555 (1984).

へのタイトルⅨの適用を復興させた。実は、当時レーガン大統領が当該法律の制定にあたって拒否権を発動したが、議会がこれを覆したという経緯がある。先に指摘した通り、共和党である同大統領の政治理念が同法成立に待ったをかけたのであるが、当時の連邦議会では、すでにリベラルの風潮が優勢となっていたことを伺い知ることができる。

市民権回復法は、タイトル Ⅸ の大学全体への適用、すなわち「教育機関一般適用論」を明確にした。つまり、連邦からの補助金を得ている大学については、スポーツプログラムに補助金を受けているか否かを問わず、スポーツ局の活動がタイトルⅨの規制を受けることとなったのである。

その後、スポーツの分野でタイトルⅨを巡る訴訟がにわかに増加した。その要因は、第1に、市民権回復法が成立したこと、第2に、*Franklin* 事件[16]で連邦最高裁が、タイトルⅨ違反が故意に基づく場合には損害賠償請求を認容するとの判決を下したことによる。特に損害賠償請求を認めたこの最高裁判決がその後の私訴提起を誘発することになり、これに対して公民権局による提訴はほとんど見られなくなっていった。

7）スポーツ・ケース

スポーツを巡っては、1987年の市民権回復法の成立以降の裁判例として *Cohen* 事件連邦控訴審判決がその後のリーディングケースとなった。本判決は、タイトルⅨのコンプライアンスの基準となる「適切な配慮」について、現状維持にとどまらず、不均衡改善への積極的な施策が求められるとしたのであった。

Cohen v. Brown University, 101 F.3d 155（1st Cir. 1996）
【事実】　ブラウン大学では、財政難のため1991年に男子ゴルフ、水中ポロとともに女子体操、バレーボールが体育会（varsity）から同好会（club）に降格を余儀なくされた。そこで、原告の女子学生が、ブラウン大学がタイトルⅨの均等機会に違反しているとして訴えを提起し、女子学生選手の関心と能力

16　*Franklin v. Gwinnett County Public Schools*, 503 U.S. 60（1992）.

> **タイトルIXをめぐる訴訟**
>
> **Cohen v. Brown 1993**
> 女子学生の割合は49％であるが、女子学生選手が39％に留まっている点に鑑み、女子スポーツのプログラム維持だけではなく、拡張する必要がある。
>
> **Boucher v. Syracuse University 1999**
> 女子スポーツプログラムの発展に努めてきた事実があればタイトルIX違反は成立しない。

について「適切な配慮」が図られなかったと主張した。

原告は次のように主張した。①ブラウン大学は、財政支援、選手への便益・機会、そして、（選手の関心、能力にあった）効果的な配慮の3つの要件のいずれも満たしていない。②女子学生の割合は48％から49％であるが、女子学生選手は39％に止まっている。③1982年以来、女子体育会チームは1つも増加していない。④女子フェンシングチームを体育会に格上げすることを拒んできた。このことは（不平等な立場にある）女子が十分に配慮されなかったことを示している。

これに対して、ブラウン大学は、①原告はタイトルIX規則を正確に解釈していない。つまり均等機会は、割合を求めているのではない。②割合ではなく、女子学生選手の関心と能力によって各性に何割の機会が与えられるべきかが、決まるのであり、60％の男子、40％の女子参加者の割合は、学生全体の関心と能力を反映している。③もし、本件において、女子学生へのさらなる配慮をタイトルIXが求めるのであれば、そのことが男子学生に不利益を与えることになり、第5修正の平等保護に違反する結果をもたらす。

【地裁の判断】請求認容

地裁は、ブラウン大学は女子スポーツに対する配慮を欠いていたとして、全面的に資金が供給される体育会の地位に女子体操とバレーボールを復帰させるインジャンクションを命じた。

【高裁の判断】地裁の判断を一部支持

①男女2チームずつの体育会から同好会への降格は、男女のスポーツ参加比率に変化をもたらさなかった。

②ブラウン大学の女子学生選手はいまだ39％のまま（つまり、当該政策は39％という比率を上げることもなく、単に体育会でのプレーを望む女性を生み出しただけ）であり、これは十分に配慮をした結果とはいえない。

③ブラウン大学が提案したタイトルIX遵守に向けた新計画の提示を、地裁が

拒否したのであるが、この点についての地裁の判断は誤りである。

この *Cohen* 事件と類似する以下の *Boucher* 事件では、不均衡改善への姿勢が重要である点が強調された。

Boucher v. Syracuse University, 164 F.3d 113（2d Cir. 1999）
【事実】　ラクロスとソフトボールの大学同好会に所属していた女子選手らが、シラキュース大学は、体育会への援助や奨学基金等について、男女に不平等があるなど、女性のスポーツ参加の機会を十分に確保しておらず、当該大学のスポーツプログラムはタイトルIXに違反していると主張して、是正を求めて訴えを提起した。
【裁判所の判断】　請求棄却
　裁判所は、①当該大学は将来的に女子チームを増加させるとの姿勢を示してきた、②これまでも少しずつ増加させてきたことを受けて、効果的かつ適切な配慮がなされてきた、としてタイトルIXに違反しているとはいえないと判断した。

その他、タイトルIXを巡るケースとしては以下のようなものがある。

Mason v. MN State High School League, 2003 WL 231009685（D. Minn. Dec. 30, 2003）
【事実】　高校アイスホッケーの男子がトーナメントで使用する商業用アリーナと女子が使用する大学のアリーナには、ロッカールーム、客席、施設などに格差があり、タイトルIXおよび男女平等を謳うミネソタ州法に違反するとして、女子アイスホッケー選手らが、女子トーナメントを男子と同様のアリーナで開催するというインジャンクションを求めた。
【裁判所の判断】　請求棄却
　ミネソタ州裁判所は、アリーナについて格差があることは認めたものの、チケット販売等のビジネス上の判断から使用するアリーナを決定することは公共の利益にかなうものであり、こうした観点からなされたアイスホッケーリーグの決定自体に、明確なタイトルIX違反および州法違反はないとし、原

告の請求を棄却した。

McCormick v. School Dists. of Mamaronek and Pelham, 370 F.3d 275 (2d Cir. 2004)

【事実】　学区（地域別の公立の幼稚園から高校までの運営管理組織）は、施設利用の重複を避けるため、サッカーのトーナメントについて、女子を春に、男子を秋に開催する決定をした。これにより、当該学校区の女子サッカー選手については、地区対抗および州レベルの大会への参加が困難となった。これに対して、女子サッカー選手が、大学による高校選手のリクルートを巡り、女子が男子に比べて不利益になる、と主張し、秋開催を求めて訴えを提起した。

【地裁の判断】請求認容
　連邦地裁は当該学校区における女子サッカーの取扱いはタイトルⅨに違反するとし、学校区に対して、女子の大会を春から秋に移すように命じた。

【高裁の判断】地裁の命令を一部修正
　第２巡回区連邦控訴裁判所は、①スポーツの経験上きわめて本質的なことについて、男女に同じ扱いをしないことは、女子生徒に均等なスポーツの機会を与えていないことになる、②当該学校区は、女子生徒が被る不利益が当該スポーツプログラムにおける利益により相殺されることを示しておらず、また女子のトーナメントの秋開催を拒むことについて非差別的な理由に基づいて説明できていない、として、タイトルⅨに違反すると判断した。

ただし、2004年については、秋に女子サッカーの試合を開催しなければならないとしたものの、今後は、男女のシーズンを定期的に入れ替えるなどの手段による差別是正も容認すべきであるとした。

Barrett v. West Chester University of Pennsylvania of

> 女子のスポーツ参加を巡るケース
>
> **Mason v. MN State High School League**
> アイスホッケーの選手権で使用するアリーナは男女間に不平等がある
>
> **McCormick v. School Dist. Of Mamaroneck and Pelham**
> サッカー選手権において、男子は秋、女子は春に開催するという大会スケジュールはタイトルⅨに違反する
>
> **Barrett v. West Chester University**
> 女子体操部の廃部はタイトルⅨに違反する

State System of Higher Educ., 2003 WL 22803477（E.D. Pa. November 12, 2003）
【事実】　ウエストチェスター大学が女子体操部と男子ラクロス部を廃止し、女子ゴルフ部を追加する旨を公表したことに対して、8人の体操部員が大学および大学役員を相手に訴えを提起し、廃部に追い込まれた女子体操部の再生を求めた。
【裁判所の判断】請求認容
　ペンシルベニア州裁判所は、大学は、①コーチング等について男女に均等な機会を与えていない、②男子チームと女子チームの間でコーチの報酬に格差がある、③リクルーティングにかける費用についても、男女間に大きな開きがあるとし、タイトルⅨに違反すると判断した。具体的な救済として裁判所は、①女子チームの再生（大学からの全面的な援助を受ける体育会として）、②女子チームへのコーチングスタッフの提供、③昨年と同じか、またはそれ以上の助成、④女子チームの練習や大会に必要となる施設および道具の提供を大学側に要請した。

Mercer v. Duke University, 190 F.3d 643（4th Cir. 1999）
【事実】　高校時代、アメリカンフットボール部のゴールキッカーであった女子選手が、デューク大学のフットボールのトライアウトを受けたところ、練習への参加を許された。その後、部内マッチに出場し、決勝のフィールドゴールを決めるなどの活躍を見せ、コーチが当該女子選手は正式に部員として認められているとメディアを通じて公言し、公式リストにも名前が掲載された。しかし、2年目は試合に出場する機会はなく、3年目の始めにコーチからチームを辞めるように通告された。そこで、当該女子選手が、こうした取り扱いはタイトルⅨに違反するとして訴えを提起した。
【裁判所の判断】請求認容
　1審の連邦地裁は、アメリカンフットボールはコンタクトスポーツであるためタイトルⅨの射程外にあるとして、女子選手の主張を退けた。しかし、連邦控訴裁判所は、原則としてコンタクトスポーツはタイトルⅨの射程外にあるが、チームがひとたび女性のトライアウトを認めた場合には、他のスポ

ーツと同様の規制が及ぶとした上で、本件では性を理由とする差別的な取り扱いが認められ、タイトルⅨ違反があったとして、地裁の判断を破棄した。なお、その後、陪審は損害額を1ドルとしたものの、懲罰的損害賠償として200万ドルの支払いを大学側に求める裁定を下した。

Pederson v. Louisiana State University, 213 F.3d 858 (5th Cir. 2000)
【事実】　ルイジアナ州立大学の女子学生らが、男子と均等なスポーツ参加の機会を求めたにもかかわらず大学側にこれを拒否されたとして、タイトルⅨ違反の訴えを提起した。
【裁判所の判断】請求認容
　裁判所は、「現時点でスポーツ参加者が少ないので、女子学生は男子学生に比べて、スポーツ参加への関心が低い」という大学側の主張を退け、女子学生がスポーツ参加できる機会が男子学生よりも少ないだけであるとして、男子学生に提供されるプログラムと同等のプログラムの提供を大学が拒否し、女性を差別したと結論した。結局、このケースは2001年に120万ドルで和解に至った。

Stanley v. University of Southern California, 13 F.3d 1313 (9th Cir. 1994)
【事実】　南カリフォルニア大学の女子バスケットボールの女性ヘッドコーチが、男女のコーチに給与の差があるのは、男女差別に該当するとして、男子チームのヘッドコーチと同等の給与の支払いを命じるインジャンクションを裁判所に求めた。
【裁判所の判断】請求棄却
　裁判所は、①男子チームと女子チームのコーチでは、資格、責任等が違うのみならず、チームがもたらす収益も違うことから、男子チームのヘッドコーチと同一の給与を求めることはできない、②また、給与の格差が性に基づくものであることを立証できていない、として、女性ヘッドコーチの請求を棄却した。

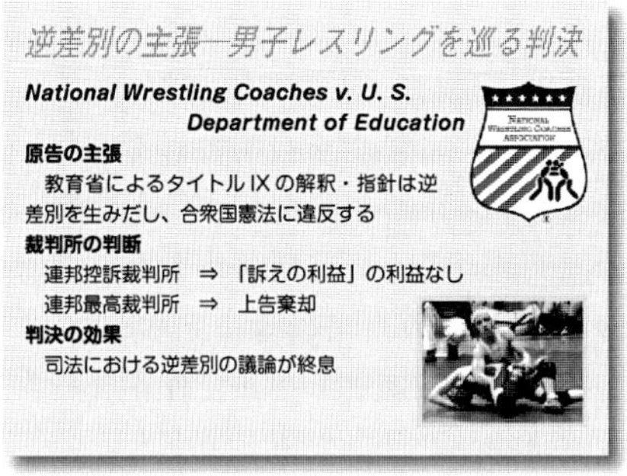

8）逆差別の議論

タイトルⅨによる女子スポーツの進展は、反射的に一部の男子スポーツの衰退を生んだ。なぜなら、タイトルⅨの男女均等の要請に基づき、各大学は女子スポーツへの予算の配分を増額する一方で、男子スポーツの予算を縮小したからである。こうした中で、レスリング部の廃部が目立った。そこで、レスリングコーチ協会がタイトルⅨの執行を統括する教育省を相手に、逆差別の主張を展開する訴えを提起したのであった。

> **逆差別の主張——男子レスリングを巡る判決**
> National Wrestling Coaches v. U. S. Department of Education
> 原告の主張
>   教育省によるタイトルⅨの解釈・指針は逆差別を生みだし、合衆国憲法に違反する
> 裁判所の判断
>   連邦控訴裁判所 ⇒ 「訴えの利益」の利益なし
>   連邦最高裁判所 ⇒ 上告棄却
> 判決の効果
>   司法における逆差別の議論が終息

National Wrestling Coaches Association v. Department of Education, 366 F.3d 930（D.C.Cir. 2004）
【事実】　タイトルⅨのムーヴメントの、いわばあおりを受けて男子レスリング部の廃部が相次いだ。そこで、レスリングコーチ協会が、教育省によるタイトルⅨの解釈・指針（1979年度および1996年度）は逆差別を生み出すものであり、合衆国憲法に違反するとして訴えを提起した。
【裁判所の判断】　請求棄却
　個々の大学におけるプログラムの消滅は、教育省において是正・回復できるものではないため、タイトルⅨの運用についての同協会の訴えに利益はないとして、請求を棄却した。

　その後、連邦最高裁も協会側の上告を退けている。こうして司法上は逆差別の論争が終息することとなった。ただし、今でもタイトルⅨは逆差別を生みだすものとの批判は根強い。これに対して、「大学がレスリング部の予算を削減する真の理由は、タイトルⅨではなく、フットボールやバスケットボールへのこだわりにある」[17]との反論も主張されている。

17　Marcia Greenberger, National Women's Law Center.

小　括

　タイトルIXの動向は、アメリカにおける政策実現の一面を知る上で、好材料を与えている。当初、一般的な教育における性差別禁止を目的としていたタイトルIXは思わぬ展開を遂げることになる。タイトルIXの射程が、下級審レベルの判決によって、大学スポーツへと拡大されるという新風がもたらされたのである。これに対して、最高裁はタイトルIXの立法趣旨に立ち返り、その風穴を塞ぐかたちでの判断を下した。しかし、下級審レベルで作られた大学スポーツにおける男女均等政策のさざ波は徐々に大きなうねりとなっていった。この波に乗る形で、連邦議会が公民権回復法を制定し、大学スポーツの男女均等政策を実現させていったのである。ここに、保守的な最高裁判断を、世論の追い風を受けた議会が立法によって一気に覆すというアメリカ型民主政治のダイナミズムを垣間見ることができる。
　ところで、大学における女子競技の保護・サポートの強化は、究極的に財政の問題に行き着く。なぜなら、女子スポーツへの助成強化は、パイを等しくする男子チームの利益に相反するため、タイトルIXの要請に応じようとすれば、男子チームの犠牲を伴うからである。この点でタイトルIXはいわゆる逆差別としての社会的論争を生んできた。しかし、このような逆差別論を生みながらも、積極的な差別是正措置に基づいて平等・均等を実現しようとする姿勢は、アメリカの社会変革の在り方を鮮明に映し出すものとして大変興味深い。

第4章

コミッショナーの権限
―リーグ利益にかかわる判断の裁量と限界―

▶ コミッショナー権限強化の歴史
▶ コミッショナー権限の制限
▶ コミッショナーの判断を巡る訴訟

1）コミッショナーの誕生と発展

　コミッショナーは、リーグにおける最高責任者であり、試合運営および経営のトップとして、リーグスポーツの健全な発展のためのリーダーシップが期待されている。アメリカでは 1919 年に、MLB で発生した、いわゆるブラックソックス事件を契機にコミッショナー制度が導入された。このブラックソックス事件とは、ワールドシリーズが舞台となった賭博がらみの八百長事件で、ホワイトソックスの選手 8 人が賄賂を受け取ってわざと試合（対シンシナティ・レッズ戦）を負けに導くという、プロスポーツ史上最大のスキャンダルであった。その後、球界浄化のための強力なリーダーシップが求められ、元判事のケネソー・ランディスが初代コミッショナーとして迎えられた。その際、ランディスは、球団オーナーらにコミッショナーの裁定に対する訴権を放棄させ、自らの裁定を終局的判断とする旨を、コミッショナー引き受けの条件にしたとされる。

　ランディスは 24 年間の長きにわたってコミッショナーの要職を全うしたのであるが、その間、制裁として 13 人の関係者を追放処分とし、その中には球団社長も含まれていた。それまで選手間に蔓延していたギャンブルの悪弊も全面的に禁止し、選手は競馬すら避けるようになった。そのほか、ランディスは暴言を吐いた選手に対する制裁金制度を創設するなど、スポーツマンシップの浸透にも力を入れた。

　さて、このコミッショナーの権限について規定していたメジャーリーグ規約第 1 章 5 条では、コミッショナーの任期を 7 年とし、過半数の賛成により後任を決定することとしている。また 6 条では、後任が決定できないときはアメリカ大統領に後任の任命を依頼することができるとしている[1]。これらは正にアメリカ社会と野球の結びつきの強さを感じさせる規定であるといえよう。

1919 年当時のホワイトソックス

しかし、ランディスの死後、コミッショナーの権限が次第に制限されていった。すなわち、①コミッショナー裁定を裁判所で争える、②リーグ規約に違反しない行為についてはコミッショナーが「野球最高の利益（Best interest of Baseball）」に反するとの判断を下せない、ことに改められたのである。

それまで「野球最高の利益」の名の下にコミッショナーに大幅な裁量が与えられ、コミッショナー主導で、様々な改革が進められたのであるが、チームオーナーの利益に相反する判断も下されたことで、次第に、オーナー達はコミッショナーの権限への歯止めが必要であると感じ始めた。そこで、オーナー達はメジャーリーグ規約を改正し、コミッショナー判断の終局性を否定するなどの改革を行った。さらに、司法判断でも、次第にコミッショナーの権限の限界が明らかにされ、加えて、選手会とリーグ・球団間で締結される労働協約により、選手への制裁の基準が明示され、その範囲でコミッショナーの裁量が失われることになっていった。

MLB 以外の3大リーグでも MLB に倣ってコミッショナー制度が導入された。ちなみに、NFL では1941年、NBA では1967年、NHL では1993年に初代コミッショナーが任命されている。

初代コミッショナーケネソー・ランディス氏の野球殿堂プレート
(提供：National Baseball Hall of Fame Library, Cooperstown, New York)

2）コミッショナーと球団・チームオーナーとの関係

コミッショナーはオーナーに雇用（employ）される、いわば被用者（employee）である。現行規定では、オーナーの4分の3の賛成により任命されることになっている。ただし、再任の場合は過半数の賛成を要し、オーナー達の利益に反する行為や判断がコミッショナーにある場合には、オーナー

1　New MLB Agreement of 1921 Article 1 The Commissioner.

とコミッショナー間の契約を解除するメカニズムが存在している。言い換えれば、コミッショナーは制度的に（過半数の）オーナーの利益代表者となるのである。しかし、他方、オーナーに対する制裁権を持つ、という意味では、コミッショナーはオーナーのボスにもなる。

さらに、コミッショナーはチーム、選手に対する制裁権を併せ持っており、オーナー、チームや選手の行為が当該スポーツの発展を阻害する場合は以下のように制裁権を発動することがある。

【ケース1】 2007年にNFLニューイングランド・ペイトリオッツがライバルチームのフォーメーション（ディフェンスのシグナル）をビデオに隠し撮りした。これはリーグ規約に対する重大な違反とされる行為であった。このケースで、NFLのコミッショナーは、チームに対して25万ドル、コーチのビル・ベリチック氏に50万ドルの制裁を科し、2008年NFLドラフトの第1巡選択権を剥奪した。

【ケース2】 NBAダラス・マーヴェリックのオーナーであるマーク・キューバン氏がコート脇で軽蔑的なジェスチャー（審判への文句、コートサイドでの不品行）を繰り返したとして、NBAのコミッショナーは、総額150万ドル以上の制裁金を科したケースがある。そのうちの50万ドルは2002年1月、公共の場でのNBAの審判についての暴言・軽蔑的な発言に対するものとした。

【ケース3】 MLB、ニューヨーク・ヤンキースのオーナーであるジョージ・スタインブレナー氏が違法な政治的寄付金提供で有罪となった際、コミッショナーから同オーナーに対し、2年間の資格停止処分が下された（1974年）。またこのほか、賭博常習犯のハワード・スピラ氏への同オーナーのかかわりが明らかになり、1年間の資格停止処分が下されている。

3) コミッショナーの権限

組織構造による限界　　先にみたとおり、リーグコミッショナーは各チームオーナーの信任を保ち、オーナーの過半数の支持を確保しなければならない。その意味で、恣意的な判断が制限されることになる。実務において最も重要となるのは、オーナー間の対立の調整である。大きな市場を持つチーム

とそうでないチームとの間に利益の対立があることはいうまでもない。たとえば、マーチャンダイジング、テレビ放映による収益の分配などがその典型である。市場規模の大きいチームは収益分配に反対する一方で、小さいチームはこれを切望することになるからである。また選手会との団体交渉においても、リーグ側の代表として、コミッショナーは極めて重要な役割を果たすことになる。特に、ストライキやロックアウトに関わる判断は、各チームの財政状況に大きく関わるため、その判断は困難を極める。このような重責を担うコミッショナーは、リーグ全体の繁栄を視野に入れ、大小それぞれのチームの利益の最大化を目指すと同時に、リーグの代表として、スポーツビジネスの長期的な利益を確保しながら、あらゆる利益を総合的に考慮し、各球団オーナーの説得にあたり、合意形成を目指すのである。

法的構造による限界　コミッショナーは選手に対する制裁権を持ち、追放や制裁金、出場停止処分等を課すことができる。ただし、こうしたコミッショナーの権限は、リーグ規約（League's Basic Agreement）、統一選手契約書（Standard Player Contract；Uniform Player Contract）、そして労働協約（Collective Bargaining Agreement：CBA）によって制限を受けている。最近では、このうち労働協約が最も重要になってきている。なぜなら、リーグ・球団と選手との合意である労働協約は、関係当事者による合意であるため、法制度上最も重要な位置づけとなる。近年、労働協約には、選手に対するリーグおよびチームの制裁権行使が規律されているほか、制裁を巡る不服申立て手続きの保障も盛り込まれている。かねてより選手側からコミッショナーの非中立性が指摘されてきたが、労使関係におけるコミッショナーの権能は労働協約によって制約され、かつ中立性が確保される仲裁制度の導入により、仲裁者としてのコミッショナーの裁量が大幅に制限されることになった。

米４大リーグのコミッショナー
左からデビッド・スターン（NBA）、バド・セリグ（MLB）、ロジャー・グッデル（NFL）、ゲイリー・バッドマン（NHL）　　　　（写真：AP/アフロ）

4) コミッショナーの権限を巡る訴訟

コミッショナーの権限を巡る司法判断も少なくない。以下では、代表的な裁判例を概観しておこう。

American League Baseball Club of New York（*Yankees*）*v. Johnson*, 109 Misc. 138, 179 N.Y.S. 498（Sup. Ct. 1919）, aff'd, 190 A.D. 932, 179 N.Y.S. 898（1920）

【事実】 MLBシカゴ・ホワイトソックスのメイズ選手が、試合途中に正当理由なく登板を拒否して帰宅し、その翌日は釣りに出かけた。ホワイトソックスは、制裁を加えることなく、当該選手をニューヨーク・ヤンキースに放出したところ、MLB議長（コミッショナーの前身）ジョンソンがホワイトソックスとの契約に違反したとして、メイズ選手に対する制裁（出場停止処分）を決定した。これがシーズン中であったため、メイズ選手を獲得したヤンキースが当該制裁処分の無効を求めて訴えを提起した。

【裁判所の判断】 請求認容

① MLB規約違反があった場合について20条で議長に制裁権、また24条で球団にも制裁権が与えられているものの、メイズ選手の行為は規約違反とはいえない、②「試合に対して有害となる行為（conduct detrimental to the general welfare of the game）」をした選手を制裁する権限が、当該規約によって議長に与えられているわけではない、として当該懲戒処分を無効とした。

Milwaukee American Association v. Landis, 49 F.2d 298（N.D.Ill. 1931）

【事実】 本件は、MLB傘下のセントルイス・ブラウンズ所属のフレッド・ベネット選手の保留権を巡って争われたものである。リーグ規約（MLB Agreement）では、マイナーの選手について2シーズン以上の保留は不可とされており、若手選手のいわゆる飼い殺しの禁止を目的として、他のチームとの契約の機会を確保するものであった。ベネット選手には移籍の機会が与えられたものの、すべて同じオーナーが保有するチーム間（マイナーリーグのチーム）での移籍であったため、これは、飼い殺し禁止ルールに違反する恐れがあるとして、コミッショナーのランディスは、ブラウンズとミルウォーキ

ー・クラブ（マイナーリーグAA）との間でなされたベネット選手のトレードについて無効と判断し、ベネット選手はFAとなった。これに対してミルウォーキー・クラブがこのコミッショナーの判断は裁量権を逸脱するものであると主張して、当該判断の無効を求めて提訴した。

【裁判所の判断】請求棄却

① リーグ規約の下で、コミッショナーは、協約の遵守、野球の発展、野球への害悪排除を巡って広範な裁量権を有している。
② 訴権の放棄は公序良俗に反し違法か、については、その運用がただちに違法とはいえない。もっともコミッショナーの裁定が違法であったり、恣意的なものであったりする場合には効力を持たないことは言うまでもない。
③ 当事者が紛争解決を調停人やコミッショナーに委ねた場合には、その判断が実質的な証拠に基づかないものや法的根拠や法認識に反するものである場合を除いて、コミッショナーの裁定が支持される。
④ 本件では、ブラウンズによるルール違反は明らかであり、ランディス・コミッショナーはこれを是正するために判断したに過ぎず、裁量違反や逸脱があったと認められない。

Atlanta National League Baseball Club, Inc. v. Kuhn, 432 F. Supp. 1213 (N.D. Ga. 1977)

【事実】 1976年にFA制度が選手会の合意を基に導入された。当該制度は、6年の稼働後にFAとなるというものであったが、FA選手に対するドラフトが存在しており、①ドラフトまでは所属球団が排他的に交渉権を持つ、②ドラフト以前の他球団の接触を禁止する、という規制があった。しかし、これに違反してアトランタ・ブレーブスのオーナーが（FA宣言を見込まれていた）マシューズ選手（当時サンフランシスコ・ジャイアンツ所属）と接触した。そこで、ジャイアンツが苦情を申し立てた。これを受けて、コミッショナーのボーイ・キューンが、(1)ブレーブスのオーナーを1年間追放処分（資格停止処分）、(2)ブレーブスの次回アマチュアドラフトにおける第1指名権の剥奪を決定した。これに対してブレーブスが当該処分の有効性を争ったのが本件であ

る。
【裁判所の判断】請求認容
① メジャーリーグ規約および労働協約によって一定の制限があるものの、当該事件については、コミッショナーに制裁権がある。
② ただし、アマチュアドラフトにおける第1指名権の剥奪は、メジャーリーグ規約第2条3項の権限を逸脱しており（同条に予定されている制裁に該当しないため）、無効である。

Charles O. Finley & Co. v. Kuhn, 569 F.2d 527（7th Cir.）, cert. denied, 439 U.S. 876（1978）
【事実】 1976年、オークランド・アスレチックスはジョー・ルディ選手とロリー・フィンガー選手との契約をボストン・レッドソックスに200万ドルで譲渡し、さらにビダ・ブルー選手をヤンキースに150万ドルで譲渡するなど、有力選手の放出を図った。コミッショナーのボーイ・キューンは、①オークランド地区のチームが衰退し、②財力のあるチームが才能のある選手をかき集め、戦力の不均衡が生まれる、③保留制度の意義を減退させ、「野球最高の利益」に反するとして、3選手の譲渡を認めないとした。
　なお、当該トレードはリーグ規約に違反するものではなかったため、アスレチックスのオーナーが、コミッショナーの判断はその権限を逸脱するものであり、かつ恣意的な判断であると主張して訴えを提起し、コミッショナーの裁定を終局とする条項の効力を争った。
【裁判所の判断】請求棄却
① メジャーリーグ規約の下で、コミッショナーには広範な裁量権が与えられている。
② 一般論として、特定の団体や社会における判断に対して司法の介入を抑制すべきである。
③ コミッショナーの裁定を終局的とする条項（waiver of recourse clause）は対等な交渉力を持つ当事者によって、自由な交渉により合意し、自発的に導入されたものであるため、有効である。
④ たとえば、(1)当該自治団体のルール、規則あるいは裁定が一般的な法概

念に違反している場合、(2)あるいは当該団体のルール自体に違反している場合、(3)当該団体がデュープロセスに違反している場合、にのみ例外的に司法審査の対象となるが、本件についてはこうした例外的な事情はない。

以上のことから、原告の主張は認められない。

Chicago National League Ball Club, Inc. v. Vincent, No. 92 Civ. 4398 (N.D. Ill. 1992)

【事実】 1992年、シカゴ・カブスはMLBでの新球団（コロラド・ロッキーズ、フロリダ・マーリンズ）の創設に伴い、西部地区への移転を他球団から要請された。当該移転にはチーム移動時間の短縮、西部地区の競争激化による人気上昇などのメリットもあった。そして、球団の移転について、ナショナルリーグ規約（National League Constitution）で必要とされていたオーナーの賛成75％をクリアしたのであるが、カブスが当該移転を拒否した。なお、1982年に改正されたナショナルリーグ規約には地区の変更を伴う移転には当事者球団の合意が必要とされていたのであるが、コミッショナーのビンセントが（メジャーリーグ規約第1条2項の権限により）カブスに移転を命じた。そこで、カブスが当該命令の無効を主張して訴えを提起した。

【裁判所の判断】請求認容

メジャーリーグ規約第7条には、「メジャーリーグ規約、労働協約等に紛争解決の方法が明示されている場合を除いて、球団間のあらゆる紛争に関し、コミッショナーはその解決のための裁量権を持つ」とある。つまり、これらの規定に解決方法が明示されている場合には、コミッショナーの裁量権は制限される。そして、ナショナルリーグ規約は、移転について、「他の地区への移転について当該チームは強制されない」としていることから、本件では、コミッショナーがこの規定に反した命令を発することはできない。

5) コミッショナー権限の推移

1900年代初期、ブラックソックス事件をはじめとする球界スキャンダルの浄化に向け、コミッショナーに大きな期待が寄せられ、この機に着任の要

請を受けた元判事のランディスは、「野球最高の利益」条項の大義を盾に大鉈を振るった。この時期、「野球最高の利益」は万能薬としてあらゆる場面で改革の糸口となったのであった。しかし、各リーグにおいて労使関係が構築され、労使交渉を通じて労働協約が締結され始めた1970年代以降、コミッショナーの役割は大きく変容する。選手の労働条件にかかわる事項については、中立の第三者による仲裁制度が導入されることになったからである。こうして、コミッショナーの役割は、経営事項におけるオーナー間の利害調整に求められていった。

　その一方で、コミッショナー裁定の法的拘束力については、連邦仲裁法の成立とその展開に沿う形で議論されてきた。こうして、コミッショナー裁定の拘束力については、まず仲裁者たるコミッショナーの中立性を前提とし、かつ当事者の仲裁合意を基礎として、コミッショナーが下した判断について終局的な効力を認めるが、①判断が恣意的であった場合、②基本的な適正手続きを欠いている場合、には司法審査に服するという理解が浸透していった。

　ところで、しばしば選手会から「コミッショナーの報酬の一部を選手会にも負担させよ」という主張が聞かれる。いかにも気前のいい話のように見えるが、その真意は、労使関係におけるコミッショナーの非中立性を、いわばセンセーショナルな形で浮き彫りにすることにある。

小 括

　空前の大スキャンダルとなったブラックソックス事件の後始末を契機にコミッショナーが設置され、その後、コミッショナーは、「野球最高の利益」を錦の御旗として、様々な改革に取り組んできた。その一方で、コミッショナーの裁量権の限界については、司法、あるいはリーグ規約の改正によって明らかにされてきた。他方、労働条件を巡るコミッショナー裁量については、労使関係の構築とともに、団体交渉あるいは、その成果としての労働協約によって反射的に制限されることとなった。とりわけ、中立第三者による仲裁制度の導入は、コミッショナーの制裁権を制限するという意味においても大きな役割を果たした。

現在、コミッショナーは、次の２点でリーグ運営上、重要な役割を担っている。①球団オーナー間の利害調整を行うこと。②球団側の利益代表者として、選手会との交渉を行うこと。

　他方、日本プロ野球では、コミッショナーにリーグ経営のリーダーシップが期待されてきたわけではなく、むしろ、コミッショナーの存在は、象徴、儀礼的なものに止まっていた。しかし、実際には労使交渉の効率化、実質化の観点から、リーグの意思決定をリードする役割が不可欠となる。複数球団の利害対立を調整し、リーグの利益代表者として選手側と団体交渉を実施することは、民主的な組織運営、および、誠実交渉という労働組合法の要請からもきわめて重要となる。その意味で、今後、コミッショナーの積極的役割は増大していくものと予想される。

第5章

スポーツと反トラスト法
―チームのフランチャイズと競争制限―

▶ 反トラスト法とは
▶ 競争制限の合理性（合理の原則）
▶ スポーツ経営を巡る反トラスト訴訟

1）反トラスト法の概要

　以下にみる連邦反トラスト法は 1970 年代のアメリカプロスポーツに多大な影響を与え、労働法とともにアメリカスポーツ法の双璧をなしてきた。

　「自由競争社会のマグナカルタ」とされる連邦反トラスト法は、私企業体制と資本主義経済を完全な形で維持していくための基本秩序であり、私企業の活動を発展させ、その活性化を図るものである。そして、その反トラスト法の中心をなすのが、1890 年に制定されたシャーマン法（Sharman Act）であるが、そのシャーマン法 1 条は、「取引を制限する全ての契約、結合、共謀（every contract, combination . . . or conspiracy, in restraint of trade or commerce）」を禁止するとしている。なお、当該法律違反については、実損害の 3 倍の賠償金を課す「懲罰的損害賠償」が予定されているほか、その悪質性によっては重罪（felony）となる場合もある。

　このシャーマン法 1 条を巡り、選手市場の制限とともに、リーグにおけるフランチャイズ制限についても論争が生じてきた。選手市場の制限とは、保留条項、サラリーキャップ制度、ドラフト制度などであり、これについては第 6 章「スポーツと労働法」で詳述する。フランチャイズの制限とは、チームが本拠地の移転を望む場合に同リーグに所属するチームの全会一致、あるいは 4 分の 3 の賛同を得なければならない、などとする要件をいう。また日本において、2004 年のプロ野球再編を巡る論点の中心になった「新規参入」障壁もこれと同じ脈絡にある。リーグ内のチームが共謀して一定の業者を取引から排除するなどの行為も、その理由いかんによっては反トラスト法上の問題を孕むからである。

　なお、訴訟においては、原告は以下の 3 点についての立証を求められる。第 1 に、州際通商（州を跨ぐ規模の取引）であること。第 2 に、複数の実体（entity）における共謀があること。第 3 に、当該制限が不合理であること。

　他方、被告は以下の抗弁をすることができる。第 1 に、被告は単一実体で

シャーマン法 第1条
Sherman Antitrust Act 1890
取引制限を巡る抗弁
1. 単一実体説
2. 判例法による反トラスト法適用除外の法理
　（Non-statutory Labor Exemption）
3. 合理性の原則における制限の正当性および合理性
　・事業上の正当目的
　・当該目的を達成するために、もっともゆるやかな制限

John Sherman
(1897–1898)

第 5 章　スポーツと反トラスト法

あり、共謀をなしうる2つ以上の実体ではないこと。第2に、労使間の団体交渉の対象となる取引制限については反トラスト法の適用が除外されること（判例法に基づく反トラスト法適用除外の法理：Non-statutory Labor Exemption）。第3に、制限が合理的であること、である。第1は単一実体説と呼ばれる議論であり、これまで多くの訴訟でリーグ側によって主張されてきたものである。各チームは各々別の法主体であるが、反トラスト法において、リーグの経営についてはリーグ全体で1つの実体とみるべきであると主張するのである。第2の反トラスト法適用除外は、1996年の*Brown*事件連邦最高裁判決で明確にされた法理である。最高裁は、FA制度やサラリーキャップなど選手市場の取引制限については、労使自治に委ねるべきであり、団体交渉関係への反トラスト法の介入を見合わせるべきであるとした。これにより、労使関係が機能している4大リーグでは、選手市場の取引制限への反トラスト法の適用は除外されることとなった（第6章で詳述する）。また第3の合理性については、これまでケース・バイ・ケースの判断がなされてきた。この合理性判断では、正当な事業上の目的に対して必要以上に制限的でないか、が検証される。

次に、シャーマン法2条は、独占化、独占の企て、および独占のための共謀を禁止する。不正な方法での市場の独占、市場における独占力の濫用が違法とされるのである。

原告は次の2点を主張することになる。第1に、問題になる取引が州際通商に該当すること。第2に、市場において独占が形成されていること。これに対して被告側は次の3点を抗弁として主張することになる。第1に、独占が問題となっている「市場」の認定においては、より大きな関連市場を考慮すべきこと。市場をより大きな概念で捉えれば、問題となる独占の状態、影響は相対的に小さくなるからである。この関連市場の決定はスポーツごとに市場と捉えるのか、あるいはスポーツ

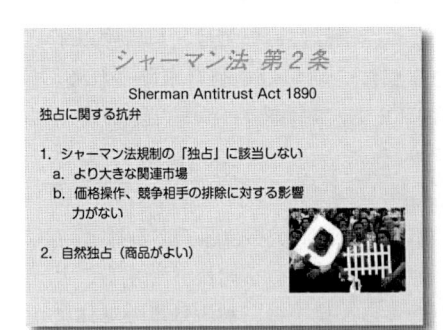

シャーマン法 第2条
Sherman Antitrust Act 1890
独占に関する抗弁

1. シャーマン法規制の「独占」に該当しない
    a. より大きな関連市場
    b. 価格操作、競争相手の排除に対する影響力がない
2. 自然独占（商品がよい）

全体で1つの市場とするのか、それともエンターテイメント全体を市場ととらえるかで、独占状態の認定に大きな差異が生じる。第2に、価格操作または競争相手排除に対する独占力を被告が持ち合わせていないこと。第3に、自然独占であること。

2) プロリーグ運営と反トラスト法

アメリカ4大プロスポーツリーグと呼ばれる野球（MLB）、アメリカンフットボール（NFL）、バスケットボール（NBA）、アイスホッケー（NHL）では、各リーグに30のチーム（NFLには32チーム）が所属している。各チームはゲームにおいてそれぞれライバル関係にあるが、経済的実体という視点からみると、必ずしもライバルとはいえず、むしろ、共同事業体としての性質を持ち合わせている。そこで、リーグの取り決め、すなわち所属チームにおける合意が、反トラスト法で違法とされる共謀または共同行為に当たるかが、議論となる。

それぞれプロリーグは球団のチーム保有に関して、リーグ所属のチームであらかじめ合意をし、その内容をリーグ規約として明記している。そして、これらの規定は、リーグ全体の利益、財政的基盤の安定、リーグのブランド・イメージを考慮して定められる。たとえば、ゲーム審判に対してオーナーが批判を加えることなども明文によって禁止している。これは、ゲームの純潔（integrity）を維持するという趣旨に、リーグ所属チームが合意したものである。

また、リーグの運営にあたって、各チームはテリトリー権（地域権）を持ち、新規参入チームからその市場、いわば各チームの既得権を保護することとしている。

3) プロリーグのフランチャイズ生成の歴史

1960年代後半、各プロチームのオーナーはこぞって地方政府に働きかけ、新スタジアムの建設について公金による財政支援を要請した。これが功を奏し、公金によるスタジアム建設が主流になっていった。各チームはスタジアムの改良による収益増大を見越し、観客席の増設にくわえ、ラグジュアリー

シート、スイートシート等の高価な観客席の設置が趨勢となった。その後、チームの要求はエスカレートしていく。そして地方政府がその要求を拒否した場合、チームは他の地域への移転をほのめかすことで揺さ振りをかけ、場合によっては、好条件を提示する地域に移転するという戦略がとられるようになっていった。

ところで、フランチャイズの移転については、オーナーの全会一致あるいは特別多数（4分の3など）の賛成を得なければ、フランチャイズの移転ができないなどの規定がある。リーグによって詳細は異なるが、概して、フランチャイズ移転を厳しく制限している。

しかし、反トラスト法の観点からフランチャイズ移転の制限をみると、各チームが好条件を提示する地方自治体（地方都市）へ移転して収益を向上させるという財産権の行使を抑制するという意味で、こうした制限は反競争的効果をもたらすものであると評価される。ただし、反トラスト法の保護対象は何か、によって議論の行方は大きく異なる。すなわち、①球団間のフランチャイズ獲得競争、②地方都市によるチーム獲得競争、これらが制限されることで、いかなる利益が侵害され、他方、いかなる利益が確保されるのか、この判断は非常に難しいのである。

たとえば、球団同士のフランチャイズ獲得競争や、地方都市のチーム獲得競争を制限することで、消費者の利益がはたして侵害されるのであろうか。チーム移転先の消費者（ファン）の利益と、チームを失う消費者（ファン）の利益をどのように考慮するのか。この点のみを見ても、客観的に消費者の利益を考慮することが困難であることが分かる。またリーグ全体の利益と個々のチームの利益が対立する場合に、どちらを優先させるべきかについてもアメリカの文化的背景、競争概念等の価値観が影響することになるのである。

いずれにせよ、反トラスト訴訟において、チーム移転を望む者は、①収益を上げる機会（能力）をリーグ規則によって制限されている、②所属リーグのオーナーが共同・共謀してチーム移転を妨げている、と主張することになる。他方、リーグ側は、①リーグ運営上、チーム移転に一定の制限を課す必要があること、②当該制限が合理的であること、③これらの制限には競争促進効果があること、を主張することになる。

ところで、試合の放映権を巡っても、各チームの収益権とリーグ全体の収益権は相反する関係にある。リーグ側は試合放映をパッケージ化して一括でテレビ会社に売ることで、リーグ収益、すなわち、チームの集合体としての利益増加につなげたい。他方、各チームオーナーは自己の試合の放映による収益を可能な限り増やしたい。特に、ヤンキースやレッドソックスのように人気の高いチームのオーナーは、個別に放映権を売ることで、増収につなげたいと考えるのは当然である。
　チームの放映権に関する制限はしばしば反トラスト法上の問題を生じさせてきたが、この点については、第8章「スポーツとメディア」で扱うことにする。

４）フランチャイズの移転に対する制限

　1970年代中頃までに、NFLはプロスポーツリーグの中で、ファン拡大に成功し、最も安定した収益を上げる存在であった。その理由として、フランチャイズ移転がほとんどなかったことを指摘する声もある。実際、1960年にシカゴ・カーディナルスがセントルイスに移転して以来、長らく移転は見られなかった。もっとも、これはリーグ規則で、オーナー（経営委員会）における全会一致の賛成が要件とされていたことが背景にある。こうしたフランチャイズ移転を巡る制限の違法性が争われたものに *Los Angeles Memorial Coliseum* 事件がある。

　　Los Angeles Memorial Coliseum Commission v. NFL, 726 F.2d 1381（9th Cir. 1984）[1]
　　【事実】　NFLロサンゼルス・ラムズのオーナーが同チームをロサンジェルス郡にあるロサンゼルス・メモリアル・コロシアム（Los Angeles Memorial Coliseum）から同じカリフォルニアのオレンジ郡にあるアナハイムスタジアムに移転した。そこで、ホームチームを失ったロサンゼルス・メモリアル・コロシアム委員会（当該スタジアムを経営する団体）はラムズに代わるチームを求めた。これに関心を示したオークランド・レイダースのオーナーが1978年の

1　一般にレイダース事件と呼ばれている。

移転を決定したのであるが、移転したばかりのラムズが半径75マイル以内のテリトリーにフランチャイズ権を持っていた。

NFL規則 Rule4.3 には、他のチームテリトリーに移籍する場合は、オーナー会議で全会一致の承認を得なければならないとされていた[2]。結局、レイダースの移転の試みは、当該 Rule4.3 に基づく投票の結果、反対22、賛成0により阻止された。そこで、レイダースとロサンゼルス・メモリアル・コロシアムが当該フランチャイズの移転制限は反トラスト法に違反すると主張して訴えを提起した。

これに対して、NFLは次のように主張した。①フランチャイズの移転に制限を加えることにより、リーグ運営の安定性が維持される。②フランチャイズの一極集中を回避することにより形成される広範な市場は競争を促進させる効果がある。

【地裁の判断】請求認容
フランチャイズの移転についてオーナーの全会一致の承認を要件とする Rule4.3 は反トラスト法に違反する。

【高裁の判断】地裁の結論を支持
① 当然に違法ではなく、合理の原則によって判断すべき
② 移転制限は反競争的である
③ 当該制限によって一定地域におけるスポーツの独占が生まれる＝地域間で競争すべき
④ ロサンゼルスへの移転によって競争が促進される

また、裁判所は、以下の点を指摘した。
❶ レイダースがロサンゼルスに移転した場合に発生するリーグの損害、悪影響もない
❷ ロサンゼルスは大きな市場であ

反トラスト訴訟 NFL

LA Coliseum v. NFL (1984)
レイダースのオーナー（アル・デービス氏）がロサンゼルスへのチーム移転を求めたが、ラムズのホームテリトリ（保護地区）にかかることから、NFLオーナーらは当該移転を承認しなかった。

裁判所の判断
移転には「全会一致」の賛成を必要とする手続きは、合理性がなく、反トラスト法に違反する。

判決の意義
フランチャイズ移転の規制についても、反トラスト法上の合理性がなければ違法と判断したこと。

---

[2] 1978年に、NFLは、地裁で違法の判決を受けて、ホームテリトリーの場合も全会一致から4分の3の賛成へ要件を緩和した。

り、2 チームの運営も十分に可能である
❸ ロサンゼルス・メモリアル・コロシアムの施設はスタジアムとして適切である
❹ テレビ放映による収益に損失が出ることも予見できない
❺ チームの戦力均衡を維持するという NFL の利益が北カリフォルニアから南カリフォルニアにチームが移転することで害されるということもない
❻ 他のより制限的でない方法によって当該目的（リーグ運営の安定、広範な市場での競争促進、各ベンチャー（チーム）に正当な利益をもたらすこと）を達成することができる
❼ NFL はフランチャイズ移転に関する客観的基準を定めていない
❽ 手続き的保証が存在しない

　なお、陪審は、NFL が支払うべき損害賠償額として、レイダースに対して 1,150 万ドル、コロシアムに対して 460 万ドルを認定し、懲罰的賠償として総額 4,400 万ドルの支払い義務が NFL にあるとした。この裁定額を NFL が争う構えを見せたものの、結局、賠償額を 1,800 万ドルとし、かつレイダースの移転を承認することで和解が成立した。

　その後、NFL が損害賠償額を争った *Los Angeles Memorial Coliseum Commission v. NFL*, 791 F.2d 1356（9th Cir.1986）[3] で、第 9 巡回区控訴裁判所が「他のより制限的でない方法」についてコメントしている。たとえば、移転によって得た収益をリーグ内のチームに分配する制度などもありえるとしている。

　Los Angeles Memorial Coliseum（1984）判決のポイントを次のように集約することができる。第 1 に、プロスポーツリーグは傘下にあるチームのフランチャイズ移転を制限する権利を当然に持つとはいえないこと、第 2 に、NFL、NBA、NHL におけるフランチャイズの移転に対して制限する場合は、合理的な政策（客観的基準）が求められること、である。

3　一般にレイダース事件 2 と呼ばれている。

NFLは本判決後、フランチャイズの移転制限について、市場規模、スタジアムの性能・妥当性、観客動員数などの客観的基準をRule4.3に追加した。
　その一方で、NBAのフランチャイズ移転の制限が争点となったSan Diego Clippers Basketball Club事件では、客観的基準について、制限の合理性を示す1つの要素ではあるが、制限の合法性を容認するための必要条件ではないとの見解が示されている。

NBA v. San Diego Clippers Basketball Club, 815 F.2d 562（9th Cir. 1987）
【事実】　NBAにはフランチャイズ移転の制限についてNFLと同様の規定があった。NBA所属のチーム、クリッパーズが保護地域（テリトリー）への移転を当該保護地域にあるチームの合意なく実施しようとしたため、これに対してNBAが制裁を加える構えを見せた。この一連のNBAの手続きが反トラスト法に違反しないことの確認をNBAが連邦裁判所に求めたが、地裁はNBAの訴えを退けた。
【裁判所の判断】　地裁判決を破棄・差戻し
① フランチャイズの移転制限は当然違法ではなく、合理の原則によって判断される
② *Los Angeles Memorial Coliseum Commission*判決で示され、原審でも採用されたフランチャイズ移転を巡る合理性判断の「客観的基準」は、制限の合法性を容認するための必要条件ではない
③ NBAによるフランチャイズの制限は、法律問題として違法とは言えない。
　したがって、NBAの主張を退けた地裁の判断を破棄・差し戻す。

　そのほか、チームの株式を公開売却してはならないというNFLの不文律によって、安価でのフランチャイズ売却を余儀なくされたとして、チームの元オーナーが反トラスト法違反に基づく損害賠償をNFLに求めたケースがある。

Sullivan v. NFL, 34 F.3d 1091（1st Cir. 1994）

【事実】 1987年、ニューイングランド・ペイトリオッツのオーナー・ビリー・サリバンは、財政難を理由に、同チームの株式49％相当を第三者に公開売却することについて検討した。当時NFLでは「NFLは閉鎖的社会を維持すべき」（public ownership ban）との不文律が存在しており、また所有権の移転には全オーナーの4分の3の賛成が必要とされていた。

結局、公開売却についてNFLの承認を得ることができなかった原告は全株式を8400万ドルという安価で売却せざるをえず、ちなみに、これを取得した第三者は1億1,000万ドルで転売し、差額の利益を取得した。そこで、原告は、NFLが公開売却を認めなかったことは反トラスト法に違反するとして、損害賠償を求める訴えを提起した。

【地裁の判断】請求認容

原告の主張を認め、NFLに対して5,100万ドルの損害賠償を容認（1,700万ドルの3倍賠償）した。

【高裁の判断】地裁の判断を破棄・差戻し
① 合理の原則の下で判断すべきである。
② 競争制限によって生じる反競争的効果と得られる利益の比較衡量によって合理性を判断する。
③ NFLが長期的・全体的視点から安定した運営を実現させる目的自体は正当であるが、「他のより制限的でない方法」が存在していることからNFLの制限は合理的であるとは言えない。
④ ただし、地裁判事の陪審員に対する説示に不適切な点があったため、破棄・差戻しとする。

その後、NFLが1,100万ドルを支払うことで和解が成立した。ただし、それ以降もpublic ownership banは変更されなかった。

以上のようにフランチャイズの移転を巡る制限については、それ自体が必ずしも違法とはいえず、合理性の観点からケース・バイ・ケースで判断するという運用が定着している。

5）新規参入への制限と反トラスト法

　2004年の日本プロ野球界再編でライブドアや楽天が新球団の創設と保有を求めたのであるが、当初、NPB側は新球団の創設に反対する立場をとった。リーグの一員としての参加を求める新チームとこれを阻む既存のチームとの衝突である。こうした新規参入の障壁について、アメリカ反トラスト法を巡って、争われたケースがある。

Mid-South Grizzlies v. NFL, 720 F.2d 772（3d Cir. 1983）
【事実】　NFLのライバルリーグとして、WFL（World Football League）が1974年に設立されたが、翌年にあえなく倒産した。そこで当該リーグに所属していた有力チームであったメンフィス・サウスメンは、同リーグ内の2チームから有力選手を獲得し、グリズリーズというチームを再結成のうえ、NFLへの参加を認めるよう要請した。しかしNFLがこれを拒否したため、グリズリーズがNFLの対応は反トラスト法に違反するとして訴えを提起した。

【裁判所の判断】　請求棄却
① グリズリーズがNFLへの参入を拒否されたとしても、プロアメリカンフットボール市場における競争が抑制あるいは阻害されたとはいえない。
② グリズリーズは、NFLのライバルリーグ設立や選手獲得競争について何ら制限を課せられているわけではないので、反トラスト法が規制する競争制限があったとはいえない。

Piazza v. MLB, 831 F. Supp. 420（E.D. Pa. 1993）
【事実】　原告（ピアザ）はサンフランシスコ・ジャイアンツのフランチャイズの購入とタンパ・ベイへの移転を目論んでいた。MLBが、この目論見を阻止したため、原告は、①不当にサンフランシスコ・ジャイアンツのフランチャイズの購入を阻止された、②オーナーらは共謀して原告を排除しており、反トラスト法に違反するなどとして、訴えを提起した。

【裁判所の判断】　MLBの主張を否定
　　MLBは野球に関する特例（Baseball Exemption、第6章1.2）、3）に詳述）に

より、原告の訴えは排除されると主張したが、1審、2審ともに、Baseball Exemption は「保留条項」に限定され、野球ビジネス全体には及ばないと判断した。

結局、原告に対して 600 万ドルの現金を支払うことで和解した。その後、1998 年にカート・フラッド法（Curt Flood Act of 1998）が制定され、野球の適用除外の範囲について明確にされた。これについては第 6 章で扱うことにする。

6) リーグ間の市場争い

アメリカでは歴史的に同じスポーツで常にライバルリーグが出現してきた。そして既存リーグと新設リーグの間で、選手やメディア獲得の攻防が展開され、これを巡って反トラスト訴訟が提起された。

19 世紀に野球でライバルリーグ間の争いが勃発し、選手の引抜き合戦が繰り広げられた。そして、裁判所で争われた最初の紛争として、1922 年の *Federal Baseball Club* 判決を生むことになる。この判決は、野球のビジネスはいまだ州際通商には該当せず、したがって、連邦反トラスト法の適用対象にないとしたのであった。この最高裁判決が先例として後の判断を拘束することになった。そして、野球のビジネスが州を跨ぐビック・ビジネスになった後も、先例の拘束として、反トラスト法の適用が除外され、野球の特例が形成されてきた。

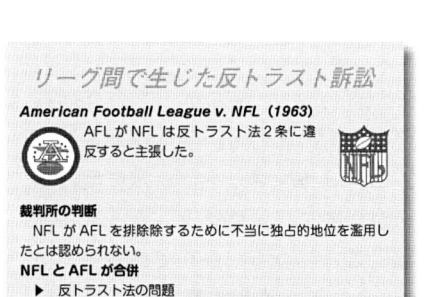

野球以外のプロリーグでは、反トラスト訴訟が絶えず勃発してきた。特に、既存のプロリーグが反競争的な方法で独占的地位を行使しているか、が訴訟で争点となった。ちなみに、NFL で最も多く、この種の紛争が反トラスト訴訟に発展した。

リーグ間で生じた反トラスト訴訟

American Football League v. NFL (1963)
AFL が NFL は反トラスト法 2 条に違反すると主張した。

裁判所の判断
NFL が AFL を排除するために不当に独占的地位を濫用したとは認められない。
NFL と AFL が合併
▶ 反トラスト法の問題
▶ 1970 年スポーツ放送法修正法により適用除外

American Football League v. National

Football League, 323 F.2d 124（4th Cir. 1963）

【事実】　NFL のライバルリーグであった AFL が、NFL は市場において独占的地位を有しており、ライバルリーグである AFL を排除するためにその地位を濫用している、と主張し、NFL に対して 3 倍賠償と独占に対するインジャンクションを求める反トラスト訴訟を提起した。

　本件では、何が「関連市場（relevant market）」に該当するのか、が争点の 1 つとなった。つまり、ここでいう関連市場は NFL のチームが存在する 17 の都市か、あるいはアメリカ全土かということであった。原告の AFL は前者を主張、被告の NFL は後者をそれぞれ主張した。

【地裁の判断】NFL の主張を採用
① 反トラスト法における関連市場はアメリカ全土であり、選手、テレビ放映権、観客を獲得しうる全国市場である。
② プロフットボールチームを保有できる都市は全国におよそ 30 地域ある。

【高裁の判断】地裁の判断を支持
① NFL は関連市場において独占的地位を持ち合わせていないとした地裁の判断は正しい。
② 1955 年、チームの本拠地として理想的な 31 の都市・地域のうち、11 を NFL が占拠したのであるが、未だ 11 に過ぎず、またニューヨークやサンフランシスコなどは 2 つ以上のチームが本拠地とすることもできる。
③ NFL は既にフランチャイズが存在している都市において自然独占の状態にあるのであって、AFL を排除するための戦略をもって独占的地位を濫用しているのではない。

　その後、AFL は NFL と合併することになったのであるが、この合併自体、アメリカンフットボール市場の独占を生むものとして、反トラスト法に違反する可能性があると考えられていた。アメリカンフットボール産業において、2 つしか存在していなかったリーグが合併し、プロフットボールリーグという産業における競争を完全に取り除くことになったからである。

　これについては、議会の政治主導で反トラスト法違反の懸念が払拭された。連邦議会がスポーツ放送法（Sports Broadcasting Act）を修正し、当該合

立法による反トラスト法適用除外

1961年スポーツ放送法
▶ 4大プロリーグのテレビ放映権一括管理について反トラスト法の適用を除外

1970年修正法
▶ NFLとAFLの合併について反トラスト法の適用を除外

併について反トラスト法の適用を除外するとしたからである。チーム数を減らすのでなければ、合併を容認するとの法案（スポーツ放送法修正案）を議会が可決し、これを受けて、両リーグが1970年に合併し、その後、エクスパンションシリーズを開催するに至った。現在、NFLのなかのNFCとAFCはそれぞれ、旧NFLと旧AFLとのチームによって構成されている。

USFL v. NFL, 842 F.2d 1335（2d Cir. 1988）

【事実】　本件は、USFL（新興プロフットボールリーグ）が、NFLは市場を独占しているとして、反トラスト訴訟を提起したものである。

　USFLはNFLと同じ市場での事業展開を決定し、試合スケジュールを春から秋に移行した（春はNFLと競合しない）。しかし、秋にゲームの放映についてテレビ契約を確保することができなかったため、USFLは次のように主張し、NFLに対して17億100万ドルの損害賠償を請求した。
① NFLが独占的地位を濫用して、USFLの事業展開を妨げている。
② NFLは3大テレビ局（CBS、ABC、NBC）とテレビ契約をすることで、USFLを排除する戦略をとった。
③ NFLはUSFLを排除するために、USFLの事業エリアに、エクスパンションをし、選手名簿を拡大した。
④ NFLはUSFLのオークランド・インベーダーズを排除するためにオークランド市と共謀して、NFLのチームをオークランドに誘致した。

【1審の判断】　請求一部認容
① NFLは実際に、独占的地位を濫用し、シャーマン法2条に違反している。
② しかし、NFLが略奪的戦略（predatory tactics）をもってUSFLを排除したという事実は認められない。

③　USFL に 1 ドルの賠償請求を認める（3 倍賠償で 3 ドル）。

　このような少額の賠償にとどまった理由として次の 2 点を指摘することができる。第 1 に、陪審が USFL のテレビ放映に関する主張（NFL が USFL を排除するために、主なテレビ会社に対して独占的地位を濫用した）を否定したこと、第 2 に、USFL 自身、その商品としての魅力が不足していることについて、もっとも大きな責任があると陪審の多くが認識したことである。なお、USFL はその後、倒産に追い込まれた。

　ところで、NFL では、リーグ所属オーナーが他リーグでのオーナーの兼任を禁止する規定（クロス・オーナーシップ禁止規定）を置いていた。他リーグでのチームオーナーを兼任することができないというこの制限が反トラスト法に違反するかが争われた。

North American Soccer League v. NFL, 670 F.2d 1249 (2d Cir.) cert. denied, 459 U.S. 1074（1982）

【事実】　新設された北米サッカーリーグ（NASL）が NFL のクロス・オーナーシップ（他リーグのチームを所有（兼任）すること）の規制はスポーツ界においてオーナーになりえる人物を市場から排除することであり、反競争的効果を持つとして、当該ルールの差止めと損害賠償を求めて、反トラスト訴訟を提起した。なお、クロス・オーナーシップの規制については NFL オーナーの中でも長年、論争になってきた。1978 年に当該規制が強硬的に実施され、他のスポーツチームを所有（兼任）するオーナーが、その所有を辞めない場合は相当の反則金を科すこととされた。当該規制は、チームオーナーによる NFL への忠誠を確保し、チケット販売や放映権の獲得について、他リーグとの競争力を効果的に高めることを目的とするものであった。

【地裁の判断】　請求棄却
　地裁は、NFL は単一実体であるとして、NFL を支持した。つまり当該規制は、実際、反競争的であるが、NFL は単一実体であるので、反トラスト法の規制を受けないとした。

【高裁の判断】　地裁判決を破棄

高裁では、単一実体説を退け、合理の原則により判断した。
① 当該規制の競争促進的効果について、NFL にいかなる証拠もない。
② NFL は、クロス・オーナーシップによって、NFL チーム運営への忠誠心に悪影響が生じると主張するが、NFL には莫大な財政的成功があり、NASL のチーム保有が、NFL 運営の脅威になることや、あるいは NFL への背信を生みだすとはいえない。
③ NFL は当該正当な事業目的が他のより制限的でない方法によって実現できないことを立証していない。
　高裁は地裁の判断を破棄し、NFL のクロス・オーナーシップ規制を禁止するインジャンクションを容認した。

　その後、NFL は上告を求めたが、最高裁はこれを却下した。2 年後、陪審は損賠賠償の問題について NASL に 1 ドルの賠償請求権を認めた。財政難に直面していた NASL は、多額の賠償金を当てにしていたが、この見込みが大きく外れ、あえなく倒産した。

7) 単一実体説

　シャーマン法 1 条は、複数の行為主体の「契約、結合または共謀」を適用の要件としている。つまり、シャーマン法 1 条違反となるためには複数の行為主体が必要であり、その各々が独立したものであるときに、その各々の間の共謀に対し同条が適用されることになる。しかし、この複数の行為主体が密接な結合関係にあり 1 個の実体（組織体）であるとみなされうる場合に、これらの者による取り決めへのシャーマン法 1 条適用の是非が問題となる。
　すなわち、リーグ（NFL, NBA, NHL 等）が 1 個の実体（単一組織）であれば、リーグ内の取り決めは同法 1 条適用の対象外となるのである。この見解が単一実体説とよばれ、反トラスト訴訟の抗弁となりうることは、先に述べた通りである。
　この問題は、特にリーグにおけるフランチャイズの制限についての訴訟で争われたが、こうした議論は必ずしもフランチャイズに関わる問題にとどまるものではない。というのは、単一実体性が認められれば、リーグ・球団に

> **単一実体説**
> **反トラスト法1条に対する抗弁として援用**
> 単一の行為者は、共謀、契約、共同行為をすることができない。
>
> **従来、既存リーグによる、この抗弁は失敗**
> 裁判所は、既存リーグは別の実体をもつチームの集合であり、共同事業（ジョイント・ベンチャー）に該当すると判断してきた。

よる選手市場の取引制限への反トラスト法の適用について、その前提を覆すことになるからである。つまり、リーグが単一の実体であれば、結合や共謀という行為は存在せず、そもそもシャーマン法1条違反の問題が生じえないのである。

単一実体性に関する裁判例 最初に、リーグの単一実体性について争われた San Francisco Seals 事件[4] では、NHL 所属チームはリーグおよび他チームと経済的な意味での競争を行わないとの理由により、リーグは単一の実体であるとしてシャーマン法1条の適用を留保する判断が下された。しかし、その後の North American Soccer 事件[5] および Los Angeles Memorial Coliseum 事件[6] で、リーグの単一実体性を否定し、シャーマン法の適用が肯定されている。

North American Soccer 事件では、第2巡回区連邦控訴裁判所が、①NFL の各チームは個別に所有されており法的実体が異なること、②NFL の各チームの収入が異なること、等を理由に、NFL の単一実体性を否定した。

また、Los Angeles Memorial Coliseum 事件では第9巡回区連邦控訴裁判所が、①NFL の各チームは個別の価値を持つプロダクトを生み出す個別の企業実体であること、②各チームは個別に所有されていること、③リーグ収益の約90％は均等に各チームに分配されるが、各チームの利益および損害は分割されないこと、④リーグ収益の分配があるが、各チームの経営政策の違いから各チームの収益が著しく異なっていること、⑤各チームは選手、コーチおよび経営者の獲得についてフィールド外でも他チームと競争し、ファンの獲得、テレビおよびラジオ放送の収益、スポンサーの獲得（media space）についても競争すること、等を理由に NFL が主張する単一実体説を退けて

4　*San Francisco Seals, Ltd. v. National Hockey League*, 379 F. Supp. 966（C.D. Cal. 1974）.
5　*North American Soccer v. National Football League*, 670 F.2d 1249（2d Cir. 1982）.
6　*Los Angeles Memorial Coliseum Com'n v. NFL*, 726 F.2d 1381（9th Cir. 1984）.

単一実体説の終焉
2010年に連邦最高裁がNFLの単一実体性を否定
NFLでは各チームはブランドのプロモーションなどで共通の利害を持つが、商標のライセンスでは個別の競合企業である

AMERICAN NEEDLE v. NFL

　いる。
　以上のように、*North American Soccer* および *Los Angeles Memorial Coliseum* 判決で明確に単一実体説が否定され、これによりNHLを単一実体であると判断したSan Francisco Seals判決は覆されたという理解が実務上、浸透していった。

新興リーグと単一実体　ところで、1990年代以降、新興リーグが単一実体の形式をもって設立されるケースが増加していった。たとえば、1993年に発足したプロサッカーリーグ（Major League Soccer, MLS）は、リーグの中央集権を強化し、各チームはあくまでもブランチである形となっている。収益についてはリーグが一括で管理し、各チームに再分配する。選手の採用についてもリーグが一括してこれを行い、各チームの戦力を考慮して、選手を割り当てるというものである。
　日本の四国アイランドリーグplusやbjリーグなども、これに近い形態といえる。
　このMLSの単一実体性を巡って争われた*Fraser*事件[7]では、MLSはデラウェア州法の下で、合法的に設立された有限会社であること、また各チームを運営する投資家兼経営者の責任および権限が制限され、リーグ収益あるいは損益は持分に応じて分配されている実態から、単一実体として運営されているとし、連邦高裁もこれを支持した。
　このように、伝統的4大リーグでは単一実体性が否定され、他方、MLSや女子プロバスケットボールリーグ（Women National Basketball Association, WNBA）などの新興リーグでは、リーグの運営、チーム保有の形式を中央集権型にすることで、単一実体としての運用を目指してきた。

単一実体説の再燃　さて、近年、この単一実体性を巡る議論が再燃した。NFLがユニフォームやキャップなどアパレル商品の製造販売を巡って、

7　*Fraser v. Major League Soccer*, 97 F. Supp. 2d 130（D. Mass. 2000）.

リーボック社との独占契約を締結するとして、これまで、ライセンス契約を締結してきたアメリカンニードル社との契約更新を拒否したことについて、アメリカンニードル社が当該独占契約は反トラスト法に違反するとして2004 年に NFL を提訴したのであった。この事件で、NFL 側は単一実体説を主張し、この主張が 1 審および 2 審において容認されたのである[8]。当該ケースは以下の点で、スポーツ法の分野で大いに注目された。

①単一実体性が認められると、これまで争われてきた反トラスト法上の論点の多くで同法適用の前提が崩れることになり、もはやリーグは反トラスト法の介入を恐れず、その運営を展開することが可能になる。

②プロリーグの労使関係では、選手会が存在することで、反トラスト法の適用を除外するという判例法理 (Non-statutory Labor Exemption) が存在してきたが、単一実体性が認められると、もはや同法理の存在意義が消滅する。そのことは労使関係に大きく影響を与える。

しかし、連邦最高裁は 2010 年 6 月、「NFL では各チームはブランドのプロモーションなどで共通の利害を持つものの、商標のライセンスでは個別の競合企業である」として、NFL の単一実体性の抗弁を認めず、リーボック社との契約が反トラスト法違反に当たるかについて下級審に差し戻した[9]。こうして、単一実体性の議論再燃は、連邦最高裁判断によって、鎮火されたのであった。

8) 個人スポーツを巡る反トラスト訴訟

ゴルフやテニスなどの個人競技についても反トラスト法が問題となることがある。1955 年に連邦最高裁は、*International Boxing Club* 事件[10] で、プロボクシング事業は反トラスト法の規制対象になるとの判断を示した。プロゴルフ協会 (PGA) や女子テニス協会 (WTA) はそれぞれの分野でメジャー大会のほとんどを組織しており、アスリート、エージェント、または用品製造

8　*American Needle, Inc v. New Orleans Saints*, 496 F. Supp.2d 941 (N.D. Ill., 2007).
American Needle, Inc v. NFL, 538 F. 3d, 736 (2008).
9　*American Needle, Inc v. NFL*, 560 U. S. ___(2010).
10　*United States v. International Boxing Club of New York*, 348 U.S. 236 (1955).

業者が、これらのスポーツ組織から排除された場合、もはやその分野での生き残りはほとんど不可能な状況になる。なぜなら、PGA や WTA に匹敵する市場は存在していないからである。それだけに、これらを巡る取引は競争原理が機能せず、様々な形で抑制され、市場が独占される傾向にある。これらの競技団体に関する問題を解釈するうえで、それぞれの取引制限または制限的な取引慣行に事業上の正当理由があるのかが争点となる。また、制限の違法性については、スポーツそのものやその消費者の利益を害するかが考慮される。

年齢制限　Age Restrictions　1995年、女子テニス協会は14歳以下のプレーヤーの参戦を禁止したのであるが、こうした年齢制限についても反トラスト法の問題となる。ここでは、一定の年齢に満たないものを市場から排除することに合理性があるかが争点となる。協会側は、年少で成功をおさめた著名な選手が身体的・精神的な問題を抱えるに至った経緯などを理由として、年齢制限は、年少の選手に急に連続的なトーナメントのプレッシャーを与えることなく、段階的に慣らしていく目的があると主張した。これに対して、アンナ・クルニコワやセレナ・ウィリアムズなどの超一流プレーヤーは、当該ルールは能力のある選手が報酬を得る権利を抑制している、との批判を強めている。

スポーツ用品を巡る紛争　メジャー大会で使用できるスポーツ用品に関する規制を巡り反トラスト法上の紛争が生じることがある。たとえば、*Gunter Harz Sports* 事件[11] では、テニスラケット製造業者が自社製造のラケットがアメリカテニス協会（USTA）によって認定を得ることができなかったことについて、USTA の対応はグループボイコットに該当するとして訴えを提起した。裁判所は、USTA の主張を採用し、原告が製造するダブルストラングラケットはボールのスピンを過度に変化させるため、ゲームの本質を害することになるとし、反トラスト訴訟を棄却した。

リーグによる制裁（ブラックリスト）　リーグがプレーヤーの大会出場資格を奪うような制裁処分を科すことをブラックリストと呼ぶが、こうした

11　*Gunter Harz Sports, Inc. v United States Tennis Ass'n*, 665 F.2d 222（8th Cir. 1981）.

ブラックリストはグループボイコットに該当し、反トラスト法に違反するとされる場合がある。たとえば、Blalock 事件[12] では、ゴルフトーナメント中、数回にわたり、ルールに違反してボールを移動させたとして、女子プロゴルフ協会（LPGA）の理事会が原告に下した1年間の出場停止処分が、反トラスト法に違反するかが争われた。本件でのポイントは、原告への制裁処分の決定を下したLPGAの審査委員が原告の競争相手（ライバル）であったことであった。裁判所は原告への処分はグループボイコットに該当し、シャーマン法1条に違反するとした。LPGAは当該メンバーに他のトーナメントでのプレーを認めていなかったため、LPGAツアーからのプレーヤーの排除は、実際、ゴルフ界からの締め出しを意味するものであった。裁判所は、出場停止処分の決定が、（経済的あるいはその他の面で）原告と利害相反の関係にある者によって下されたことが問題であると指摘している。

小 括

アメリカでは、リーグ運営への反トラスト法の適用について、長年にわたって激しい議論が交わされてきた。その是非は、単一実体を認めるか否かという形で争われた。

まず、単一実体性を否定し、反トラスト法の適用を妥当とする議論は以下の通りである。
① 不合理な競争制限的行為は反トラスト法の規制対象にすべきこと。
② 反トラスト法による規制を否定すれば司法によるリーグ経営への監視監督機能は事実上ゼロになること。
③ リーグによる制限的取引慣行への反トラスト法の適用はすでに司法によって確立されてきた法理であること。

以上が、1970年代以降のアメリカスポーツ法における趨勢であった。

一方、こうした趨勢に、疑義を唱える主張や、動向も少なくなかった。たとえば、次のようなものである。
① 反トラスト法の保護法益が明らかでない。つまり、消費者を保護するの

12　*Blalock v. Ladies Professional Golf Association*, 359 F. Supp. 1260（N.D. Ga. 1973）.

か、競争者を保護するのか、競争を保護するのか、など必ずしも一致した目的をもった法運用が実施されてきたわけではなかったこと。
② 市場制限を考える場合、関連市場をスポーツ産業全体で考えるのか、スポーツごとで考えるかについて明らかではないこと。
③ 裁判所によるケース・バイ・ケースの合理性判断はリーグ運営の効率を著しく低下させること。
④ リーグの経済行動は、反トラスト法の規制によらなくとも合理性を見込むことができること。
⑤ 野球のみが反トラスト法の適用を除外（例外）されてきたことについて、他のスポーツで反トラスト法の適用を肯定する積極的な意義が見出せないこと。
⑥ プロサッカーリーグのMLSではリーグ集権を強化し、単一実体性を確保することで、反トラスト法の適用が否定されてきた。リーグ運営の在り方が単一実体の有無を左右することになるが、その境界には大きなグレーゾーンが存在すること。

　単一実体説を否定した2010年の*American Needle*事件連邦最高裁判決は、スポーツリーグ運営と反トラスト法のかかわりの終焉を予期させた1審、2審の判断を明確に否定した。リーグ運営において、各チームは経済的な意味においても互いに競争し合う存在であり、こうした競争を抑制する、あるいは取引の制限を伴う経営戦略は、今後も反トラスト法の規制対象となることとされたのである。もっとも、事業上の正当な目的を実現させるための合理性があれば、その経営戦略は反トラスト法違反とはならない。「競争」を保護することで「消費者の利益」に資するという反トラスト法の理念をスポーツのケースでどのように実現していくのか、つまり、制限の合理性を裁判所がどのような視点で判断していくのか、今後の動向が注目される。
　こうして反トラスト法の積極的な介入により、競争を促してきたアメリカに対して、日本では「競争の保護」という視点での独占禁止法の運用が消極的であるといわれる。こうした事情を反映してのことか、日本では、リーグ内の球団の共同行為が独占禁止法の規制対象になるという議論はこれまで積

極的に展開されなかった。

　たとえば、ドラフト制度を巡る議論のなかに、その違いがはっきりと表れる。アメリカでは、自由市場における選手の交渉力を人為的に抑制しているという観点から反トラスト法上の問題としているのに対し、日本では、職業選択の自由という憲法論に基づいた議論がむしろ中心となってきた。

　とはいえ、2004年の球界再編を巡り、公正取引委員会がNPBの市場戦略に関して、加盟料、参加料が参入障壁に該当する可能性があると指摘したことで、今後、プロリーグにおける取引慣行が独占禁止法の規制対象になりうることを示唆するものとなった。テレビ放映権の扱い、ドラフト制度、フランチャイズの制限、代理人規制の在り方など、競争制限として議論の対象となりうる論点は少なくない。

第6章

スポーツと労働法
―アメリカ4大リーグの労使関係―

▶ 4大リーグの労使関係
▶ 労働法と反トラスト法の交錯
▶ 4大リーグの労働協約(CBA)比較

1. 労働市場と反トラスト法

1) 選手市場の制限と反トラスト法の関係

前章では、チームの移転や保有に関する制限などプロリーグ経営と反トラスト法を巡る論点を詳しく述べたが、労使関係と反トラスト法についても、重要な論点が存在している。

1900年代初期に創立されたアメリカ4大プロスポーツリーグの労使関係は、今日にみる巨大産業に成長するまでに紆余曲折の道を辿ってきた。1960年代に選手会が発足したが、当時、労使の交渉力の差は歴然としていた。その後、1970年代、80年代にいわゆる保留制度を巡って、労使が激しく対立した。

かつて、選手が一度(ひとたび)チームと契約を交わすと、そのチームは選手生命の続く限りその選手を保留することができるというチーム間の取決め（保留条項）があったが、反トラスト訴訟をきっかけに、4大リーグのすべてからその取り決めは撤廃されることになった。所属選手を一方的に保留すると同時に、他チームの選手を引き抜かないとするチーム間の取引制限は、選手の自由な取引（好条件を提示するチームと契約すること等）を制限し、選手報酬の上昇を抑制する効果をもたらしていた。

このような制限に対し、1970年代を中心に反トラスト法上の違法性が指摘され始め、スポーツ法学の分野においても活発な議論が交わされた。反トラスト、法の根幹をなすシャーマン法1条が「数州間もしくは外国との取引または商業を制限するすべての契約、トラスト、その他の形態による結合もしくは共謀は、これを違法とする。……」としており、反競争的効果を有する取引制限を広く規制対象としていたからである。実際、このシャーマン法1条を楯に、選手は反トラスト訴訟

プロリーグでの労使関係と反トラスト法
- 1960年代
  各リーグで選手会の組合承認(全国労働関係法の保護)
- 1970年代
  労働協約の締結　　取引制限についての反トラスト訴訟
- 1980年代
  MLB・NFLでストライキ
  ⇩
  1996年 Brown判決
- 1990年代
  サラリーキャップ導入をめぐり、MLB・NBA・NHLで史上最大の労使紛争

を提起し、移籍の自由を拡大させてきた経緯がある。

　ただし、MLBについては、反トラスト法上、他のプロスポーツと異なる取扱いがなされてきた。というのは、1922年の連邦最高裁判決がプロ野球への反トラスト法の適用を否定する判断を下し、その後、1953年、1972年の2つの最高裁判決により、プロ野球については反トラスト法の適用が除外されるという特例が確立されたからである。

2) 野球の反トラスト法適用除外

　連邦反トラスト法は、合衆国憲法第1篇8節3項にいう「州際通商」をその適用対象としている。州際通商とは、州を跨ぐ規模の取引を意味し、このような取引に対する制限が連邦反トラスト法の規制対象とされるわけである。つまり、連邦反トラスト法は州際通商に影響を及ぼさない狭小な取引に対してはその規制対象としないのである。

　プロ野球への反トラスト法適用の是非がはじめて争われたのは、1900年代初期のことであった。

Federal Baseball Club v. National League, 259 U. S. 200（1922）
【事実】　1900年代初期、プロ野球はナショナルリーグとアメリカンリーグという既存の2大リーグに加え、フェデラルリーグという新興リーグが並存するというリーグ乱立の時代を迎えていた。そんな折、新興リーグのフェデラルリーグの所属球団が、既存の2大リーグは共謀し、アメリカ全野球事業の独占を企てている、と主張して3倍賠償を求めて訴えを提起した。
【最高裁の判断】　請求棄却
① 野球の試合を公開するという事業（business）は、州内行事（state affair）であって州間に影響を与えるものではなく、また、試合のために州を越えて移動する事実をもって、州際通商にあたるとまではいえない。
② プロ野球事業は公開試合によって収益を得ているが、それは一般的な意味での商業または取引とはよばれないであろう。……生産にかかわらない人的努力は商業にはあたらないのである。
③ プロ野球は同法の適用を除外される。

この判決から 31 年が経った 1953 年、連邦最高裁は、再びプロ野球への反トラスト法の適用を否定した。連邦最高裁は、先の判決でとられた法の準則は、後に提起された同種の事件において原則として従われるべきものとする法理（先例の拘束）に従い、プロ野球を反トラスト法の適用除外とする判断を下したのである。

　これら 2 つの連邦最高裁判決によって、プロスポーツ全域への反トラスト法の適用は除外されるとの法理が確立したかのようにみえた。ところがその一方で、連邦最高裁は、野球への反トラスト法の適用を除外した 2 つの先例はプロ野球に限定されるものである、と宣言し、1955 年にプロボクシング、そして 1957 年にプロフットボールについて、これらは州際通商にあたり、反トラスト法の適用を受けるとの判断を下した[1]。

3）野球に関する特例を確立させた連邦最高裁判決

　プロボクシングとプロフットボールへの反トラスト法適用を肯定した連邦最高裁判決を受けて、プロスポーツにも広く反トラスト法の規制が及ぶとの認識が広まった。その一方で、プロ野球のみが反トラスト法の適用を除外され続けることの妥当性についての議論が活発化し、その後の司法判断に大きな関心が寄せられた。ところが、再燃した議論に決着を付ける形で、1972 年に連邦最高裁は、1922 年と 1953 年にそれぞれ下された判決の先例の拘束に従い、またもプロ野球への反トラスト法の適用を否定したのである。この判決によりプロ野球のみが例外的に反トラスト法の適用を除外されるという、「Baseball Exemption（以下、「野球に関する特例」とする）」が確立されるに至った。

　ちなみに、1972 年の判決では次のように述べられている。

Baseball Exemption
MLB は反トラスト法上の例外（Baseball Exemption）
特例を生み出した 3 つの連邦最高裁判決
・Federal Baseball Club 事件　連邦最高裁判決（1922）
　　野球事業は「州際通商」に該当しない
・Toolson 事件　連邦最高裁判決（1953）
　　先例に拘束される
・Flood 事件　連邦最高裁判決（1972）
　　この特例を廃止するためには連邦議会の立法が必要
⇩
Baseball Exemption が確立
MLB への反トラスト法の適用を否定

---

[1] United States v. International Boxing Club of New York, 348 U.S. 236 (1955); Radovich v. National Football League, 352 U.S. 445 (1957).

「プロ野球は他のプロスポーツとは異なり、長年にわたりシャーマン法の適用を除外するという法解釈が司法によって確立している。したがって、この法理を失効させるには、連邦最高裁ではなく連邦議会の判断によるべきであり、議会においてプロ野球をシャーマン法の対象とする法律が制定されない限り、先例拘束の法理によりプロ野球へのシャーマン法の適用は否定される」と。

つまり、これら3つの連邦最高裁判決で確立された野球に関する特例により、プロ野球選手は、反トラスト訴訟という、移籍の自由を獲得するための力強い手段を絶たれたのである。よって、プロ野球選手および選手会が取引制限を撤廃する手段として、連邦労働法の保護による労使間の団体交渉、団体行動（ストライキ等）のみが残されることになった。

4）野球以外のプロリーグと反トラスト法

プロ野球とは逆に、反トラスト訴訟という手段を得たプロ野球以外のプロリーグの選手は、1970年代、リーグに温存されていた取引制限を糾弾していった。具体的には、選手移籍制限やドラフト制度についてシャーマン法違反を主張し、司法判断を求めたのである。その結果、NFLにおいて提起された1976年のケースおよび1978年のケースでは、連邦控訴裁判所がそれぞれ選手移籍制限およびドラフト制度を違法と判断し、スポーツ界全域に波紋を投げかけることになった。

選手移籍制限を違法とした判決　1976年に、NFLの選手移籍制限を違法とする連邦控訴審判決が下された。本判決では、移籍制限の違法性判断にあたって、制限の正当目的と、その目的を達成するための制限の妥当性が比較衡量された。これ以後、当該判決は、選手市場の制限に関するリーディングケースとなった。

Mackey v.NFL, 543 F.2d 606（8th Cir. 1976）
【事実】　選手がチームを移籍する際に、コミッショナーが選手獲得チームに対して、選手喪失チームへの補償金の支払い、またはドラフト指名権の譲渡を求めることができるとしたNFLの規定（Rozelle Rule）は反トラスト法に違

反すると主張して、選手が当該規定運用の差止めと 3 倍賠償を求めて訴えを提起した。本件では、Rozelle Rule の違法性が争点となった。
【裁判所の判断】選手の主張を採用
① Rozelle Rule は、選手移籍の足かせとなり、契約交渉において選手の交渉力を低下させる。これによって選手は自由市場でサービスを売る権利を否定され、その結果、チームから支払われる年俸が低下する。
② このような取引制限が、適切な事業上の目的という観点から正当化され、かつ、必要以上に制限的でない場合には反トラスト法に違反しない。
③ Rozelle Rule はすべての選手に対し適用しており（戦力の均衡に影響しない選手に対しても適用される）、期間の限定がなく（選手の参稼年数に関わらず移籍が制限される）、手続上の保護を伴わない（公正な補償額裁定の手続に選手は関与できない）ために、Rozelle Rule はチーム間の戦力均衡維持という目的を超えて必要以上に制限的であり、反トラスト法に違反する。

ドラフト制度を違法とした判決　　NFL では 1935 年以来、ドラフト制度を採用してきたが、このドラフト制度についても選手がその違法性を主張して、反トラスト訴訟を提起した。このケースでも、ドラフト制度の正当目的と制限の妥当性が比較衡量され、ドラフト制度についても違法との判断が下された。

Smith v. Pro Football, Inc., 593 F.2d 1173（D.C.Cir. 1978）
【事実】　NFL のドラフト制度は前年度の成績の逆順によりチームが大学既卒の選手を指名し、指名選手との間に排他的交渉権を得るというもので、これを 16 ラウンド実施するというものであった。本件では、このドラフト制度が反トラスト法に違反するかが争われた。
【裁判所の判断】請求認容
　連邦控訴裁判所は、次の点を指摘し、当該ドラフト制度は反トラスト法に違反すると結論した。
① 当該ドラフト制度は考えられる制度の中で最も制限的である。
② 当該ドラフト制度が優秀な選手を分散させるために必要かつ正当なもの

であるとしても、この制度は戦力の均衡に必ずしも影響しない平均的な選手を含むすべての大卒者を対象としており、その点で不必要に制限的である。
③ あるドラフト制度がフットボール事業およびリーグに利益をもたらし、かつ相対的に制限的でないということを示すだけでは、そのドラフト制度は正当化されないであろう。
④ ドラフト制度が合理の原則において合法とされるには、明らかに経済的に競争的な利益をもたらし、それが反競争的効果を埋め合わせるものであることが示されるか、または、少なくとも正当な事業上の目的を達成し、かつ、全体の反競争的効果がとるに足らないものであることが示されなければならない。

これらの判断を受け、野球以外のプロリーグでは、制限的取引慣行に対して、次々に反トラスト訴訟が提起されていった。

2. アメリカ4大リーグの労使関係

1) プロスポーツと労使関係

　全国労働関係法（National Labor Relation Act）は団結権行使の保護および団体交渉の助成を目的とし、1935年に連邦議会により制定された法律である。また、同法の目的を遂行するために、準司法的行政機関である全国労働関係局（National Labor Relation Board：NLRB、以下NLRB）が設置されている。使用者が労働者の団結権、団体交渉権、団体行動権等を阻害するような場合には、不当労働行為として、NLRBによる独自の救済が与えられる。ちなみに、日本では、労働委員会がこれと同様の役割を担っている。
　アメリカの4大リーグでは、選手組合（選手会 = Players Association）が組織され、その組合は全国労働関係法の保護を受けている。1950年代に、MLB、NBA、NFLで選手会が組織され、少し遅れて1967年にNHLにも選手会が発足した。その後、NBA選手会が1962年にNLRBにより労働組合として承認され、続いて他リーグの選手会も労働組合としての地位を獲得し

た。こうして選手会は、全国労働関係法の下で、リーグやチーム経営者側との団体交渉を実施し、選手の移籍の自由拡大およびその他労働条件の改善を図ってきた。

2) プロスポーツと労働法

先に見た1922年の連邦最高裁判決は、州際通商を狭義に解釈し、プロ野球は州際通商に影響を及ぼす事業に該当しないとして、反トラスト法の適用を否定した。このため、同じく州際通商を対象とする全国労働関係法はプロスポーツ一般に適用されるとは必ずしも考えられていなかった。ところが、1962年にプロバスケットボール、また、1967年にプロフットボールおよびプロアイスホッケーへの全国労働関係法の適用がNLRBによって認められ、さらにプロ野球にも同法の適用が肯定されることになった。

こうして、プロスポーツ選手は団結権、団体交渉権、団体行動権を背景に、労働条件の向上をリーグに求める法的地位を得た。

選手会が結成された経緯　　1954年、MLBに選手会が発足する。選手会の設立にあたっては、1946年に導入された年金制度の管理・運営を巡る不満がそのインセンティブになったといわれている。

当初、選手会は球団、リーグに対して何ら発言権を有する団体ではなかった。当時、選手報酬の他は当事者間の交渉の余地はなく、選手の労働条件は一方的にリーグ・球団側によって決定されていた。つまり契約を締結する際に、選手はリーグ・球団側が定める規定に従うことを約し、また契約内容のいかなる変更をも甘受することに同意しなければならなかったのである。さらに当該契約によって球団オーナーに懲戒権が与えられ、選手の苦情はすべてリーグ・球団側の利益代表者であるコミッショナーの裁定を仰ぐものとされていた。

ところで、選手会設立当時、多くの選手は、団体交渉を目的とする労働組合というイメージを嫌い、選手会自体も労働組合であるという見方に強く反

発していたといわれている。

しかし、選手らは次第にリーグ・球団に対する交渉力の弱さを痛感していく。そんな折、1966年、選手会は16年間全米鉄鋼労連の主任エコノミストとして活躍し組合活動の辣腕家として知られたマービン・ミラー氏を選手会委員長に迎え、団体交渉の機能を持つ労働組合への再編成を目指すことになったのである。

マービン・ミラー氏の就任以来、選手の労働条件は飛躍的に改善された。彼の就任から8年間(1966-74年)でプロ野球選手の年金が3倍以上に増額し、また最低年俸は6,000ドルから16,000ドルにまで上昇した。さらに平均年俸は2倍以上(40,956ドル)に上昇した。このようなMLB選手会の快進撃に触発され、他のプロリーグ選手会も労働法の保護対象となる労働組合へと変容していったのである。

マービン・ミラー選手会委員長
(写真:AP/アフロ)

その間、1968年にMLB選手会はNBAに続きプロスポーツ史上2番目の労働協約の締結に成功した。なお、この労働協約とは、選手(労働者)の代表である選手会とリーグ・球団(使用者)間の団体交渉に基づく協定(契約)である。そして、これまでリーグ・球団側によって一方的に決定されてきた労働条件が選手側の合意に基づいて決定されはじめたことで、MLBの労使関係は画期的な進化を遂げたのである。

プロ野球への全国労働関係法の適用を認めた決定　　MLBは、「州際通商」に該当しないとして反トラスト法の適用を否定した1922年の *Federal Baseball Club* 事件最高裁判決以来、連邦法の適用について釈然としない位置づけにあった。しかし、1969年にMLBの審判組合の全国労働関係法の適用を肯定する判断をNLRBが示し、MLB選手会も全国労働関係法の保護を受けうることがようやく明らかになった。

MLB審判組合への全国労働関係法の適用に際し、その決定権限を有するNLRBは次の理由を挙げ、プロ野球への同法の適用を肯定したのである。

①もはやプロ野球のみを州際通商に該当しないとすることはできない。

MLBにおける年俸額2000年までの推移

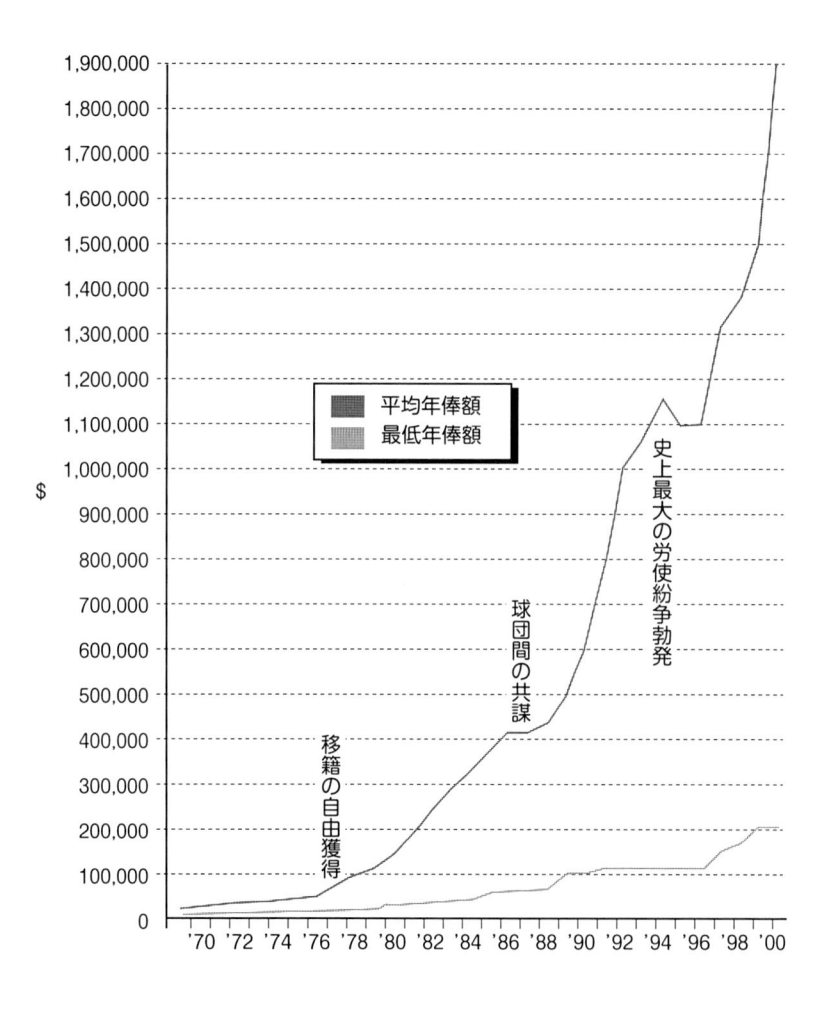

凡例:
- 平均年俸額
- 最低年俸額

注釈（グラフ内）:
- 移籍の自由獲得
- 球団間の共謀
- 史上最大の労使紛争勃発

第6章　スポーツと労働法

②これまで統一審判契約、MLB協定、MLB規則により、労使紛争の解決は（リーグ・球団側の利益を代表する）コミッショナーの仲裁に委ねられ、これを最終決定とするとされてきた。このような制度が、今後の労使紛争の発生を抑制し、また発生した場合に適切な解決を導くとはいえない。

③使用者又は使用者間によって一方的に設置された紛争処理制度に対してNLRBがその管轄権を否定されることは、全国労働関係法の文言および精神に反している。

④全国労働関係法の立法過程において、連邦議会がプロスポーツ産業で生じる労使紛争への同法の適用を除外することを意図していたと解することはできない。

こうして全国労働関係法の適用が認められて以来、選手会は労働組合としての法的地位を獲得し、さらにその機能を拡充することになる。具体的には、次のような場合に不当労働行為としてNLRBにその救済を求めることができることになった。①選手会のメンバーであること、またはその活動を行うことを理由とする労働条件の差別的取扱いがあった場合。②リーグ・球団が正当な理由なく団体交渉を拒否する場合。③リーグ側が誠実な交渉をしない場合。④リーグ側が誠実な団体交渉を尽くすことなく一方的に労働条件を変更する場合。⑤リーグ側が交渉に関連する情報提供義務に違反した場合。⑥リーグ側が選手会のストライキに対し制裁や報復を行った場合。

<u>選手会の躍進</u>　この全国労働関係法の保護下で、実際にプロリーグにおいて不当労働行為が成立するとされたケースは少なくない。たとえば、球団が選手会長を選手登録から抹消したことが差別的取扱いに当たる[2]、とされたケース、球団側が選手会との団体交渉を拒否し、選手と個別交渉をしたことが団体交渉義務違反とされたケース[3]、球団による罰則規定の一方的設置が労働条件の一方的変更に当たるとされたケースがある[4]。

このような全国労働関係法の下での団体交渉過程においてMLB選手会は、その機能を次第に果たすようになった。具体的には、選手会はリーグ・

2　*Seattle Seahawks v. NFLPA & Sam McCllum*, N.L.R.B. No. 110.（1989）.

3　*Morio v. North American Soccer League*, 501 F. Supp. 633（S.D.N.Y.1980）.

4　*National Football League Players Ass'n v. NLRB*, 503 F. 2d 12（8th Cir. 1974）.

球団との交渉において対等の地位を確保され、最低賃金、年金、仲裁制度、そして FA 制度について団体交渉を実施し、労働協約を締結していくことになったのである。このことにより選手側との合意に基づいて労働条件が決定されるという地盤が形成され、リーグ・球団側が一方的に労働条件を決定するという慣行が次第に排除されていった。その意味で労働協約の締結はプロ野球事業に大きな転機をもたらした。

3) MLB の仲裁手続
プロ野球の保留制度を廃止に追いやった仲裁裁定　スポーツ界においては、長らく、コミッショナーが仲裁人としての役割を果たしてきた。しかし、選手会との交渉によって締結された初期の労働協約以来、コミッショナーに代わって、中立の仲裁人が労働協約および統一選手契約において生じる苦情を終局的に解決するという役割を果たすことが規定された。以後、この制度が移籍の自由の獲得をはじめとするプロスポーツ選手の労働条件改善の一翼を担っていくことになる。

注目すべきは、プロ野球における保留制度が、この仲裁制度を足掛りとして廃止されたことである。1976 年にプロ野球の保留条項の解釈・適用に関する紛争の仲裁裁定が下された。これは、*Flood* 事件の連邦最高裁判決において、プロ野球の保留制度に対する反トラスト法の適用が否定された 3 年後のことであった。

National & American League Professional Baseball Club, 66 labor Arbitration 101（1976）
【事実】　1 年間の更新年度を稼働し終えた選手が、プロ野球の保留条項の解釈を求めて仲裁を申し立てた。統一選手契約により、シーズン終了後、選手が翌年度の契約締結を拒否した場合は統一選手契約 10 条(a)（報酬を除いて、前年度と同一条件を含む契約を更新する）が適用される旨が規定されており、球団が一方的に契約を更新することができた。本件では、統一選手契約 10 条(a) にいう「前契約と同一条件」に、この契約更新条項（renewal clause）が含まれるか否かが争われた。従来、この条項も含まれると解され、新契約に

も含まれる更新条項による更新の繰り返しによって、選手は契約の満了後も他球団への移籍を否定されてきたのであった。

【仲裁判断】選手の主張を採用

　仲裁人は、選手契約および労働協約における保留制度の解釈について裁定する権限を有することを明らかにした上で、以下のように裁定した。

① 契約当事者は統一選手契約10条(a)において、最初の更新年度（renewal year）を越えた期間も選手契約を更新できる旨の合意をしていない。
② そのため、更新された契約が、さらに更新条項を含むと解釈するのは困難である。また更新される多くの条件と、この更新条項は完全に異なる概念である。
③ ゆえに、更新条項は更新契約には含まれず、更新年度を終了した選手は、契約上の義務を負わないと解釈すべきである。
④ したがって1年間の更新年度を終了した選手は自由契約選手となり、更新年度を終了した選手と球団には、もはや契約関係はない。

　この裁定はプロ野球選手が移籍の自由を獲得する糸口となり、1976年の労働協約に初めて「一定の要件で、選手の移籍を認める」というFA制度が設置された。

その他の仲裁裁定　　この後、1981年、1985年および1990年の団体交渉またはストライキにより徐々に移籍の自由が拡大し、その結果、選手の年俸が急激に上昇した。こうした状況の下で、球団側が年俸高騰を抑えるために行った共同行為が仲裁により労働協約違反とされたケースがある。1985年のシーズン終了後、コミッショナーが球団オーナーを招集し、自由契約選手の年俸の高騰を回避するように促した。その後、2シーズンにわたってFA選手の年俸が低下した。そこで、選手側は労働協約に規定する共謀禁止条項に違反するとして仲裁を申し立てたのであった。その共謀禁止条項は次のような規定であった。「FA制度の下での権利行使の是非は各選手および各球団が各々の利益のために個別に決定すべき個人的事項である。（したがって、この事項における）選手間の共謀および球団間の共謀を禁止する」。

　また、選手への提示額についての情報を互いに提供し合うという球団間の

協定がこの共謀禁止条項に違反するとして仲裁が申し立てられたケースもある。これについては、同協定はライバル球団によってなされる申出額を制限するものであるという理由で、同条項に違反するとの裁定が下された。

これらの裁定後、1990年秋に球団側は選手会に2億8,000万ドルを支払い、これまでのすべての苦情の解決に当てることで合意した。この紛争後、平均報酬は1988年の43万ドルから1992年には100万ドルを越える額に跳ね上がっている。

以上のように、反トラスト法の適用を除外されるMLBでは、移籍の自由獲得および報酬額の向上等の労働条件の改善に仲裁制度が大きな役割を果たしてきた。また、MLBには1973年以来、労働協約に年俸仲裁手続が規定されており、仲裁制度と並んで、報酬の上昇にポジティブな影響をもたらした。

4）MLB選手会のストライキ

1980年代のストライキ　　MLB選手会は、選手の労働条件の改善を求め、時としてストライキを行ってきた。

1981年のストライキは、新協約についての交渉、特にFA制度についての対立から生じた。この紛争の焦点は選手喪失球団への補償についてであった。このストライキは50日間に及ぶものであり、713試合がキャンセルされた。また、1985年のストライキは選手年金と健康保険という選手給付手当プラン、さらに仲裁資格参稼年数についての対立に端を発したものであった。しかし幸いにも2日後には合意に達したため、キャンセルされた試合が後に埋め合わされ、シーズン継続に大きな支障はなかった。これを踏まえて両当事者は1989年までの5年間の労働協約を締結した。この協約において、給付手当が2倍以上に増加したが、その一方で、放映権による収益の選手配分が33％から18％に引き下げられ、また、年俸仲裁手続については手続利用の資格稼働年数が2年から3年に引き上げられた。

1990年代のストライキ　　1993年12月31日に1990年の労働協約が満了し、両当事者は新たな協約締結に向けての交渉に入った。当該団体交渉において年俸の急騰を懸念していたリーグ・球団側はサラリーキャップ制度の

設置および年俸仲裁手続の廃止を強く主張した。

　サラリーキャップ制度とは1983年以来すでにNBAに導入されているものであり、一球団が選手に対して支払う年俸および諸手当の総額に上限を設け、財力の格差による球団間の選手獲得競争の不均衡をなくすと同時に年俸の高騰を抑制することを目的とした制度である。

　選手会はこうしたサラリーキャップ制度の導入に激しく反発し、団体交渉が決裂した。そして1994年8月12日についに選手会は空前のストライキに突入することになったのである。その後も、シーズンの打ち切り、さらにワールドシリーズの中止が決定された。同年10月にこの事態を重くみたクリントン大統領（当時）はアスリー元労働長官を政府調停人に指名し、労使交渉を再開させたが再び交渉が決裂し、球団側はサラリーキャップ制度の設置、年俸仲裁手続の廃止等、労働条件の一方的変更を宣言すると同時に、代替選手によるシーズンの開幕の意志を表明するに至った。

　これに対し、連邦議会では当該労使紛争を反トラスト訴訟によって解決させるべきであるとの声が高まり、野球に関する特例の撤廃を求める法案が連邦議会に提出された。

　このような状況の中で、1995年1月26日クリントン大統領は当該労使紛争の解決に向け声明を発表し、アスリー元労働長官に交渉を再開させるように指示した。さらにクリントン大統領は同年2月7日、自ら直接仲裁に乗り出した。これには大きな期待が寄せられたが、なお労使の主張が折り合わず、仲裁は失敗に終わった。

　一方、選手会による不当労働行為の申立てに対しNLRBは2月3日、リーグ・球団側の新労働協約の強行導入について不当労働行為に当たるとの判断を下した。これを受けてリーグ・球団側は同協約を撤回した。また、NLRBは年俸仲裁手続の改定などについても不当労働行為との決定をなし、連邦地方裁判所に不当労働行為の差止命令の申請を行った。これに対し連邦地方裁判所は3月31日、球団オーナー側に不当労働行為の差止命令を下した。これを受けて選手会側はストライキを中止し、一方オーナー側は、連邦控訴裁判所に上訴したのである。

　しかし、翌日の4月1日、両当事者は労使紛争の解決に向けて急展開をみ

せることになる。すなわち、オーナー側が事実上譲歩し、旧労働協約の下でシーズンを開幕することに合意したのである。これにより、232日にわたる史上空前のストライキは収拾され、同年4月25日に開幕を迎えることになった。

その後の動向　1993年12月31日に労働協約が満了して以来、MLBでは、長年にわたり労働協約のない不安定な労使関係が継続してきたが、1996年12月にようやく新たな労働協約について球団側と選手会との間に合意が成立し、労使はここに安定期を迎えることになった。当該協約の有効期限は、向こう4年（1996年度をあわせて5年）とされた。

労使紛争の争点の1つとなったサラリーキャップ制度（選手の年俸に直接的に影響）の導入は見送られることになったが、その代替制度として1シーズンの選手人件費を一定以上支払った球団に対して、いわゆる「ぜいたく税」（選手の年俸に間接的に影響）を課すという球団課徴金制度と、財力のある球団に貧困球団への富の分配を求める収益分配制度が導入され、球団間の資力の均衡を図ることになった。また年俸仲裁手続については3人の仲裁人を設置することで当該制度の存続が決定した。その後、当該労働協約は1年の延長を経て、2001年の11月に満了を迎えた。

次期労働協約の締結に向けた団体交渉では、選手会側が、球団課徴金制度はサラリーキャップ制度と同様の効果を持つものであるとして、その撤廃ないしは緩和を主張し、ストライキ実施の構えをみせた。あわや1994年以来の労使紛争の勃発寸前にまで至ったが、2002年8月に選手会側が他の条件（球団削減の延期）を引き換えとして球団課徴金制度の強化にも合意し、新労働協約が締結されたことで、事態は収拾した。

以上、MLBの動向に触れたが、他のプロリーグについても、同様に労働協約の満了の都度、労使間の緊張関係がにわかに高まり、団体交渉において様々な駆け引きが行われてきた。たとえば、1998年にNBAでサラリーキャップ制度の修正を巡り、労使交渉が合意に至らず、ロックアウトが実施された。また、2004年に、NHLでリーグ収益に見合った給与体系の導入を巡って労使紛争が激化し、310日に及ぶロックアウトが実施された。2011年にはNFLで、リーグ収益に対する労使の配分を巡って、労使の折り合いがつ

かず、132日に及ぶロックアウトが実施された。またNBAでも同様の論点を巡って労使が対立し、2011年7月1日にロックアウトに突入した。

5) 労働法と反トラスト法の交錯

選手会が労働法の保護の下で、団体交渉を実施し、労働条件を改善させる中で、移籍制限やサラリーキャップ制度などの選手市場の制限についても、修正されていくことになった。これまで反トラスト訴訟の対象になってきた制限について、労働法に基づく団体交渉過程、つまり労使自治の下で、改良が加えられていったのである。そこで、労使関係において解決可能な制限については、反トラスト法の適用を除外するという法理（Non-statutory Labor Exemption）がスポーツのケースで採用されるに至った。

たとえば、*Williams*事件（NBA）[5]では、連邦控訴裁判所が、「選手会が存在し、リーグとの間に団体交渉関係が存在する限り、選手市場の取引制限についても、この手続きに則って改善をしていくべきであり、もはや反トラスト法の救済を受けることはできない」とした。他方、労働協約が期間の満了を迎え、労使の合意がもはや存在しない場合には反トラスト法による権利行使が可能であるとする判断とが対立することになった[6]。この議論は、1980年代から90年代にかけてアメリカスポーツ法学の最重要テーマとなったのであるが、以下の*Brown*事件連邦最高裁判決（NFL）が、この論争に幕を下ろしたのであった。

***Brown v. Pro Football, Inc.*, 518 U.S. 231（1996）**

【事実】 労働協約満了後に、選手会の反対にかかわらずNFLが引き続き採用した"development squad"制度（各チームが新人選手および1年目のFA選手の給与を1週間につき1,000ドルに固定するというもの）の違法性が争われた。

1審の連邦地方裁判所は、労働協約の満了と同時に、反トラスト法が適用されると判断した。これに対し2審の特別巡回区連邦控訴裁判所は、競争の

---

5 *NBA v. Williams*, 45 F.3d 684（2d Cir. 1995）.
6 この見解に立つ判決として、たとえば、*Brown v. Pro Football Inc.*, 782 F. Supp. 125（D.D.C. 1991）がある。

制限が労働市場にのみ影響し、商品市場には何ら反競争的影響を及ぼさない限り、連邦労働法によって確立された団体交渉過程への反トラスト法の介入を否定する、として地裁の判決を破棄した。

【最高裁の判断】2審の判断を支持

連邦最高裁は、この問題について、次のような見解を示し、2審の結論を支持している。

① 労働法政策と反トラスト政策の適切な調整のために、労働協約の満了後も、更には団体交渉の行詰りの後も、引き続き反トラスト法の適用を見合わせるべきである。
② 本件における労働条件の一方的変更は、団体交渉過程の下で合法な手続に則ってなされたものである。また、当該条件は、義務的団交事項であり、かつ団交の当事者のみに関わるものであった。したがって反トラスト法の適用は留保される。
③ ただし、この判決は、条件設定に関する複数使用者のあらゆる共同行為に対して反トラスト法の適用を否定することを意味しない。たとえば、団交プロセスから相当程度乖離して使用者間で合意が交わされた場合など、反トラスト法の介入によって団交過程を阻害しない場合には、反トラスト法の適用は肯定される。

この連邦最高裁判決により、労使関係において解決可能な選手市場の制限については、労使自治尊重の観点から、反トラスト法の適用を除外するという判例法理（Non-statutory Labor Exemption）が確立するに至った。こうして、選手側が労働組合として選手会を組織し、労働法の保護を受ける限り、反トラスト法による救済を求める地位を失うことになったのである。

> Brown 事件連邦最高裁判決（1996）
> ▶反トラスト法と労働法の調整の問題
>   団体交渉過程において導入された制限について、反トラスト法の救済を求めることは可能か？
> ▶連邦最高裁
>   団体交渉過程への反トラスト法の介入を否定
> ▶判断理由
>   選手市場の制限については選手会とリーグの団体交渉によって制度設計をすべきであり、団体交渉過程によって解決可能な制限については反トラスト法の介入を否定すべき

6）カート・フラッド法制定の経緯

1998年10月27日、当時のクリン

トン大統領が、カート・フラッド法 (Curt Flood Act of 1998) を承認し、76年間にわたって存在してきた野球に関する特例が修正されることになった。すなわち、1922年、1953年、1973年の3つの連邦最高裁判決により生み出された特例が、連邦議会の立法措置により覆されることになったのである。これにより、MLBの選手も他のプロスポーツリーグの選手と同様に、反トラスト法上の救済権が与えられることになった。

既にみた通り、これまではMLBのみが、反トラスト法上の特例とされ、反トラスト訴訟により制限的取引慣行を打破してきた他リーグとは異なる独自の道を歩んできたわけである。そして、反トラスト訴訟という手段を失い、ひたすら団体交渉による選手の地位向上に心血を注いできたMLB選手会は、アメリカ最強と呼ばれるまでに発展を遂げたのであった。ただし、その過程では、リーグ・球団との対立が激化し、労使紛争へと発展することが少なくなかった。たとえば、MLB選手会は1972年、1980年、1981年、1985年、そして1994-95年にストライキを実施し、他方、球団側は1973年、1976年、そして1990年にロックアウトを実施している。

こうした度重なる労使紛争を経験してきたMLBを、反トラスト法上も他のプロスポーツリーグと同様の位置づけとすることで、労使関係を安定させるべきであるとの声が高まり、ついにカート・フラッド法が制定されるに至った。

7) カート・フラッド法の意義

カート・フラッド法の成立に至った最大の要因は、Flood判決後の司法判断の揺らぎにある。すなわち、野球に関する特例が確立した後に提起されたMLBのフランチャイズ等に関わるケースで、反トラスト法の適用に関する連邦裁判所の判断が、野球に関する特例は野球事業全体に及ぶものであるとするものと、「保留条項」に限定されるとするものとに分離・対立し、このことが実務上の混乱を引き起こしていたのである。そして、1994年から95年にかけて勃発した史上最大の労使紛争を契機として、1998年に立法化が実現した。

ただし、同法は野球に関する特例を撤廃するものではなく、きわめて限定

■**カートフラッド法の制定（1998）**
ポイント
・所有権の移転を含むフランチャイズ制については射程外。
・1961年のスポーツ放送法は Curt Flood Act の対象外。
・リーグと審判の関係について Curt Flood Act は射程外。
・MLB 事業に直接関係しない者は Curt Flood Act の射程外。
・MLB の選手のみが、Curt Flood Act に基づき MLB に対して訴えを提起できる。
・Brown 事件連邦最高裁判決には何ら影響を与えない。

的に野球に関する特例の効力を制限するものであることに留意する必要がある。すなわち、カート・フラッド法は、MLB の選手に対して、選手市場の制限について他のプロスポーツリーグの選手と同様に反トラスト法上の権利を与えるものであるが、それ以外の事項については、カート・フラッド法の対象にはならないのである。したがって、リーグのフランチャイズ制、マイナーリーグおよび放映権等に関わる制限的取引慣行と反トラスト法の関係については、従来通りとされるわけである。以下、カート・フラッド法の骨子を概観しよう。

27条（a）は次のように規定している。「MLB において、MLB の選手の雇用に直接関わる、あるいは影響する MLB の運営に携わる者の行為、慣行または合意（協定）は、州際通商に影響する他のプロスポーツ事業においてなされた行為、慣行、または合意が反トラスト法の適用を受けるのと同様に、反トラスト法の適用を受ける。」

続く27条（b）は、「いかなる裁判所も同条（a）に述べた以外の行為、慣行、合意について、この法律を反トラスト法の適用を肯定する根拠とすることはできない。同条は反トラスト法の下での申立ての訴訟原因を生み出し、認め、あるいは示唆するものではなく、MLB の選手の雇用関係に直接関係しない、あるいは影響しない行為、慣行、合意に対して適用されるものではない。」としている。

このようにカート・フラッド法は、メジャーの労使関係に対してのみ適用され、①マイナーリーグ、②アマチュアドラフト、③MLB とマイナー選手の労使関係、④球団所属地のフランチャイズ制、⑤知的所有権、⑥スポーツ放送法、⑦審判については、この制定法の射程外としている。

以上、MLB の選手はカート・フラッド法により反トラスト法上の救済を受けうる地位を得たものといえるが、結果的には先に見た *Brown* 事件連邦

第6章　スポーツと労働法

4大リーグへの反トラスト法・NLRA適用関係

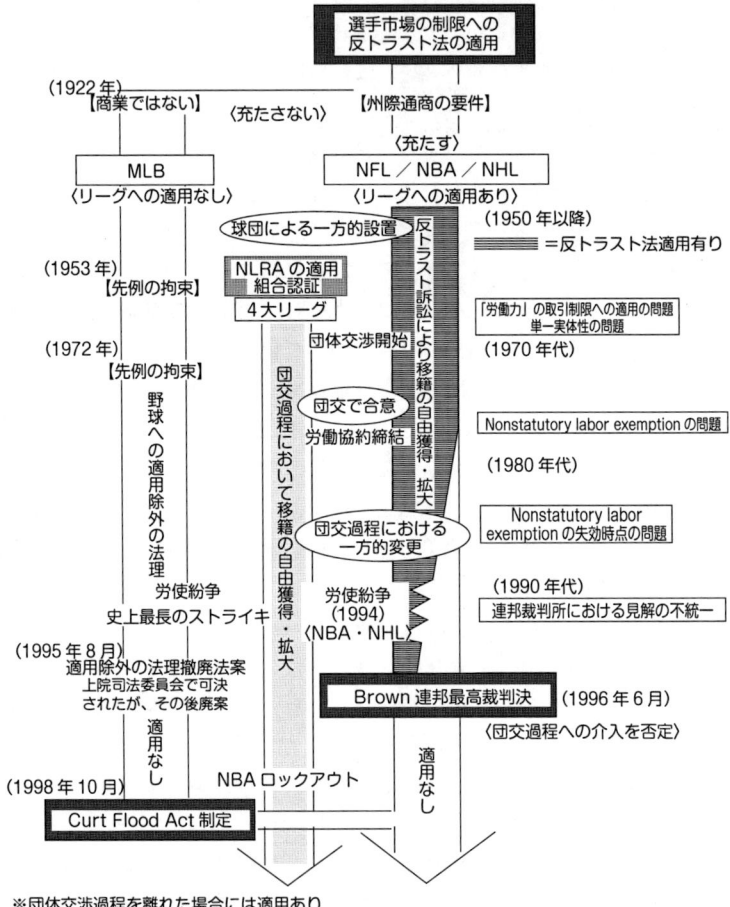

```
                    選手市場の制限への
                    反トラスト法の適用
    (1922年)                    ｜
  【商業ではない】〈充たさない〉【州際通商の要件】
                              〈充たす〉
       MLB                NFL／NBA／NHL
  〈リーグへの適用なし〉      〈リーグへの適用あり〉

                  球団による一方的設置    (1950年以降)
                                    ≡≡≡ ＝反トラスト法適用有り
                    NLRAの適用
                    組合認証         反トラスト訴訟により
    (1953年)         4大リーグ        移籍の自由獲得・拡大
  【先例の拘束】                      「労働力」の取引制限への適用の問題
                    団体交渉開始        単一実体性の問題
    (1972年)                        (1970年代)
  【先例の拘束】    団交で合意
                  労働協約締結         Nonstatutory labor exemptionの問題
    野球への       団                  (1980年代)
    適用除外       交
    の法理        過  団交過程における    Nonstatutory labor
                程  一方的変更         exemptionの失効時点の問題
    労使紛争      に
    史上最長の    お  労使紛争          (1990年代)
    ストライキ    い  (1994)           連邦裁判所における見解の不統一
    (1995年8月)  て  〈NBA・NHL〉
  適用除外の法理撤廃法案
  上院司法委員会で可決
  されたが、その後廃案     Brown 連邦最高裁判決 (1996年6月)
    適用                               〈団交過程への介入を否定〉
    なし                適用
    (1998年10月)  NBAロックアウト  なし
  Curt Flood Act 制定
```

※団体交渉過程を離れた場合には適用あり

最高裁判決により、実質的には反トラスト法による救済が否定される状況にあることに留意する必要がある[7]。つまり、カート・フラッド法は、実際に

---

[7] カート・フラッド法は、MLB選手に、現状において反トラスト法の保護を与えることを目的としたわけではなく、「州際通商」に該当しないとした1922年以来の先例の拘束を立法によって排

MLB 選手に反トラスト法の保護を与えることを目的としたわけではなく、1922 年以来の先例の拘束を立法によって修正し、少なくとも労使関係への反トラスト法の適用について他の 3 大プロスポーツリーグと同じ位置づけにすることを主眼としていたにすぎないといえるのである。

8）2011 年の NFL と NBA のロックアウト

　NFL では、2010 年 6 月以降、2011 年 3 月の労働協約失効を睨んで、労使交渉を重ねてきたが、全収入（total revenue）に占める選手人件費の比率を巡って対立が続いていた。従来、59％としてきた割合について、オーナー側がこの見直しを求めていたのであるが、選手会側がこれに難色を示し、3 月に選手会の逆認証手続きを取ったことで、NFL 側はロックアウトを実施し、いよいよ混迷の度を深めていった。2011 年 7 月にようやく労使が新労働協約に合意し、136 日に及んだロックアウトが解除されたのであるが、その間、NFL 側は選手会の逆認証は見せかけの戦略であり、誠実交渉義務に違反するとして NLRB に申立てをし、選手側は① NFL のロックアウトは反トラスト法に違反する、②サラリーキャップ等の NFL の制限的取引慣行が反トラスト法に違反するとして訴えを提起し、ロックアウトの差止めなどを求めた（Brady v. NFL）。連邦地裁は、選手会が逆認証により労働組合としての機能を失った以上、当事者間に労働関係が存在せず、NFL 側がロックアウトという労働法上の権利を行使することはできないとしてロックアウトの差止めを認める判断を下した。しかし、続く連邦高裁は、地裁の判決を破棄する判断を下し、NFL のロックアウトを差止めることはできないとした。

　その一方で、NBA でも、新労働協約の締結に至らず、2011 年 7 月よりロックアウトに突入した。NFL 同様に選手の人件費抑制を巡って労使が激しく対立したことが原因であった。リーグの公式行事であるサマーリーグはすでにキャンセルとなったが、その後のレギュラーシーズンの開催についても、暗雲が立ち込めている。

除し、他のリーグと同じ位置づけにすることを主眼としていたといえる。

3. 4大リーグの労働協約（CBA）比較

1）選手会の発足と労働協約の締結

　以下では、アメリカ4大リーグの労働協約（Collective Bargaining Agreement：CBA）を概観しておこう。まずは、選手会の発足時期である。1953年にMLBで選手会が結成され、1954年にNBA選手会、1957年に、NFL選手会、1967年にNHL選手会がそれぞれ発足した。そして、労働組合としての地位を得たのはNBA選手会が最初であり、1962年に、NLRBにより労働組合として承認され、1967年にNFLとNHLの選手会がそれぞれ労働組合として承認された。こうして全国労働関係法上の地位を得た選手会はリーグとの団体交渉を経て、労使の合意である労働協約を締結するに至った。NBAとNHLが1967年、MLBとNFLがそれぞれ1968年に初めての労働協約を締結した。

　選手契約の期間については、労使間で取り決めがなされ、各リーグでそれぞれ独自の規制が設けられている。また最低年俸についても同様に取り決めがなされ、その額は着実に上昇してきた。

　以下の表は、MLBの最低年俸と平均年俸の推移を表している。これらの上昇の歴史は、リーグの成功と発展を如実に物語っている。また、1980年代のテレビの普及、1994年の史上最大の労使紛争、2000年以降のMLB国際市場戦略が年俸の推移に大きな影響を及ぼしていることが分かる。

CBA 比較

リーグ	選手会の発足	初のCBA	現行CBA
MLB	1953	1968	2007-2011
NFL	1956	1968	2006-2012
NBA	1954	1967	2005/06-2010/11　NBAに延長オプションあり
NHL	1967	1967	2004-2010

2）選手契約と雇用保障

　期間を定めて契約をした場合、通常、当該期間については雇用が確保される。ただし、NFLでは、期間途中であっても、残りの年俸を支払うことなく解約する権利をチーム側が保有している。このような契約はノンギャランティー（雇用保障なしの契約）と呼ば

MLBの年俸推移

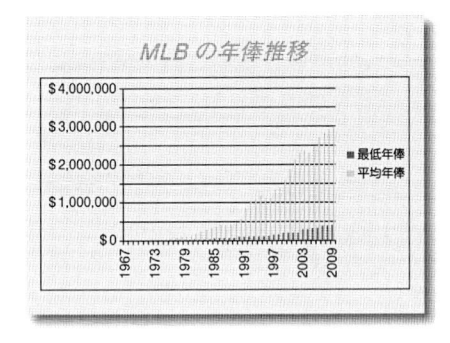

れている。NFLでは選手の故障が多発し、プレーできなくなった選手に年俸満額を補償することはリーグ経営の観点から合理的でないという考えから、このような契約形態が採用されているのである。そして、こうした故障のリスクを選手側に負わせる代償として、他のプロスポーツリーグとの比較においても高額の契約金（sing bonus）が支払われていると説明されるのである。

もっとも、他のリーグにおいても「プレーのレベルが低下したとチームが判断したとき」などの解約事由によって解約される場合があり、契約期間について完全な雇用保障があるというわけではない。こうした解約時の年俸保障などの点については、個別交渉によって条件設定されていることが多く、交渉力のあるスター選手ほど雇用保障あるいは給与保障について好条件を獲得する傾向にある。

3) ドラフト制度

各プロスポーツリーグにおけるドラフト制度の共通点は、①前シーズンのチーム成績を考慮して指名順が決定されること、②対象となる選手の年齢あるいは学年についての制限が設けてられていること、である。以下では、現行のドラフト制度について各リーグのポイントを整理しておこう。

[MLB]　MLBでは、ドラフトの対象について、①大学進学しない選手については高校卒業後、②2年制大学の選手についてはいつでも、③4年制大学の選手については2年目を修了した者、または21才以上の者としている。つまり、4年制大学の選手は3年生の時点でドラフトにかけられる場合、プロに進むか、もう1年、大学でプレーを続けるかを選択することができるのである。そのため、球団に対する交渉力を確保することができるのである。この点は日本と大きく異なる。ただし、NCAAの規定により、学生選手がプロチームとの関係で代理人を介して交渉を始めた時点、つまりエー

選手契約比較

リーグ	契約期間規制 ベテラン選手	契約期間規制 新人選手	契約期間の 雇用・給与保障
MLB	制限なし	制限なし	原則あり
NFL	CBAを2年以上超過する契約は不可	1巡目ドラフト指名最初の 1人〜16人の選手 　上限6年 17人〜32人の選手 　上限5年 2巡目〜7巡目の選手 　上限4年	原則なし
NBA	原則：上限5年 例外（ラリーバード選手）：上限6年		原則あり
NHL	制限なし	初めて統一選手契約を締結した年齢によって分類 18〜21歳　最低3年 22〜23歳　最低2年 24歳　　　最低1年 25歳以上　規制なし	原則あり

ジェントと代理契約を締結した時点で、学生選手（アマチュア）資格を失うことになっているため、実際には選手が球団と対等に入団交渉を行うことは難しい。この点についてNCAAは、代理契約の禁止は、あくまでもアマチュアリズム堅持の防波堤として機能すると主張しているが、学生が将来のキャリアについて自らの利益と権利を確保するための手段を不当に奪うものであるとの根強い批判がある。

　なお、ドラフト指名の手続きであるが、前シーズンのチーム成績の逆順で全30球団にそれぞれドラフト指名権が与えられる。各ラウンドで、最下位のチームから優勝チームの順番を繰り返して選手を指名していくというものであり、このようなドラフトは完全ウェーバー制と呼ばれる。

　さらに、MLBではマイナーリーグの選手を対象とするドラフトがある

(Rule 5ドラフト)。これにより、他のMLBチームの傘下にあるマイナーリーグの選手をドラフトによって獲得することができる。その目的は、人材発掘の効率を高めると同時に、マイナーリーグでの選手の飼い殺しを回避することにある。

【NFL】　NFLでは、ドラフトの対象を高校卒業後3年以上経過した者とし、合計7ラウンドが予定されている。始めの1ラウンドから3ラウンドまでは完全ウェーバー制で実施され、その後、4ラウンドから7ラウンドまでは補償的ドラフト（FA選手を喪失したチームの補償としてのドラフト指名権）が実施される。補償的ドラフトの指名順位は高額年俸の選手を失ったチームからとなる。

なお、何らかの理由により、NFLドラフトにエントリーされなかった選手は、補足ドラフトの対象となる。この補足ドラフトでは、①6試合以下の勝ち星のチーム、②6試合以上勝ち星があるが、プレーオフに出場できなかったチーム、③プレーオフ出場チームの3グループに分類された後、前年の成績に基づいて当選確率が案分された抽選によって優先指名順位が決定される。こうして優先指名順位が決定された後、各チームは獲得希望選手名と指名ラウンドをリーグに通知し、それぞれのラウンドで複数チームによる重複指名があった場合は、優先指名権順位の高いチームが交渉権を獲得する。

なお、当該補足ドラフトで交渉権を獲得したチームは翌年のドラフトで同ラウンドの指名権を失うことになっている。

【NBA】　NBAのドラフト対象者は、まず19歳以上の者であることを前提とし、加えて①4年制大学の課程を修了した者で、もはや学生選手としての資格を有さない者、②高校卒業後、大学に進学しなかった者で、高校卒業から4年が経過した者、③高校を卒業しなかった者で、卒業していた場合を仮定した年度から4年が経過した者、または④国内外を問わずNBA以外のプロバスケットボールチームと契約をしたことがある者、となっている。なお、現行のドラフト制度以前は18歳が最低年齢とされており、2005年の団体交渉において、コミッショナーのデービット・スターン氏がドラフト対象年齢を20歳に引き上げるとの表明をし、論争を巻き起こした経緯がある。NBA選手の低年齢化による教育不足、心身の未成熟を懸念してのことであ

ったが、一方で、このような制度は、大学進学率の低い黒人に対する人種差別的な政策であるとの批判を生んだ。なぜなら白人との比較において、多くの黒人が高校卒業と同時にNBAへの入団を希望する現状があったからである。結果的にサラリーキャップ制度の変更を条件に労使が妥協し、ドラフト対象最低年齢を19歳とすることで合意に至った。

ラウンドは2巡のみで、ウェーバー制を原則とするが、1巡目1番から3番指名までは抽選で指名権を獲得する。その1巡目1番から3番までの指名権は、プレーオフに参加できなかったチーム（14チーム）による抽選で決定され、前シーズンの成績が悪いチームに当たりが出やすいように（当たりくじが）案分されている。そして、1巡目4番以降については前シーズンの成績の逆順で指名権を行使する。

なお、大学在籍中の選手についても、特例としてNBAに入団する手続き（アーリーエントリー：Early entry）がある。その場合、少なくともドラフトの60日前にNBAへの入団を希望する旨の通知をした上で、NBAのドラフト前キャンプに参加し、技能の評価を受け、ドラフト日の10日前に正式な宣言をすることでドラフト対象選手になることができる。ただし、チーム交渉のために代理人と契約をした時点で、NCAAの規定により大学選手資格を喪失することになるため、即戦力として早期入団を果たしたい一部の選手のみが利用する特別ルートとなってきた。なお、NCAA新規定（2009年）により，ドラフト開催前の一定期間内にドラフト宣言を撤回しない選手については，大学選手資格を喪失することになった。

国際選手の場合は、①ドラフトの年に22歳になる者、②国内外を問わず、NBA以外のプロバスケットボールチームと契約をしたことがある者で、ドラフト前に当該契約の労務提供（プレー）をしたことがある者、③ドラフトの60日前までに書面で、NBAへの入団を希望する旨の通知をした者（Early Entry Playerという）が対象となる。

なお、「国際選手」とは、①ドラフト前の3年間以上についてアメリカ国外に居住し、国外でプロアマ問わず、バスケットボールの試合に出場している者、②アメリカ国内の大学でプレーの経験のない者、③アメリカの高校を卒業していていない者、以上の要件すべてに該当する者である。

ドラフト制度比較

	対象選手	手続き
MLB	・高校卒業後、大学・短大に入学していない選手 ・4年制大学で3年目または4年目を終了したか21歳を超えた選手 ・短大の選手（この場合、学年は問われない）	・前シーズンの成績の逆順で指名
NFL	・高校卒業後3年以上経過している選手	・7ラウンド×32チーム ・3～7ラウンドの間に補償的ドラフトを実施 ・前シーズンの成績の逆順で指名
NBA	・19歳以上の選手 ・4年制大学を卒業し、大学選手として無資格の者 ・4年制大学に通学しているが、ドラフト開催年に修了する者で大学選手資格を持たない者 ・高校卒業後、大学に進学しなかった者で、高校卒業から4年が経過した者 ・高校を卒業していないが、卒業仮定年度から4年が経過した者	・2ラウンド×30チーム ・1ラウンド、上位3人までの指名権のみプレーオフに参加できなかったチーム（14チーム）だけで抽選して決定 ・上の14チーム以外は、前シーズンの成績の逆順で指名 ※前シーズンの成績下位3チームに上位ドラフト指名権が抽選で当たるよう（当たりくじ）を按分
NHL	・9月15日までに18歳以上かつ12月31日まで20歳未満の選手 ・北米以外の選手については20歳以上も対象 ・20歳までにドラフトされなかった北米選手は自由契約選手として入団する。北米選手以外については年齢にかかわらず、ドラフトを経て入団	・7ラウンド×30チーム ・ドラフト選択権はいつでもトレード可能。 ・1ラウンドの上位14位までは、抽選で順位を決定 ・17位以下は、前シーズンの成績の逆順で指名

[NHL]　NHLでは、ドラフト対象者は、その年の9月15日までに18歳以上で、12月31日までに20歳未満の選手に限定されている。ただし、北米以外の選手については20歳以上も対象となる。20歳までにドラフトされなかった北米選手は無制約の自由契約選手として入団できる。これに対して、北米選手以外については年齢にかかわらず、ドラフトを経なければ入団

できない。

　新人ドラフトは7ラウンドで実施され、ドラフト指名権はいつでも譲渡可能となっている。

　第1ラウンドの指名順は、前年シーズンの成績の下位14チームによる抽選で決定されることになっており、NBAと同様、当たりくじの確立が成績に応じて案分されている。具体的には、30位のチームは抽選のあたりくじについて25％の確率に設定され、この確率は順位が1つ上がるごとに5％ずつ逓減する。この要領で17位までが確率について優遇を受ける。スタンレーカップ優勝チーム（シーズン最終優勝チーム）は最後（30番目）に指名権を行使する。なお、準優勝チームは29番目に指名権行使し、他のカンファレンス決勝出場チームは28と27番目、レギュラーシーズンのディビジョンの優勝チームが26、25番目、そして残りのチームでレギュラーシーズンの獲得点数が低いチームから順番に、指名権を行使する。

4）FA制度

　FA制度は時代とともに大きく変遷してきた。かつて保留条項により移籍の自由が否定されてきたが、反トラスト訴訟や仲裁制度をきっかけにして一定の要件の下で他チームへの移籍を容認するFA制度が導入された。さらに移籍を制限する場合でも、他チームが提示した年俸と同額の支払いを必要とするなど、選手の市場価値を適正に評価する仕組みが労使の団体交渉を経て、導入されてきた。

　[MLB]　6年以上のメジャー登録選手がFA権を取得する。移籍補償は移籍選手のランクによって異なる。直近2シーズンの成績を基に各選手のポジション別にランク付けを行い、各ポジションの上位20％がAランク、上位21％～40％がBランクとされる。これらのFA選手について球団が年俸仲裁を申し立てた場合には、選手喪失の補償としてドラフト指名権を得ることができる。

　Aランクの選手を喪失した球団は、その補償として、選手獲得球団の（通常の）ドラフト1巡目の指名権（Regular Draft Choice）を譲り受け、加えて補償ラウンド指名権（Special Draft Choice：1巡目と2巡目の間に指名）を1つ獲得

する。ただし、(通常の)ドラフト1巡目の1位から15位までの指名権については対象とはならず、これに代わって2巡目の指名権が選手喪失球団に譲渡される。Bランクの選手を喪失した球団は補償ラウンド指名権を1つ獲得する。

【NFL】　完全に自由な移籍が可能となる無制約FAと、第一拒否権などの制限がある制約付きFAに分かれる。選手契約が満了した時点でNFLでの選手登録が6年以上の選手は無制約FAとなり、他チームと自由に交渉、そして移籍することができる。他方、契約が満了した稼働3年以上6年未満の選手は、他チームとの交渉が認められるが、他チームが提示した条件と同じ条件を所属チームが提示（マッチ：match）すれば当該選手の移籍を阻止することができる（第一拒否権）。第一拒否権を行使せず（マッチしない）制約付き選手が移籍する場合、選手喪失チームはドラフト指名権の譲渡を補償として選手獲得チームに求めることができる。ただし、選手喪失チームがドラフト指名権を補償として獲得するには、当該選手に対してクオリファイング・オファー（Qualifying Offer：労働協約で設定された金額）を提示していなければならず、補償されるドラフト指名権の内容はこの提示額に応じて決定されることになっている。

　また特定の選手を「フランチャイズ選手」と「トランジッション選手」とし、それぞれトップ5と10選手の平均年俸の支払い、または前シーズンの120％の年俸を支払うことにより、移籍を阻止することができる。

【NBA】　契約が満了した選手はFAとなる。無制約FAの場合は、文字通り完全な自由交渉による補償なしの移籍が可能となる。これに対して、制約付きFAについては、チームが第一拒否権を持つ。

　ルーキー契約（Rookie Scale Contract）の4年（更新年度を含む）を終了したドラフト1巡目指名選手、または、それ以外の選手でNBA登録3年未満の選手に対して、所属チームがクオリファイング・オファーを提示した場合に、制約付きFAとなる。この制約付きFA選手が他チームから受けた申し出と同じ条件を所属チームが提示して選手を引き留めることができる（第一拒否権）。

【NHL】　入団後7年の選手または27歳以上の選手については選手契約

FA 制度比較

	MLB	NFL	NBA	NHL
無制約FA	稼働6年 ※A・Bランクの選手についてはドラフト指名権の補償あり	稼働6年	選手契約の満了	稼働7年 27歳以上
制約付きFA 第一拒否権ド ラフト指名権	なし	稼働3年〜5年	ルーキー契約4年を終了したドラフト1位指名選手、NBA登録3年未満の選手に対して、所属チームがクオリファイング・オファーを提示した場合	初めての選手契約を締結時に18歳〜21歳であった選手については3年の稼働など

が満了した時点で、他チームとの自由交渉および補償なしの移籍が可能な無制約FAとなる。こうしたFAのカテゴリーは「グループ3」と呼ばれている。この他、「グループ5」では、以下の3つの条件を満たした選手について無制約FAになるとしている。①（マイナーリーグを含む）プロのシーズンが10年を超えること。②選手契約の最終年度にNHLの平均年俸に達しないこと。③過去に無制約FAになっていないこと。

他方、「グループ2」では、初めての選手契約を締結時に18歳〜21歳であった選手については3年の稼働、22歳〜23歳であった選手は2年の稼働、24歳以上であった選手は1年の稼働後、選手契約が満了した時点で制約付きFAとなる。その場合、所属チームは、労働協約所定のクオリファイング・オファーを提示することで、第一拒否権を行使するか、または選手喪失の補償としてドラフト指名権の譲渡を移籍先チームに求めることができる。なお、補償として譲渡されるドラフト指名権は、移籍先チームのオファーの金額によって決定される。たとえば、新チームが500万ドルを超える額で制約付きFA選手を獲得した場合には、第1巡目の指名権を4回分、400万ドル〜500万ドルは第1巡目の指名権を2回と第2、第3巡目の指名権をそれ

ぞれ1回、660,000ドル〜100万ドルの場合は第3巡目の指名権を1回となっている。

5) サラリーキャップ

　サラリーキャップとは、前述の通り、チームが選手に支払う年俸総額に上限を設けるものであり、①選手年俸の抑制、および②チーム戦力の均衡維持を目的とするものである。つまり、各チームが選手に費やす人件費を均一化することで、選手獲得競争の公平性を確保しようとするわけである。もっとも、これにより選手年俸が人為的に抑制されるため、反トラスト法上の問題を生む。ただし、選手市場の制限は、もっぱら団体交渉において決着すべきとした *Brown* 判決の先例の拘束により、労使関係が機能する限り、反トラスト法に基づく訴訟を提起することはできない。なお、サラリーキャップは通常、上限（キャップ）とともに下限（フロア）が設定されており、選手人件費総額の最低保障としての機能を併せ持っている。

　このサラリーキャップはMLB以外の3大プロスポーツリーグで導入されており、その方式はハードキャップと呼ばれるものとソフトキャップと呼ばれるものに分けられる。ハードキャップとは上限（キャップ）を超えることを容認しないものであり、NFLで採用されている。これに対して、ソフトキャップは、例外を設けて、一定の条件を満たせば上限を超えて人件費を支出することができるというものであり、NBAで採用されている。

　ハードキャップを採用するNFLでは、NFLの決勝戦であるスーパーボウルで連覇を果たしたチームはわずか4チーム（5回）に留まっており、このようなチーム間戦力の拮抗がNFLの魅力の1つといわれている。

　ところが、2010年には、NFLのサラリーキャップが一時的に撤廃される事態に至った。次期労働協約の労使交渉が難航し、2009年度中に労使間で合意が成立しなかったため、最終年度である2010年はサラリーキャップを停止するという労働協約のオプションが発動されたのであった。交渉期限直前にNFL選手会は現行労働協約の1年間の延長と交渉の継続を申し出たが、リーグ機構側はこれを拒否した。NFL労使は半年間に約30回の交渉を重ねたが、サラリーキャップの18％減額を求めるリーグ側と、その財務的

サラリーキャップ制度比較

リーグ	サラリーキャップの内容
MLB	**サラリーキャップなし** ※ぜいたく税制度（戦力均衡維持課徴金）
NFL	**ハードキャップ（例外規定なし）** ※下限あり 2008年は$116.729M　2009年は127.00M（projected） 全収益のうち、59.5％が選手人件費の上限 2010年はサラリーキャップなし（CBAのオプション）
NBA	**ソフトキャップ（例外規定あり）** ※下限あり ・平均的選手1名は（キャップ枠外で獲得可能） ・ドラフト1位選手はキャップ対象外で獲得可能 ・稼働年数3年以上の選手と再契約の場合、キャップ対象外（最大6年契約） ※ぜいたく税制度併用
NHL	**ハードキャップ（例外規定なし）** ※下限あり （上限）ホッケー関連収益のうち56％ 　　　　2008-2009シーズンは$5,670M　2007-2008シーズンは$5,030M （下限）上限から1,600万ドルを差し引いた額 　　　　2008-2009シーズンは$4,070M　2007-2008シーズンは$3,430M

な根拠を求めた選手会側の溝が最後まで埋まらなかったのである。これにより、2010年はサラリーキャップのないシーズンとなり、各チームが無制約に選手獲得に乗り出すことができるということになった。その後、2011年3月に当該労働協約が満了したものの、利益分配を巡る労使の対立が深まり新協約の締結に至らなかったため、リーグ側がロックアウトを実施した。このロックアウトは136日に及んだ。同年8月に締結された新協約（2020年まで）では、①選手人件費の保証比率はNFL全収益の59.5％から47％に減少、②サラリーキャップは1億2800万ドル（2009-10年）から1億2037.5万ドル（2011-12年）に減少するかわりに、サラリーフロアは85％から89％に増額することが盛り込まれた。

　NBAのサラリーキャップは冒頭で述べたようにソフトキャップを採用している。キャップ超過が許される例外のひとつにラリー・バード条項がある。これは、3年間同じチームでプレーした選手は、キャップに関係なく最

長6年の契約を結ぶことを認めるものである。また、これに類似するものとして、ノン・バード条項がある。これは、2年間同じチームでプレーした選手については、サラリーキャップを超えていても、前年度の年俸の175％、またはリーグの平均年俸のどちらかで再契約すること認めるものである。ただし、この場合には最低2年の複数年契約を結ばなければならない。

　選手が5人のバスケットボールでは、主力選手の移籍がチームに及ぼす影響は他のスポーツに比べて大きくなる。よって、チームが主力選手を引き留める際に、サラリーキャップが足かせとならないように配慮して例外規定を設けているのである。また、複数年契約を条件とすることで選手・ファンがともにチームへの愛着 (loyalty) を持つことができる仕組みになっている。

　なお、MLBでは、1994年にサラリーキャップ制度の導入を試み、史上最大の労使紛争に発展した経緯がある。結果的にリーグ側はサラリーキャップ制度の導入を断念し、これに代えて戦力均衡課徴金制度 (Competitive Balancing Tax)、通称、ぜいたく税を導入した。この制度では、選手年俸総額の上限を設定し、その額を超えた場合には、これに応じて課金される仕組みとなっている。つまり、財力のあるチームは、その財力を活かして優秀選手を獲得することができるが、課徴金により一定の負担を強いられるのである。

6) 収益分配制度

　各リーグは、以上にみたサラリーキャップやぜいたく税に加え、各チームへのリーグ収益の再分配を通じて、チーム間の市場格差、財力格差を是正し、戦力の均衡維持を図っている。

　【MLB】　MLBでは、戦力均衡維持政策として、ぜいたく税のほか、収益分配制度があり、同制度の下では、収益の多いチームから少ないチームに収益が再分配される。2002年〜2006年の制度では、収益の少ないチームが分配によって、もらい得をする仕組みになっており、これらのチームが収益性の改善に向けた努力を疎かにするというモラルハザードが発生した経緯がある。これを受けて、分配の方法と内容について見直しがなされた。なお、毎年設定された年俸総額の枠を超えたチームから徴収されるぜいたく税は各

収益分配制度比較

リーグ	収益分配制度
MLB	収益の多いチームから収益の少ないチームに分配。2002～2006年の制度では、収益の少ないチームが得をする仕組みになっており、モラルハザードが発生
NFL	TV放映権とライセンス・グッズによる売り上げはすべて各チームに均等分配 チケット収入については、60%がホームチーム、40%がビジターチームに分配
NBA	市場規模と当該市場におけるチームの経営努力が基準となる 赤字のチームであっても、市場規模に応じたチームの営業成績（market performance）の基準を満たしていない場合には収益配分を受けることができない 現行制度では、NBAは3,000万ドルを（条件をクリアした）チームに分配 助成金を獲得したチームは非公表 500万ドル以上を獲得したチームはない
NHL	チーム収益の上位10チームから、小規模市場のチームに一定の額を分配またプレーオフによる追加収益をチーム間で分配

チームに分配されず、選手の福利厚生の財源に当てられるほか、全世界での野球普及に向けた「球界発展基金（industry-growth fund）」に積み立てられる。

　MLBでは地元テレビ放映についてチームごとの契約が認められている。そのため、各チームはこぞって地元テレビ局やメディアを買収するなどのメディア戦略により広報活動の効率化と放映権料による収益増大を目指してきた。

　2010年8月、リーグ成績が常に下位で、人件費の抑制を継続してきたピッツバーグ・パイレーツの2009年度の収支が黒字であったことがマスコミにリークされ、物議をかもした。これまで赤字であると考えられてきたチームがそうした世間の認識とは裏腹に、実際は黒字であるという潤沢なMLBの実態が明らかになると同時に、下位チームが収益分配を受けることで、チーム強化へのモチベーションを欠くというモラルハザードが発生する土壌があらためて露呈された。

　【NFL】　NFLでは、中央集権的にリーグの管理を徹底することで、各チームの戦力均衡維持と安定的な収益増大を目指している。まず、各チーム

ぜいたく税の負担額

年度	Yankees	Red Sox	Angels	Tigers	合計
2010	$18,029,654	$1,487,149			$19,516,803
2009	$25,689,173				$25,689,173
2008	$26,862,702			$1,305,220	$28,167,922
2007	$23,881,386	$6,064,287			$29,945,673
2006	$26,009,039	$497,549			$26,506,588
2005	$33,978,702	$4,148,981			$38,127,683
2004	$25,964,060	$3,148,962	$927,057		$30,040,079
2003	$11,798,357				$11,798,357
総計	$192,213,073	$15,346,928	$927,057	$1,305,220	$209,792,278

出所：The Associated Press

の収入となるものにはチケット販売があるが、その収益のうち60％がホームチーム、40％がビジターチームに分配される。そのほか、チームの収入となるものは、地方スポンサー、スタジアム内の売店、駐車場料金等に限定され、さらにこれらのチーム収益の31％はリーグに上納されることになっている。他方、リーグ・ロゴやチーム・ロゴを使用したアパレルなどの商品やTV放映権については、リーグが集権的に管理している。ちなみに、2007年には、NFLは60億ドルの収益を得ており、そのうちの37億5,000万ドルがTV放映権によるものであった[8]。NFLでは、これらのリーグ収益のうち、83％以上が各チームに均等分配され、各チームの財力格差を排除し、戦力均衡維持を図っているのである。

[NBA]　　NBAには、ぜいたく税制度とサラリーキャップとの二本立てになっている。サラリーキャップとは別の基準額が設定され、これを超えて選手年俸の総額を支払ったチームは、ぜいたく税を納めなければならない。こうして徴収した金銭は、選手年俸の総額が基準額を超えなかったチームに

8　Plunkett Researchの評価によれば、2010年のNFLの収益は78億ドルであった。

分配される。ただし、チームの経営努力が考慮され、市場規模に応じた営業成績（market performance）の基準を満たしていないチームに対しては、収益配分が減額される、あるいは分配されないなどの処置がある。このように、リーグによる収益分配を基本としながらも、市場規模に応じた営業努力を各チームに求める仕組みとなっている。

【NHL】　NHLでは、チーム収益の上位10チームから、小規模市場のチームに一定の額を分配し、かつプレーオフによる追加収益をチーム間で分配する仕組みになっている。

7）苦情処理・仲裁制度

アメリカでは、雇用の分野一般において労働協約に苦情処理・仲裁手続が導入され、労働協約の解釈や個別紛争の解決手段として利用されている。プロスポーツの分野でも1960年代にこの苦情処理・仲裁制度が積極的に導入され、多くの紛争を解決してきた。前述の通り、MLBでは1968年の仲裁判断がFA制度導入の糸口となった。また、労働協約に規定する共謀禁止条項に違反して球団が年俸抑制の談合をした、として選手会が仲裁を申立てたケースでも、仲裁人が選手会の申立てを支持する判断を下し、多額の損害賠償金が選手会に支払われた。

MLBとNHLには年俸仲裁制度があり、選手とチームとの年俸交渉が成立しない場合、中立な第三者による判断を仰ぐことができる。もっともこの仲裁を受けることができる選手は一定の要件を満たした選手に限られている。特筆すべきは、MLBの年俸仲裁制度である。MLBでは、選手側と球団側が提示する年俸額のいずれか一方を仲裁人が選択するという仕組みを採用している。当事者が仲裁人のよりよい心証を得るために、客観的にみて合理的な金額を提示するインセンティブを持つところにこの制度の特徴がある。そして、その仲裁判断（二者択一

各リーグの苦情処理・仲裁手続

リーグ	苦情・仲裁手続	負傷苦情手続	給与仲裁
MLB	○		○
NFL	○	○	
NBA	○		
NHL	○	○	○

の選択）は、成績、経験、年齢、ポジションなどについて、他チームの選手の年俸を考慮して決定される。

また、NFLとNHLでは、負傷苦情手続きが導入されており、プレー中の負傷であるか否か等を巡る選手とチームとの紛争を解決することになっている。たとえば、プレー水準や技術の低下を理由に解雇された選手が、負傷が理由であることを主張し、解雇の撤回あるいは負傷手当を求める場合や、治療費の支払いを巡って選手とチームに紛争が生じた場合に、その負傷がどのような理由で生じたものかについて仲裁で判断されるのである。

8）選手の肖像権

いわゆる選手の肖像権ビジネスは、かねてからプロ野球カードの販売等で存在するものの、その規模は、まだまだ小さなものであった。ところが、テレビメディアや科学技術の発展に伴い、CM、ゲームソフト、インターネットなどのビジネス規模もこれに比例する形で拡大してきた。そのため、これによる収益は選手にとって無視しえないほど大きなものになった。現在では、これら選手の肖像権の管理方法や収益分配についても労使交渉に基づき労働協約に明記されている。

【MLB】　MLBでは、リーグおよびチームの商標管理の効率化と販売促進を目指して1984年にMLB Propertiesが設立され、これ以降、MLB Propertiesがリーグやチーム・ロゴ等の商標を巡るライセンスビジネスを積極的に展開してきた。なお、国内のライセンスによる収益は、各チームに均等分配される。

一方、選手は（3人以上の選手が係わる）肖像権を含むビジネス上のライセンス管理に関してMLB選手会と委託契約を結んでいる（グループライセンス制度）。よって、スポンサーが選手3人以上にCM出演依頼をする場合、MLB選手会からライセンス許可を受けなければならない。もっとも、当該ライセンスは選手の名前と肖像のみを対象としており、チームやリーグ・ロゴの使用については別途、MLB Propertiesからライセンスを得なければならない仕組になっている。なお、この制度によって得られた収益は、原則として、選手の競技実績を基礎に按分されるが、選手で構成される理事会決定に基づ

いてストライキの準備金などに充てられる場合もある。

　選手はこの制度から離脱することもできるが、実際に離脱する選手はほとんどいない。かつてバリー・ボンズが離脱したが、これは例外中の例外とされている。

　なお、2005年1月、MLB選手会はMLB Advanced Media (MLBAM) との間に、選手の名前と成績の利用を巡る排他的権限をMLBAMに与えることで合意に至った。

　【NFL】　NFLは1981年にNFL Propertiesを創設し、NFLに関するライセンス、スポンサー契約について排他的権限を付与した。ライセンスによる収益はその後、（チームごとの売り上げにかかわらず）平等に各チームに分配される。なお、NFLは、アパレル関係のライセンスビジネスで約15億ドルの売上があるが、そのうち10％がNFLの収益となり、これがリーグと各チームに分配される。

　NFL選手会は、ライセンス、マーケティング部門としてPLAYERS, INC.を組織しており、現役、引退を含めあらゆる選手の利益を代表している。6名以上の選手の肖像権については、このPLAYERS, INC.がライセンス管理を行っている。

　【NBA】　NBAでは、NBA Propertiesがリーグに所属するすべての選手の肖像権を含むライセンス契約を一括管理している。NBAの労働協約では、ユニフォーム、カード、ポスター、テレビゲームおよびその他の商品での選手の名前、背番号、肖像の使用について、リーグ（その一部門であるNBA Properties）がライセンス管理の権限を持つとされている。例えば、NBA Propertiesはリーボック社に選手ユニフォームの製造販売のライセンスを与えており、これによる収益はリーグと各チームに分配されることになっている。

　なお、引退選手についてはNBRPA (National Basketball Retired Players' Association＝引退選手の利益を代表する組織) を通じて、引退選手に分配される場合がある。NBAでは、他のリーグのように、選手会が選手の肖像権を管理するという役割を担っておらず、NBAが選手の肖像権を含むライセンスについての権限を掌握している。

米プロリーグ労使関係総合データ比較
4大リーグ＋MLS

リーグ	現CBA期限	最初のCBA	会員数	これまでの労使紛争 最近の労使紛争	平均年俸 最低年俸	主な交渉事項
MLB	2011.12.11	1968	1,200	ストライキ5回 ロックアウト3回 1994-1995 232日のストライキ 約2,000試合が中止	3,340,000 (2,990,000)ドル 400,000ドル	薬物血液検査 国際ドラフト制度 地区の再編成
NFL	2011.3.3	1968	1,800	ストライキ2回 1987年に1ヶ月	1,800,000ドル 新人 325,000ドル 10年以上 860,000ドル	収益分配 シーズン延長 新人選手の給与
NBA	2011.6.30	1967	450	ロックアウト2回 1998-1999 191日のストライキ 928試合が中止	5,360,000ドル 新人 474,000ドル 10年以上 1,350,000ドル	年俸抑制 チーム数の削減
NHL	2011.9.15	1967	1,000	ストライキ1回 ロックアウト2回 2004-2005 310日のストライキ 全試合が中止	2,250,000ドル 500,000ドル	複数年契約 サラリーキャップの下限
MLS	2015.2.1	2004	400	なし	138,169ドル 40,000ドル	契約保証 年俸引き上げ 移籍に伴うドラフト

The Toronto Star, Nov. 1, 2010, Sports p.S2 を参考にして作成

[NHL]　NHLでは、3人以上の選手の肖像利用については、グループライセンス制度によりNHL選手会がライセンスについて排他的な権限を持っている。なお、選手が個別にCM等に出演する際に、チームの許可なくチーム・ロゴを使用することはできないことになっている。

小　括

以上、スポーツと労働法の関係について、概観してきたのであるが、アメ

リカ4大プロスポーツリーグにおけるこの50年の変遷はまさに労使関係の生成発展の歴史といえる。1960年代の生成、70年代の成長、80年代の機能化、90年代の危機、2000年以降の発展成熟過程を経て、現在も基本的には労使協調により海外市場の開拓を目指すなど、新たな道が模索されている。

かつて、野球は反トラスト法上の特例とされ、例外的な位置づけを与えられたが、他のプロスポーツリーグでは、選手側は反トラスト訴訟と労使交渉の2本柱で労働条件にかかわる制度改革を求めてきた。今日に至る経緯での訴訟数は相当な数に上る。1996年の *Brown* 判決後、労使関係が機能するリーグにおいては、労使自治を尊重し、反トラスト法の介入を差し控える旨の判断が確立した。労使関係の対等化こそが労働政策の究極目的であり、これが実現された労使自治は最大限に尊重される。したがって、実質的対等関係における団体交渉によって、球界改革を実施していくことは、労働条件の維持・向上を実現させる点で、選手側にメリットをもたらす一方で、労使自治への司法介入（審査）を抑制し、法的に安定した制度改革を可能にする点で、リーグ側にも実利を与えるものである。プロスポーツにおける「労使」関係の構築および「労使」自治の実質的機能化は、リーグ運営の成熟に合わせて、今後、益々重要性を増して行くことになろう。

こうした、「労使」自治の実質的機能化は、世界のプロスポーツ・リーグにおける潮流になってきた。本章では、アメリカ4大プロスポーツリーグについてその経緯を概観したが、世界サッカーの分野でも、国際プロサッカー選手協会（FIFPro）が世界中のプロサッカー選手の利益代表組織としてその発言権を強化し、世界サッカーにおけるシステム導入や変更に大きな役割を果たしてきた。

日本ではプロ野球において、実質的対等な労使関係が構築されてきたが、プロ野球以外のスポーツでも、こうした潮流が発生し、それが大きなうねりとなる日はそれほど遠くないように思われる。

第7章

スポーツと契約
―契約による拘束と契約違反の法的効果―

- ▶ 契約による移籍制限とその効果
- ▶ 契約違反とその救済
- ▶ 契約違反を巡る訴訟

1）導入

スポーツがビジネスとしての発展を遂げるなかで、関係当事者間の取り決めである契約の重要性は以前に比べはるかに重要なものとなってきた。またスポーツを巡る契約の当事者は、球団と選手のほか、テレビ会社、コーチ、教員、マスコット、売店、ハーフタイムショーエンターテイナー、秘書、保険会社、シーズンチケット購入者など多岐にわたっている。

ところで、契約は、原則として書面でなくても法的効果を持つ。つまり、口約束であっても契約は成立する。ただ、権利義務関係の確認や、紛争時の証拠として、契約書の存在が重要となるため、スポーツビジネスを巡る契約はすべて書面で行われる。しかも、近年ではその権利義務の内容が詳細になり、契約書の頁は増加する一方である。

以下では、契約の成立要件、効力、そして不履行に対する法的効果と司法救済について概観しておこう。

2）契約の成立要件

契約の成立要件は、①申込、②承諾、③約因、④合法性、⑤意思能力・行為能力である。このうち約因という概念がコモンローの国、アメリカの特徴といえる。約因（consideration）とは、各当事者が契約を締結することによって得る「対価」である。対価が存在せず、一方的に債務・負担を負う契約は、原則として法的強制力がないとされる。後述するが、かつて選手の移籍を制限する保留条項を巡って約因の存否が争われた経緯がある。

契約の成立要件

1. 申し込み
2. 承諾
3. 約因
4. 合法性
5. 意思・行為能力

これら5つの要素によって契約が成立

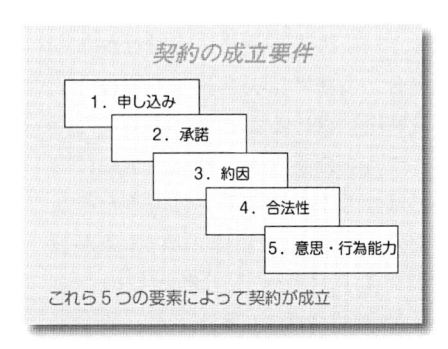

3）契約の譲渡

契約上の権利義務は第三者に譲渡することができる。もちろん、それには当事者間の合意が必要となる。たとえば野球界では、統一選手契約書にトレードに関する規定があり、選手契約締結時に、球団側が選手からトレードによる移籍についての合意を得る仕組み

第7章　スポーツと契約

になっている。こうしてトレードによる移籍が成立した場合、移籍先チームが移籍元チームに代わって契約上の義務を負うことになる。もちろん、移籍する選手と移籍先チームが新たな合意をして契約内容を変更することも可能である。しかし、このような合意がなされない場合、選手と移籍元チーム間の契約が選手と移籍先チーム間に引き継がれることになる。

ところで、MLBでは、選手会とリーグ・球団間で締結された労働協約（CBA）にトレード禁止条項についての取り決めがある。これによれば、メジャーリーグ在籍10年以上かつ現所属球団在籍5年以上の選手にはトレード拒否権が与えられる（ロースター25人枠未登録期間が1シーズンのうち20日以内の場合に、1年在籍とみなされる）。また、選手が球団に対してトレード禁止条項の挿入を個別に求める場合もある。これはあくまでも選手の交渉力の問題であり、スター選手の場合にはこうした特別条項を締結していることが多い。

4）契約違反（債務不履行）とその救済

契約当事者がその契約を約束通り履行しない場合には、債務不履行として、他方当事者は、①損害賠償、②特定履行、③差止め、などの救済を裁判所に求めることができる。

債務不履行の救済としてもっとも一般的なのは損害賠償である。損害賠償には、履行利益（*expectation* interest）、信頼利益（*reliance* interest）、原状回復利益（*restitution* interest）があるとされる。例外的に、実際の損害を金銭に換算することが困難な場合には、特定履行が認められる。たとえば、ホームランボールは唯一無二のものであるから、当該ボールの売買契約に不履行があった場合、債権者は引き渡しの履行命令を裁判所に求めることができる。ただし、こうした特定履行は雇用契約においてはなじまないと解されてきた。なぜなら、合衆国憲法修正第13条が被用者の意思に反する労働提供の強要は、隷属的労働（indentured servitude）

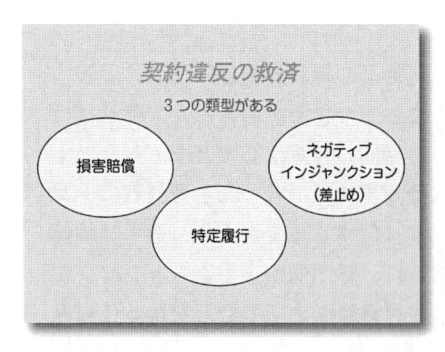

契約違反の救済
3つの類型がある
- 損害賠償
- 特定履行
- ネガティブインジャンクション（差止め）

として禁止しているからである。こうしたケースでは、ネガティブ・インジャンクション（一定行為の差止め請求）として、他のチームでのプレーを禁止するという処理がなされてきた。

5) 契約違反を巡る紛争

アメリカ4大プロスポーツリーグでは労働協約に仲裁制度が導入されており、労働協約あるいは統一選手契約の解釈を巡る紛争については、最初にこの仲裁判断を仰ぐことになっている。

以下のケースは、NBAのチームと契約を交わした選手がその契約に反して海外でプレーを継続したことについて、これを契約違反とする仲裁判断が下されたものの、その判断に従わなかった選手に対して、チーム側が司法救済を求めたものである。

Boston Celtics Limited Partnership v. Shaw, 908 F.2d 1041（1st Cir. 1990）

【事実】　プロバスケットボール選手のブライアン・ショウ（Brian Shaw）選手が1989年にイタリアリーグのイル・メッサッジェーロ・ローマ（Il Messaggero Roma）と2年契約を締結した。その契約は、当該契約の2年目に彼がNBAでプレーする決定をした場合には当該契約は無効になる、というものであった。この場合、ショウ選手が、1990年6月20日から7月20日までの期間にイル・メッサッジェーロ・ローマに通知しなければならない旨の条項があった。ショウ選手は1990年1月、NBAのボストン・セルティックスと5年契約を締結したのであるが、指定された期間（1990年6月20日から7月20日）にイル・メッサッジェーロ・ローマとの契約を破棄することで、セルティックスとの効力が発生することとなっていた（その時点から5年が起算されることになっていた）。ところが、1990年6月6日、ショウ選手はセルティックスに対して、あと1年、イル・メッサッジェーロ・ローマでプレーした後、約束から1年遅れの1992年に移籍し、プレーを開始するとセルティックスに通知したのであった。

これに対して、セルティックスは仲裁を申立て、ショウ選手が契約条件を

遵守していないと主張した。仲裁者はセルティックスの主張を認める裁定を下したが、ショウ選手は仲裁裁定を無視し、イタリアでのプレーの準備に入った。

そこで、セルティックスは、ショウ選手が1990年から91年にイル・メッサッジェーロ・ローマでプレーすることを禁止するネガティブ・インジャンクションを裁判所に請求した。裁判所は、この主張を認めて、ネガティブ・インジャンクションを容認したため、ショウ選手が、次のように主張して、連邦高裁へ上訴した。①仲裁者は適切な手続きを履行していない、②ショウ選手がセルティックスとの契約締結時、ホームシックにかかっており、通常の判断ができなかった（精神状態の不安定＝事理弁識能力を欠いていた）、③セルティックスとの契約交渉で、代理人をつけていなかった。

【裁判所の判断】控訴棄却

第1巡回区連邦控訴裁判所は、以下の点を指摘して、ショウ選手のすべての主張を退けた。

① 仲裁人は適切な手続きにのっとって裁定を下した。
② ショウ選手には弁識能力があった。
③ ショウ選手は統一選手契約書を理解するうえで、適切な能力を備えていた。

ネガティブ・インジャンクションを中心に契約違反の救済を行うアメリカ国内の手法が国際移籍を巡るケースでどのような実効力を持つのか。つまり、本判決に従わない場合に、どのような形で判決の実効性を担保するのか。本件は、その実効性、強制力の限界についての問題も提起している。

なお、プロサッカー界では、契約違反を伴う国際移籍については、国際組織であるFIFAが選手および移籍先クラブに制裁を課すことにより、その規律を保っている。

6）統一選手契約

統一選手契約とはリーグ内の選手契約に使用される統一的・画一的な契約様式であり、年俸や一部の例外を除いて、あらかじめ共通して適用される規

定が書かれたものである。多くのプロスポーツ・リーグで、統一選手契約書が採用されている。この統一選手契約はいわば排他的なものであり、これに矛盾する他の個別契約は原則として認められない。

　スポーツ界に労働協約が出現する前から、各チームは、選手との交渉による自由な労働条件の設定を許されず、契約書面については、一定の範囲で統一的・画一的な契約様式とそれぞれの条項について統一の契約内容に限定されていた。

　歴史的には、統一選手契約書の一定の項目は、選手と球団との交渉力の不均衡が反映された内容になっていた。たとえば、保留条項は選手の意思にかかわらず、球団が一方的に選手との契約を更新することができるというもので、長く選手の移籍の自由を奪ってきたものである。しかし、なかには選手に有利なものもあった。たとえば、チームが選手に、移動費や移動に伴う宿泊について支払いを求めることを禁止する内容などである。

　統一選手契約書の意義は、当事者間で自由に交渉できる契約の項目を減らすことで取引費用（transaction cost）を削減し、スポーツ産業運営の効率を向上させることにある。

　なお、個別交渉が許される項目としては、①年俸、②ボーナス・臨時収入、③自家用飛行機による移動の許可・ホテルの部屋のグレードなど、④その他、現行の労働協約で許されている項目である。また、選手契約の解約についても個別の取り決めをする場合がある。たとえば、薬物使用の経歴を持つ選手については、薬物使用の再発があった場合、その事実のみをもって解約できる旨の特約条項を定める場合がある。

統一選手契約の条項
1. 保留・オプション条項
　　無期限の拘束は不可（Messer Smith / McNally）
2. ユニーク・スキル条項
　　選手による契約違反は金銭賠償がなじまない
3. トレード条項
　　移籍の場合、移籍先のチームでプレーする義務
4. ボーナス条項
　　追加的な特別条項
5. 健康管理規定
　　セカンドオピニオンを求める選手の権利
6. フルパフォーマンス条項
　　契約の完全な履行がなされるまで、チームは選手を保有できる権利

7）保留条項とその効力

　1880年代初頭にプロ野球が創立されたのであるが、以来、選手契約は大きく変化した。設立当時、契約書はたった1頁の書類であり、1年間、当該選手が特定の球団でプレーするという

> **統一選手契約書違反**
>
> **Metropolitan Exhibition Company v. Ewing**
>
> 契約期間中の選手の移籍など契約違反（債務不履行）のケースで、ネガティブ・インジャンクションが容認される場合の要件
>
> 1. 当該契約違反において、金銭賠償がなじまない
> 2. インジャンクションを求める当事者がクリーンハンズ
> 3. インジャンクションが被告にとって不相当に過酷でない
> 4. 当該契約に相互性または適当な約因がある
> 5. 契約期間が確定されている

内容のみが記載されているに過ぎなかった。そのため、選手は毎年、他チームとの契約交渉を行うことができた。しかし、単年契約を基本とする当該制度下においては、選手の引き抜きが横行し、年俸の高騰を招いた。この対策として、各チームは選手の移籍を制限する「保留制度」を導入した。当時の保留制度は、各チーム5名まで保留可能（他のチームへ移籍できない）というもので、その後まもなく、保留の対象が所属選手全員に拡大されていった。

この保留条項を巡っては歴史的に多くの訴訟が提起されてきた。その最古の訴訟は、1890年の *Ewing* 事件（プロ野球）である。

***Metropolitan Exhibition Company v. Ewing*, 42 F. 198（C.C.S.D. N.Y 1890）**

【事実】 ナショナルリーグのニューヨーク野球クラブでプレーしていたウィリアム・バック・ユーイング選手が新設のライバルリーグ（Players' League）へ移籍したが、これに対してニューヨーク野球クラブがユーイング選手の移籍を阻むために、移籍先チームでのプレーを禁止するネガティブ・インジャンクションを求めて訴訟を提起した。

【裁判所の判断】請求棄却

巡回裁判所は、本件において、ネガティブ・インジャンクションを認めるには、①契約違反に基づく金銭補償という処理がなじまないこと、②救済を求める側がクリーンハンズであること[1]、③契約に相互性がある、または適切な約因があること、④契約の有効期間が限定されていること、の要件が満たされなければならないとしたうえで、チームとユーイング選手の契約は④の要件を欠くとして、チームの請求を棄却した。

---

1 原告側に法違反や良心に悖るような行為があった場合には、救済を与えないというクリーンハンズの原則が英米にある。

Ewing 事件と同じ年に、同様の論点が争われた *Ward* 事件[2] で、ニューヨーク州最高裁判所は、当該選手契約は相互性を欠いており、また期間が限定されていないとして、*Ewing* 判決と同様に、ネガティブ・インジャンクションを否定した。その際、ニューヨーク州最高裁は、契約の相互性を巡って以下の点を指摘している。すなわち、①選手が球団との交渉において対等な地位にないこと。②保留条項を規定している統一選手契約は真の合意に基づいていないこと。③選手はチームに永久的に拘束される一方で、チームは10日の予告をもって選手を解雇することができるという関係は、相互性を欠くこと。

　こうして保留条項は契約法理によってその効力を否定する処理が司法で定着するかにみえたが、12年後の *Lajoie* 事件[3]（1902年）では、ネガティブ・インジャンクションによる選手の拘束を可能とする判断が下された。ナショナルリーグのフィリーズで活躍していたナポレオン・ラジョイ選手が、当時、ライバルリーグとして存在していたアメリカンリーグのアスレチックスへの移籍を求めたが、これに対して、フィリーズが当該移籍は保留条項に違反するとして、アスレチックスでのプレーを禁止するネガティブ・インジャンクションを求めた。本件で、ペンシルベニア州裁判所は、ラジョイ選手が受ける高額の給与は選手保留に対する約因であるとして、フィリーズの請求を認容したのであった。裁判所は、野球ビジネスという特殊性と事情ゆえに、選手側は10日の予告での解雇をも甘受しなければならないものとした。

　こうして、フィラデルフィア・フィリーズが求めたラジョイ選手に対する移籍先チームでのプレー差止めのネガティブ・インジャンクションが認められたのであるが、これはラジョイ選手にフィリーズでのプレーを強要するということではなく、保留条

ナポレオン・ラジョイ選手
(提供：National Baseball Hall of Fame Library, Cooperstown, New York)

2　*Metropolitan Exhibition Company v. Ward*, N.Y.S. 779（N.Y. Sup. Ct. 1890）.
3　*Philadelphia Ball Club, Limited v. Lajoie*, 202 Pa. 210, 51 A. 973（Pa. 1902）.

項を根拠に、他チームでのプレーを禁じるものである点が同裁判所によって強調された。

　Lajoie 判決のポイントは、相互性または約因は必ずしも等しい対価が求められるわけではないとした点にある。契約関係においてチームが選手より優位である場合は少なくない。そうした場合であっても、約因が明示されており、かつ強制がない場合には契約は有効としたわけである。

　以上のように、高額の年俸が選手の一方的拘束に対する約因とみることで、契約法上、選手は保留条項に拘束されるという認識が支配的になっていった。こうした動向を受けて、NHL、NBA、NFL も統一選手契約に保留条項を明記するに至った。しかし、これらの保留条項は、1970 年代以降、反トラスト法に基づく訴訟によって違法とされていくことになる[4]（第6章　スポーツと労働法参照）。

8) ユニークスキル条項

　ユニークスキル（unique skill）条項とは、プロスポーツ選手の技量は極めてユニークなもの、つまり余人をもって代え難いものであり、債務不履行があった場合に金銭賠償をもって損害を回復させることは極めて困難であることから、ネガティブ・インジャンクションの救済が最も適当である旨をあらかじめ選手側が合意するものである。

　債務不履行の救済方法として、損害賠償、特定履行、ネガティブ・インジャンクションがあることは先に述べたが、ネガティブ・インジャンクションが求められるケースは、選手の移籍がチームに甚大な損害を与えるが、その損害額の算定が困難であるなど、そもそも金銭賠償自体がなじまないという場合である。

　プロスポーツ選手のスキルは、他の一般的な労働者との比較において極めて専門性が高く、余人をもって代え難い。たとえば、今日では、ニューヨー

---

[4]　ちなみに、ボストンレッドソックスのティム・ウェイクフィールド投手は 400 万ドルで 2006 年シーズンまでの延長に加え、レッドソックスが同条件を提示すれば、同選手を永久に拘束することができるとの特約が結ばれている。長期契約を巡る違法性の議論はアメリカにおいて完全に過去のものになっている。

ク・ヤンキースのスーパースターであるアレックス・ロドリゲスに匹敵する選手を見つけだすことは極めて困難である。たとえ10億ドルの金銭賠償を得ても彼に匹敵する選手を獲得することはできないだろう。

先にみた通り、1902年の*Lajoie*判決で他リーグへの移籍がネガティブ・インジャンクションによって否定されたのであるが、当事者となったラジョイ選手は当時いわば、アレックス・ロドリゲスに匹敵するスーパースターであった。1902年の*Lajoie*判決後、スーパースターのケースに限ってネガティブ・インジャンクションが可能であるのかという点が議論となった。そこで、各リーグは統一選手契約書にユニークスキル条項を明記し、当事者の合意により、あらゆる選手に適用される戦略に出たわけである。

たとえば、NHLの統一選手契約書では、「選手はユニークな技能を持っており、余人をもって代え難いため、債務不履行の救済はネガティブ・インジャンクションが適切である」と明記されている[5]。

9）統一選手契約と労働協約の関係

各プロスポーツリーグには、リーグ規約、労働協約、そして統一選手契約など様々な合意や規定が存在している。NHL統一選手契約書18条には、①チームと選手はリーグ規約および労働協約に拘束される、②統一選手契約書は労働協約、リーグ規則、および規約に矛盾してはならない旨、が規定されている。

もっとも、労働協約は選手会とリーグ側で合意されるものであり、この労働協約に矛盾する個別の合意はアメリカ労働法においても禁止されている。なぜなら個別合意の容認は団体交渉による労働条件確保の理念をないがしろにすることになるからである。たとえば、労働協約で最低1人20,000ドルの年俸を選手に支払う旨を定めていた場合、この額を下回る金額を個別交渉で設定することはできない。

5　NHL統一選手契約書6条。

10）選手の活動・行動に対する制限

　高額の年俸を受け取る選手は、チームにとって、いわば高額の商品である。したがって、チームが選手の怪我のリスクを回避することは極めて重要といえる。そこで、チームは選手に対して、オフシーズンのスポーツイベントへの参加についても制限を課し、例えばビーチバレー、インラインスケート、スカイダイビングなども怪我のリスクが高いため制限されることが多い。ただ、例外として、他競技でのプレーをチームが認めるケースもある。これまでに、ディオン・サンダーズ、ボー・ジャクソン[6]、そしてブライアン・ジョーダンといった選手が、NFLとMLBの両方でプレーした前例がある。このようなケースでは他競技でのプレーについて特約として個別契約に追加される。

11）選手契約の譲渡（トレード）

　プロスポーツにおいては、契約期間中に選手のトレードが実施されることがある。たとえば、MLB統一選手契約書では次のように規定している。①契約期間中にトレードされる可能性がある。②その場合、選手は移籍先でプレーをする（report）義務を負う。③この義務を怠った場合は出場停止あるいは解雇処分となる。

　特約のない限り、選手を保有するチームは、リーグ内のチームに当該選手の契約を譲渡することができる。その際の引っ越し費用については、移籍先のチームが費用を負担することになっている。さらに、トレードの際の年俸支払いについて同契約書は次のような規定を置いている。

①　移籍先チームが選手の年俸支払い義務を持つが、移籍先チームはトレード以前の報酬について支払う義務を負わない。

②　MLBのチーム間でのトレードについては、移籍先チームは現行の契約

6　高校卒業時にMLBのニューヨーク・ヤンキースからドラフト指名（2巡目）を受けるが、オーバーン大学に進学し、アメリカンフットボールをプレーした。野球選手としては1985年に打率.401、本塁打17、打点43を記録した一方で、フットボールでは大学最優秀選手賞にあたるハイズマン賞を受賞し、1984年のシュガーボウルのMVPにも輝いた。また、陸上競技（短距離）でもオリンピック候補になる等、マルチアスリートとして注目された。

における報酬支払義務を負う。
③ 移籍先がマイナーリーグの場合、特段の合意がない限り、移籍先チームは、移籍選手と同レベルの実力を有する選手の給与相当額を支払う義務を負い、差額については、移籍元クラブがこれを負担する。

　仮に、選手がトレードされたチームでのプレーを拒否した場合、チームは当該選手契約の履行を求めて仲裁を申し立てることができる。選手が新チームでのプレーを拒否し続ける場合、チームが選手に対して損害賠償を請求することができ、かつ当該契約満了まで当該選手を保有することができる。

12) 健康・負傷に関する事項

　プロスポーツにおいて、選手の負傷はチームと選手の双方に経済的な損失を与えるため、負傷時の選手の権利および義務については、各リーグの労働協約および統一選手契約書に詳しく明記されている。

　通常、プレーや練習に関連して生じた負傷については、その選手に一時的あるいは生涯にわたる医療費等の補償や、療養中の年俸の支払いについて一定の保護が与えられる。そして、医学的診断等については、チーム側の意向が反映される。たとえば、MLB統一選手契約書は、チームが医療検診を求めた場合、選手はこれに従わなければならず、選手がこれを拒む場合、チームは当該選手に対して、適当な措置を講ずることができる（罰金や出場停止）としている。

　また、選手会の要請に基づき選手の権利を保護する規定も労働協約に導入されている。たとえば、チームドクターが手術やその他、選手のプライバシーにかかわる治療を必要とする決定をした場合、選手はセカンドオピニオン（別の医師の意見）を求める権利を有する旨が明記されている。

　なお、セカンドオピニオンの費用については、チームがあらかじめ選出した医学専門家リストに掲載されている医師を選手が指定する場合、その費用はチームが負担するが、当該リスト以外の医師を指定する場合は、チームが事前に合意、承認しない限り、選手自らその費用を負担することになっている[7]。

13) 不完全なプレーと債務不履行

　選手契約期間中の引退やプレーの中断については統一選手契約書に規定されている場合がほとんどであるが、こうした規定が存在しなかったことが火種となって仲裁に発展したケースがある（Ottawa Senators and Alexi Yashin）。

　NHL オタワ・セネターズ（Senators）のスター選手、アレックス・ヤシン選手は複数年契約の最終年、1999年-2000年のシーズン後にフリーエージェントになることを求めていたが、当該最終のシーズンに、（次期契約の）年俸増加を求めてヤシンがプレーしなかった（これを「hold out」という）。そこで、セネターズは、ヤシン選手によって契約が履行されていないため、契約はいまだ満了していないと主張した。これに対して、ヤシン選手は、当該契約は期間満了により消滅しており、もはやセネターズとの契約に拘束されないフリーエージェントであると主張した。

　ちなみに、NFL と NBA では、選手が「hold out」している期間、契約が経過するか否かについて、「完全なプレーの履行がない限り、統一選手契約は満了しない」との規定が労働協約にあるが、NHL ではそのような規定が存在しなかった。

　このケースで、仲裁人は、「ヤシンは最終年度の契約を履行していないのでフリーエージェントになることはできない」と判断した。リーグ側が「完全なプレーの履行」条項の導入を求めていたが、選手会がこれに反対していたという背景に触れたうえで、仲裁人は労働協約にこうした条項がないことは、「完全なプレーの履行」が必要でないことを意味しないとした[8]。

14) 契約関係への不法介入

　第三者が契約の存在を知りつつ、その第三者が一方当事者と契約を締結することで、既存の契約が債務不履行の状態になることがある。こうしたケースでは、第三者の行為を不法介入（Tortious Interference with Contractual

---

7　MLB Collective Bargaining Agreement Article XIII D.
8　ヤシン選手は当該仲裁裁定に従い、2000年-2001年のシーズンにセネターズに戻った。セネターズのオーナー、ボブ・ブライデン氏はヤシンを相手に930,000ドルの損害賠償を求める訴えを提起。ヤシンが100,000カナダドルをオタワの病院に寄付することで和解した。

> **不法介入**
> 当事者間に契約が既に存在していることを第三者が知っていながらその契約関係に介入すること
>
> **原告が立証しなければならない事実**
> ・有効な契約が存在していること
> ・第三者が当該契約の存在を知っていること
> ・第三者が意図的に当該契約に介入したこと
> ・原告が実質的に損害を被ったこと
> ・第三者の介入と損害との間に因果関係があること

Relations）として損害賠償責任が発生する場合がある。

　この不法介入は、選手とエージェントの関係のみならず、ヘッドハンティングの対象となるコーチのケースなどを巡って生じる。不法介入を主張するための要件としては、①契約関係の存在、②①についての認知、③故意に基づく契約破棄の誘引、④これによる損害の発生、である。

Central Sports Army Club v. Arena Associates, Inc., 952 F. Supp. 181 (S.D.N.Y. 1997)

【事実】　ロシア人のセルゲイ・サムソノフ選手はロシアのプロホッケーチームHC CSKA モスクワで 1986 年からプレーし、1990 年代には一流プレーヤーとして活躍していた。1995-1996 年シーズンに、CSKA モスクワは新たに1年契約をサムソノフと契約した。しかし、ロシアのアイスホッケー界では当時、権力闘争があったため、サムソノフの契約条件が履行されなかった。そこで、サムソノフはロシアを去り、（アメリカの）国際ホッケーリーグに所属するデトロイト・バイパーズ（Detroit Vipers）と契約した。

　デトロイト・バイパーズは、①サムソノフの契約が履行されなかったこと、②サムソノフは親権者としての親の同伴なく、18 歳でチームと契約をしていたことから、もはや当該契約は効力を失っており、サムソノフは自由に他のチームと契約できると考えていた。

　これに対して、CSKA モスクワはデトロイト・バイパーズの経営陣に対して、サムソノフはまだ当該チームと契約関係にあると、契約書のコピーを同封のうえ通告した。そして、CSKA モスクワはデトロイト・バイパーズに対して、契約関係への不当介入であるとして訴訟を提起した。

【裁判所の判断】　請求棄却

　①デトロイト・バイパーズがサムソノフに対して CSKA モスクワとの契約

破棄を誘引したこと、②CSKA モスクワとサムソノフに有効な契約が存在する旨をデトロイト・バイパーズが認知していたこと、③デトロイト・バイパーズに不公正、違法、不道徳、あるいは不当な動機があったこと、のいずれも立証できていない。

なお、サムソノフはデトロイト・バイパーズでのプレーを継続し、その後、NHL のボストン・ブルーインズにドラフトされた。

15）コーチ契約

コーチの契約については、プロリーグの選手契約に見られるような統一の様式が存在せず、あくまでもケース・バイ・ケースである。もっとも、通常は雇用契約の期間、その他の雇用条件を明記することになるため、コーチと学校、あるいはチーム間の雇用契約は典型的な雇用関係と類似している。ただし、次のような条項を定めることも可能である。①特定のイベントにおける入場料を給与に反映させること、②解約に関して特別の条件を設けること、③大学などでの雇用の場合、卒業率の向上を給与に反映すること、④一定の勤続年数に対する賞与を支払うこと、⑤競業を禁止すること、などである。

なおインディアナ大学のバスケットボールコーチであったボビー・ナイト氏は、選手に対する体罰を理由として大学から解雇された。労働法の基本は解雇自由の原則（employ at will）であるが、契約によっては合理的な理由なく解雇できない、などの規定を設けることもある。

ナイト氏のケースでは、大学側が、ナイト氏が社会的基準に反する行為をしたとの理由で、同氏を解雇することができると主張した。ちなみに、彼の契約には「no cause」条項があり、解雇になんら理由が必要ないが（ちなみに「for cause」条項は解雇に理由がいるという条項をいう）、給与は支払われる、という条項があった。

ナイト氏は違法解雇であると主張したが、残りの契約期間について大学から給与の支払いがあったとして、裁判所はナイト氏の訴えを退けた。

一般にコーチの労働条件は、チームの勝率で決まるといわれる。したがって、チームを勝利に導くことができないコーチは解約の対象となる。期間途中のコーチ契約の解約は債務不履行となり、損害賠償責任を発生させるため、こうしたリスクを想定し、残りの契約期間について給与の支払い（一時払いか、月払い）をすることで紛争を回避するケースが多い。

　たとえばジョージア工科大学のアメリカンフットボールチームのコーチであったペッパー・ロジャース氏が、解雇に伴って不支給となった福利厚生についての支払いを求めた *Rodgers* 事件[9] で、裁判所は、当該コーチ契約に「臨時収入（perquisite）」の規定があったことから、陪審に当該福利厚生についても考慮して損害賠償を算出するように指示した。これを受けて、近年ではコーチ解約時に福利厚生についての支払いを制限する旨の規定がしばしば見受けられ、この規定は「ペッパー・ロジャース条項（Pepper Rodgers clause）」と呼ばれている。

　他方、コーチが契約期間中に移籍する場合には、免責（escape）条項やバイアウト（Buyout）条項に基づいて処理される場合がある。つまり、契約期間中にコーチ側の事由に基づいて当該契約を解約する場合には、一定の違約金の支払いを要件とする旨をあらかじめ契約しておくもので、いわゆる違約罰である。この違約金を巡るケースとして、以下の *Vanderbilt University* 事件がある。

　Vanderbilt University v. DiNardo, 174 F.3d 751 (6th Cir. 1999)
　【事実】　アメリカンフットボールのコーチ、ゲリー・ディナルド氏は1990年にヴァンダービルド大学との間に5年間の契約を締結した。そして、1994年（元契約が満了する1年前）に、2年間の延長に合意したのであったが、ディナルド氏がルイジアナ州立大学のコーチへの就任を望んだ。そこで、ヴァンダービルド大学は違約金条項に基づいてディナルド氏に対し、3年分の報酬に相当する違約金を求めた。

　これに対して、ディナルド氏はヴァンダービルド大学の契約は違約金条項

9　*Rodgers v. Georgia Tech Athletic Ass'n.,* 303 S.E. 2d 467（Ga. Ct. App. 1983）.

> **大学コーチの契約**
> ・契約条項は個別に契約する。
> ・統一契約は存在しない。
> ・契約は雇用の形態・期間・報酬額・その他の条件について規定している。
>
> バイアウト（buy out）条項のもとで、あらかじめ定めた違約金を支払うことで、大学またはコーチは一方的に契約を破棄することができる!!
>
> ボブ・ハギンズ
> シンシナティ大学
> バスケットボール部コーチ
> 300万ドルのバイアウト条項に基づいて大学側から解任

ではなく競業禁止条項であり、テネシー法の下では違法かつ無効と主張して訴えを提起した。

【裁判所の判断】控訴棄却

① ヴァンダービルド大学は、コーチという特別かつ専門性の高いポジションとして採用したディナルド氏に債務不履行が生じた場合、その賠償額を前もって予定することで、債務不履行発生時の法的な手続きを簡素化することに両者が合意した。

② したがって、その場合、実損害について考慮する必要はない。違約金が、残りの契約期間に応じて減額されることについても、ディナルド氏が長期的にコーチをすることの重要性を示しており、これについても両者が了解していることを明示している。

③ 当該違約金条項は相互的であり、一方的なものではないので、当該違約金規定は有効かつ行使しうる。

こうした違約金条項は、大学側がその事由に基づいてコーチを解任する場合にも適用される。たとえば、シンシナティ大学がバスケットボール部のコーチ・ボブ・ハギンズ氏を解任した際、300万ドルのバイアウト条項に基づいて、違約金が支払われた。同コーチがチームを率いて以来、チームの勝率は目に見えて改善されたのであるが、気性の激しい同コーチのイメージが、同大学の学術的なブランドイメージと合わないというのがその解任理由とされたのである。

これに対して、学校側がコーチとの契約関係を安定的に維持したいと考える場合、チーム側が一定期間の拘束に対する対価（loyalty bonus）を支払うことがある。リック・ピティーノという名コーチがルイスヴィル大学に就任する際、6年契約で500万ドルという高額報酬と引き換えに、契約満了まで大学が同氏を拘束できる旨の合意がなされた。

以上のような違約金による処理の他に、契約期間中の他チームとの契約を禁止する特約が付される場合がある。たとえば、*New England Patriots*

Football Club 事件[10]では、NFLペイトリオッツのコーチであったチャック・フェアバンクス氏をコロラド大学が引き抜こうとした際、ペイトリオッツが、他のチームでの契約を禁止する特約（競業禁止特約）に基づき、フェアバンクス氏の移籍を差し止めるネガティブ・インジャンクションを求めたのであった。本件で、連邦巡回区控訴裁判所は、当該競業避止特約は有効であるとして、フェアバンクス氏とペイトリオッツとの間に契約関係がある間、コロラド大学がフェアバンクス氏を雇用することを禁止するネガティブ・インジャンクションを認めた。

小 括

アメリカでは、1900年を境に保留条項の効力が争われ、初期の判決では、契約満了後も球団側が一方的に選手を保留することに対する約因が存在しないとして、契約の効力を否定したのであるが、このような処理はその後見られなくなった。というのは、*Lajoe* 判決で、選手の高額年俸が約因となり、保留条項を含む契約は有効であると判断され、実務において、この認識が定着したからである。

こうして契約法上のお墨付きを得るに至った保留条項は、その後、別の観点から論難の対象となっていった。それは、1890年に成立したシャーマン法（反トラスト法）に基づく議論であった。保留条項は、球団間の選手獲得競争に対する制限であり、これにより選手の市場価値が人為的に抑制されるとの認識が広がり、次第に反トラスト法上の論争へと移行していったのであった。

他方、日本では、プロスポーツにおける契約の効力を契約論によって検討する意義は十二分にある。まず、契約の効力を巡っては、当事者の交渉力の不均衡が考慮される。そして、当事者間の交渉において実質的に対等な地位が確保されたと認められる場合には、私的自治が尊重される。したがって、近年、選手会の交渉力が高まったプロ野球においては、選手契約を巡る司法介入は減退する方向にあるといえる。

---

10 *New England Patriots Football Club. Inc. v. University of Colorado*, 592 F.2d 1196（1st Cir. 1979）.

加えて、日本スポーツ法において検討すべきことは、契約違反に対する救済方法である。アメリカでは、契約期間中の選手が別リーグのチームに移籍するというような債務不履行が発生した場合は、ネガティブ・インジャンクションによる処理を行う旨の「ユニークスキル条項」が統一選手契約書に規定されており、金銭による損失補てんではなく、ネガティブ・インジャンクションという形で、本来の契約履行を求める処理が定着している。こうした動向も実務上、大変興味深い。

第 8 章

スポーツとメディア
―スポーツ放送とそれを巡るアメリカの政策―

▶ スポーツ放送と著作権
▶ リーグの一括放映権販売を合法としたスポーツ放送法
▶ 各プロリーグおよび大学のスポーツ放送戦略

1) 導入

　スポーツとテレビの関係は、車の両輪のごとく、互いの存在意義を高めあってきた。1970年代にメディアの進化とともに発展を遂げてきたスポーツは、今やテレビのメガイベントになっている。録画機能の進化も、スポーツのメディア価値を後押しした。というのは、スポーツの試合放映は、ライブの臨場感が人々をひきつけることから、録画ではなく、CM付きのライブ放送の視聴率を引き上げるからである。

　フォーブス誌によるスポーツ大会のブランドランキング（2010年）によれば、トップ10のうち、半数がアメリカスポーツとなっており、これらがテレビに与える影響の大きさを伺い知ることができる。

　アメリカでは、これまで、スポーツ放送を巡って様々な法政策が実施されてきた。なかでも、重要なのは1961年のスポーツ放送法（Sports Broadcasting Act 1961）の制定である。これにより、リーグが各チームの試合を一括してテレビ会社に販売する場合については、反トラスト法の規制対象外にすることとされた。こうした法政策は、NFL等のプロスポーツリーグによる積極的なロビー活動によって実現したのであるが、このスポーツ放送法により、スポーツ放映はその排他性を高め、メディア価値を著しく増加させた。他方、大学スポーツにおけるNCAAなど組織の一括管理は反トラスト法に違反するとの最高裁判決が下された。

　そのほか、1976年著作権法（Copyright Act of 1976）を通じた連邦議会と連邦通信委員会[1]（＝FCC）による政策がスポーツ放映に重大な役割を果たしてきたことにも留意しなければならない。スポーツ産業の発展の起爆剤となり、またスポーツとともに自らを

スポーツ大会のブランドランキング　2010

順位	イベント名	ブランド価値
1	スーパーボウル	$420mil
2	夏季オリンピック	$230mil
3	FIFAワールドカップ	$120mil
4	UEFAチャンピオンズリーグ	$110mil
5	MLBワールドシリーズ	$106mil
6	デイトナ500	$100mil
7	冬季オリンピック	$93mil
8	NCAA男子バスケットボール決勝	$90mil
9	MLBオールスター	$75mil
10	ケンタッキーダービー	$67mil

（出所）Forbes.com 各大会が1日当たりに生み出す総収入に基づいて格付け

1　Federal Communications Commission　アメリカ国内の放送通信事業の規制監督を行う連邦政府機関

巨大産業に成長させたメディアに対して、消費者保護、プロスポーツの発展、および大学スポーツの発展の観点から、しばしば議会あるいは行政による介入も実施されてきたのである。

アメリカのテレビ放映は日本に比べやや複雑なものとなっている。まず、その種類が多様で①通常の地上波テレビ、②ケーブルテレビ、③プレミアムテレビ（ペイTV、プレミアムチャンネル）、④スーパーステーションに区別される。

地上波テレビは、アンテナから受信する無料放送であり、VHF、UHF、CBS、NBC、ABC、PBS、FOXがある。これに対して、ケーブルテレビは有料放送であり、多チャンネルで、かつ一定の専門、嗜好に特化したプログラムにより視聴者の多彩な需要に対応するものとなっている。ケーブルテレビの受信には、申込を必要とし、地域ごとのアンテナスポットで受信された放送電波をケーブルで各家庭に配信する仕組みになっている。代表的なプログラムにスポーツ専門番組のESPN、ニュース専門番組のCNNなどがある。その他、TNT、FOX Sports Netなどもある。プレミアムテレビ、またはペイTVとは、ケーブル等の有料放送の中でもプレミアムとして追加料金が課せられるプログラムであり、映画、ショー、ボクシングなどの一過性のエンターテインメントやスポーツが提供されることが多い。

最後に、スーパーステーション（Superstations）とは、ローカル・テレビ局の番組を、通信衛星を経由して各地のテレビ局に送る、いわば二次的送信放送を行っている放送局である。

その代表として、シカゴのWGN、ニュージャージーのWWOR、そしてニューヨークのWPIXなどがある。歴史的に、これらスーパーステーションは多くのスポーツを全米に放映してきた。たとえば、WGNは大手新聞会社シカゴトリビューンによって設立された放送局であり、長年にわたってシカゴ・ブルズの試合を放映してきた実績を持っている。

2）スポーツ放映権誕生の歴史

スポーツが初めてテレビ放映されたのは、1939年に実施されたコロンビア大学とプリンストン大学のアメリカンフットボールの試合であった。もっ

> アメリカスポーツ放映の黎明期
> ▶ スポーツ最初のテレビ放映　1939年
> 　フットボール中継
> 　コロンビア大学 VS プリンストン大学
> ▶ スポーツ団体は、1921年頃から試合のラジオ放送を巡る権利を主張
> ▶ 放送局は、スポーツイベントの放送に料金を支払ってきた

とも、その20年ほど前からラジオでのスポーツ放送の実績があり、ラジオ放送を通じて自らの市場価値を高めたスポーツ団体は、スポーツ放送に対する権利を主張するようになっていった。具体的には、ラジオ放送局に対して著作権料としての金銭補償を求めたのであった。こうした動向を背景として、スポーツイベントの放送権あるいは放映権の所在が裁判例および立法によって明らかにされていった。その先駆けが、以下に見る *Pittsburgh Athletic Co.* 事件である。

Pittsburgh Athletic Co. v. KQV Broadcasting, 24 F. Supp. 490（W.D. Pa. 1938）
【事実】　被告となった放送局KQVは許可なくMLBのピッツバーグ・パイレーツのホームゲームをラジオで放送した。KQVは、球場外にリポーターを配置し、球場の試合が見える場所から試合の実況を伝えたのであった。こうしたKQVの放送を差し止めるインジャンクションをピッツバーグ・パイレーツ側が求めたのが本件である。
【裁判所の判断】　請求認容
　　ナショナル・リーグに加盟するチームの球場で実施される野球の試合の所有権、放映権、出版権、販売権、ライセンス権等の権利および利益は、当該リーグあるいはチームによって排他的に使用されるべきである。

以後、この判断がメディアとスポーツを巡るケースでの先例になった。試合に対する排他的権利（所有権）が確立されたことで、リーグまたはチームは、放送・放映に伴う収益源を確保したのであった。また、*National Exhibition Co.* 事件[2]では、試合速報としてプレーごとに通信（これをラジオで

2　*National Exhibition Co. v. Fass*, 143 N.Y.S.2d 767（N.Y. Sup. Ct. 1955）.

> **試合の放映権を巡るケース**
> **Pittsburgh Athletic Co. v. KQV Broadcasting 1938**
> ・ホームチームが試合放映の権利を持ち、そのライセンスを管理する権利を保有
> ・アウェイチームは、自らのホーム地区で当該試合を中継放送する権利を持つ
> **National Exhibition Co. v. Fass 1955**
> ・当該試合を巡るチームの権利は排他的であり公有のもの（public domain）ではない

放送）することもチームの権利を侵害するとされた。その理由は、当該試合に関するチームの権利は排他的であり公有（public domain）のものではないというものであった。

以上のように、KQV Broadcasting 事件（1938年）以来、裁判例によって放送を巡るチームの権利が保護されてきたのであるが、試合のライブ放映についても1976年の著作権法（Copyright Act of 1976）の成立により制定法の保護対象とされ、その権利保護が強化された。なお、著作権とは、音楽、絵画、建築、映画、写真などの創作物の利用を支配する権利をいう。

3）著作権法

1976年の著作権法の下で著作権者は当該著作物の公表、伝達について排他的権利を付与され、著作物の二次的送信等についても著作権者の権利が明確にされた。また、ライブスポーツ放映については、その映像が送信と同時に固定（fixed）されれば著作物としての要件を満たすとされたのであった。さらに、当該制定法により著作権料審判所（Copyright Royalty Tribunal＝行政機関）が設置され、当機関が著作権法違反を巡る紛争を解決するとともに、所有権者のために使用料を回収し、適切な権利者に分配するという役割を担うことになった。

しかし、著作権法が制定された当時においても、スポーツ放映を巡る著作権の所在について、試合をテレビ中継する放送局に属するのか、試合を行うチームやリーグに属するのかが明らかではなく、放送局はスポーツ放映の著作権が自らに属すると考えてきた。ところが、1978年に著作権料審判所が「著作権法の立法過程（趣旨）によると、放映される試合を生み出すスポーツ組織に放映権があると考えるべき」と判断し、これまでの概念を覆した。つまり、放映権を得るためにお金を支払う放送局は（あくまでも放映権を得るのであって）当該（著作権）所有権を得るわけではないというわけである。この判

断は実務的に以下の意味を持つことになった。
① チーム、リーグ（団体）あるいはその親会社は、スポーツイベントを排他的放映にするか、あるいは二次的配信を認めるかについて最終的な権利を持っていること。
② 当該試合の再放送について、当該スポーツチーム、リーグ（団体）が金銭を受けることができること。

　なお、ホームチームかビジターチームのいずれがゲームに対する著作権を持つのかについては契約によって定められるとされる。もっとも、コモンローに準拠して、ビジターチームはその地元における放映について権利を持つと判断した裁判例もある[3]。

　試合放映の著作権については、ケーブルテレビ会社による試合放映の再送とその規制の経緯が重要である。なぜなら、アメリカではケーブルテレビとスポーツが両輪となって相互に発展してきたからである。多チャンネル化のインパクトを千載一遇の商機ととらえたケーブルテレビ会社は執拗なロビー活動を展開した。その結果、連邦議会は、多チャンネルへの消費者の需要に鑑み、ケーブルテレビ会社に追い風となる制度を導入した。それは強制許諾制度（compulsory license）と呼ばれ、第三者たる著作権料審判所が定める使用料を支払う限り、映像の再送（転送）については著作権者の同意を必要としないというものである。つまり、ユーザーが使用料を支払う限り、著作権者は当該ユーザーの著作物使用を認めなければならず、その使用料は著作権料審判所が決定するという制度である。

　たとえば、学校のバスケットの試合を地元放送局が放映した場合、ケーブルテレビ会社は、使用料さえ払えば、著作権者たる学校の承諾を得ずとも、

1976年著作権法

連邦議会が著作権保護をスポーツ放送に拡大
⇩
裁判例を通じて確立してきたスポーツ放送の著作権を制定法により保護
⇩
・著作権料審判所の設立
・義務的許可制度を導入し、ケーブルテレビ会社による既存放送の再送信の自由を保障

3　Wichita State University Intercollegiate Athletic Association v. Swanson Broadcasting Co., Case No. 81C130（Kan. Dist. Ct. 1981）.

この電波を受信し、転送（再送）することができるのである。

この制度は、著作権者による権利の排他的処理を不可能にするものであり、その点で、著作権の価値を低めることになる。しかし、その反面、著作物利用の効率化が確保され、公共の利益に資するということで、当該制度が導入されたのである。そして、著作権者に対する使用料の支払いが、著作権者とケーブルテレビ会社それぞれの利益均衡機能を果たすことになった。ただ、この使用料の額を巡って、しばしば論争が生じてきた。つまり、著作権料審判所による裁定額は少額であり、スポーツ団体が個別に交渉することができれば、より多額の使用料を手にできるはずとの不満が高まったのである。そして1982年には、4大リーグと他のスポーツ団体は、映画の著作権保護を業務とする Motion Picture Association とともに異議申立てをした。しかし、*National Ass'n of Broadcasters* 事件[4]で、裁判所は「恣意的判断はない」として、この申立てを棄却した。

その後、著作権料審判所による使用料決定の判断が不明瞭であるとの批判が続出した。この批判に応えるかたちで連邦議会は、1993年に著作権料審判所改革法（Copyright Royalty Tribunal Reform Act）によって1976年法を改正し、従来の審判所に代えて著作権料仲裁委員会（Copyright Royalty Arbitration Panel）を設置した。その委員は連邦議会図書館長（Librarian of Congress）によって任命され、同委員会による決定は、連邦議会図書館長の承認を得なければならないとするチェック機能が追加された。

なお、著作権料仲裁委員会は、2004年の著作権料・分配改正法（Copyright Royalty and Distribution Reform Act of 2004）によって6年間を任期とする著作権料審査員会（Copyright Royalty Judges：CRJ）に変更されている。

4）連邦通信委員会（FCC＝Federal Communication Commission）規則

連邦通信委員会は、アメリカ国内の放送通信事業の規制監督を行う連邦政府機関であり、一般的な行政権のほか、通信事業にかかわる免許を事業者に交付する権限、更新の可否を決定する裁定権、放送通信に関する規則を制定

4　*National Ass'n of Broadcasters v. Copyright Royalty Tribunal*, 675 F.2d 367（D.C.Cir. 1982）.

する準立法権を有する。

　先に述べたとおり、ケーブルテレビ会社はリーグ・チームと個別の交渉なしに試合を放映することができる特権が与えられており、実に数百に及ぶスポーツイベントを放映している。こうした無制約の放映が、入場料収入や、通常の放映権収入に与える影響について懸念を持ち始めたスポーツ・リーグあるいはチームはケーブル会社の再送を制限するように求めた。これを受けて、連邦通信委員会は2つの規則を制定した。第1に、Sports or Same Game Rule（47 CFR 76.67）である。これによれば、ホームゲームの地方放映を行わないチームは、ケーブルテレビ会社に対して、ホームゲーム開催地から半径35マイル以内については、当該ゲームの放送禁止を要求できることになっている。たとえば、ボストン・セルティックスとニューヨーク・ニックスの試合がボストンで開催される場合、セルティックスが当該試合の地方放映を行わないときは、ケーブルテレビ会社に、試合の放映をボストン近郊については行わないことを求めることができる。当該要請に応じなかったケーブルテレビ会社は連邦通信委員会から罰金を科される上に、著作権法違反の損害賠償を請求されることになる。当該規則の趣旨はチームの入場料収入を確保（保護）することにあるが、これにとどまらず、同規則は、チームが独自に保有する有料放送の利権を保護している点も見逃せない。第2に、Non-duplication rules（47 CFR 76.92）である。これは複製ネットワーク配信に対する規制であり、ケーブルテレビ会社による地元放送局の放映内容の複製配信を禁止するものである。これにより、プロチームは、自身が保有する地元テレビ局、あるいはチームの地元キー局を通じた試合放映権を排他的に確保することができるのである。以上のように、テレビ放映を巡る政策において、プロチームの収益保護を目的とする規則が少なくない[5]。

　なお、2007年、NFLスーパーボウル（コルツ対ベアーズ）を大型スクリーンで試合観戦するというイベントが地域で企画されていたが、NFLが著作権侵害を理由に当該イベントの中止を求めた経緯がある。家族や友人の関係を超えた一般聴衆に試合を見せることは著作権違反となるのであるが、この

5　特に、スーパーステーションによる複製放送を禁止など。

NFL の事例から、放映権管理の徹底ぶりがうかがえる。

5) スポーツ放送法 Sport Broadcasting Act of 1961

　スポーツ放送法は「コマーシャル付放送 (sponsored telecasts)」の放映権一括販売方式について反トラスト法の適用を除外する法律であり、これにより、スポーツ放映はその排他性を高め、スポーツ放送のメディアとしての価値を著しく増加させることになったことはすでに述べた。ただし、一括販売を地理的範囲に限定することはできない。たとえば、アメリカの東地区と西地区でそれぞれのパッケージを小分けにして排他的に取り扱うことは認められないのである。なぜならこれが認められると、放映権販売を巡るリーグの交渉力が市場において不当に高まるからである。

　スポーツ放送法は４大プロスポーツリーグにこうしたメリットを与える一方で、公益確保の観点から、リーグ経営に一定の制限を課している。その制限とは、高校および大学スポーツ放映との競合を避け、プロスポーツによる学生スポーツへの浸食を阻止するというものである。具体的には、地元の大学や高校でフットボールの試合が開催される場合、そこを中心とした75マイル以内の範囲については、学生スポーツ放映を優先的に放送し、プロであるNFLの試合の放映を排除するというものである (Black out)。すなわち、スポーツ放送法は４大リーグに放映権一括管理の利益を与える一方で、学生スポーツの放送を保護するため４大リーグの放送の自由（営業の自由）を一定の範囲で制限しているのである。いわば得失のトレードオフとなっている。

　ここで留意すべきは、スポーツ放送法は「コマーシャル付放送」について、リーグによる放映権の一括販売を認めたのであり、これに該当しない衛星放送の一括販売については、同法による反トラスト法適用除外の保護はないと判断されてきた点である。近年、インターネット、衛星放送などスポーツ放送法制定当時には想定しなかった

1961年スポーツ放送法
４大リーグについて、リーグ一括の放映権管理を反トラスト法の適用除外とする
⇩
これにより、リーグはパッケージとして放映権を販売できる＝これによりリーグの放映権収入が増加
※　ただし、衛星放送は同法が対象とする「CM付放送」に該当しないのでその適用はない

形態のメディアが発達しており、スポーツ放送法の意義と適用範囲について改めて検討する必要性が高まっている。

6）4大プロスポーツリーグの放映権

スポーツ放送法は、放映権の一括販売を反トラスト法の適用から除外したことで、リーグの放映権販売を巡る交渉力を増加させた。なぜなら、リーグが試合放映の供給を合法的にコントロールすることができるからである。こうしたスポーツ放送法の恩恵を受けるリーグは以下の利益を得ることになる。

① テレビ放映による収益増大。
② マーケットの規模によるチーム間財政格差の是正（収益分配によって）。
③ 全国区のテレビ放映による露出度の均衡。

放映権に関して、アメリカ4大プロスポーツリーグで共通するのは、全国放送による収益は、すべて各チームに均等分配される点である。ただし、地元テレビ放送については、リーグごとに異なるテレビ放映の戦略をとっている。たとえば、MLBは地元放送が各チームにとって重要な収入源であるのに対して、NFLではレギュラーシーズンの地元放送は存在せず、全国放送によって得た収益を各チームに均等分配している。したがって、NFLでは小都市のグリーンベイ・パッカーズと大都市のニューヨーク・ジャイアンツのテレビ放映に基づく収益は、まったく同じになっている。このように、各市場の格差を考慮し、チーム間の戦力均衡維持を可能にする仕組みになっているのである。一方、地元放送が全国放送契約よりもチームにとって大きな収益となるMLBでは、チームの財政力格差が他のリーグに比べて拡大する傾向にある。

そのほか、地元チーム以外の試合は視聴が制限される点も、各リーグに共通する。つまり、放映制限を人為的に加えることで、地元ファンの発掘・拡大を図るというメディア戦略がとられているのである。他方、フランチャイズが存在しない地域に居住しているファンは、ほとんどすべてのチームの試合を見ることができる。このようなフランチャイズ外の住民が購入できる制限なしのスポーツ番組は「自由パッケージ（out of market package）」と呼ばれ

第8章　スポーツとメディア

4大プロスポーツにおける放映権収益の分配

リーグ名	全国放送契約	ネットワーク	年間放映権収益	地元放送契約	放映権収益の分配（備考）
NFL	○	CBS NBC FOX ESPN DirecTV	$37億3,500万	○ ※プレシーズンゲームのみ	収益の90％〜95％を均等分配
NBA	○	ABC ESPN TNT	$9億5,000万	○	全国放送契約（リーグ契約）によって収益を得る一方、地元放送契約によって更に収益を得るチームもある
NHL	○	Versus NBC CBC TSN	$1億9,750万	○	NBCは放映権料を支払わないが、広告による収益を支払う
MLB	○	FOX TBS ESPN DirecTV	$8億2,460万	○	大抵のチームが地元放送契約によって収益を得ている

ている。

　ところで、スポーツ放送の価値は15年来、増加の一途をたどっており、各メディアが4大リーグ放映権の獲得にしのぎを削る状況にある。たとえばNFLは1994年以来、衛星放送のDirecTVに排他的に一括販売してきた。「自由パッケージ」の購入を求めるファンはDirecTVに加入しなければならないことになり、DirecTVは視聴登録者数を一気に増加させた。もちろん、DirecTVはこうした視聴登録者の増加を期待して、NFLの放映権を高額で獲得したのである。

　こうした趨勢のなかで、リーグ側のメディア戦略もますます重要になってきている。たとえば、MLBは従来、全国放送はESPN（レギュラーシーズン対象　2005年までの6年間8億5,100万ドル）とFOX（ポストシーズンなど対象　2006年までの6年間25億ドル）2社で契約していたが、ESPNとは2005年9月、

2006年から8年間23億6,800万ドルの新契約を締結した。他方、FOXはMLBの視聴率が低下し、広告収入が放映権料を下回ったとして値下げを主張し、交渉が難航した。結局、2007年にFOX、TBSとの間に7年間、2社合計約30億ドルの契約を締結したのであるが、その際、MLBはFOXに代えてDirecTVとの契約を示唆し、揺さぶりをかけたのであった。

近年、各リーグが、それぞれ独自のケーブルネットワークを開設するのが趨勢にあり、放送局とプロスポーツ事業の一体化が顕著になってきている。

7）NFL以外のプロリーグの放映権

NFL以外のプロスポーツリーグでは各チームが地元放送局との交渉権を保持しており、それぞれのチームの収益増大に繋げている。NBAではリーグによる統制と各チームの営業の自由を巡って争われたケースがある。

***Chicago Professional Sports Limited Partnership v. NBA*, 95 F.3d 593 (7th Cir. 1996)**

【事実】　NBAのシカゴ・ブルズとWGN（スーパーステーション）が、①リーグによる放映権一括管理は反トラスト法に違反する、②NBAはNBC（NBAと契約をしているテレビ会社）との間で取引制限をしている、などと主張し、NBAを相手に訴えを提起した。

ブルズは1991年のシーズンに25ゲームの放映を認める契約をWGNと交渉していた。

これに対してNBCがNBAとの排他的放映契約に違反すると主張した。当時、NBCはNBAから買い取った排他的放映権のうち一定の数の放映をNBAに再譲渡していた。そこでNBAは一定数について各チームが自由契約できることとしたのであるが、自由契約できる試合数につき、NBAは各チームに25試合から20試合への引き下げを求めた。この制限に対して、ブルズとWGNがインジャンクション（差止め）を求めたのが本件である。

【地裁の判断】ブルズとWGNの主張容認

　20試合への削減（制限）は違法である。

　WGNによる25ゲームの放映は可能である。

【高裁の判断】地裁判決を破棄・差戻し
① スポーツ放送法による反トラスト法適用除外はリーグ内のチームが自らの試合放映をする場合の契約については対象としない。
② 反トラスト法の目的における単一実体の認定については、リーグ内のチームが完全に結束して利益を得ていることまでを必要とはしない。
③ 放映権市場において、リーグは単独の会社の集まりというより、むしろ単一実体の会社に近い。したがって、ブルズとWGNはスーパーステーションによる放映試合数の制限についてリーグの決定を尊重すべきである。ブルズはNBAのメンバーとして、当該ネットワーク（NBC）と交渉をしているのであるから、その交渉結果の詳細を支持することについて責任を持たなければならない。
④ 当該試合数の制限は反トラスト法に違反しない。

　このように、2審の連邦高裁は、チームの放映権交渉を巡るリーグ規制については、スポーツ放送法の対象ではないとして反トラスト法の適用は免れないとしながらも、放映権市場においては、単一実体としての側面を持つリーグ運営の特殊性に鑑み、当該リーグ規制は反トラスト法に違反しないとの判断を下している。
　ところで、アメリカでは、スポーツが地元ケーブル放送（Regional sports network（RSN））で放映されることが多い。むしろ、RSNでは、プロスポーツのライブ放送や大学スポーツの試合が放送の大半を占める。RSNは地元の大学スポーツやプロスポーツの試合を放映することで収益を上げるとともに、地元ファンの拡大にも貢献してきた。その意味で、プロスポーツチームとRSNはともに必要とし合う関係であったのである。ところが近年、MLBでは、個々のチームが独自のテレビチャンネルを設置・保有し、収入を増加させるという戦略が主流となってきている。今後、各リーグの放映戦略の動向および放送政策を巡る議論の動向が注目される。

8）NCAAの放映権
　NCAAは、チャンピオンシップ（決勝トーナメント）のテレビ放映を全面的

にコントロールする権限を持っている[6]。なお、放映権の販売にあたっては以下の点が念頭に置かれている。すなわち、①入場者数への影響、②当該スポーツの利益促進、③大学教育の一環としてのスポーツの促進、④当該協会とその目的、基本政策の促進。⑤基本指針の促進、である。

NCAAでは会長が放映権に関する交渉等について権限を持っており、放映権について何らかの照会等がある場合、会長に問い合わせなければならない[7]。また、チャンピオンシップの写真、映像の使用についてあらゆる権利をNCAAが留保している。そのため、第三者が、報道目的以外でNCAAチャンピオンシップの映像を使用する場合は、会長からの事前の書面による承諾がなければならない[8]。

9) ボウルチャンピオンシリーズ (BCS)

大学アメリカンフットボールのプレーオフ、いわば決勝戦であるボウルチャンピオンシップシリーズ (BCS) はNCAAではなく、大学アメリカンフットボールのボウル・サブディビジョン (D1-A) の構成カンファレンスが中心となって運営している。具体的には、①ボウル・サブディビジョン (D1-A) を構成するカンファレンス、②インディペンデントと呼ばれる独立の強豪大学（ノートルダム大学など）、③ローズ、シュガー、フィエスタ、オレンジの各ボウル事務局、④2007年に改組独立したBCSナショナル・チャンピオンシップ・ゲーム事務局、によって運営されている。そして、テレビ放映権についてはBCSが独自にテレビ放送局との交渉にあたっている。

たとえば、ABCは、2007年から7年間、ローズボウルと、BCSナショナル・チャンピオンシップ・ゲーム2回分の放映権を3億ドルでBCSから購入した。他方、FOXが2007年から2010年まで3億3000万ドルで、他の3つのボウルゲームと、チャンピオンシップゲーム3回分の放映権を獲得している。

BCSへの出場校の決定は、各カンファレンス枠のほか、戦績、コーチ、

6　*2008-09 NCAA Division I Manual*, Bylaw 31.6.4.
7　*2008-09 NCAA Division I Manual*, Bylaw 31.6.4.1.
8　*2008-09 NCAA Division I Manual*, Bylaw 31.6.4.3.

> ボウル・チャンピオンシップ・シリーズ
> (Bowl Championship Series、BCS)
> ▶大学アメリカンフットボールの最大の大会であるボウル・チャンピオンシップ・シリーズは、NCAAではなく、フットボール強豪校の組織によって運営されている。
> ▶ *NCAA v. Board of Regents*
> ・NCAAによる放映権の一括管理は反トラスト法に違反する
> ・各カンファレンス、各大学に、放映権の管理を認める

マスコミ等の投票に基づいて算出されたBCSランキングをもとに年度ごとの優秀チームが選抜され、それぞれのボウルゲームで試合が行われる。そして、BCSランキングで1位と2位にランクされたチームがBCSナショナル・チャンピオンシップ・ゲームの出場校となる。つまり、トーナメント方式による優勝決定戦の方式は伝統的にとられていない。

　しかし、莫大な放映権料をもたらすボウルゲームへの出場は、出場チームの経済的利益に多大な影響をもたらすこともあり、現行方式に代わる、より公平で明瞭なプレーオフ・システムの導入を求める声も高まっている。ただし、BCSとその加盟校は、これまでのシステムで巨額の富を築いてきたため、自らこのシステムを変えるインセンティブを持ち合わせていない実情がある。

10）大学スポーツの放映権規制と反トラスト法

　以下にみる *Regents of University of Oklahoma* 事件で、連邦最高裁が、NCAAによる放映権の全面的コントロールは反トラスト法に違反するとした。そこで、NCAAに代わって、各カンファレンス事務局がカンファレンス所属の学校機関を代表して放映権契約について交渉するのが現在の主流となっている。ただし、ノートルダム大学のフットボール部のようにカンファレンスに属していない大学は、独自にNBCと交渉、契約締結をしているが、もちろん、これは例外である。

***NCAA v. Board of Regents of University of Oklahoma*, 468 U.S. 85（1984）**
　【事実】　NCAAはテレビ放映について一括管理をし、各チームが放映できるゲーム数を制限していたのであるが、この規定に反して大学フットボール協会（College Football Association：CFA、アメリカンフットボールの大会運営組

織。なお、当該組織は1997年に消滅）所属の大学が個別にテレビ会社（NBC）と交渉し、契約を締結した。これに対してNCAAが当該行為は規定違反であり、制裁の対象となると通告した。一方で、ジョージア大学とオクラホマ大学は大学フットボール協会の利益（本来、得られるはずのテレビ収益）がNCAAの意向によって侵害されていると主張し、訴えを提起した。

【最高裁の判断】大学側の主張を容認
① 大学スポーツの放映権が自由市場化すれば、大学間の放映権収入に著しい格差が生じ、ひいてはスポーツ競技における不均衡をもたらすとのNCAAの主張については、各大学スポーツの強化費に制限を設けるなどの方法もあり、こうした策が実施される前に、放送権市場の自由競争を抑制するNCAAの規制を正当化することはできない。
② 視聴可能な試合数が制限されることで、ファン（消費者）の利益に悖る。
③ NCAAのテレビ放映数の規制は不合理な取引制限であり、反トラスト法に違反する。

なお、この判決は7対2で判断が下されたが、賛成意見（多数）は、当該NCAAの利益と（視聴できるゲーム数が制限されるという）消費者の不利益との比較衡量において、後者の利益を優先した判断となった。これに対して、ホワイト判事はその反対意見として、「各大学で得られる収益を均一化することで、アマチュアリズムを維持するという目的において、当該制限は合理的である」とした。

いうまでもなく、この最高裁判決は、以後の大学スポーツ運営に大きな影響を与えたのであるが、その意義は以下の点に集約できる。
① NCAAの制限を巡るケースで、初めての反トラスト法訴訟の成功例となったこと。
② NCAAおよび大学スポーツ連合等のテレビ放映による収益が減少したこと。
③ 人気のある大学チームが独自に放映権を処分することで、益々財政格差が広がったこと。

④　当該最高裁判決は将来の先例になったこと。

11）Regents of University of Oklahoma 最高裁判決の波紋
　オクラホマ大学やジョージア大学は強豪校で組織されている大学フットボール協会の中心メンバーであり、同協会の利益を代表する形で、NCAA を相手に訴えを提起したのが Regents of University of Oklahoma 事件であった。その後、大学フットボール協会は、Regents of University of Oklahoma 事件の NCAA と同じ理由で被告となり、敗訴することになる。大学フットボール協会は ABC とのテレビ契約に基づき、各大学の試合を ABC、ESPN（スポーツ専門放送局）以外で全国放送することを禁止した。これに対してフットボールの強豪校の一つである南カリフォルニア大学と UCLA がそれぞれ UCLA 対ネブラスカ大学と南カリフォルニア大学対ノートルダム大学をこの適用から除外するインジャンクションを求めた[9]。連邦地方裁判所は、当該規制により、これらの大学に収益損失が発生するが、他方、インジャンクションによっても、ABC および ESPN は大きな損失を受けないとして原告の訴えを容認した。その後、当事者間で和解に至っている。
　なお、このほか大学フットボール協会と ABC の排他的契約について、小規模のテレビ放送局が市場参入の機会を奪われているとして訴えたケースがある。

***Association of Independent Television Stations, Inc. v. College Football Ass'n*, 637 F. Supp. 1289（1986）**
【事実】　メジャー放送局と提携していないテレビ放送局（Association of Independent Television Stations（INTV））が大学フットボール協会と ABC 等のメジャー放送局との排他的契約は反トラスト法に違反していると主張し、正式事実審理を経ないでなされる即時判決（summary judgment）を求めて訴えを提起した。
【裁判所の判断】　請求棄却

9　*Regents of University of California v. ABC*, 747 F.2d 511（9th Cir. 1984）.

① 大学フットボール協会は影響力のある組織ではあるが、価格を設定したり、大学スポーツのテレビ市場への参入を制限したりすることができるほどの影響力をもっているとはいえない。
② NCAAとは異なり、大学フットボール協会にはライバルも存在するため、競争が存在する。

ところで、1990年9月、反トラスト法の運用を担う連邦取引委員会 (Federal Trade Commission, FTC) が大学フットボール協会とABCのテレビ契約により試合数が制限され、また放映試合が選定されることで消費者は視聴する試合について選択する権利を奪われているとして、審査開始の申立てを行った。

このケースで行政法審判官のジェームズ・ティモニー判事は次のように判示した。FTCは大学間のテレビ放映に関する契約について裁量権を持たない。なぜなら、大学は、FTCが規制対象とする営利目的の機関ではないからである。

FTCは強豪校のアメリカンフットボールの試合は、教育目的ではなく、商業目的 (commercial) で運営されているのであるから、大学フットボール協会が非営利組織であっても、反トラスト法の適用を受けると主張した。この点について、ティモニー判事は「当該排他的放映権契約によって大学フットボール協会が得た収益は各大学に再分配されるのであり、したがって非営利の教育目的である」とした。

結果的に大学フットボール協会はFTCの申立てをかわすことに成功したのであるが、別の問題が浮上した。アメリカンフットボールの強豪かつ絶大なる人気を誇るノートルダム大学が大学フットボール協会から脱退を表明し、独自に3,800万ドルでNBCと放映権契約を締結したのである。放映の目玉でもあったノートルダム大学が放映の対象から外れたことで、大学フットボール協会とABCのテレビ放映契約による収益が激減した。具体的には、当初2億1,000万ドルと見込まれた収益は、1億8,500万ドルとなり、2,500万ドルの減収となった。

その後、ノートルダム大学はNBCとの間にテレビ契約を締結し、1試合

につき120万ドルを対戦相手と折半することとした。ちなみに、大学フットボール協会の傘下での契約では1シーズンで153万ドルの収益であった。この収益の差をみれば、ノートルダム大学の大学フットボール協会からの脱退も十分うなずける。まさにビジネスを誘因とした大学スポーツチームの判断、交渉、戦略が展開されていることがわかる象徴的な事例である。

なお、大学フットボール協会はノートルダム大学に対して法的手段をもって引き留めることは難しい。というのは、*Regents of University of Oklahoma*事件でテレビ市場においては自由で開かれた競争が必要とされたからである。この判断により、各大学が独自に交渉し、自由に収益を上げる機会が保障され、大学スポーツのビジネス化に拍車がかかる結果となった。こうした動向が、教育の一環として開催される教育的大学スポーツと、金の生る木となった商業的大学スポーツの二律背反の矛盾を拡大していくきっかけになったわけである。

こうした潮流の中で、各カンファレンスでは、メディア価値のある大学を引き抜き、カンファレンス構成校の再編も実施されてきた。たとえば1991年にフロリダ州立大学がアトランティック・コースト・カンファレンスに、また1993年にペンシルベニア州立大学がビッグ10カンファレンスに、それぞれ移籍した。また、ビッグ10に至っては自らテレビネットワークを設立するなど、プロスポーツリーグさながらの運営が見られる。

*Regents of University of Oklahoma*判決は、20年以上経った今も、大学のスポーツビジネスに、大きな影響を与えている。同判決により、各大学は自ら、あるいは所属するカンファレンスを通じて自由に放送局と放映権契約について交渉できることになったのであるが、このことにより、同じD1の大学間での収益格差がにわかに拡大していった。

12) テレビ放映における選手個人の権利

人は自己の肖像（写真、絵画、彫刻など）をみだりに他人に撮られたり使用されたりしない権利を持つ。これを一般に肖像権と呼ぶが、テレビ放映における選手個人の肖像権を巡って争われたMLBのケースがある。以下のケースでは、放送についての著作権はあくまでもチームが有しているのであるか

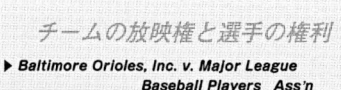

```
┌─────────────────────────────────┐
│   チームの放映権と選手の権利      │
│ ▶ Baltimore Orioles, Inc. v. Major League │
│              Baseball Players Ass'n │
│ 職務著作の法理                    │
│ 雇用関係における著作物の利益は雇用主が享受する │
│              ⇩                   │
│ ・チームが試合の放映権を保有する    │
│ ・選手が放映権料の配分を受ける権利を当然には有しない │
└─────────────────────────────────┘
```

ら、これに「雇用」される選手が放映権料の分配を主張できないとの判断が下された。

Baltimore Orioles, Inc. v. Major League Baseball Players Ass'n, 805 F.2d 663（7th Cir. 1986）

【事実】 テレビ放映について、選手は著作権者の1人として権利を主張しうるかが争われた。MLB選手会は選手個人に著作権が発生するのであり、したがってTV放映権料のうち、一定額を選手に支払うべきであると主張して訴えを提起した。

【裁判所の判断】請求棄却

① 選手の使用者としてのチームは「職務著作」の下で野球の試合の放映について全面的にその著作権を取得する。

② この著作権は選手の「パブリシティ権」に専占（preempt）される。

　職務著作とは、労働者が職務として著作物を作成した場合、その著作権はその作成者ではなく、雇用者が所有するという法原則である。つまり、雇用されているものがその職務として著作するのであり、その対価は、給与という形で支払われているという考え方である。新聞記者を想定すれば、わかりやすい。連邦高裁は、この法理が、選手個人の肖像権（パブリシティ権）に優先して適用されると判断したのであった。もっとも、著作権の所有、これに基づく収益の分配、パブリシティ権などをいかに取り扱うかは労使間で自由に定めることができる。ちなみに選手の肖像権については、リーグまたはチームが宣伝目的で自由に利用できることとされており、選手がCMなどで自らの肖像を利用する場合にもチームの同意が必要であるとされているのが一般的である[10]。

10　Major League Uniform Players Contract 3.(b), 3.(c).

13) サイフォニング（スポーツ放送の有料化）

　アメリカでは、1970年代から80年代にかけて人気スポーツ番組が一般放送から有料放送へシフトする動きがあった。こうした動向はサイフォニング（吸い上げ）と呼ばれる。魅力的な番組が無料放送から次々と有料放送へ移行したことがまさに視聴者からの番組の吸い上げをイメージさせたからである。

　FCCは過去5年間、一般放送で放映されてきた特定イベントについての有料放送化の規制を試みた。ヨーロッパではこのような動きの中で、視聴者が公的なイベントを無料視聴する権利としてユニバーサルアクセス権を確立してきた経緯がある。これに対して、アメリカでは私企業の営業の自由がより優先されてきた。Home Box Office 事件[11]において最高裁は、FCCによる規制は有料ケーブルテレビによるスポーツ番組の獲得および放映を極めて困難にしており、合衆国憲法修正第1条（言論・出版の自由）に違反していると判断した。こうして、プロスポーツチームは、有料放送会社への放映権の売却（FCC規則では禁止されていたが）が可能となった。

14) ブラックアウト

　1950年代にスポーツ放映が拡大されて以来、ブラックアウト（一定地域における放映を制限すること）がプロスポーツにおいて一般化した。スポーツ団体は、テレビ放映によりホームゲームの観客動員数にマイナスの影響が及ぶことを懸念し、ホームスタジアムから一定半径の範囲内についてはテレビ放映をブロックし、スタジアムでの観戦へ誘導するという政策的判断を下した。しかし、アメリカンフットボールの人気が徐々に増加するなかで、ブラックアウトに対する視聴者の不満が続出した。これを受けてFCCは、1973年に「4大リーグについて試合開始74時間前にチケットが完売した場合には、ブラックアウトを解除しなければならない」とする「反ブラックアウト（anti-blackout）」規則を制定するに至った。

　なお、NFLでは、チケット購入のキャンセル待ちが実に5年にもなり、

11　*Home Box Office, Inc. v. FCC*, 567 F.2d 9（D.C. Cir.）cert. denied,434 U.S. 829（1977）．

チケットの売れ残りが現実的でなくなった今日においても、いまだにブラックアウト政策が維持されている。

小 括

アメリカでは、ケーブルテレビ局の台頭が目覚ましいことは、よく知られているが、これは、強制許諾制度により、ケーブル会社が地上波放映を（中継）配信する環境が確保されていることに一因がある。こうして、多チャンネル時代が進行し、また録画機能等の技術が進歩するなかで、ライブ放送にこそ最大の魅力があるスポーツ番組がテレビ側の需要を高め、放映権料の高騰を引き起こしてきた。1980年代からのテレビ放映権料の高騰はまさにうなぎのぼりといえる。今後、インターネットの普及やその他のメディアの技術革新が、スポーツと放送の関係に一定の変容を迫ることも予想される。

テレビ放映とともに市場の拡大に成功したプロスポーツリーグでは、まさにテレビ放映がファン獲得、財政確保の要とされ、さまざまな戦略が模索されてきた。たとえば、4大プロスポーツリーグでは、放映権のリーグ一括管理を反トラスト法の規制対象から除外するスポーツ放送法の制定を連邦議会に求め、これが1961年に制定された。同法の下で、各リーグは放映権収入の安定化を図り、加えて放映権収益の再分配によって市場規模の小さなチームへの支援とすることで、市場規模による戦力不均衡の解消を目指すことができたのであった。

また、リーグが各チームの全国放映への露出を管理するという戦略は、地元ファンの醸成と地元チームを応援するという地元意識の向上に役立ってきた。それまでもブラックアウトなど、地元にファンを根付かせる戦略が取られてきたが、こうしたリーグによる放映制限および収益分配を通じて戦力均衡を図り、地元のファンの形成と維持を狙った一連のメディア戦略は確実に功を奏してきたといえる。

日本でも、Jリーグや他の新興リーグにおいて、放映権収入を一括管理し、その収入を各チームに分配する仕組みが導入されている。また地元ファンの形成を意識した放送の在り方を模索している。リーグと放映権とその分配を巡る各スポーツ団体の戦略は、リーグの理念・組織運営を忠実に反映す

るものとして大変興味深い。

第 9 章
スポーツと知的財産権
―スポーツ商品ビジネスの権利義務関係―

- ▶ 商標とは
- ▶ スポーツビジネスを巡る商標権
- ▶ ライセンシーを巡る訴訟

1）商標権とは

　商標（トレードマーク）とは商品を購入する者、あるいは役務提供を受ける者が、その商品や役務の出所を認識するために使用される標識（文字、図形、記号、立体的形状など）をいう。スポーツチームの名前、ロゴ、シンボルには、元来、チームの認知度を上げ、かつ広告宣伝を効果的にするために、わかりやすくかつインパクトのあるものが選ばれた。近年、そのロゴやシンボル自体の付加価値が高まり、ロゴやシンボルをデザインした帽子、Tシャツ、ジャージなどの売り上げがチームやリーグ収益の増大に大きく貢献してきた。こうした商標の価値の高まりとともに、トレードマークのライセンシング（使用許可ビジネス）はビッグビジネスに発展し、これを巡る法的紛争が勃発している。

　プロスポーツリーグだけでなく、大学スポーツ局や連盟、NCAA、全米オリンピック委員会（USOC）、全米テニス協会のような団体も同様の事業を展開している。

リーグによる商標権の管理

　4大プロスポーツリーグはその知的財産権を専門的に扱う「財産管理部門」を持ち、たとえばMLBではMLB Propertiesがリーグやチームの（名前、ロゴを含めた）トレードマークのライセンシングを管理している。MLBのマークやロゴを使用した商品を製造・販売する業者は、MLB Propertiesに商標の使用料を支払い、ライセンスを受けなければならない。こうしたライセンスによる収益が近年、益々増加する傾向にある。

　これらの商品販売による収益は、MLB所属チームに分配されることになっている。その方法については、均等分配制を取るか、あるいは売上額に応じた割合制を取るかが各リーグにより異なるが、概してライセンス事業による収益分配がチーム財力の格差を埋める役割を果たしていることは間違いない。たとえば、MLBにおけるヤン

キースのロゴの商品化は MLB が扱うライセンス事業の収益全体の 10% 以上に上るが、ヤンキースは自らのロゴが生みだした利益の 30 分の 1 の分配を受けるにとどまるのである。つまり、人気チームの売り上げを、そうでないチームに分配することで財力格差に一定の歯止めをかけているのである。

選手会による選手肖像権の管理　選手会が選手の肖像に関するライセンシング管理を行う場合もある。NFL では選手会が PLAYERS INC を組織しており、この組織が現役、引退選手の肖像権を管理し、これらの肖像の使用を求める企業にマーケティングおよびライセンシング事業を行っている。

NFL では 6 人以上の NFL 選手が関与するプログラムはすべて PLAYERS INC のライセンスが必要とされる。これはグループライセンス制度（Group license system）と呼ばれ、このライセンシングからの収益は選手に按分される。また、グループライセンスによる収益は選手会の財源にも大きく貢献している。

商標権の付与と反トラスト法を巡る近年の紛争　ところで、製造業者がリーグやチームの認可なくチームロゴを使用するケースも多く、訴訟に発展することも少なくない。このようなケースでは、リーグやチームは後述する連邦商標法の下で排他的権利を主張し、損害賠償や無断使用の差止めを求めることができる。

製造業者へのライセンス不許可が訴訟に発展することもある。アメリカンニードル社（アパレル製造業者）が NFL のロゴについて NFL Properties の排他的使用権（ライセンシー）を受けていたが、その後、NFL Properties はリーボック社にライセンシーを譲渡した。そこで、もはやロゴの使用を許されなくなったアメリカンニードル社が、NFL がチームロゴについて一括かつ排他的に取り引きする商行為は各チームの個別取引を制限するものであり、反トラスト法に違反すると主張したのである。連邦地方裁判所は、「NFL はライセンスビジネスについて、その運用が統一化されており、したがって、単一実体とみるべきである」として、当該商行為については反トラスト法の規制対象にないとの判断を下し、アメリカンニードル社の請求を退けた。続いて連邦高裁もこれを支持した[1]。

ライセンスビジネスについて、リーグの単一実体性を認めた両判決は大き

な波紋を呼んだ。リーグの取引制限が反トラスト法の規制対象外になり、これまでの法運用の前提が根本から覆る可能性があったからである。そのため、その後の最高裁判断に大きな関心が寄せられた。

　2010年5月、連邦最高裁は、「NFLでは各チームはブランドのプロモーションなどで共通の利害を持つとはいえ、各チームはなお、独立の企業理念（separate corporate consciousness）に基づいて個別に運営されている」として、リーグの単一実体性を認めた原審を破棄・差し戻した[2]。つまり、最高裁は、反トラスト法の適用を全面的に排除するのではなく、合理の原則の下で、ケース・バイ・ケースで制限の違法性を判断すべきであるとしたのである。

2）連邦商標法

　連邦商標法（The Lanham Act of 1946）はトレードマークを保護し、登録されたトレードマークの侵害に対する救済について規定している。同法の目的は、「トレードマークを巡る慣習を単純化し、トレードマーク所有者が自ら築いた営業の信用を確保し、まがい物や偽のマークの使用や、うその表示による欺瞞から消費者を保護する」ことにある。つまり、同法はマークの所有者（商標権者）の信用を保護すると同時に、消費者の信頼（一般社会）を保護するという意義がある。

　連邦商標法における「トレードマーク」の定義は、かつてのトレードマーク法（Trade Mark Act）およびコモンローを根拠とする裁判例が基礎となった。ちなみに、日本の場合は登録制を基礎としており、先に登録した方が商標権を獲得するのに対して、アメリカでは先に実務利用をした方が商標権を獲得する点で異なる。

Lanham Act of 1946（商標法）

連邦商標法の意義
・商標使用者に独占的使用権（商標権）を付与
・業務・サービスの信用確保
・消費者を混同・欺瞞から保護

商標権侵害に対する救済
・商標権侵害に対するインジャンクション（差止め）
・損害賠償

1　American Needle, Inc v. New Orleans Saints, 496 F.Supp.2d 941（N.D. Ill., 2007）.
American Needle, Inc v. NFL, 538 F. 3d 736（2008）.
2　American Needle, Inc v. NFL, 560 U. S.＿＿（2010）.

3）商標権侵害

チームの名前、シンボル等を無許可で使用し、商品の販売をする業者が出現した場合、正規品の売り上げが落ちることでスポーツチームに与える損害は甚大となる。特に、ライセンスを持たない業者が品質の悪い商品を販売する場合には、消費者に誤解を与えるだけでなく、正規業者への信用・名声が傷つき、商標自体（ブランド）の価値を減退させることになる。

> **商標法の確立**
> ▶当該マークの実用
> ▶USPTOへのマーク登録申請
> ・連邦登録はマークの実用を要件としない。
> ・連邦登録をした場合は、当該登録を争う当事者（あるいは同一の商標を使用する者）に立証責任を負わせることができる点でメリットがある。

したがって、スポーツ団体が適切な商標管理を行い、不正使用を防止することは経営戦略上極めて重要となる。不正使用が発覚した場合、商標権者は、不正使用の中止を要求することができる。その要求が無視されれば、連邦商標法の下で、差止めおよび損害賠償等の法的手段を採ることになる。

連邦商標法の救済を求めるために、原告は以下の2点を立証しなければならない。①原告が保護されるべき名前やマークを所有していること。②不正使用者が当該市場において、正規品の出所、品質について混同、誤解または欺瞞を引き起こすこと。

商標は、①その実際的な使用、②合衆国特許・商標局（United States Patent and Trademark Office（USPTO））への登録のいずれかをもって連邦商標法の保護対象となる。ただし、その保護を求める商標の申請者が、連邦議会あるいは政府によって規制される商業（州際通商）に従事しており、かつ当該マークを誠実に使用していることが登録要件となる。

連邦商標法の下で、アメリカ特許・商標局でマークの登録をすれば、その登録者は当該マークを所有し、かつそのマークの使用について排他的権限を持つと推定される（prima facie）。加えて、登録自体も有効と推定される。もっとも、当該マークの商標権について異議あるものは、当該登録の推定を覆すことができる。

原則として、最初に商業的にマークを使用した者（使用主義）、あるいは合衆国特許・商標局に申請した者が、この権利を排他的に取得する。なお、合

衆国特許・商標局は登録の可否を決定することのみに権限が限定されており、いずれの当事者が先に当該マークを実務的に使用したかについては、裁判所が判断することになる。

　2人の別の当事者が偶然、同時期に同じマークを使用し始め、かつ連邦登録もなく、お互いにその存在を知らない場合、商標権の所在についての判断は困難を極める。この点、裁判所は提出される証拠から、どちらの当事者が当該マークについて先に商業的使用を始めたかを判断する。なお、商標権侵害のケースでの司法救済は、インジャンクション（差止め）と損害賠償がある。

4）商標法を巡るスポーツ・ケース

以下では、商標法を巡って争われたスポーツ・ケースをみてみよう。

Univ. of Georgia Athletic Ass'n v. Laite, 756 F.2d 1535（11th Cir. 1985）
【事実】　ビール会社の被告が販売するビール "Battlin' Bulldog Beer" の缶には赤と黒で「G」のマークのセーターを着ているブルドックが描かれていた。この赤と黒はジョージア大学のスクールカラーであり、またブルドックは同大学のマスコットであったため、ジョージア大学が商標権の侵害を主張し、差止めを求めて提訴した。

　本件で、1審の連邦地方裁判所が、ジョージア大学の請求を認容し、永久的差止め命令を下したのであるが、被告がこれを不服として控訴した。

【連邦控訴裁判所の判断】　1審判決を支持

　被告が使用したビールのブルドックと原告のマスコットは「混同の可能性（likelihood of confusion）」があり連邦商標法に違反するとした1審判決を支持し、永久的使用差止めを是認した。

Indianapolis Colts, Inc. v. Metropolitan Baltimore Football Club, L.P., 34 F.3d 410（7th Cir. 1994）
【事実】　NFL所属チーム、「バルティモア・コルツ」がインディアナポリスに移籍し、これにより「インディアナ・コルツ」に名称変更された。その後、

Batting Bulldog Beer

ジョージア大学フットボールチームのロゴ

カナディアンフットボールリーグ（CFL）で「バルティモア CFL コルツ」という名前が使用されたのであるが、これに対して、インディアナ・コルツ（NFL）のオーナーが商標権侵害を理由に差止めを求めて訴えを提起した。

【裁判所の判断】請求認容

被告のチームと原告のチームが何らかの関係があると多くの消費者に混同をもたらす恐れがあるとして、CFL チームによる「コルツ」の使用を禁止した。

Major League Baseball Properties Inc. v. Sed Non Olet Denarius, Ltd., 817 F. Supp. 1103, 1128 (S.D.N.Y. 1993)

【事実】　ニューヨーク市ブルックリン区で営業するレストランが「ブルックリン・ドジャース」という名前を使用していることに対して、プロ野球チーム名、ロサンゼルス・ドジャースとの混同が生じるとして、ロサンゼルス・ドジャースと MLB の商標権を管理する MLB Properties がその使用の差止めを求めた。なお、ロサンゼルス・ドジャースは1958年までブルックリンにおいて、「ブルックリン・ドジャース」というチーム名を名乗っていた。

【裁判所の判断】請求棄却

当該レストランの名前によって、だれもブルックリン・ドジャースという野球チームが当該レストランで復活したと考えないのであり、市場において混同、誤解を生む可能性はないとして原告の請求を棄却した。

　商標権の侵害に対して救済を求める商標権者は、問題となるマークの利用が市場において混同、誤解および欺瞞を発生させることの立証責任を負う。その際、出所、起源あるいは当該マークが使用されている商品のスポンサーシップに関して消費者が混同する可能性があるかが判断のポイントとなる。

National Football League Properties, Inc. v. Wichita Falls Sportswear, Inc., 532 F. Supp. 651（W.D. Wash. 1982）
【事実】　スポーツウェア製造販売業者（Wichita Falls Sportswear）がNFLの許可なく、シアトル・シーホークスのジャージ（青と緑のカラー）のレプリカを製造、販売していたことについて、消費者に混同を与えるとして、NFL Propertiesが製造販売の差止めを求めて訴えを提起した。
【裁判所の判断】　請求認容
　裁判所は、以下の点を指摘し、被告が製造販売するレプリカには、NFLとかかわりがあるという二次的意義（連想性）が認められ、被告の行為は混同の可能性を生み出しているとして差止めを容認した。①被告にはスポンサーシップについて混同を生む意図があった、②調査において被告が作成するレプリカは混同の可能性があることが示された、③消費者が実際に混同したという証拠がある。

Boston Professional Hockey Ass'n. v. Dallas Cap & Emblem Mfg., 510 F.2d 1004（5th Cir. 1975）
【事実】　アパレル等の製造販売会社である被告はNHLのグッズ等を製造販売していたが、その中にはNHLのライセンスを得ていない商品も含まれており、これらの商品ついてNHLが商標権侵害の訴えを提起した。これに対して、被告は当該マークの使用は「NHLによって是認されていない」旨の表示をあえて付して、商品を製造・販売しており、消費者の誤解を招くことはないと反論した。
　地裁は、是認されていない旨の表示がある場合には商標権侵害はなく、不正競争に基づくコモンロー上の救済を限定的に受けることができるにとどまるとした。
【連邦高裁の判断】　1審判決を破棄・差戻し
　スポーツチームのシンボルマークやエンブレムをレプリカとして、当該チームの許可なく製造・販売する被告の行為は、当該シンボルを排他的に利用する何らかの法的権利を侵害するものか否かが本件での争点となった。この点について、連邦高裁は、①被告が不許可の商品である旨を表示したことで、

連邦商標法の責任を免れるわけではない、②当該チームには、こうした無許可のレプリカに対する法的保護を主張できる権利がある、などとして、1審の判決を破棄、差し戻した。

5) アンブッシュ・マーケティング

　アンブッシュ・マーケティングとは、特定のイベントのスポンサーではない業者あるいは企業が、外観として公式スポンサーであるようにみせるマーケティングの手法をいう。この手法は公式スポンサーのマーケティングを弱体化させることになる。こうしたいわばタダ乗りが近年、問題視されているが、現行法上、これに法的手段をもって対抗するのは難しい。

　企業は様々な方法で商品の販売促進を実施している。たとえば、TVのCM枠の購入においても公式イベントの前や期間を確保することで、視聴者には当該イベントとの関連をイメージさせることができるからである。その他、スポーツイベントの周辺で実施される別イベントのスポンサーをすることで販売促進をするケースなどもある。

　アンブッシュ・マーケティングは連邦商標法が禁止する「混同の可能性」を巧みに回避しつつ、宣伝効果を高める、あるいは競争相手の広告宣伝効果を減退させる。

　スポーツ用品メーカー大手のNIKEは、オリンピック等のスポーツイベントを契機として、巧妙な販売促進戦略を展開してきた。たとえば、1992年のバルセロナ五輪で、米国バスケットボールチーム、いわゆるドリームチームのマイケル・ジョーダン選手、チャールズ・バークレー選手と個別に契約を結び、彼らの映像をテレビで繰り返し放映したことや、1996年のアトランタ五輪で、オリンピックスタジアムに隣接する駐車場にテーマパーク「ナイキ・タウン」を設置したこと、2002年のボストンマラソンで、開催地近くの地下鉄駅構内に、マラソンをモチーフにした巨大広告を掲示したこと、などが挙げられる。

　ところで、世界人口の実に3分の1にあたる20億人が視聴したとされる2008年の北京五輪の開会式で、ロス五輪の体操金メダリスト、李寧（Li Ning）氏が最終聖火ランナーを務めた。同氏は自身の名前を使った「李寧

(Li Ning) 有限公司（スポーツシューズ会社)」を所有しており、中国国内における同社のブランド力は五輪公式スポンサーのアディダスに比肩している。最終聖火ランナーとしての同氏の登場は、李寧有限公司の名を、まさに全世界に知らしめた瞬間となったのであった。また、時同じく北京五輪の開催期間に、公式スポンサーではないGoogle（検索エンジンサイト）が、そのサイトでオリンピックのイメージ画像を掲載した。実際はGoogleの競業であるYahoo! Japanが日本国内の公式スポンサーであったのであるが、Googleのサイトイメージは消費者に混同や誤解を少なからず与えた。

　以上のように、スポンサー料を負担することなく、便乗する形でブランドイメージを形成したり、販売を促進したり、あるいは公式スポンサーである競争相手の広告効果を減退させる戦略がとられることは意外に多い。この種のアンブッシュ・マーケティングが活発になればなるほど、「オフィシャル・スポンサー」の価値が減退し、これによってスポーツ団体も財政的に損害を被る。しかし、このアンブッシュ・マーケティングに対して法的な措置を取ることは、極めて困難である。その理由は、①この分野は合衆国法修正第1条の言論の自由のかかわりもあり、またグレー・ゾーンも大きいため、商標権侵害による法的救済が困難であること、②アンブッシュ・マーケティング企業の戦略もかなり巧みになってきていること、③「アンブッシュ・マーケティング」の定義すら判決においても未だ確立していないこと、④ほとんどのアンブッシュ・マーケティングは特定のイベントに合わせて実施されるため、規制の実効性確保に限界があり、またこうした行為を監視し、訴訟に持ち込む時間的かつ経済的コストを

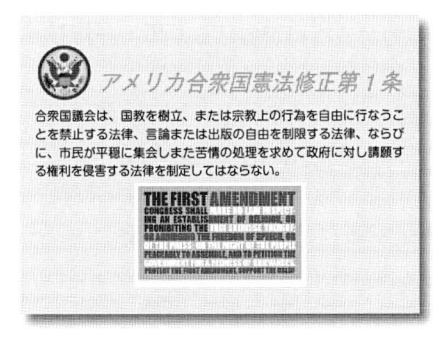

考えると割に合わないこと、などが挙げられる。他方、アンブッシュ・マーケティングを阻止したいスポーツ団体・組織側は、アンブッシュ・マーケティングについての批判を強めることで、利益偏重であるとして社会的な支持を得ることができず、ネガティブに解釈される可能性もあり、こうした観点から、規制強化を躊躇する向きもある。

6) 大学スポーツのライセンシング

近年、大学スポーツでもライセンシングは多くの利益をもたらすようになった。こうした大学によるライセンシング管理については、外注されていることが多い。たとえば、大学ライセンシング社 (Collegiate Licensing Company (CLC)) は、現在、200近くの大学のライセンスを担当しており、加えてポストシーズンのフットボール、ボウルゲーム、複数の大学カンファレンス、NCAAのライセンシングも取り扱っている。

このように、大学やボウルゲームが、ライセンシング代理店を利用する理由は次の通りである。
① 大学における商標を巡る人的資源の限界。
② マークを商標登録する時間的コスト。
③ ランセンシング契約について製造業者との交渉、マークの商標権侵害の取り締まりの効率化。

ライセンス代理業者は、一括してマークを製造業者に販売することもある。アトランティック・コースト・カンファレンス所属大学のマークをすべて一括して、ひとつの製造業者に売るというようなケースである。もちろん、製造業者にとっても、個別に交渉・契約する手間が省けるため、一括して取り扱う方が効率的である。

他方、ライセンシングの代理店の利用については大学にとってのデメリットもある。それは次の2点である。①大学側の意向（品質、製造者の選択、ライセンスプログラムの柔軟性）が反映されにくいこと。②権利ビジネスによる収益のうち40％あるいは50％が業者の手数料（loyalty）となるため、大学全体におけるライセンス使用料から得る収益が元来、売り上げの6％から8％であったはずが3％から4％に縮小すること。

大学にとってライセンス事業を巡る戦略は、近年ますます重要になってきている。いかにして商標権の侵害行為を防止し、侵害回復を図るか、これが今後のライセンシングビジネスのカギとなる。よって、今日ではこうした点に着目し、ライセンシングに関する法的処理（管理・運営・侵害回復）を一手に引き受ける権利管理業者の多くがビジネス上の成功を収めている。

　なお、ライセンス事業による収益をどのように分配し、還元するかは、非営利団体である大学にとって非常に重要である。その分配先は、選手奨学金制度、一般の奨学金制度、あるいは大学ファンド、などいろいろな形が考えられる。

7) 大学スポーツのライセンスを巡る訴訟

　チャンピオン社は 1930 年以来、大学のロゴを使用したグッズ（特にアパレル）の製造販売をしてきた老舗である。当時、大学側に知的所有権という権利意識が乏しかったうえ、にチャンピオン社の製品によって大学がそのブランド価値を上げることができるというメリットが大きかった。ところが、1980 年代に大学側に知的所有権の管理意識が高まり、その管理と権限を巡る紛争が生じた。

***University of Pittsburgh v. Champion Products, Inc.*, 686 F.2d 1040（3d Cir.）,cert. denied, 459 U.S. 1087（1982）**

【事実】　1930 年代以来、繊維製品製造販売業者のチャンピオン社はピッツバーグ大学のグッズを 47 年間にわたって販売してきたが、こうしたグッズは、次第に地元での売り上げを伸ばし、全国に及ぶようになっていった。これを受けて、1970 年代中頃、当該大学がそのマークを州および連邦商標法の下で登録するに至った。この背景には、ピッツバーグ大学フットボールチームの人気の高まりがあった。当該チームはその知名度を全米にとどろかせ、チームに関連するシャツやグッズの売れ行きも右肩上がりになった。そこで、チャンピオン社が今後も当該大学のロゴを使用することについて、大学側がライセンス契約の締結を求めたところ、チャンピオン社はこれまでの慣習通り、ライセンス契約なしで製造販売を継続すると返答した。

チャンピオン社は、アパレル製品販売における筆頭の業者であり、当時10,000を超える高校、大学の校章付アパレルやエンブレムの複製を販売していた。さらに、チャンピオン社の売り上げは1億ドルを超えていたと報告されている。当時チャンピオン社はいかなる学校ともライセンス契約を締結しておらず、ピッツバーグ大学とのライセンス契約の締結も拒否する形となった。
　そこで、ピッツバーグ大学がチャンピオン社による本校の校章の使用の差止めを求めて訴訟を提起した。
【地裁の判断】請求棄却
　原告がこれまで適切な時期に法的手段を取らなかったことで、原告の権利は消滅時効（doctrine of laches）にかかるとして、ピッツバーグ大学の主張を退けた。
【高裁の判断】地裁判断を破棄・差戻し
　ピッツバーグ大学が侵害の救済を長く求めなかったことは、将来的なインジャンクション（差止め）の救済を否定することにならないと判断し、地裁に判断を差し戻した。

　そして、差戻し審では、①混同があったことをピッツバーグ大学が立証できていないこと、②当該トレードマークの商業利用について優先権がある旨を立証できていないこと、などを理由にピッツバーグ大学の主張を退けた[3]。

　これは混同の可能性というファクターによってチャンピオン社がこれまで形成してきた市場での存在が例外的に取り扱われたケースであるといえる。つまり、チャンピオン社が長年にわたり独自に当該産業を発展させてきた歴史的背景を軽視して、10,000もの大学が当社に商標権を主張することは、公正の観点から望ましくないという価値判断があったように思われる。そもそも商標権侵害

チャンピオン社製のTシャツ

3　*University of Pittsburgh v. Champion Products, Inc.*, 566 F.Supp. 711, (W.D.Pa. 1983).

や不正競争の規制は、不誠実なトレードマークの使用、タダ乗り的使用、詐欺的な使用の抑制を主眼とするものであり、本件のチャンピオン社のケースはこうした例とは一線を画していたといえる。むしろ、チャンピオン社自身が汗をかいて、リスクを負い、当該市場を拡大してきたという事実があったからである。

実は原告敗訴の判決後、ビジネス的な判断により、チャンピオン社がピッツバーグ大学との間にライセンス契約を締結するに至っている。その理由として、①今後同様の紛争が生じた際、大学と争うには莫大な費用がかかること、②他の形で大学と取引する際にマイナス材料になることを避ける必要があること、が指摘されている。たとえば、チャンピオン社は多くの大学スポーツ（体育会）にユニフォームを供給・販売しており、これらの取引が失われるとかえってコストが大きくなると判断したわけである。チャンピオン社がピッツバーグ大学とライセンス契約を締結したあと、多くの他の製造業者も同様に大学とライセンス契約を締結するに至った。

8）商標法とオリンピック

IOCは「五輪マーク」の独占的使用権を所有しており、各国のオリンピック委員会に当該マークの使用・管理権限を与えている。これを受けて、アメリカではオリンピック・アマチュアスポーツ法（Ted Stevens Olympic and Amateur Sports Act）を成立させ、これにより全米オリンピック委員会（USOC）は「五輪」の商標についての権限が付与され、不当使用についての監視、監督権限が与えられている。なぜなら、オリンピックという語や、五輪マークは、USOCが考案したものではないため、連邦商標法で保護することが困難であると考えられたからである。そのため、オリンピック・アマチュアスポーツ法という特別法を制定し、USOCへの権利所在を明確にし、その権利の保護に法的根拠を与えたわけである。なお、同法は1950年以前から「オリンピック」等のマークや表現を使用してきた者については、その継続的使用を容認し、既得権を保護している[4]。

4　THE Emblems and names Act 1950.の成立以前の使用については、既得権として保護されることになった。

第9章　スポーツと知的財産権　　　　　　　　　　　　　　　　　　　235

9）試合内容の配信と主催者の権利

　スポーツの試合放映については、1976年の修正著作権法により、ライブの試合放映は送信と同時に固定されることで著作物として保護される（第8章　スポーツとメディア参照）。これに対して、試合自体は創作物（original works of authorship）ではなく、著作権侵害は成立しないのが原則である。近年、インターネットによって試合内容が配信されることがあるが、こうした情報配信と試合の主催者の権利を巡って争われたケースがある。

NBA v. Motorola, Inc., 105 F.3d 841（2d Cir. 1997）
【事実】　NBAがその試合内容について、以下のようにリアルタイムでの情報提供をするモトローラ社に対して著作権侵害および不正目的使用（misappropriation）を理由に差止めを求める訴えを提起した。モトローラ社はページャーという 2.54cm × 2.75cm のスクリーン（情報通信ツール）を持つ機器を通じて、①試合をしているチーム、②得点の変化、③ボールを保有しているチーム、④フリースロー、⑤前半か後半か、⑥残り時間などの情報を提供した。その仕組みとは、テレビやラジオで試合状況を把握する担当リポーターによってパソコンに入力された情報が、ホストコンピューターを通じてページャーに配信されるというものであった。なお、この一連のプロセスは3分程度であった。
【地裁の判断】　請求認容
　地裁は、モトローラ社には、NBAの情報について不正目的使用の責任があるとして、NBAの主張を容認し、当該サービスの差止めを命じた。また、地裁は、メディアは「即時のニュース」を報道する権利を持つ一方で、次のような情報を報道することはできないと述べた。①原告が費用をかけて生み出した、あるいは集めた情報、②公開のタイミングによって陳腐化（time-sensitive）する情報、③被告の行為が原告の努力、尽力へのタダ乗りになる場合、④原告の商品やサービスが、被告と直接的な競業関係にある場合、⑤原告や他人の尽力への第三者のタダ乗り行為（タダ乗りできる環境）が当該商品やサービスの存在や質を脅かすため、こうした商品やサービスを生み出すインセンティブを阻害する（減退させる）場合、である。

【高裁の判断】1審判決を破棄

　高裁は、以下を理由に、地裁の判断を破棄した。①スポーツの試合自体は創作物とはいえず、著作権の保護対象とはならない。したがって、被告らはNBAの著作権を侵害したとはいえない。②被告らはスポーツ放送から事実のみを抜き取って情報発信をしたのであり、スポーツ放送による試合の表現や描写をコピーしたのではない。③被告らは、単なる事実を自らの情報供給源を使用して配信したのであり、タダ乗り行為をしたとはいえない。

　これに対して、PGAツアー（ゴルフ）のインターネット配信を巡るケースでは、別のアプローチが見られる。PGAのホームページでリアルタイムに公開する情報について、他のメディアによる使用をPGAが規制したことが反トラスト法に違反するかが争われたケースで、裁判所は、当該情報については PGA に排他的使用権限があるとする見解を示している。

***Morris Communications Corp. v. PGA Tour, Inc.* 364 F.3d 1288（11th Cir. 2004）**

【事実】　PGA はゴルフの競技中、各選手のスコア等を整理した情報をインターネットで配信していた。このシステムは次のようなものであった。すなわち、放送設備を有するトラックに PGA の社員が配置され、各コースに配置されたリポーターからの選手のプレーに関する情報や、スコアがそのトラックに送られる。そこで集約された情報が同社員により、リアルタイムでウェブサイト（PGA.com）に送信されるというものである。

　同ツアーに出入りするメディア関係者もこの情報にアクセスすることが可能であったが、PGA は、リアルタイムでスコアを公開するシステムへの投資を守るため、PGA.com でスコアを公開する前に、他のメディアが公開することを禁じた。そこで、モリス社（メディア会社）は

PGA がスコアに関する情報を独占しており、反トラスト法に違反するとし、こうした独占に対する差止め（インジャンクション）を求めて訴えを提起した。
【裁判所の判断】請求棄却
　第 11 巡回区連邦控訴裁判所は、PGA には、自らの投資によって取得・整理した情報への他者の「タダ乗り」を阻止する必要性が認められ、そのために他者の情報使用を規制した PGA の制限は正当であると判断した。

10）パブリシティ権（肖像権）
　肖像権とは、人が自己の肖像（写真、絵画、彫刻など）をみだりに他人に撮られたり使用されたりしない権利をいう。そのうち、経済的価値に関わるものをパブリシティ権と呼び、プロスポーツ選手などの著名人の肖像が無断で利用される場合には、当該選手に経済的利益の損失をもたらすことから、パブリシティ権の侵害としてその救済を求めることができる。
　プロスポーツ選手は顧客吸引力を有しているため、その肖像を利用して経済的利益を上げることができる立場にある。こうした選手の肖像を無断で利用することは、当該選手が有するパブリシティ権を侵害すると考えるのである。そして、これは知的財産権の 1 つとして捉えることができる。
　近年、スポーツ選手の CM 出演やライセンシングによる収入が増加しており、選手自身の権利意識もますます高くなってきている。一方で、スポーツ選手の顧客吸引力や商品価値を利用すべく、商品（DVD、ゲーム、スポーツ用品等）やサービスに選手の名前やイメージを無許可で使用し、収益増加をもくろむ業者が後を絶たない。そこで、選手のパブリシティ権の保護が以前にも増して問題となっている。
　もっとも、選手の肖像権やパブリシティ権の保護については、他方で表現の自由の制約につながるため、こうした相反する権利の調整が不可欠となる。そして、選手の肖像利用が商業目的であるか否かは、この調和点を探る上で、重要なポイントになるのである。

　　ETW Corp. v. Jireh Publishing Inc., 99 F. Supp.2d 829（N.D.Ohio 2000），*aff'd*, 332 F.3d 915（6th Cir. 2003）

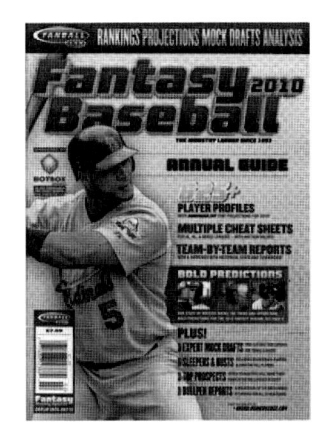

【事実】 芸術家の被告が1997年マスターで優勝したタイガー・ウッズを記念して作成販売した5,000冊の限定編集プリントを巡り、ウッズ選手はパブリシティ権が侵害されたと主張して訴えを提起した。これに対し、被告はこのプリントは、単なるポスターやスポーツグッズではなく、独自の芸術作品（表現）であると反論した。

【裁判所の判断】請求棄却

表現の自由（修正第1条）はコモンローによるパブリシティ権に優先（専占）される。したがって、当該作品の販売を禁止することはできない。

C.B.C. Distribution and Marketing, Inc. v. Major League Baseball Advanced Media, L.P., 443 F. Supp.2d 1077 （E.D. Mo. 2006）, *aff'd*, 505 F.3d 818 （8th Cir. 2007）

【事実】 ファンタジースポーツと呼ばれる、アメリカで絶大な人気を誇るインターネットを利用したプロ野球関連ゲームを巡り、選手のパブリシティ権侵害の有無が争われた。当該ゲームは選手の名前とシーズン中の成績がゲームに反映される仕組みで、ゲーム参加者がチームを保有し、シーズン前にドラフトを実施し、獲得した選手のシーズン中の成績によって、ゲーム参加者間でのチームの勝敗を楽しむというものである。選手の名前と競技成績のみを使用するこのゲームがパブリシティ権の侵害になるかが争点になった。

MLBのメディア権利管理部門であるMLBAM（Major League Baseball Advanced Media）は2005年にMLB選手会との間に5年間で5,000万ドルの契約をし、ファンタジーゲームを含むオンラインでの選手の肖像権（パブリシティ権）の利用について、ゲームの創作・運営者たるESPNやYahooにライセンシングするに至った。ライセンシングの内容は、選手の名前、肖像、写真、成績等の競技データの利用であり、2005年までMLB選手会がこれら

ライセンスを CBC に与えていたが、このライセンス契約を更新しないこととした。さらに MLBAM も CBC への権利許可をしない決定をした。

これに対して CBC が、選手の名前、競技データは、パブリックドメイン（公有の情報）であり、ファンタジーゲームでこれらの情報を使っても、選手のパブリシティ権の侵害に当たらないと主張した。

【裁判所の判断】　CBC の主張を採用
① 名前、選手の競技データは著作権保護で要件となる「オリジナリティ」を欠くものであり、パブリックドメインである。
② 本件では、CBC の表現の自由が選手のパブリシティ権に優先される。

この判決を受けて、ESPN は MLBAM との 7 年間、1 億 4,000 万ドルのライセンス契約を 2008 年 1 月に解消するなど、プロ野球の労使にとって大きなダメージとなった。

小　括

アメリカのスポーツビジネスを巡っては、そのスポーツ、選手、チーム、リーグを巡るブランド価値を高め、さらに権利化したものをいかに管理・運営していくのかが、リーグ運営にとって成功のカギとなる。こうした権利ビジネスの中核をなすのが、試合放映を巡る著作権（放映権）、チームの商標権、そして選手のパブリシティ権（肖像権）である。メディアへの露出等を利用してブランド価値を高める一方で、これらの権利使用について一定の排他性を確保するというバランスの中で、利益の最大化が目指されている。

こうした権利ビジネスを効率的に展開するため、4 大プロスポーツリーグでは、知的所有権を管理する独立の部門を設置し、選手の肖像権については選手会がこれを管理し、選手のパブリシティ権を使ったマーケティングを行っている。特に、近年では、労使が共同で権利ビジネスの可能性を拡大させてきた。その一例が選手の名前と成績を利用したインターネットゲームの「ファンタジースポーツ」である。このゲームを巡る権

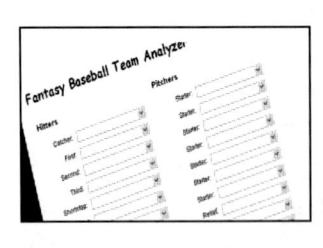

利収入は莫大であると目されていたが、CBC 事件で連邦最高裁が選手の名前と試合の成績はパブリックドメインであり、排他的利用権が発生するものでないとの判断を示した。これにより、リーグと選手会は、当該ゲームのライセンス料を請求する法的根拠を失ったのである。

　日本では、プロ野球カードやゲームソフトで使用する選手の肖像権管理を巡って労使が対立したケースで、地裁、高裁ともに、「球団側に肖像権利用の許諾権がある」とした。そして、この判断に対する選手側の上告を 2010 年に最高裁が退けたことにより、この紛争には一応の終止符が打たれた。一連のケースで、裁判所が「球団側に許諾権がある」とした根拠は、統一選手契約書の解釈および野球カードやゲームソフトを巡るこれまでの歴史的な取引慣行にあった。

　プロスポーツのブランドをいかに高め、それを権利化し収益につなげていくのか。各リーグの権利ビジネスはまだ産声を上げたばかりである。中長期的な視野でこれを見た場合、労使の協力体制の下でブランド価値を効率的に高めていくことが、今後の権利ビジネスの成功のカギになるといえよう。

第 10 章

スポーツ・エージェント
―エージェントの功罪と法規制―

▶ エージェントの誕生とアメリカ・スポーツ産業
▶ 選手会によるエージェントの規制
▶ 制定法によるエージェントの規制

1.スポーツ産業とエージェント

1) スポーツ・エージェントの誕生と発展

1980年代にスポーツビジネス産業は著しい成長を遂げた。1970年代後半以降のアメリカでのケーブルテレビの発展もこの状況を強く後押しした。そうしたスポーツ産業の成長のなかで、選手の市場価値が高騰し、また、いかにうまくその価値を高めていくかが選手自身にとっても重要な課題になっていった。そこで、選手から求められたのは、マーケティングや交渉に長けた代理人、すなわちエージェントの存在であった。スポーツ産業の拡大に比例する形でエージェントの関与が深まっていった。時折、エージェント規制論が浮上したものの、1980年代後半から90年代前半は、代理人産業がいわば野放しの状態にあった。その間、急激に拡大した代理人産業は、にわかに競争的な市場へと変容し、様々な問題を引き起こした。以下、代表的な3つのケースをみてみよう。

第1に、NHLニューヨーク・アイランダーズに所属する選手らのエージェントになっていたリチャード・ソーキ氏が選手らから36万ドルを横領し、収監されたケースがある[1]。ソーキ氏は総勢300人以上の選手をクライアントに持つ剛腕エージェントであった。

第2に、NHLのエージェントについてその報酬の公平性を巡って争われたケースがある。NHLピッツバーグ・ペンギンズに所属していたアンドリュー・ブラウン選手のエージェントであったロバート・ウルフ氏は、新設のWHA (World Hockey Association)[2]のチーム、インディアナポリス・レイサーズとの間に契約を成立させ、ブラウン選手をレイサーズに移籍させた。しかし、移籍直後にレイサーズが経営破綻し、契約に規定された80万ドルのうち、18万5,000ドルしか支払われなかった。それにもかかわらず、エージェントのウルフ氏は当初の契約の5％である4万ドルを受け取ったのであった。ブラウン選手は信認義務 (fiduciary duty) に違反しているとして訴えを

---

[1] *People v. Sorkin*, 407 N.Y.S.2d 772 (N.Y. App. Div 1978).
[2] WHAは、NHLのライバルリーグとして1972年に設立されたが、1979年に消滅した。

提起し、懲罰的損害賠償を求めた[3]。これに対して、被告はこの訴えを却下する旨の即時判決を求めた。裁判所は被告が求めた即時判決の申立てを却下したが、その後、和解に至っている。このケースを受けて、NHL選手会は、選手が収入を得た後でなければ、エージェントは報酬の支払いを選手に求めることはできないとする規制を置いた。

第3に、学生選手のリクルートを巡る *Walters* 事件[4] がある。被告人ウォルターは学生選手とエージェント契約を交わし、当該契約が学生選手資格終了後に発効することとし、その見返りとして現金、自動車等を学生選手らに供与した。また、学生選手が当該契約の無効を主張した際、組織犯罪グループによる暴力的な脅しがあったとされる。

NCAAの規定では、選手がエージェントと代理契約を締結した時点でアマチュア規定に反し、学生選手としての資格を失うとされている。この規定の適用を回避するために、当該ケースでは、契約の効力は学生選手資格の終了後に発効するとされていたのである。

検察は、当該エージェントを、郵送を使っての詐欺 (mail fraud) 容疑で起訴した。その理由は、当該エージェントが秘密裏に学生選手と代理契約を締結したことで、学生選手が選手資格を失ったにも関わらず、大学にいまだ資格ある選手と信じこませて奨学金を支払わせ、所属のカンファレンスに資格ある選手として登録書類を郵送させたというものであった。1審は有罪となったものの、2審では証拠不十分として無罪となった。

その後、被告人のうちの1人が銃で死亡するなど、学生スポーツのリクルーティングを巡る暗部が明るみに出たことで、各州でエージェント規制の動きが活発になり、アラバマ州やテキサス州ではエージェントを規制する州法が制定された。これが趨勢になって、1997年には各州で統一的なエージェント規制を実現させる目的の下にUAAA (Uniform Athlete Agent Act of 2000) のプロジェクトが開始された (本章3の2) UAAA参照)。

---

3 *Brown v. Woolf*, 554 F.Supp. 1206 (S.D. Ind. 1983).
4 *United States v. Walters*, 997 F.2d 1219 (7th Cir. 1993).

2) スポーツ代理産業の発展

　1970年代以降スポーツ代理産業が飛躍的に拡大することになるが、その背景として以下の点を指摘することができる。第1に、FA制度の導入である。1970年代までは各リーグで保留条項があり、選手は入団したチームで生涯にわたってプレーをすることとされていた。つまり、選手の意思による移籍が否定されていたのであったが、この保留制度の違法性を巡って法的紛争が起こった。そうしたなか、裁判所が保留制度は反トラスト法に違反し、無効であるとの判決を下した。これを受けて、各リーグは、いわゆるFA制度を導入したのである。これにより、選手は一定の要件の下で自由に複数球団との交渉ができることになり、選手に好条件をもたらす仕組みが確立していった。第2に、ライバルリーグの出現である。各リーグで、それぞれライバルリーグが設立され、選手の引き抜きが激化した経緯があるが、この状況も選手の交渉力向上に大きな影響を与えた。第3に、選手会の活性化である。1960年代、各プロスポーツリーグで、選手会が労働組合の認証を受け、その後、労働組合としての役割を担っていった。そのなかで労働条件の向上に対する意識が各選手に高まっていった。最後に、プロスポーツのエンターテインメント化である。テレビ放映の拡大によって、選手の肖像を使ったマーチャンダイジングや、商業的CMへの露出が増加した。

　今日、エージェントに求められる能力は、①交渉、②相談、③管理、④マーケティング、⑤紛争解決、⑥将来の計画に関するものなど、多岐にわたっている。

ボストン・レッドソックスに移籍した松坂大輔選手と同選手のエージェントのスコット・ボラス氏
(写真:Reuters/アフロ)

3) スポーツ・エージェントの法的意義と役割

　カリフォルニア州法は、スポーツ・エージェントを以下のように定義している。「直接、間接を問わず、スポーツ選手に対して、エージェント契約、エンドースメント契約、ファイナンシャル・サービス契約もしくはプロスポ

ーツ・サービス契約を締結するよう勧誘し、もしくは懇請する者、または、報酬を得ることを目的として、プロスポーツ選手等の雇用を獲得するために、特定のプロスポーツのチームあるいは団体に、申し入れを行い、約束をし、試行し、もしくは交渉する者」[5]。

　法的な意味での代理 (on behalf) は、「代理人 (agent) が本人に代わって、かつ本人のコントロールに従って行動すること」について、本人および代理人双方の同意によって生じる信認関係 (fiduciary relation) に基づいていなければならない。この信認関係の下で、本人に代わって他人 (代理人) が意思表示を行うことにより契約等を行い、その効果が本人に帰属するのである。

　つまり、①代理関係の創設には、同意が必要であり、②代理は、代理人のためではなく、あくまでも代理を依頼した本人の利益のために行うことが重要であり、③同意の内容の範囲 (subject to the control of consent) の代理人の行為はすべて本人に帰属することになる。そして、代理人に対する本人の義務として、費用負担および補償がある。代理人がその権限内で行った行為については本人が責任を負うからである。

　エージェント契約がこうした代理人と本人との信認関係が基盤になっていることを考えあわせると、代理人 (エージェント) は本人 (選手) の利益に資するように行動しなければならず (日本の善管注意義務[6])、代理人が自らの利益を優先させてはならないという信認義務を内包することになる。この点が、チームと選手の引き合わせや、商行為等の媒介を業とするいわゆるブローカーとの違いともいえる。

4) 代理人の義務

　代理人には、本人に対して誠実な業務あるいは行動の遂行が求められるが、それは、必ずしも結果としての成功をもたらすことを意味するものではない。この信認義務について争われたケースに *Zinn* 事件[7] がある。ここでは、誠実 (in good faith) であれば失敗しても、信認義務に違反したことには

5　カリフォルニア州法 (Miller-Ayala Athlete Agent Act) (第18895・2条 (b)(1))
6　その人の職業や社会的地位に応じて求められる注意義務
7　*Zinn v Parrish*, 644 F.2d 360 (1981).

ならない、つまり、誠実に業務を遂行することと成功をもたらすことは同じではないことの原則が確認された。

Zinn 事件の被告、レマー・パリッシュ選手は、①エージェントのレオ・ジン氏がイリノイ州法で必要とされていた財務上のアドバイスに必要な登録をしていなかったこと、②同氏の交渉は信認義務に違反するものであったことにより、望ましい契約の締結に至らなかったとして、代理人報酬の支払いを拒否したのであるが、裁判所は、当該アドバイスは資格が必要なケースではなく、またエージェントによる信認義務違反はないとした。

Detroit Lions, Inc. 事件[8]で NFL デトロイト・ライオンズのビリー・シムズ選手のエージェントを務めた被告のジェリー・アルゴビッツ氏は、ライオンズとの交渉を打ち切り、新リーグ USFL ヒューストン・ギャンブラーズとの契約を成立させたのであるが、シムズ選手とライオンズが次のように主張し、アルゴビッツ氏がギャンブラーズとの間で成立させた契約の無効を求めて訴えを提起した。すなわち、アルゴビッツ氏はギャンブラーズと強いかかわりを持っていた（ギャンブラーズの部分的所有者）のであるが、その事実をシムズ選手に知らせることなく、ギャンブラーズとの契約を成立させるように誘導したものであり、信認義務違反があった、と。

裁判所は、シムズ選手およびライオンズの主張を認め、信認義務違反であるとしてギャンブラーズとの契約を無効とした。

2. エージェントを巡る規制—プロスポーツ—

1）スポーツ・エージェントの規制

エージェントを規制する各立法が成立し、また選手会や NCAA による規

8　*Detroit Lions, Inc. v. Argovitz*, 580 F. Supp. 542 (E.D. Mich. 1984), aff'd in part and remanded in part, 767 F.2d 919 (6th Cir. 1985).

制が実施されるまでは、エージェントの不法行為により損害を受けた選手は限定的な救済を受けるにとどまっていた。なぜなら、裁判所の判断の集積による法源であるコモンローによって損害賠償という事後的な救済に頼るほかはなかったからである。そのため、スポーツ界において不適切なエージェントを排除する機能が必要であるとの認識が強まり、代理人団体による自主規制あるいは弁護士倫理による自主規制が実施されたが、これらの規制は実効性の面で不十分と言わざるを得ない状況であった。そこで、プロスポーツ界では選手会が、大学スポーツ界ではNCAAが、それぞれエージェント規制に乗り出した。

2) 選手会による規制

選手会によるエージェント規制の根拠は全国労働関係法 (National Labor Relation Act, NLRA) に求めることができる。全国労働関係法では、組合認証を受けた労働組合がその交渉単位（交渉代表となる労働者の範囲）において排他的に交渉する権限を持つこととされている。つまり、選手の労働条件に関する交渉について、選手会からその権限を一部委譲されたエージェントが個別交渉に臨んでいるという形式をとっているのであり、これはアメリカ労働法の特徴といえる。アメリカ4大プロスポーツリーグにおける選手会はいずれもエージェントに対する規制権限をもっているが、それらはいずれも、アメリカ労働法における排他的交渉代表制に基づいている。もし、この制度がなければ、選手会はエージェントに対する規制権限を持ちえないばかりか、スポーツビジネスへのエージェントの参入を抑制し、代理人市場における自由競争を抑制するという観点で反トラスト法の問題をも生じさせることになる。

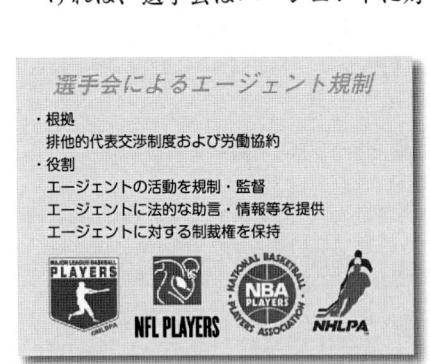

ちなみに、日本プロ野球ではエージェント資格が弁護士に限定されているのに対して、アメリカではこれに限定されていない。

選手会によるエージェント規制

・根拠
　排他的代表交渉制度および労働協約
・役割
　エージェントの活動を規制・監督
　エージェントに法的な助言・情報等を提供
　エージェントに対する制裁権を保持

選手会によるエージェント規制比較

	MLBPA	NFLPA	NBPA	NHLPA
登録手続き	申請書の提出 面接	試験	申請書の提出 委員会による判定	申請書の提出 委員会による判定
登録料	なし	$1,650/年	$1,500/年	$500+ $1,800/年
経歴審査	なし	なし	あり	なし
報酬制限	代理人報酬を控除した額が最低賃金額を下回らない範囲	3%	4%	選手が報酬を受け取るまで、代理人報酬を請求できない
研修等の有無		年1回のセミナー 修士号の学位	年1回のセミナー	選手会が開催するセミナー
エージェント数	328人	1,112人	350人	159人

　前述の通り、アメリカの各リーグでは、選手会がエージェントを規制している。各リーグで面接の有無、登録料、履歴審査、報酬制限や研修の有無などで違いがある。

　なお、MLB選手会は2010年10月にエージェント規則を改定した。そのポイントは以下の通りである。

① **エージェント補佐の認証**　エージェント以外であっても、エージェントのために、選手を勧誘し、または、選手に顧客管理役務（"Client Maintenance Services"）を提供するものは選手会からの認可取得が必要。

② **勧誘活動**　エージェントが代理契約を締結していない選手と連絡を取る場合、その内容について、すべて選手会に開示しなければならない。選手勧誘に関する連絡については、48時間前に、選手から連絡を取ってきた場合や自然発生的に会話が交わされた場合については、その会話から24時間以内に選手会に通知しなければならない。

③ **金品の授受**　代理契約関係にない選手への金品の供与を禁止する。また代理契約を締結している選手についても、年間1,500ドルを超えて金品を供与してはならない。

④ **エージェントの交代**　FAもしくは年俸調停権取得選手が、オフシーズンにエージェントを変更する場合は、選手会との協議が必要。
⑤ **選手の引き抜き**　エージェントが所属事務所を辞めて別の事務所に移籍する、あるいは独立する際に、旧事務所から選手を引き抜く行為を禁止する条項を雇用契約に規定することができる[9]。ただし、その条項の内容は合理的でなければならない。
⑥ **仲裁手続き**　現在、選手とエージェントの紛争については仲裁手続きによって解決を図ることとされているが、選手の代理を巡るエージェント間の紛争についても、すべて当該仲裁手続きによる。

3. エージェントを巡る規制—大学スポーツ—

1) NCAAの規制

　NCAAの規則は、本来、NCAA傘下の大学機関とその選手を対象にするものであり、スポーツ・エージェントを拘束するものではない。したがって、NCAAの規則でエージェントの規制を実施することには、その実効性の点で限界がある。なぜなら、当該規則に違反したエージェントに対して制裁する権限等を持ち合わせていないからである。つまり、NCAAがエージェントを直接規制する立場にないことから、エージェントと契約を交わす学生選手を規律することになる。具体的には、学生選手がエージェントと契約をした場合は、大学選手資格を奪うというエージェント禁止規定(No Agent Rule)がある。エージェントを帯同してプロチームとの交渉に挑むことは、もはやアマチュアリズムの境界を超えており、アマチュア資格を失うというわけである。ただし、こうした規制は、エージェントに対しての、NCAA規則遵守のインセンティブにはならならない。したがって、NCAAによる規制は、エージェントの過剰なアプローチに対して学生を保護するという意

9　エージェントによる選手の引き抜きについては、契約関係を故意に侵害したとして損害賠償請求をすることができる (*Bauer v. Interpublic Group of Companies, Inc.*, 255 F. Supp. 2d 1086 (N.D. Cal. 2003))。なお、2002年のNBA選手のエージェント、エリック・フレイシャー氏とアンディ・ミラー氏のケースでは、損害賠償として460万ドルの裁定が下された。

味での実効性を欠き、かつ、エージェントと契約を締結した学生選手について、選手資格の喪失等の制裁を加えることで、学生側にそのリスクを負担させる仕組みになっているものといえる。

　こうした問題を受けて、1984年に、NCAAはエージェントを規制する戦略に出た。NCAA傘下の選手への接触を求めるエージェントに、NCAAへの登録および当該エージェントの職歴と教育歴の情報提供を求め、NCAA所属の選手に接触する場合、選手のコーチかアスレチック・ディレクターへの事前通知を義務付けたのである。そして、登録されたエージェントの名簿は各大学に配布され、ルールに違反したエージェントの名前は当該名簿から除名される。つまり、登録されたエージェントはNCAAによるお墨付きがあるものとなり、エージェントに一定の信用力を与えるのである。しかし、当該システムもエージェントに対する制裁をなしえないという点で、実効性、強制力、規制力が不十分であることに変わりはない。

　もっともNCAAはエージェントの行為に対して、完全に無力だったわけではない。NCAAの規則に違反した行為により選手がその資格を喪失すると、これにかかわったエージェントはNCAAの規則を無視したということで社会的な風評により今後のビジネスに影響を受けることになったからである。

　州法によっては、州のエージェント規制法に違反したエージェントに刑事罰も予定している[10]。

2) UAAA

　2000年までに28州で何らかのエージェント規制法が成立するなど、各州でエージェント規制の動きが高まる中、NCAAの肝煎りで1997年にUAAA (Uniform Athlete Agent Act of 2000) のプロジェクトが開始された。UAAAは州法でありながら、アメリカ全土でエージェント規制を統一的なものにするという目標が掲げられた。そこで、統一州法委員会全国会議 (National Conference of Commissioners on Uniform State Laws) が3年をかけて草

10　たとえばアラバマ州〈Ala. Code § 13A-11-149 (1982), Ala. Code § 8-26-1 to 8-26-41 (Supp. 1989)〉〉では、当該制定法違反は重罪（Felony）となる。

2000年 統一アスリート代理法（UAAA）

1条	略式名称	13条	記録保管義務
2条	定義	14条	禁止行為
3条	国務省の手続き・召喚	15条	刑事上の制裁
4条	代理人登録	16条	民事上の制裁
5条	登録様式	17条	行政上の制裁
6条	認証	18条	適用・解釈の統一
7条	制裁・資格取消	19条	電子記録
8条	仮登録	20条	可分性
9条	更新料	21条	廃止
10条	契約様式	22条	発効日
11条	教育機関への通知		
12条	学生選手の権利		

　案を作成し、2000年にこのプロジェクトが完了した。2009年には、38州に加えて、コロンビア行政区、およびUSバージンアイランドが同法を制定している。

　UAAAの目玉の1つは、エージェントまたは学生選手の行為によって損害を被った大学機関は、損害賠償を当該エージェントまたは当該学生選手に請求できるものとする私法救済の規定（第16条）である。

　なお、法案作成時のパブリックコメントでは、選手に賠償を求めるのは例外中の例外とし、ただ、その可能性を否定しないという立場がとられた。

　第14条では、学生選手との契約締結を求めるエージェントについて以下の行為を禁止している。

① 実質的に（materially）虚偽もしくは誤解を与える情報を提供し、または実質的に虚偽の約束もしくは代理行為を行うこと。
② 学生選手に対し、エージェント契約締結前に、経済的価値のあるものを提供すること。

③ 学生選手以外の個人、または、他の登録エージェントに対して経済的価値あるものを提供すること。

また、エージェントは故意に以下の行為をしてはならない。
① 未登録で学生選手に接触すること。
② 第13条に規定する登録審査を拒むこと。
③ 第4条で要請されている登録をしないこと。
④ 登録または登録更新の申請書に重要な点で虚偽または誤解を与える情報を記入すること。
⑤ エージェント契約の締結日を遡らせたり、または遅らせたりすること。
⑥ エージェント契約の締結前に、学生選手に対して、契約締結が選手の大学での競技参加資格を失わせることになる旨の通知をしないこと。

　これらに違反した場合は、刑事罰、行政罰が予定されている。もっともその量刑については各州にゆだねられている（第15条）。またこれに違反する行為によって損害を受けた大学機関は、当該エージェントに対する損害賠償を請求することができる。

　他方、UAAAは、選手の所属する大学や教育機関をエージェントの不法から保護するためのものであり、学生選手個人を保護するという視点を欠いているという批判もある。また、各州において、一定の例外を定める規定を置く場合もあり、たとえば、カリフォルニア、ミシガン、オハイオ州では独自のエージェント規制法を堅持している。その意味では、アメリカ全土で完全に足並みがそろっているわけではない。
　さらに、UAAAは刑事罰を予定しているが、州法であるが故の限界も指摘されていた。州ごとに適用の度合がちがっているという不統一がみられたからである。UAAAはNCAAの唱導で導入されたのであるが、各州の立法裁量により、統一的な運用ができず、刑事罰についても、まさに絵に描いた餅となっていた。
　こうした問題を解消するものとして期待され、導入されたのが、2004年の連邦法、スポーツ・エージェント責任・信託法（Sports Agent Responsibility

SPARTA of 2004

1条	略式名称	
2条	定義	学生選手を巡る代理人の行為を規制する。
3条	禁止行為	金品供与を伴う代理契約の誘因・虚偽の事実を告げることなど。
4条	FTCによる法の実施	FTCが調査権限、規則制定権限を持つ。
5条	州による訴訟提起	州民の利益を確保するため、行為差止、同法の遵守、州民に代わって損害賠償請求が可能。
6条	学校教育機関の保護	代理契約を締結した当事者は72時間以内に通知義務を負い、損害賠償等の救済を受ける。
7条	本法以外の救済	他の法令に基づく救済を妨げない。
8条	各州におけるUAAA採用の奨励	各州に代理人の登録等、UAAAに基づく規制を奨励する。

and Trust Act : SPARTA)である。

3) SPARTA

2004年、スポーツ・エージェントを規制するSPARTAにブッシュ大統領（当時）が署名し、同法が晴れて連邦法として成立した。本質的な規制内容はUAAAと同じであるが、各州のばらつきをなくし、統一化したことに本質的な意義がある。

まず、同法は、第3条で禁止行為として以下を挙げている。
① 学生選手に虚偽や誤解を招く情報を与えて、代理契約の締結を促すこと。
② 学生選手あるいはその選手に関係する人物にいかなる名目においても金品を供与し、代理契約の締結を促すこと。
③ 学生選手との契約の際に、代理契約の締結により学生選手資格を喪失するなどの情報を開示する所定の書類を提示せずに、代理契約の締結を促すこと。
④ 代理契約締結の日付について実際と異なる日付を記入すること。

なお、所定の書類については学生選手本人の署名がなければならない。

さらに、第6条（学校教育機関の保護）では、エージェント契約を締結して、学生選手資格を喪失した選手およびそのエージェントは、契約締結後72時間以内（またはシーズン開始前に）に、所属大学のスポーツ局の責任者に通知しなければならないとしている。こうした通知を怠るなど、同法に違反するエージェントの行為によって、大学機関がNCAAから出場停止や降格処分などの制裁を受けた場合でも、当該大学機関は実損害や費用について、エージェントに損害賠償を請求することができる。

以上を含め、SPARTAの概要は以下の通りである。

① UAAAを採用していない州の穴埋め
② 代理契約締結時の規制（金品供与・不実の事柄を告げるなどを禁止）
③ 情報提供の義務化（代理契約により大学資格を喪失する旨を告げる）
④ 州に訴権を付与（州民の利益確保）
⑤ FTCに権限授与（調査権等の行使）
⑥ 教育機関の保護（同法違反によるNCAAの制裁を巡る実損害の補償）
⑦ 制裁による実効性は不十分（制裁金は11000ドルが上限）
⑧ 各州にUAAAの採用を促す（エージェント登録などについては州法で）

SPARTAは、NCAA選手がエージェントとの契約をする際に、書面によることを求め、かつエージェントに当該契約がNCAA資格を喪失させる旨の通知を要請することに重要なポイントがある。なお、同法の制定前までは、弁護士の資格を有するエージェントとそれ以外のエージェントとの間に、代理人ビジネスにおける不公平感があった。なぜなら、弁護士は、法律によって倫理が規律されているのに対して、弁護士資格を持たないエージェントを効果的に規律する仕組みが存在しなかったからである。

4）FTCの権限

FTC（連邦取引委員会）はSPARTA違反のエージェントに対して起訴権を持つ。加えて、SPARTAは州の検事総長にも同様の権限を与えている。ただし、FTCは消費者保護についての権限を有する独立の行政機関であり、

反トラスト法を巡る事件を主に扱っているため、エージェントの規制に関してどの程度の影響を与えるかは未だ不透明である。

エージェント規制法を持たない州にエージェント規制を課したことにより、特定の州で、エージェントが有利になるということはなくなった。しかし、SPARTAを導入した私法上の訴訟原因、つまり大学および州司法長官の訴権やFTCによる制裁はともに、UAAAによる既存の規制と大きく異なるところはない。

なお、SPARTAでは、連邦取引委員会法[11]により同法に違反したエージェント、あるいはFTCの命令に違反したエージェントには最大で11,000ドルが制裁として課徴される。

ちなみに、カリフォルニア（州法）では50,000ドルを罰金の上限としている点や、昨今、エージェントの収入が急騰している状況を考慮すると、SPARTAが予定する制裁では、エージェントの不当勧誘の抑止力として不十分との指摘もある。

5) エージェント禁止規定を巡る近時の動向

2008年、オクラホマ州立大学の投手、スタープレーヤー、アンドリュー・オリバー選手が、先に見たNCAAのエージェント禁止規定 (No-agent Rule) は違法であるとして訴えを提起した。ミネソタ・ツインズからドラフト指名を受けたオリバー選手が同チームとの交渉をエージェントに任せていたとの事実が発覚し、NCAAはオリバー選手の学生選手資格を剥奪した。これに対して、オリバー選手が、エージェント禁止規定は恣意的で、かつ気まぐれな (arbitrary and capricious) なものであり、違法であると主張し、選手資格の回復を求めて訴えを提起したのであった。

ところで、NCAAのエージェント禁止規定は、学生選手がエージェントを帯同してプロチームと交渉することを禁止しているが、一方で「アドバイザー」として、弁護士から交渉に関する助言を受けることは認めている。ただし、当該アドバイザーが直接、チームと接触することは禁止しており、交

11　15 U.S.C. 45 (l) - (m), amended by 16 CFR 1.98 (2003)

渉のためにエージェントを付けた時点で、当該選手は学生選手資格を喪失するのである。

2009年、オハイオ州裁判所は、当該規定は、法的代理（legal representative）を受ける権利の侵害にあたり、違法であるとの判断を下した。その後、NCAAがオリバー選手に75万ドルを支払うことで、両者が和解した。なお、オリバー投手は2009年のドラフトでデトロイト・タイガースからドラフト2位指名を受け、同チームに入団している。

本判決はオハイオ州裁判所の判断であり、その効力は他州に及ぶものではないが、司法がNCAAのエージェント禁止規定を違法としたものとして、関係者の関心を集めた。

ところで、エージェント禁止規定を巡っては、以前に、反トラスト法上の違法性が争われたケースがあるが、そこでは、同規定の合理性が支持されている[12]。連邦控訴裁判所は、NCAAのエージェント禁止規定は反競争的効果をもたらすものではなく、アマチュアリズムの促進を前提とするものであるとし、以下のように述べて、当該規定の合理性を支持している。

すなわち、「NCAAの大学フットボールへのエージェントの関与を許せば、アマチュアの大学スポーツはまがい物になるだろう。なぜなら、大学フットボールの目的が、学生選手の教育的課外活動から、NFLのマイナーリーグ化へと変容し、NFL傘下のプロ選手としてのスキルのみが重視され、教育的要素が蔑ろにされることになるからである」。

同裁判所は、さらに、エージェント禁止規定は大学スポーツのアマチュアリズムを維持し、大学の教育的制度へのエージェントの関与を排除するために不可欠であり、他の学生資格要件と連携して機能するものであると指摘した。

以上のように、エージェント禁止規定は、絶大なる人気を誇り、商業化が進む大学フットボールやバスケットボールにおいて、アマチュアリズム維持の砦とされる一方で、近年では、学生選手の法的権利を侵害するとの声も高まっており、オハイオ州で違法とする判断が下されたわけである。このよう

12　*Banks v. NCAA*, 977 F.2d 1081（7th Cir. 1992）.

にエージェント禁止規定は、いわば諸刃の剣となっており、今後の動向が注目される。

　小　括

　アメリカでは、4大プロスポーツ、そして大学フットボールとバスケットボールを巡るスポーツ産業の拡大が、エージェントを必要とし、その一方で、エージェントの規制が求められたわけであるが、その特徴は、4大プロスポーツリーグでは、いずれも選手会がエージェント規制を行っている点である。排他的交渉代表制というアメリカ独自の労働政策の下で、排他的に交渉権を持つ選手会が、自らが認可したエージェントに対して一定の範囲で、交渉権の一部を委譲するという形がとられる。ゆえに、選手会が認可したエージェントの行動を規制し、選手会の規則に従わないエージェントに対して、その権限を剥奪する法的根拠を選手会が留保しているのである。

　他方、学生スポーツを巡るエージェント規制については、その実効性を確保することは極めて難しい。NCAAは、エージェントとのかかわりを持つ選手を制裁する権限を持つにとどまる。大学スポーツの商業化が加速する中で、エージェントを巡るスキャンダルが社会問題に発展し、学生スポーツのエージェント規制の法的根拠と規制の実効性確保が求められ、2000年以降、アメリカ合衆国における一定の規制であるUAAAを各州で採用する動きがおこり、2004年に連邦法たるSPARTAを成立させたのであった。

　日本でも、プロ野球やサッカーで代理人規制が存在している。たとえば、サッカーは、「Ｊリーグ規約」で、代理業務を行えるのは弁護士、またはFIFA公認代理人（選手エージェント）に限ると定められており、公認代理人になるためには、FIFAが定める認定試験に合格しなければならない。

　プロ野球では、2000年以降、代理人交渉制度の扉が開かれたものの、その導入に当たり、球団側が以下の条件を設定した。
① 　代理人は日本弁護士連合会所属の日本人弁護士に限る。
② 　1人の代理人が複数の選手と契約することは認められない。
③ 　選手契約交渉における選手の同席に関して、初回の交渉には選手が同席する。ただし、二回目以降の交渉について、球団と選手が双方合意すれ

ば、代理人だけとの交渉も認める。

　アメリカではこうした制限については、市場参入障壁として、反トラスト法上の問題にする向きがある。日本では、交渉時に代理人を帯同する権利を中心に論理が展開されてきたが、これについては、当事者の私的自治に委ねるべきとの見解もある。今後は、事業者の参入障壁という観点からもこうした規制の是非について検討する学術上の意義があろう。同時に、代理人規制の法的根拠、実効性、および妥当性のある規制方法について、議論を深めていく必要がある。

第11章

スポーツと薬物
―混迷する薬物問題の行方―

▶ アメリカ・スポーツと薬物問題―ミッチェル報告書
▶ 薬物検査とアスリートの権利保護―憲法と労働法
▶ 各プロリーグにおける薬物検査と制裁

1) スポーツと薬物—歴史的経緯

近年、アメリカスポーツは、薬物問題で大きく揺れた。2000年のシドニー五輪で3つの金メダルと2つの銅メダルを手にした女子陸上界のスーパースター、マリオン・ジョーンズが、薬物使用について虚偽の証言をしたとして、収監され、金メダルを剥奪されたことに加え、2007年12月にミッチェル報告書が提出され、バリー・ボンズ、マーク・マグワイア、ロジャー・クレメンスなど一流プレーヤーが次々と薬物問題の渦中の人となっていった。HGH（Human Growth Hormone）とよばれる、ヒト成長ホルモンの使用については、薬物検査による発見が極めて困難であるとされる。その一方で、これらの薬物がパフォーマンス向上に圧倒的な効果を持つという事実だけを見ても、薬物の浸透が深刻であることを容易に想像できる。

医科学の進歩とともに薬物も進化を遂げ、スポーツにおける薬物使用の問題は益々、複雑に、かつ深刻な問題になりつつある。スポーツの持つ社会的影響の大きさゆえに、政府および議会も大いなる関心を寄せているのである。

アメリカで薬物を巡る問題は、ベトナム戦争の影響を強く受けてきた。安全管理を理由として米国軍隊内において薬物検査が実施され、次第に、社会的な安全に影響する分野で働く政府の職員やパイロットなどにも検査対象が拡大されていった。

世界的なスポーツイベントにおける薬物の取り締まりは、1976年のモントリオール五輪から始まった。その目的は、①参加者の健康・安全、②チームパフォーマンスへの影響、③社会的信頼の維持、とされる。ここに公平性が抜け落ちていることは大変興味深い。競技力向上によるプレーでの優位性は、この時点ではさほど懸念されていなかったのかもしれない。

薬物検査の目的
1. 競技者の安全と健康への懸念
2. 公正かつ公平な競技の実現
3. 選手の薬物乱用がチームパフォーマンスに及ぼす影響に対する懸念
4. 社会的信頼の獲得

2) 薬物と法的論点

スポーツ団体は、薬物検査（当該団

体が最適であると考える検査）を実施する権限を当然のこととして保持しているわけではなく、あくまでも被験者の同意が前提となる。ただし、薬物検査の実効性を確保するために、一定の範囲で団体側に検査の権限を認める必要がある。他方、その権限は、不当な捜査の禁止、プライバシー保護、適正手続き等を保障する憲法、その他の法律あるいは判例法によって制約される。

加えて、プロリーグでは、労働法の下で、薬物検査を巡るリーグ・球団の権限が制限される。薬物検査は、労働条件にかかわる義務的団体交渉事項であり、選手会との誠実な交渉を経ず、一方的にリーグが検査を導入、あるいは変更することは不当労働行為に当たる。そこで、選手会は、より厳格な薬物検査の導入の申し出に対して、選手の権利保護はもちろん、薬物検査の受け入れと引き換えに他の労働条件の改善を求めるなど、団体交渉上の戦術として捉える向きもある。また、こうした団体交渉を経て、労働協約に薬物検査の方法等が詳細に明記され、検査を巡るリーグの権限とその限界が明らかにされるのである。

以上のように、スポーツを巡る薬物検査については、憲法上の権利に関する問題が論点の中心となり、加えて、プロスポーツにおいては、労働法、そして契約法の論点が深くかかわることになる。

薬物検査の目的は、①参加者の健康安全、②競技の公平性、③チームパフォーマンスへの影響、④社会的信頼、などである。自己責任の観点から見た場合には、①の健康安全は、自業自得とみることができるが、むしろ問題は、薬物が蔓延する状況では、薬物使用を望まない選手が薬物に手を染めなければ勝利者になれないというジレンマが発生する状況にあるといえよう。こうした環境は、スポーツそのものの価値を貶め、スポーツの長期的な発展を必ずや阻害することになるからである。

薬物検査を巡る法的問題としては、①検査の正確性、②制裁の相当性、③適正手続きの保障、④守秘義務の問

薬物問題と法の論点整理
1. 憲法
　　▶高校、大学、アマチュアスポーツ
2. 契約法
　　▶プロスポーツ
3. 労働法
　　▶プロスポーツ

題、などに区別して整理することができる。①および②に関連して重要なことは、禁止薬物の明示に加え、その陽性反応時の処分についてもあらかじめ明確にされなければならないという、いわゆる罪刑法定主義に基づく法理論が適用されることである。また検査方法についても合理的なものに限定されなければならない。③は被疑者に対して弁明の機会が十分に与えられなければならない。④については、薬物検査を巡って知り得る身体的あるいは健康にかかわる情報の取り扱いが被検者のプライバシーを侵害することがないよう十分配慮されなければならない。

　スポーツを巡って問題となる薬物の類型は以下の3つに分けられる。①ステロイドに代表される競技力向上薬物、②アンフェタミンやコカインなどの興奮剤あるいは刺激剤、そして③ヘロイン、マリファナなどのストリートドラッグである。

　後で見るが、NBAではストリートドラッグ問題が深刻化し、リーグを上げてその撲滅に乗り出した歴史がある。これに対して、近年MLBで注目されているのは、①の競技力向上薬物である。

3）ミッチェル報告書

　ジョージ・J・ミッチェル元上院議員による、MLBの筋肉増強剤使用の実態調査報告書が2007年12月13日に発表された。ミッチェル元上院議員は、コミッショナーのバド・セリグ氏から、メジャーリーグでの薬物使用の調査要請を受け、2年弱（21ヶ月間）に及ぶ調査を実施し、総計409頁にわたる報告書を提出した。そして、当該報告書には、薬物の使用経験がある選手として、89名の実名が公開され、全米の注目を一手に集めることとなった。

　ミッチェル報告書は以下の指摘をしている。

1. MLBにおける薬物使用は蔓延している状況である。しかし、薬物使用への対処に関して球界はなかなか対策をとらず、放置された状況にあった。他方、長年にわたって、選手のプライバシーを理由に、選手会はステロイドや他の薬物に対する無作為検査に反発してきた。しかし、2002年に、球団と選手会が強制的な無作為薬物検査プログラムに合意したことで、薬物規制に向けて推進力を得ることとなった。現在のプログラムは、探知可能なステ

政府改革委員会の公聴会で宣誓をするバド・セリグコミッショナーとドナルド・フュアー選手会事務局長
（写真：ロイター/アフロ）

ロイドについては効果を上げてきており、ステロイドの使用も減少しつつある。しかし、このことは競技力向上薬物の使用が減少したことを意味しない。多くの選手がステロイドから、現行の検査では探知不能とされるヒト成長ホルモンの使用に切り替えていると考えられるからである。

2. こうした薬物を使用した選手は過ちを犯したのである。彼らは、連邦法に違反し、かつ野球規則にも反している。そして法律と規則を遵守している多数の選手に対して、不当に有利な立場を確保し、公平な競争をゆがめているのである。法律や規則を遵守する選手は、不利な立場のまま競争を続けるか、あるいは自らも違法な薬物使用者になり下がるか、という、痛恨の選択を迫られてきたのである。いかなる状況にあってもこうした選択を迫られるべきではない。

3. 不法に競技力向上薬物を使用した選手はその行為について責任を持たなければならないことは言うまでもない。しかし、彼らは野球に関係なく、薬物使用という行為に出たわけではない。過去20年間、野球にかかわった全ての者、すなわち、コミッショナー、球団関係者、選手会、そして選手、すべてが薬物に汚染された時代の責任を共有すべきである。この問題をしっかりと認識した上で、初期段階で対処しなかったことについて、球界全体としての瑕疵または失敗があったといえる。その結果、薬物の不法使用が蔓延る環境が生まれたのである。

4. 今後、将来に向かってこの問題に有効に対処していくためには、過去の認識および理解が不可欠である。しかし、過去に縛られてばかりいることは有益ではない。球界は競技力向上薬物を使用したすべての選手をあぶりだし、また明らかにしていくことは必要でないし、またその余裕もない。そのような状況のなかで、コミッショナーがこうした調査および報告を依頼したことは正しかった。こうした報告書のようなものがなければ、薬物問題を終

結させることは不可能であったであろう。
5. しかし、今、直面する重要かつ困難な問題に対処していくために、将来の方向を見出すべき時がきた。ステロイドやヒト成長ホルモンの時代を終わらせ、また将来、再びこうした過ちを起こさないようにするために、メジャーリーグの関係者全員が、不断の努力をしていかなければならない。これが、野球がもつ暗部を取り除く唯一の方法といえよう。そのために、以下の提案を実行に移すべきである。
① 薬物検査に関係なく、薬物使用の指摘を受けて、その実態を調査する薬物調査部門の創設。
② 球団施設に届けられる荷物の検査、球団職員の薬物検査、内部告発者の保護など、選手会との団体交渉を必要としない、薬物取締強化の徹底。
③ 競技力向上に資する薬物使用の危険性についての教育プログラムの充実。
④ 独立の機関で、かつ一般社会への透明性を確保したかたちでの効果的で、年間を通じた、抜き打ち薬物検査プログラムの導入。

なお、このミッチェル報告書は、7人のMVP選手、31人のオールスター選手に薬物使用があったことを明らかにした。また、2003年に行われた無作為調査では全体の5〜7％の選手から陽性反応があり、MLBの各チームに少なくとも1人の陽性反応選手がいたと指摘した。また、同報告書では89名の選手が名指しされたことで、社会的反響もことのほか大きかったのであるが、そこには、バリー・ボンズ (762号ホームラン)、ロジャー・クレメンス、アンディ・ペティット、ミゲル・テハダ、エリック・ガニエなどスーパースターも名を連ねていた。

MLBコミッショナーのバド・セリグ氏はミッチェル報告書を受けて「報告で名前が挙がっている選手等に対する懲罰はケース・バイ・ケースで決定されるだろう。証拠が固まり次第、処分は迅速に下されるはずだ」と述べ、選手に対して懲罰処分が下される可能性を示唆した。

連邦議会も同報告書の内容を重く受け止め、2008年1月、アメリカ議会下院政府改革委員会 (House Committee on Oversight and Government Reform) が、

バド・セリグコミッショナー(左)と
ドナルド・フュアー選手会事務局長(右)
(写真:ロイター/アフロ)

当該報告書の事実に基づいてヒアリング(公聴会)を開催した。委員会は、バド・セリグ・コミッショナーと、選手会事務局長のドナルド・フュアー氏を召喚し、テレビ中継で全米が見守るなか、様々な質問が投げかけられた。同委員会は、MLBに対して、一連の薬物問題解決に向けて直ちに行動をとるよう要請し、具体的かつ有効な行動を起こさない場合には同委員会がMLBに対し何らかの措置を強要するとの踏み込んだ意見を発表した。

　これに対して、バド・セリグ・コミッショナーは、MLB選手会との間で、2008年2月に始まる春季キャンプまでにより厳格な薬物検査の導入に合意したい意向を明らかにした。

　続いて、2008年2月13日に開催された、米議会下院政府改革委員会の公聴会で、ロジャー・クレメンス投手が、薬物の使用を否定する証言をしたのであるが、他方、クレメンス投手の元トレーナーのブライアン・マクナミー氏は、クレメンス投手にステロイドなどの注射をした事を証言し、クレメンス投手とは全く正反対の立場を表明した。宣誓の下で行われた二人の証言が完全に矛盾する内容となった。つまり、権威ある連邦議会の公聴会で、全米がテレビを通じて見守る中、いずれか一方が偽証罪を犯しているという異例の事態に陥ったのであった。2010年8月19日、米連邦大陪審はクレメンス投手に偽証があったとして起訴するに至った。

4）MLB薬物問題の伏線

　ミッチェル報告書による球界の激震に至るまでには、一連の伏線があった。まず、ホセ・カンセコの暴露本『Juiced（訳本：禁断の肉体改造）』である。2005年に出版されたこの著書で、彼は「メジャー選手の85％に上る人数がステロイドを使用している、もしくは使用したことがある」と述べ、アメリカ球界に波紋が広がった。特にマーク・マグワイア、ラファエル・パルメイロ、フアン・ゴンザレス選手らは実名で書かれ、カンセコ自身がこれら

政府改革委員会の公聴会で宣誓するロジャー・クレメンス選手　（写真：ロイター/アフロ）

の選手に注射器を刺した事実などが、赤裸々にされたのであった。

加えて、本塁打王バリー・ボンズによる薬物（ヒト成長ホルモンとステロイド）使用状況を暴露した『Game of Shadows』（2006年出版）も物議をかもした。

関係者による球界内情の告発を受けて、リーグとしても何らかの対応が求められた。2005年、アメリカ議会下院政府改革委員会におけるMLB薬物問題についての公聴会が開催された。

この席に、キューバ出身の強打者、ラファエル・パルメイロ選手、日本でもおなじみのサミー・ソーサ選手、フランク・トーマス選手とともにピッチャーのカート・シリング選手、さらにすでに引退したマーク・マグワイア選手および彼のかつてのチームメイトでステロイドの使用を認めたホセ・カンセコ選手も召喚された。

この公聴会で、パルメイロ選手とソーサ選手はステロイド使用について一切の関与を否定し、他方、マグワイア選手らはステロイド使用に関する質問への回答を拒否した。

マーク・マグワイア選手
1998年に1シーズン70本塁打の新記録（当時）を樹立した
（写真：AP/アフロ）

公聴会での選手らの応答は、「回答できません」「やっていません」の連発に終始し、公聴会の権威を失墜させただけではなく、薬物規制がMLBにおいて、全く機能していない実態を露呈した。

一方、マグワイア選手は583本塁打という、メジャー歴代8位の記録をもちながらも、2007年1月の野球殿堂（Hall of Fame）の投票では、23.5％（75％が必要）にとどまった。なお、マグワイア選手は、2010年1月、テレビインタビューでステロイド使用を告白、声明文の中で89年から90年代全般にわたってステロイドおよびHGH（ヒト成

第11章　スポーツと薬物　　　271

長ホルモン)を使用し続けたことを明らかにした。マグワイア選手の告白の主旨は次のようなものであった。①本当に馬鹿なことをした、皆様に深くお詫びしたい。②自分は怪我が続き、回復を助けるために使用した。③パフォーマンスを助けるためには使っていない。実際に影響は無かった。ステロイド無しでも70本塁打は可能であった。④2005年の公聴会では事前に尋問者の議員に断りを入れた上で、「過去については話さない」態度を貫いた[1]。

政府改革委員会で答弁するマーク・マグワイア選手(右)とサミー・ソーサ選手(左)
(写真:ロイター/アフロ)

5) 薬物問題黎明期の制裁

ところで、MLBは2002年以前に薬物を使用した選手については、リーグとして制裁を科すことはできないとしている。その理由は、当時不正薬物に対する制裁の規定を持ち合わせていなかったことにある。また2002年(06年まで)の労働協約までは、競技力向上薬物の使用について、特に禁止されていなかった。そのためA・ロッドは2002年以前については薬物使用を認めたのであるが、これについてはリーグ側に制裁権はないとされた。

2002年にMLBに初めて導入された薬物検査プログラムでは、1回目の違反については、義務的治療(mandatory treatment)を受けることになっていた。しかも選手の名前は公表せず、当該違反が5回目に至って、はじめて1年間の出場停止処分という極めて緩やかな規制であった[2]。ちなみに、五輪では1回目で2年間出場停止、2回目で永久追放という厳格な制裁が予定されている。

なお、2001年にMLBが一方的に薬物検査プログラムを導入したのであ

---

1 当時、司法省は免責しない旨の回答をしていたため、マグワイア選手が、真実を言えば起訴される恐れがあったとされる。
2 違反5回目までは、制裁ではなく、教育プログラムが予定されていた。

2005年1月	
1回目	10試合の出場停止 選手名の公表
2回目	30試合の出場停止
3回目	60試合の出場停止
4回目	1年間の出場停止

るが、この時点では、40名の選手登録リストに登録されている選手は対象外だった。というのも、40名の選手登録者、いわゆるメジャーリーガーは労働法の下で選手会によって保護されているからである。つまり、選手会はあくまでもメジャーリーガーの利益代表であり、マイナーリーガーはその範疇にはない。弱者保護を主眼とする労働法の下で強者がより保護され、弱者がその犠牲になるという皮肉な現状が存在しているのである。

労働協約には薬物使用に関する規定はなく、これを一方的に導入することは労働法上、違法となる。そこで、選手会が薬物検査の導入に難色を示し、実質的な事態改善が思うように進まなかった経緯がある。

2003年になってMLBでも、1,438人の選手が匿名での検査を受け、そのうちの5%以上から陽性反応が出た。そこで、MLBは、2004年以降、1回目の違反についても、何らかの制裁を科すと公言したのであるが、2004年に制裁を受けた選手は皆無であった。

そして、2005年にようやく、実質的な制裁が導入されるに至った[3]。その内容は表の通りである。

2005年11月に、この制裁はさらに強化され、1回目で50試合、2回目で100試合の出場停止、さらに3回目で永久追放となった。

ところで、NBAとNHLでは薬物検査での陽性反応により処分を科された選手はいない。他方、NFLでは、1986年に薬物検査を導入したところ、30%の選手から陽性反応が検出された。しかし、これらの選手に対しても制裁は科されることなく、警告のみの扱いとなった。その後、NFLは、1989年に陽性反応が出た選手に対しては4試合（約1か月間）の出場停止処分を科すとしたのであるが、ここで処分の対象とされたのは、ヘロインやコカイン

---

3 2005年8月にパルメイロ選手から禁止薬物の陽性反応が検出され、10日間の出場停止処分に付された。パルメイロ選手は、その後、事実上の引退を余儀なくされた。

などのレクリエーションドラッグあるいはストリートドラッグに限定されたのであった。つまり、ステロイドやHGH（ヒト成長ホルモン）などの競技力向上薬物については、制裁対象とせず、いわばストリートドラッグの問題へのすり替えが図られた。こうした経緯から、当時のNFLにおける競技力向上薬物蔓延の実態は推して知るべしといえよう。なお、現在では、ステロイドについても1回目の陽性反応で4試合の出場停止処分が科せられることになっている。

6) BALCO社を巡る騒動と偽証罪

　オリンピック陸上競技の覇者、マリオン・ジョーンズは大陪審において薬物使用に関して虚偽の証言をしたことで、偽証罪と裁判所侮辱罪で起訴され、禁錮6カ月の判決を受けて、刑務所に収監された。ステロイドなど一定の薬物について処方箋を伴わない使用は連邦法で違法とされるが、アスリートによる個人的な使用で刑事訴追を受けたケースは見当たらない。近年、多くのアスリートが刑事手続きの対象となっているのは、薬物の違法配布・販売に関与したBALCO社の刑事手続きを巡って、BALCO社と関係があったとされるアスリートが証人として大陪審に召喚された際に、薬物の取得・使用等について虚偽の証言をしたとされる問題である。つまり、薬物使用そのものに対する制裁ではなく、薬物使用の否定など、虚偽の証言についての制裁なのである。

　同様の局面に立たされているのは、MLB最多本塁打記録保持者のバリー・ボンズ選手である。2003年、BALCO社の薬物違法販売を巡る事件で、陪審院での宣誓の下で、バリー・ボンズ選手が「ステロイドまたはその他のパフォーマンス向上薬物を使用したことはない」と証言した。

　仮にステロイド使用の証拠が出てきた場合、偽証罪が成立し、最大で5年の禁錮刑が科される可能性がある。バリー・ボンズ選手は、ステロイドの使用を巡る証言について偽証罪と司法妨害罪で2007年11月15日に、起訴された。これは、ミッチェル報告書の公表前のことであった。

　これを受けて、サンフランシスコ・ジャイアンツは、ボンズ選手とは契約しない旨を決定し、また、他の球団もボンズ選手の獲得に動く気配すらなか

った。ボンズ選手の代理人は、セリグ・コミッショナーが各球団オーナーにボンズ選手の獲得を差し控えるよう通知した背景があり、これが労働協約で禁止している球団間の共謀行為（collusion）に該当すると主張した。結果的にはこの点を法的な手続きにおいて争うことなく、ボンズ選手は引退に追い込まれた。

バリー・ボンズ選手
（写真：AP/アフロ）

7）プロスポーツ界の薬物使用を規制する法案

2005年5月、下院エネルギーおよび通商小委員会（Subcommittee of the House Energy and Commerce Committee）はMLB、NBA、NFLおよびMLS（Major League Soccer）のコミッショナーおよび各選手会の事務局長を召喚し、スポーツにおけるステロイドについて議論を再開し、その翌月には、ステロイド検査および制裁に関する最低基準を設定する法案を通過させたが、この法案は下院で議決されず日の目をみることはなかった。また、同様の目的で「公正スポーツ法（The Clean Sports Act of 2005：CSA）」の法案が、2008年の大統領選挙でオバマ氏と戦った共和党のジョン・マッケイン氏によって提出されたが、これも不成立に終わった。

これらの法案には本質的な限界があった。第1に、ここでの薬物は必ずしも一般生活において違法なものではない場合が多く、こうした薬物についての国家の干渉がアメリカ社会に馴染むかという問題、第2に、一般国民の健康保護を主たる目的としたのであるが、①その特別の必要性、②憲法上の問題、③個人のプライバシー権とのかかわり、④政府の政治的関心の高さ、に関してそれぞれ限界があったとされる。

8）選手会の団体交渉上の戦略

前述の通り、ミッチェル報告書は、薬物問題への改善取り組みについて、選手会が非協力的であったことを指摘した。特にアメリカにおいては選手会の姿勢が薬物問題に大きな影響を与えることになる。というのは、アメリカ

労働法の下では、労働条件に直接的に影響を与える事項は義務的団体交渉事項とされ、組合の合意なく使用者が一方的に変更することは許されないことになっている。つまり、薬物検査および制裁は義務的団交事項に該当するため、リーグ側が一方的にこれらを導入することはできない。したがって、リーグ側が薬物検査を導入する場合や薬物使用に対する厳罰化を図る場合にも、選手会と団体交渉をしなければならないのである。
　選手会側は、薬物検査の導入や制裁の強化は労働条件の悪化につながるとして、それらへの同意に対して見返り条件を提案するなど団体交渉上の戦略をとることも考えられる。つまり、薬物検査の導入は労使の交渉力が色濃く反映されるのである。たしかに、選手のなかには薬物使用を快しとしない者も数多く存在し、彼らは不公正なレギュラー獲得競争を撲滅するためにリーグによる薬物問題への何らかの対応、たとえばステロイド等の競技力向上薬物の禁止、薬物検査の導入および制裁の強化を願っているはずである。しかし、これまでの選手会は一貫して薬物検査の導入および薬物取締強化に反発してきた。こうした選手会の態度は、多数の選手の意思を反映していることはいうまでもない。
　他方、実質的な薬物検査の導入と厳罰化を高らかに掲げるリーグ側にも、内心忸怩たるものがあった。というのは、これまでリーグが、あえて薬物の問題を放置し、薬物を使用してきた選手に球界の命運を託してきた、ともいえる経緯があるからである。1994年に勃発した史上最大の労使紛争後、この紛争に辟易した多くのファンが球場を去り、MLBはかつてない経営危機に直面していた。これを救ったのは、かねてから薬物使用の疑惑があったサミー・ソーサとマーク・マグワイアの力強いホームラン記録争いであった。2人の力強いホームランに魅了されるファンで球場が満たされ、興奮と活気の中での快音が再び響きはじめたのであった。このように、選手会にもリーグ側にもそれぞれの立場からの薬物取締り強化へ易々と方向転換できない背景が存在するのである。
　選手会事務局長のドナルド・フュアー氏は次のように明言した。「我々選手会は、選手の労働条件をいかに改善させるか、選手報酬をいかに向上させるかのみ関心を持っている。薬物検査という『野球の利益』には基本的に

関心はない」。こうした実利的な態度は、世論に敏感な日本の選手会とは対照的であり、実に興味深い。いずれにせよ、プロスポーツにおける薬物を巡る問題は契約法と労働法を中心として議論されており、特に労働協約が深くかかわることを知る必要がある。

前述の通り、プロスポーツでは、薬物検査および制裁は、義務的団交事項であるとして労働協約によって規律され、また規制されてきた。そして、薬物検査を巡る紛争は、そのほとんどが内部紛争処理および労働協約によって導入された仲裁で解決されるため、司法審査の範囲はかなり限定されることになる。

たとえば、*Holmes* 事件[4] では、NFL・ダラス・カウボーイズのクレイトン・ホームズ選手が、マリファナ使用の陽性反応により出場停止処分（無給）とされたことに対して、①不本意ながらリーグの薬物検査に参加させられたのであり、これが労働協約に違反していること、②適正手続きが十分に保障されなかったこと、を理由として処分の無効を主張したが、裁判所は、当該薬物検査および仲裁手続きについて労使で合意しており、適正手続きを巡る議論が生じる余地はないとしてホームズ選手の主張を退けた。

9) 個別契約と薬物規制

NFL と NBA の労働協約では、薬物使用、薬物検査に関する規定を個別契約に入れるように求める個別交渉が禁止されている。これに対して、MLB と NHL の労働協約にはこのような規定はない。そこで、MLB 側が 1986 年に、無作為の薬物検査を受ける義務について個別契約に追加しようとした。これに対して、選手会は、「労働協約で個別交渉が許されている事項を除いて個別交渉することは労働協約に違反する」として仲裁を申し立てた。このケースで仲裁人は選手会の主張を認め、「薬物検査については選手会と交渉しなければならない」として、個別契約における薬物検査条項は労働協約に違反するとした。

一方、NBA では現行労働協約が締結される以前、特定薬物の使用につい

4　*Holmes v. NFL*, 939 F.Supp. 517（N.D. Tex. 1996）.

て制裁を科す旨を個別契約で合意するケースがあった。たとえば、NBAダラス・マーベリックスは1991年にロイ・タープリー選手のコカインの使用を個別契約で禁止し、1994年にはリーグが指定するアフターケア・プログラムに参加することを復職条件とし、それに加え同選手がアルコールまたはドラッグを使用した場合に契約が無効となる個別契約を締結した。

10) 学生スポーツと憲法問題

学生スポーツにおける薬物は、プライバシー保護や適正手続きの問題がもっとも重要となる。しかし、憲法を根拠にする場合には、一定の限界がある。つまり、当該教育機関がステイト・アクター（state actor：州行為者）であることが、憲法の保障を受ける前提となることに留意しなければならない。大学がステイト・アクターと同視できる場合、学生選手は以下の観点から法的保護を求めることができる。すなわち、①適正手続き、②平等保護、③修正第4条（不合理な捜索）、④修正第14条（州法による不合理な捜索禁止）である。

1989年の *Skinner* 事件[5]で連邦最高裁判決は、州が尿検査を被用者に強いるのは修正第4条にいう「捜査」に該当するとした。修正第4条（不合理な捜索、押収の禁止）は、次のように規定している。「不合理な捜索および押収に対し、身体、家屋、書類および所有物の安全を保障されるという人民の権利は、これを侵してはならない。令状は、宣誓または確約（affirmation）によって裏付けられた相当の理由に基づいてのみ発行され、かつ捜索すべき場所、および逮捕すべき人、または押収すべき物件を特定して示したものでなければならない。」

教育機関における薬物検査では、「修正第4条の保護」と「正当な運営

> **憲法を巡る論点**
> ・適正手続き（デュープロセス）、均等保護、その他の連邦憲法上の権利侵害を主張するためには、当該行為が政府行為でなければならない
> ・薬物検査とプライバシー侵害
> ・薬物検査の同意書への署名を拒否することから紛争に発展することが多い
> ・これらの紛争は、州および連邦いずれの司法制度でも救済を求めることができる

5　*Skinner v. Railway Labor Executive Assn.*, 489 U.S. 602 and *National Treasury Employees Union v. Von Raab* 489 U.S. 656（1989）．

> **アメリカ合衆国憲法修正第4条**
>
> 不合理な捜索および押収に対し、身体、家屋、書類および所有物の安全を保障されるという人民の権利は、これを侵してはならない。
>
> 令状は、宣誓または確約によって裏付けられた相当の理由に基づいてのみ発行され、かつ捜索すべき場所、および逮捕すべき人、または押収すべき物件を特定して示したものでなければならない。

上の利益促進」の両者の比較衡量によってその合法性を判断することになる。この点を明示したのが *Vernonia School District* 事件連邦最高裁判決[6]であった。最高裁は、あらゆる事情の下で、合理性の有無を基準として、(学生への) 捜査の合法性を判断すべきであるとした。そして、その合理性判断は修正第4条によって保障されている個々の権利に対する侵害と正当な管理上の利益の促進との比較衡量によるものとした。つまり、侵害のレベルが軽微で州の利益が相当なときは合法、侵害のレベルが大きく州の利益がわずかな場合は違法というものである。また、その際、以下の3点が検討される。①プライバシー権の内容 (nature of the privacy interest)、②侵害の内容、③政府利益の直接性 (nature and immediacy of the governmental concern) である。

①については、修正第4条は社会が正当とみなすプライバシーについてのみ保護される。もちろん、保護が期待されるプライバシーの内容、範囲は、家、職場、車、公園など場面によって異なる。また、個人と州との法的関係によっても異なる。たとえば、高校は大学よりも教育機関として学生を管理監督する責務が大きいという理由で、高校生と大学生を比べると高校生のプライバシーがより制限される傾向にある。

次に、②については、どのようにサンプルが採取され、どのように情報が収集されるか、という方法の合理性である。薬物検査の内容と方法が適正かつ合理的でなければならない。薬物検査が、HIV/AIDSや妊娠の情報も同時にもたらすなど不必要に被検者のプライバシーを侵害するような方法は許されない。この点では、医療技術の進歩とも関連する。また、当該検査結果が、誰にどのように開示されるのかも重要な論点となる。

③の政府利益の直接性については、当該薬物検査にプライバシー権の期待

---

6 *Vernonia School District v. Acton*, 515 U.S. 646 (1995).

> **バランシング・テスト**
> 裁判所は薬物検査によって侵害される修正第4条の利益と正当な政府利益の促進を比較衡量する。
>   考慮される3つの要素
>   1. プライバシー権の内容
>   2. 侵害の内容
>   3. 政府利益の直接性

に対する侵害を正当化できるほどの重要性があるか、が問題となる。修正第4条の2段目には、いかなる検査も相当の理由（probable cause）が必要とされているが、この要件を欠く場合に政府が捜査を実施し、住民に対してプライバシーの制限を求めることができるかが議論となる。この点について最高裁は「相当の理由」がない場合であっても、州に特別の必要性が認められる場合には合法であるとしている。

　ほとんどの州憲法に、修正第4条と同様の規定がある。なかには、カリフォルニア州憲法のように、合衆国憲法による保護よりも幅広い保護を与えている州もある。このような場合には、合衆国憲法に違反していなくても、州憲法に違反していると判断されるケースがありえる。

11）大学スポーツにおける薬物検査の導入

　NCAA では 1986 年に薬物検査を開始したが、検査費用が莫大な金額になるため、NCAA チャンピオンシップおよびボウルゲームという一部の大会を対象とするにとどまっている。そこで、NCAA は各カンファレンスおよび各大学機関でも独自の薬物検査や薬物撲滅プログラムを採用するように奨励しており、これを受けて、各大学機関で各々のプログラムが採用されている。そのため、たとえば、薬物に関する教育プログラム、検査対象となる物質なども統一化されていない。

　なお、NCAA は競技におけるカフェインの摂取を禁止しているが、スポーツ組織でカフェインの摂取を禁止しているのは NCAA のみである。ちなみに、世界アンチ・ドーピング機関（World Anti-Doping Agency = WADA）[7] においても、カフェインは、禁止薬物リストから除外されている。

---

[7] 薬物使用に反対する運動を世界的規模で推進するために 1999 年に設置された独立の国際的監視機関。国際オリンピック委員会（IOC）が開催したスポーツにおけるドーピングに関する世界会議において採択されたローザンヌ宣言に基づいて設置された。

> 学校スポーツと薬物検査
> スポーツ競技の高潔性の
> 保護（社会的価値）
> VS
> 個人のプライバシー

NCAAでは、尿に12マイクログラムリットル以上のカフェインが検出されると、陽性となり、この陽性反応が出た場合には、1年間の出場停止および当該シーズンの資格喪失となる。2006年の調査では、76％の学生選手がこの方針に反対していることが明らかになった。

NCAAの薬物規制については、司法が支持する趨勢にあるものの、州によっては違法との判断を下したところもある。たとえば、NCAAの薬物規制の合理性を支持したケースにカリフォルニア州の *Hill* 事件[8]があるが、下級審はプライバシーの侵害が成立するとしたものの、州最高裁はこれを破棄し、参加者の健康・安全およびスポーツの高潔性維持は、選手個人のプライバシー権に優先されるとした。

同様に、*Bally* 事件[9]で、マサチューセッツ州裁判所は、NCAAの同意約款はマサチューセッツ市民権法のいかなる権利をも侵害しない、としてNCAAの薬物規制を支持した。加えて、NCAAへの選手登録に際し、学生に薬物規制に同意することを求める同意約款はプライバシーの権利およびその他の権利を侵害するものではない、と判断されている。

これに対して、コロラド州ではプライバシーを優先させる判断を下した。コロラド大学が導入した薬物検査は憲法に違反するとして、学生選手が訴えを提起した *University of Colorado* 事件[10]で、コロラド州最高裁判所は次のように判断した。①たとえ、NCAAの規定の下で薬物使用が厳しく規制され、また、NCAAのチャンピオンシップに際して、すでに選手らがNCAAの薬物検査を受けてきたとしても、このことは、コロラド州が保障するプライバシー権を覆す根拠として不十分である。②学生の健康・安全を守るという重要な役割を学校が担っているものの、薬物使用を巡る合理的な疑い（相

---

8 *Hill v. NCAA*, 865 P.2d 633（Cal. S.Ct. 1994）.
9 *Bally v. NCAA*, 707 F. Supp. 57（D. Mass. 1988）.
10 *University of Colorado v. Derdeyn*, 863 P.2d 929（1993）.

当の理由）がない状態で、州の権限を行使することはできない。

12）高校スポーツと薬物検査の導入

　高校スポーツでは、長らく薬物検査が実施されることはなかったが、2006年に初めてニュージャージー州およびNJIAA（New Jersey Interscholastic Athletic Association）が薬物検査を導入し、全米の注目を集めた。州のプレーオフでは無作為検査を実施することとされ、同州の高校生はスポーツチームに所属する前に、無作為検査への承諾（同意約款）が義務づけられ、検査において陽性反応が出た場合は、1年間の出場停止処分が科されることとなった。

　検査費用については1人150ドルから200ドルと見積もられ、州とNJIAAがそれぞれ50,000ドルを負担することとなった。検査対象となる競技のうち60％がフットボール、レスリング、陸上、水泳、ラクロス、野球で構成されているが、これらの検査対象種目は、薬物使用発生率の統計値の高さに準拠している。

　ニュージャージー州での導入に続いて、テキサス州と同州UIL（University Interscholastic League）[11]が高校選手に無作為検査を実施するとした。毎年、40,000人から50,000人を対象とし、テキサス州は、年560万ドルをスポーツの薬物検査機関である、反ドーピングスポーツナショナルセンター（National Center for Drug Free Sport）に支払うこととなった。検査費用を巡る財政的観点から、対象となる検査実施機関（高校）は全体の30％に限定されている。なお、陽性結果に対する制裁は、1回目は30日間の出場停止、2回目は残りの当該年度のシーズン出場停止、そして3回目に高校スポーツ出場禁止が予定されている。他方、28州についてはステロイドの使用を禁止しているものの、強制および義務的な薬物検査は存在していない。

11　University Interscholastic League（UIL）は、テキサス州立大学オースティン校によって運営される組織であり、1909年に同組織が設立された。現在、高校および青少年スポーツリーグの開催等を行っている。

13）NCAA と薬物検査の現状

　NCAA では、1986 年に薬物検査の導入を決定し、NCAA のチャンピオンシップおよびボウルゲーム（フットボール）などを限定的にその対象とした。その後、D1 および D2 のあらゆるスポーツに対象を拡大し、スポーツ奨学金を受ける選手であるか否かにかかわらず、無作為検査を実施することとした。

　ただし、これには反発も強かった。たとえば「他の課外活動（たとえば音楽、芸術）に参加している学生はこのような検査を受けないのになぜ、スポーツ選手のみが検査を強要されるのか」との疑問も投げかけられた。

　NCAA は、薬物検査を競技の参加条件とすることについての承諾をあらかじめ学生選手から得ることとし、無作為かつ義務的な検査制度の導入に踏み切った。そして 1986 年から 2001 年の間に、NCAA は 110,000 人以上に検査を実施した。もちろん検査には多額の費用がかかる。1986 年-87 年にはおよそ 95 万ドルの費用を計上し、3,000 件の検査を実施した。さらに 1998 年-99 年では、およそ 300 万ドルの予算が薬物検査と薬物教育に充てられた。ちなみに、これは NCAA 全体の予算の 2.5％に当たる。

　2004 年-05 年には、D1 および D2 はあらゆるスポーツでの年中（シーズン外についても）の薬物検査の実施を承認し、この新方針の下では、毎年秋に各大学で 8 人の無作為検査、フットボールチームがある場合は、さらに 18 人のフットボール選手を検査の対象とすることにした。加えて、1 年を通して、大学（機関）が 1 校、無作為に選出され、毎年秋に実施される薬物検査と同規模検査が実施されることになった。

　ところで、この NCAA の薬物検査に対しては以下のような批判もある。
① 陽性反応に対する異議申立て手続きの保障が不十分である。
② プライバシー保護が不十分である。特にメディアが検査結果を取り扱う場合、その問題が顕著となる。
③ 薬物検査への事前承諾の前に与えられるべき情報が不十分である。
④ 選手の検査結果が陽性の場合、学校は選手側に立って、当該選手の権利を保護すべきである。

　ただし、①④については 2009 年-10 年の NCAA 薬物検査規約で改善され

ている。

　薬物検査の結果、ストリートドラッグについて陽性反応が出た場合、再検査で陰性反応が出るまで当該選手の出場資格が停止される。他方、競技力向上薬物については、1年間の出場停止および当該シーズンの資格喪失が予定されている。前述の通り、2006年に実施された調査では、76％の学生選手がこの方針に反対していることが明らかになった。

　そもそも、NCAAの薬物検査については、それ自体にあまり意味がないとの疑念の声がある。というのも10,094人の検査の結果、たった107人（約1％）が陽性という実態であったからである。この検査結果から、NCAAにおいては薬物の問題は深刻ではない、とみる向きもある。

　これに対して、NCAAは次のように反論している。すなわち、薬物使用者が元来少ないのではなく、薬物検査の存在による萎縮効果で薬物使用者が減ったのだと。

　無作為の薬物検査の実施にあたっては、24時間前に加盟校に通知され、本人には2時間前に通知される。2007年には大型カンファレンスの1つビッグ・テンも同様の方針を採用した。また学校が独自に実施している場合もある。

　2005年の調査[12]によると、調査対象のうち71％の大学が、大学選手向けの薬物または飲酒に関する教育・啓蒙プログラムを実施しており、さらに7％が同様のプログラムの導入を検討している。また、大学機関での薬物検査の導入・実施についても、1984年にはNCAA加盟機関中、10％の実施にとどまっていたものの、1999年には42％、そして2005年には52％にまで増加している。

　14）各リーグにおける薬物規制
　［NFLの薬物検査］
　NFLの薬物規制は、ストリートドラッグと競技力向上薬物に分かれる。前述のように、NFLでは、1986年に薬物検査を導入したのであるが、これ

12　The 2005 NCAA Survey: Member Institution's Drug Education and Drug-Testing Program.

NFL の薬物検査と制裁

薬物の使用類型	違反 （1回目）	違反 （2回目）	違反 （3回目）	違反 （4回目）
ステロイドの検出	4試合出場停止	8試合出場停止	1年間出場停止	
薬物検査による英気回復薬の検出	薬物治療プログラム参加（プログラムに従わない場合は3試合分の基本給相当額の罰金）	4試合分の基本給相当額の罰金および4試合出場停止	4〜6試合出場停止相当額の契約金の没収	1年以上の追放
飲酒あるいは麻薬の影響による犯罪	1試合分の基本給相当額の1/2〜2万ドルの罰金	コミッショナーの判断	コミッショナーの判断	コミッショナーの判断
法律違反で薬物違反が発覚	コミッショナーの判断	コミッショナーの判断	コミッショナーの判断	コミッショナーの判断

はストリートドラッグを対象とするものであり、ステロイド等の競技力向上薬物を対象とするものではなかった。NFLにおいて競技力向上薬物が禁止され始めたのは、1993年になってからのことである。

1994年、NFLは労働協約の補足において、薬物使用に対する懲戒処分を緩和する一方、治療プログラムの範囲を拡大させた。違法薬物の使用のほか、アンフェタミンやコデインなどのように店頭で手に入る薬物もその使用が禁止された。

NFLの無作為かつ義務的（強制的）な薬物検査プログラムでは、すべての選手を対象にステロイド以外の違法薬物検査が、4月20日から8月9日までの間に実施され、検査日についてはNFLのメディカルディレクター（医療責任者）によって無作為に決定される。なお、この検査は、チームごと、あるいはポジションごとに実施される。

ドラフト候補者についてもドラフトの前に薬物検査を受けることになっている。また、雇用前の検査はフリーエージェントの選手をも対象とする場合があるが、こうしたケースでは、前シーズン終了後、所属チームとの契約が満了した後、かつ移籍先チームとの雇用契約（新しいNFL選手契約）が効力を持つ前に実施されることになっている。

他方、ステロイドについては、リーグがシーズンを通して無作為に検査することができ、検査の回数に対する制限については、コミッショナーとNFL選手会との交渉に基づいて決定される。

　ステロイド以外の違法薬物について陽性反応が出た場合、第1段階の薬物治療プログラムに参加する。この治療では、薬物検査がより頻繁に実施されるが、罰金や出場停止等の処分はない。第1段階の治療で違反があった場合（通常、ステロイド以外の薬物で2回目の陽性反応というケース）、当該選手は第2段階の治療を命じられる。なお、選手が第1段階の治療プログラムに応じない（と決めた）場合、基本給の17分の3の罰金を支払わなければならない。

　第2段階では、1か月に2回から10回までの薬物検査の対象になり、ここで違反があった場合、4試合の出場停止処分（この間無給）となり、さらに2回目の違反があった場合には、8試合の出場停止処分（この間無給）となる。そして第3段階に移行し、この段階で違反があった場合、1年以上の追放（出場停止）処分が科せられる。

　通常、選手が1年以上の出場停止処分になるには3回の薬物使用違反がある場合に限られる。ところで、NFLの方針およびプログラムは飲酒も対象としている。飲酒は違法な行為につながったり、選手や他人の健康、安全を脅かしたりするだけでなく、NFLの社会的信頼を害することになると考えられているからである。そのため、違法行為（飲酒運転、暴行など）にともなって薬物使用や飲酒が発覚した場合は、コミッショナーの判断により厳格な制裁が科せられる。たとえば、選手がアルコールにかかわる事件・事故で有罪になった場合、出場停止処分等に加えて、20,000ドルを上限に罰金が科される。

　ところで、NFLと選手会は薬物検査について必ずしも常に合意してきたわけではなかった。1986年、NFLのコミッショナー、ピート・ロゼール氏が新たな薬物検査プログラムを一方的に導入した。薬物に対する規制が強化されていたため、選手会がこれに反発し、仲裁を申し立てた。このケースで仲裁人、サム・コーゲル氏は、新たな規制は選手の雇用条件を一方的に変更するものであるので、労働協約に規定しない限り、強制することはできないとした。すなわち、現行規定に矛盾しない範囲でのみコミッショナーに裁量

権があるとしたのである。

　なお、薬物使用を巡る制裁については、NFL選手行為方針（NFL's Personal Conduct Policy）の下で、コミッショナーに幅広い権限が与えられている。

【NBAの薬物検査】

　NBAでは、薬物、特にストリートドラッグが最も大きな懸念とされてきた。バスケットボールが黒人の貧困層で特に人気を博してきたことが、ストリートドラッグとのかかわりを深めた。1980年代初期、NBAコミッショナーのデービット・スターン氏は薬物スキャンダルの対応に追われた。というのは、実に70％におよぶNBA選手がコカインを使用していることが明らかになり、トップスポンサーの確保や放映権料の獲得に悪影響が生じたためであった。

　その結果、NBAは1982年に全選手を対象にした義務的検査を求めたが、これに対してNBA選手会が強く反発した。その後、団体交渉を経て、選手会は、違法薬物使用を疑う「相当の理由」がある場合に限って検査を受けることに合意した。さらに1988年に選手会は新人選手（rookies）に対する検査にも同意し、NBAへの歩み寄りを見せた。

　薬物浄化によるNBAのイメージアップという観点からみると、NBAの薬物規定は十分であったとはいえない。なぜなら、マリファナなどが検査対象から外され、チームはリーグへ検査結果の報告義務を負わず、ベテラン選手は無作為検査の対象外という極めて緩慢な規制内容であったからである。この点については、選手会内部での発言権の格差に留意する必要がある。つまり、選手会内部では、発言力のあるスター選手の利益を保護し、逆に、新人選手の利益確保の力学が働かないため、新人選手に対する規制への同意は得られやすいという構図がある。

　1990年代には、「NBA選手の60％がマリファナを使用している」とのチャールズ・オークリー選手（トロント・ラピュターズ）の発言などがきっかけとなり、NBAは再び薬物使用蔓延の問題に直面した。こうしたなかで、1999年に労使紛争が勃発し、その後、労使は新たな薬物規制の導入に合意した。これにより、検査薬物が、これまでのコカインとヘロインから、アンフェタ

NBAの薬物検査と制裁

薬物の種類	違反 (1回目)	違反 (2回目)	違反 (3回目)	違反 (4回目)
ステロイド	10試合 出場停止	25試合 出場停止	1年間 出場停止	資格剥奪
マリファナ	制裁なし： 薬物治療プログラム参加	2万5,000ドルの罰金： 薬物治療プログラム再参加	5試合出場停止： 薬物治療プログラム再参加	5試合出場停止： 薬物治療プログラム再参加
その他 薬物乱用	制裁なし： 薬物治療プログラム・ステージ1参加	最低6ヶ月の出場停止： 薬物治療プログラム・ステージ2参加	資格剥奪	資格剥奪

ミンやその種の薬物、LSD、アヘン剤（モルヒネなど）、PCP、ステロイド等の競技力向上薬物、そしてマリファナに拡大された。加えて、ベテラン選手も、キャンプ中の薬物検査の対象とされた。現行薬物検査と制裁は以下の通りである。

　検査方法は、NBAと選手会が共同で選んだメディカルディレクターに委ねられた。なお、選手が自ら薬物使用を申し出て、同制度における薬物治療に専念する場合には、1回目については制裁を科さないこととし、選手の申告と治療による早期解決を促した。NBAまたは選手会が選手の薬物使用について相当の理由を得た場合、第三者機関の専門家とともに聴聞を求めることができ、当該専門家が、「相当の理由あり」と判断した場合、NBAは向こう6週間について4回の検査を実施することができる。

　NBAでは、2005年に、すべての選手に対して、シーズン中、無作為の薬物検査を実施することで労使が合意した。なお、NBAの制裁は多岐にわたり、薬物の種類と薬物使用発見の状況によって制裁の軽重が変わる。そして、NFLと同様に、薬物使用とともに法違反行為があった場合は、より厳しい制裁が科せられる。

　なお、NFLの薬物規制の特徴は、ステロイドなどの競技力向上薬物に対

してより厳しい点であるが、これに対して、NBA の特徴は、薬物乱用についてより厳しい姿勢で対応している点である。アンフェタミン、コカイン、LSD、アヘン剤、PCP などのいわゆる違法薬物の使用が確認された場合は、その初回から新人選手については、1 年間の出場停止、ベテラン選手については、2 年間の出場停止処分となる。また、選手に禁止薬物の使用あるいは保持があったと仲裁人が判断した場合、解雇または資格剥奪処分となりうる。さらに、違法薬物の保持あるいは頒布の犯罪行為があった場合は、NBA からの追放処分となる。

【MLB の薬物検査】

MLB では薬物規制に関する規定が労働協約に取り入れられるまでに紆余曲折があった。MLB 選手が強大な交渉力をもっていたことも、労働協約締結に至らなかった要因の 1 つといわれる。

MLB は、1982 年から 83 年に薬物使用の問題が浮上した際、メディアの批判を受け、MLB と MLB 選手会が共同薬物（規制）協定に（非公式に）合意し、薬物問題について 3 人の専門家の意見を聞くシステムを導入した。このとき、MLB 選手会事務局長のケン・モフェット氏が薬物問題への対応に積極的な姿勢を見せたのであるが、これが原因で、1983 年 11 月に選手側から事務局長を解任されたのであった。

1985 年にコミッショナーに就任したピーター・ユベロス氏は、新しい薬物規制の導入を発表した。そして、マイナーリーグの選手に対して、無作為の薬物検査を実施した。さらにメジャーリーグの選手に対しても、同様のプログラムに参加するように求めたのであるが、選手会との合意を得られず、この試みは失敗に終わった。

1985 年にメジャーリーグでコカインのスキャンダルが発生し、ピッツバーグ・パイレーツの選手らが制裁を受けたピッツバーグ薬物事件（Pittsburgh Drug Trial）の際、ユベロス・コミッショナーはコミッショナー事務局があらゆる薬物検査を実施するとした。以後、薬物検査はコミッショナー事務局によって管理監督された。1997 年には、現コミッショナーのバド・セリグ氏がリーグの薬物規制についてのメモを各チームに送り、メジャーリーグの選

MLB の薬物検査と制裁

薬物の使用類型	違反 (第1回)	違反 (第2回)	違反 (第3回)	違反 (第4回)
ステロイド	50 試合出場停止	100 試合出場停止	永久追放	
薬物検査による レクリエーショ ン薬物の検出	薬物治療プログラム参加 (プログラムに従わない場合、15～25 試合出場停止)	薬物治療プログラム参加 (プログラムに従わない場合、25～50 試合出場停止)	薬物治療プログラム参加 (プログラムに従わない場合、50～75 試合出場停止)	薬物治療プログラム参加 (プログラムに従わない場合、1年間出場停止)
興奮剤／ アンフェタミン	追加検査	25 試合出場停止	80 試合出場停止	コミッショナーの判断
禁止薬物の所持 による有罪判決	60～80 試合出場停止 (競技力向上薬物) 15～30 試合出場停止 (レクリエーション薬物)	120 試合出場停止 (競技力向上薬物) 30～90 試合出場停止 (レクリエーション薬物)	永久追放 (競技力向上薬物) 1年間出場停止 (レクリエーション薬物)	

手については、無作為検査の対象とはしないが、マイナーリーグの選手については、抜き打ちの無作為検査を実施する旨を通知した。先述のとおり、MLB 選手会はメジャーリーガーの利益代表組織であり、マイナーリーグの選手の利益を代表していない。ゆえに、マイナーリーグの選手を対象とする薬物検査については、リーグによる一方的な導入が可能であった。

　セリグ・コミッショナーは、薬物の問題を抱える選手に対して治療・リハビリプログラムを設置し、陽性反応が出た場合の制裁や、違法薬物または規制薬物の販売や頒布に携わった場合の制裁についても新たに規定した。2001年、MLB は、マイナーリーグにおいて競技力向上薬物および薬物乱用に関する検査を実施した。これは、40 人のロースター (1軍選手) 以外の選手のみを対象にするものであった。

　なお、2003 年にメジャーリーグ選手が匿名で調査のための検査を受けることに選手会が合意し、1,438 人の選手がこの検査を受けた。その結果、5％以上の選手から陽性反応が出た。ただし、制裁については、2004 年の検査

以降を対象にすることとされた。

そして 2007 年 12 月にミッチェル報告書が公表されたのである。

これを受けて 2008 年 5 月、MLB と選手会はミッチェル報告書の提案のほぼすべてを採用する形で新規制を導入した。そして、薬物規制については、MLB 事務局ではなく、独立の機関が管理監督することになった。

【NHL の薬物検査】

2004 年から 05 年にかけてシーズンをキャンセルするロックアウトが勃発したが、その後、NHL と選手会が労働協約に合意し、事態は収拾した。NHL では、このタイミングに、はじめて競技力向上薬物規制が導入された。NHL では、他の 3 大リーグと同様に幅広い種類の薬物を規制（a multi-phased Substance Abuse and Behavioral Health Program）している。

まず、薬物乱用での陽性の場合、1 回目は制裁がなく、治療を求められる。そして、2 回目以降、徐々に厳しい制裁（リーグへの復帰を厳しく吟味）になっていく。

こうした制裁内容の決定については、NHL 個人行為準則（NHL's Personal Conduct Policy）の下で、コミッショナーに権限が委ねられている。

ところで、NHL の選手がオリンピックに初めて出場した 1998 年の長野大会で、WADA が設定する基準の薬物検査を受けるべきか否か議論になり、NHL の選手らは薬物検査については「例外」として扱われることになったのである。その根拠は、仮に陽性となり、出場停止等の制裁が下る場合は、プロである NHL 選手はアマチュア選手との比較において経済的損失があまりにも大きいというものであった。結局、長野オリンピックでは、NHL の選手については、例外的にステロイドのみを薬物検査の対象とすることで結着し、2002 年のソルトレイクシティ・オリンピック以降、オリンピックに参加する NHL 選手については、WADA 基準による無作為検査の対象となった。

2005 年、NHL と選手会は、競技力向上薬物規制プログラム[13] を導入し、

---

13 jointly-administered Performance Enhancing Substances Program.

NHL の薬物検査と制裁

薬物の使用類型	違反 （1回目）	違反 （2回目）	違反 （3回目）
レクリエーション薬物の乱用	制裁なし 薬物治療プログラム参加	リーグ復帰が厳しくなる	
薬物使用による法的事件への関与	コミッショナーの判断（出場停止、罰金）		
WADA 禁止薬物	20 試合 出場停止	60 試合 出場停止	無期限 出場停止（2年後、選手から復帰の申立てが可能）

　WADA の禁止薬物リストを採用することで合意した。このプログラムでは、選手はトレーニングキャンプの開始からシーズン終了までの間、2回の無作為薬物検査を受けることになっている。WADA 禁止薬物について陽性反応があった場合、1回目は、20 試合の出場停止（給与なし）、2回目は 60 試合、3回目は無期限の出場停止処分となり、2年後に、選手から復帰の申立てが可能となっている。なお、レクリエーションドラッグについては、薬物乱用および行動健康プログラム（Substance Abuse and Behavioral Health Program）への参加が義務付けられる。

小　括

　2008 年は、アメリカスポーツ界と薬物を巡る問題の、まさにターニングポイントとなった。ミッチェル報告書がアメリカ社会に大きな衝撃を与え、世界規模のアンチドーピングの潮流に必ずしも同調しなかったアメリカプロスポーツ界に、その変容を求める声が高まったからである。

　パフォーマンスが収入に直結するプロスポーツ界においては、当該スポーツの市場規模が大きければ大きいほど、選手側に薬物使用のインセンティブをもたらす。一攫千金のアメリカンドリームを求めてアメリカ国内外の一流選手がしのぎを削るアメリカのプロスポーツでは、競技力向上を目的とする薬物使用の規制は困難を極める。一方で、薬物使用に対する出場禁止処分等の制裁は、選手の競技の機会を奪うのみならず、生活の糧をも奪うことにな

り、当人にとって、文字通り死活問題となる。それだけに、検査の正確性、手続きの公平性、制裁の内容等について慎重な議論が求められるわけである。

そもそも薬物問題は、薬物を使用しない選手の権利（利益）を保護する意味も大きい。その点を含んで見た場合の、日米の選手会による対応の違いは注目に値する。

日本プロ野球選手会は、当初から NPB 側の要望に同意し、労使が結束して、ドーピングをスポーツ界から排除する姿勢を示している。そのうえで、選手会は陽性反応が出た選手に対する処分に選手が不服申立てをする場合の手続きについての改善を求めている。具体的には、NPB アンチドーピング特別委員会として3名の委員会で構成されることになるが、このメンバーの選任について、選手会が関与できない現状について、中立性を欠き、「公正かつ公平な聴聞機会」の確保に悖（もと）ると主張している。

一方、MLB 選手会は、薬物検査と制裁の強化に対して、執拗なまでに反発した。その背景には、ドーピングの蔓延、1994 年以降の経営難を救った筋肉隆々のホームランバッターの存在など、ドーピングを巡る過去の経緯を巡って、決して単純ではない事情があることを我々に想い起こさせる[14]。

---

14 NPB のこれまでの薬物検査では、ダニエル・リオス選手、ルイス・ゴンザレス選手、リッキー・ガトームソン投手の3名から陽性反応が検出され、それぞれ制裁が科せられているが、いずれも MLB でプレーした経歴を持つ選手であった。なお、ガトームソン投手については育毛剤による反応として制裁が軽減された。

第 12 章

スポーツ事故と法的責任
―加害責任の免責と限界―

- ▶ 不法行為責任とは
- ▶ 加害者責任免責の法理
- ▶ 免責同意の効力

1) アメリカ不法行為

　アメリカでのスポーツ事故の法的責任について概観する前に、アメリカの不法行為制度と日本のそれの相違点について簡単に触れておこう。アメリカ不法行為の一般的成立要件としては、次の３つが挙げられる。すなわち、①被告が原告に対して法的義務を負うこと、②法的義務に違反すること、③それにより損害が発生すること、である。さらに、アメリカ不法行為にはコモンロー上多くの類型が存在し、責任の性質、範囲、有効な抗弁・免責事由が類型によって異なる。その類型には、たとえば、暴行（assault and battery）、過失（negligence）、他人の安全を無視する行為・重過失（recklessness）、一定の結果に対し無過失で賠償責任を負う厳格責任（strict liability）などがある。ちなみに、日本では、そのような類型は存在せず、民法709条（不法行為責任）によって包括的に処理される。

　アメリカにおいて、スポーツ事故が故意（intentional torts）・暴行によるものである場合には、不法行為責任が課されることについて異論はない。中心となる論点は、日本での過失や重過失、つまり negligence や recklessness が加害者にあった場合にも不法行為責任、すなわち損害賠償責任が発生するのか、という点である。

　過失とは、他人への不合理な危険を回避するために、通常、期待される程度の注意を怠ることを意味する。その不注意の程度が著しい場合に、重過失になる。

　そして、後でみるように、アメリカでは一定の分野において危険引受法理が適用され、加害者に過失がある場合においても、被害者の損害賠償請求権を全面的に否定するという処理がしばしば見られる。

不法行為

類型	行為の認識	加害の故意
ネグリジェンス（過失）	NO	NO
極めて軽率な行為（重過失）	YES	NO
故意	YES	YES

2) アメリカにおける危険引受の法理の生成

　危険引受とは、被害者が危険を認識し、自発的にその危険に接近したこと

を要件として、被害者の損害賠償請求権を全面的に否定する法理である。これは、危険を認識し、あえてその危険に遭遇した者は、法的保護を受けることはできないという個人主義的思想から当然に導き出された法理であるといわれる。換言すれば、外部からの暴力、強制から保護する一方で、自己の自発的な行為、あるいは、不注意な結果から、各個人を保護しないというコモンローの考え方に基づくものである。この危険引受は、雇用関係の分野で1800年代に認められた法理であるが、これが好意同乗（無償で他人を車に乗せること）、製造物責任、スポーツ事故の分野にも拡大されていった。とくに、雇用関係の分野において、国家が工業国へと発展していく過程で、その発展を阻害しないために、むしろ使用者を保護しようとする思想が、「危険引受」法理の適用を促進させてきたといわれている。なお、現在では、労災補償法（無過失責任）の制定によって、労働事故について使用者が無過失である場合にも一定範囲の補償責任を使用者に負わせるに至っている。

　また、好意同乗については、1920年に guest 法（好意同乗者法）が各州で制定され、無償の同乗者が運転者に対して損害賠償を請求する場合には通常の過失以上の違法行為、つまり、重過失や故意があったことの立証を必要とし、いわば、危険引受の法理を明文で確認したものとなった。しかし、現在では、運転者は、無償の同乗者に対しても通常の注意義務を負うという見解が各州において支配的となっている。

　現在では、危険引受の法理が適用される分野が縮減する傾向にあるといわれるが、スポーツをはじめとする一定の分野においては、いまだ危険引受の法理を適用する州が多くある。しかし、最近40年間にアメリカでは、危険引受の法理に理論的混乱が生じ、危険引受を廃止するべきであるという議論が活発化している。

3）危険引受法理の理論的混乱と現状

　アメリカにおいて、比較過失制度、日本でいう過失相殺制度が各州に浸透してきたのはここ40年ほどのことである。それ以前は、加害者に過失がある場合であっても、損害を被った被害者にも過失がある場合には、寄与過失の法理により、被害者の損害賠償請求が全面的に否定されてきた。したがっ

過失に基づく不法行為

寄与過失	比較過失
・原告の過失も当該事故の原因になっている場合 ・原告の賠償請求権を全面的に否定 ・現在この制度を維持しているのは以下の4州 　・アラバマ州 　・メリーランド州 　・ノースキャロライナ州 　・バージニア州	・原告の過失も当該事故の原因になっている場合 ・過失の割合に応じて賠償請求が可能 【例】 陪審の裁定 損害額　100万ドル 　35％が原告の過失 　65％が被告の過失 よって、原告は65万ドルを得る

て当時は、被害者に過失がある場合でも、また、被害者に危険の認識がある場合のいずれにおいても、それぞれ、寄与過失の法理、危険引受の法理によって、損害賠償請求権が全面的に否定されるという結論になっていた。そのため、寄与過失と危険引受の概念を区別する実質的な必要性はなかった。ところが、比較過失制度が導入されると、被害者に過失がある場合に、損害賠償額が減額されるにとどまり、一部とはいえ損害賠償請求権が肯定されることになった。そこで、寄与過失と危険引受の概念を区別する実質的理由が生じてきた。

　危険引受は様々な概念に分類されるが、まず明示と黙示に区別される。明示というのは実際に書面や口頭で、危険を引き受ける旨に合意することであり、これについては、概して契約論によって処理されることになる。問題は、そのような合意があったとみなす黙示の危険引受である。この黙示の危険引受は、さらに合理的な黙示の危険引受と不合理な黙示の危険引受に分類される。合理的な黙示の危険引受とは、友達の車に同乗するような場合であり、不合理というのは、酔っぱらいの運転手の車に同乗する場合である。つまり、その危険の引受が一般的な人を基準として合理的であったか否かで判断されることになる。そして、酔っぱらいの車に乗せてもらったというような不合理な危険引受がある場合には、車に乗せてもらった者にも過失があるという、寄与過失の概念と重複することになる。したがって、比較過失制度

を導入した結果、過失ある同乗者についても、損害賠償額が減殺されるとはいえ一定の賠償金を受けうるという結論になった。一方、合理的な黙示の危険引受は、損害賠償請求権が全面的に否定されるという結果となる。こうして、結論の不公平が生じるに至った。すなわち、合理的に振舞った被害者には損害賠償請求が認められる可能性が否定されるのに対し、不合理に振舞った被害者には損害賠償請求が認められる可能性があるという法正義上の不都合が生じたのである。

そして、危険引受の法理は、結論の不当性のほかに、それが成立する範囲が不明確である点、加えて、生じた結果について被害者の同意を法的に擬制している点で批判された。現在のアメリカでは、純粋に加害者の過失に着目し、これが認められる場合には、被害者の損害賠償請求が認められ、その上で被害者に過失がある場合には損害賠償額が減殺されるという見解をとる州が増加している。

4）スポーツ参加者の事故責任

次にスポーツ・ケースの動向を概観しよう。全体の傾向として、危険引受の法理を適用する州においても、また、これを廃止した州においても競技者の接触を前提とするコンタクトスポーツでは、重過失の基準を採用するという傾向にある。重過失の基準とは、加害者に（危険な）結果を惹起したことについて重過失、つまり、きわめて軽率な行為があった場合のみ損害賠償責任を認める理論である。そして、その立証責任は被害者が負う。たとえば、次のようなケースがある。

Bourque v. Duplechin, 331 So. 2d 40（La. Ct. App. 1976）
【事実】 レクリエーションのソフトボールの試合中、1塁ランナーがダブルプレーを阻止しようとして、2塁手（原告）に衝突し重傷を負わせた。その衝突があったのは、2塁ベースから5フィート（約1.5メートル）離れた地点であった。

1審は被告に13,496ドルの支払いを命じた。
【ルイジアナ州上訴裁判所の判断】1審判決を支持

被告の行為は、スポーツマンシップに乗っ取ってプレーするという義務に違反していた。予見可能な危険については、危険引受によって賠償請求が否定される。被告の行為はきわめて軽率であり、このような行為は予見可能な行為ではない。したがって損害賠償責任を負う。

Ross v. Clouser, 637 S.W.2d 11（Mo. 1982）
【事実】 ソフトボールの試合中、ランナーが３塁手と衝突し、３塁手であった原告に重傷を負わせた。ランナーは３塁ベースというより、むしろ原告に向かって走り、衝突したのであった。当該衝突地点は、３塁ベースから12フィート離れ、また走塁コースから6～8フィート外野側に外れた所であった。
　１審は、スポーツの試合中に生じた事故の不法行為責任については、故意に基づくものに限定されるべきであるとして、原告の訴えを退け、２審もこれを支持した。
【ミズーリ州最高裁の判断】破棄・差戻し
　スポーツ試合中の事故については、重過失の基準によって不法行為責任の有無を判断すべきである。すなわち、プレー中の適切な熱意（proper fervor）と理性（reasonable controls）とのバランスが必要であり、重過失の基準によってこれらを適切に調整する必要がある。原告が被告の重過失を立証することができれば、損害賠償請求権を行使できる。

Gauvin v. Clark, 537 N.E.2d 94（Mass. 1989）
【事実】 アイスホッケーの試合中、相手チームの選手のスティックによって打撲を受け重傷を負った原告が損害賠償を求めて提訴した。２審のマサチューセッツ上位裁判所は、原告（２審：上訴人）の請求を棄却した。
【マサチューセッツ州最高裁の判断】２審判決を支持
　ホッケーのようなコンタクトスポーツでの事故については重過失の基準が適切である。すなわち、加害者の行為が重過失に該当する場合に、法的責任（不法行為責任）を課すことによって、被害者が当該試合中、または次の試合で報復に出ることを抑制することができる。他方、過失ある行為について不法行為責任を免責することで、スポーツにおける激しさを損なわせたり、熱

意を低下させたりしないようにする効果が期待できる。
　本件では、被告に極めて軽率な行為（重過失）があったとはいえず、賠償責任を負わない。

Marchetti v. Kalish, 559 N.E.2d 699（Ohio 1990）
【事実】　缶蹴りをして遊んでいたときに、被告の少年15歳が原告の少女13歳に激突し、重傷を負わせた。1審は、被告の行為が故意に基づく場合にのみ賠償責任を負うとし、被告は故意に原告に衝突したわけではなく、また自発的にゲームに参加した者は、それによる危険を引き受けるとした。これに対して2審は1審の判断を破棄・差し戻したため、被告（2審：被上訴人）が最高裁に上訴した。
【オハイオ州最高裁の判断】差戻し
　当該事故が組織化された試合であったか否かを問わず、（スポーツ活動や試合の）激しさを抑制すべきではない。とはいえ、被告に軽率な行為（重過失）があった場合には、法的責任を容認すべきである。これにより、レクリエーションやスポーツ活動への自由（法的責任を負担しないという意味で自由）な参加の促進と参加者の安全性の確保という、互いに相反する概念を適切に調整することができるとして、重過失の基準に基づいて判断するよう、1審に差し戻した。

Knight v. Jewett, 834 P.2d 696（Cal. 1992）
【事実】　レクリエーション・タッチフットボールの試合中、被告と衝突して倒れた原告が被告に手を踏まれ、負傷した。
【カリフォルニア州最高裁の判断】原告（上訴人）の請求棄却
　スポーツの参加者は、故意に他の選手を負傷させたり、通常スポーツの範囲を完全に逸脱するような行為をした場合にのみ、損害賠償請求が可能とした。

Hathaway v. Tascosa Country Club, Inc., 846 S.W.2d 614（Tex. Ct. App. 1993）
【事実】 ゴルフ場においてゴルフカートに乗車していたプレーヤー（原告）の目に後続のプレーヤー（被告）の打球が直撃し受傷した。
【テキサス州上訴裁判所の判断】原告（上訴人）の請求一部棄却
　ボールをヒールで打ってひどくそらすことは予見可能で、通常起こらないことではない。当該ショットは、故意によるもの、または他人の安全を無視するきわめて軽率なものであったとはいえない。それゆえ、後続のプレーヤーに損害賠償責任を認めることは適切ではない。しかし、カントリークラブに対しては過失責任を問えるとして2審の判断を破棄・差し戻した。

　以下のケースは、日本のケースとの比較において、大変興味深い。日本のケースでは、地域親睦のため男女混合ソフトボール大会の試合中、スライディングをして女性キャッチャーを負傷させた男性ランナーには過失があるとして100万円の賠償責任を認めたものがある（第1章　日本スポーツと法的論点22頁）。

Kiley v. Patterson, 763 A.2d 583（R.I. 2000）
【事実】 男女混合のソフトボールの試合で、2塁ベースの守備についていた女性の原告が、ダブルプレーを阻止しようとした1塁走者の男性のスライディングにより、膝を負傷した。なお、スライディングの際に、被告の男性は原告の膝に当たる高さまで足を上げていた。なお、妨害を伴うスライディング（take-out slide）はソフトボールリーグのルール上、禁止されていた。2審のロードアイランド州上訴裁判所は、原告（2審：上訴人）は当該危険を引き受けていたとして、上訴を棄却した。
【ロードアイランド州最高裁の判断】一部破棄・差戻し
　スポーツ参加者はそのスポーツの競争的性質により生じる傷害で、その危険について容易に予期できるものについては法的責任を負わない。したがって、原告が損害賠償を請求するには、被告の故意または重過失を立証する必要がある。本件において、被告に故意または重過失があったか否かについて

は再度、検討する必要がある。

　異なる事実の下ではあるが、男女混合のレクリエーションスポーツにおいて、どのようなプレーに社会的相当性（reasonable）が認められるかについて、日米の相違点が浮き彫りになる。
　以上が、重過失の基準を採用する州のケースである。また、以下のように連邦控訴裁判所においても、プロフットボールの事例で、重過失の基準を採用するとの見解が示されている。

　　Hackbart v. Cincinnati Bengals, Inc., 601 F.2d 516（10th Cir. 1979）
　　【事実】　NFLの試合中、フラストレーションがたまった選手が敵チームの選手を後ろから殴り、受傷させた。そこで、被害選手が加害選手とチームに対して、損害賠償を求めて訴えを提起した。
　　　1審は次のよう述べて、原告の請求を退けた。①プロフットボールは本質的に暴力的なスポーツであり、またNFLでは規則にもとづいた罰金や退場処分といった制裁が十分に機能している、②本件のようなケースは、リーグの自治内の手続きに委ねるべきであり、法の介入は適切ではない。
　　【第10巡回区連邦控訴裁判所の判断】　1審判決を破棄・差戻し
　　　アメリカンフットボールのルールや慣行は明らかに当該行為を禁止している。これらの制限は、故意に他のプレーヤーを負傷させないことを意図するものである。アメリカンフットボールの性質を理由に、当該ケースに対して、不法行為法の適用を全面的に否定する法理はない。重過失の基準を適用し、被告に極めて軽率な行為があったとされる場合に、法的責任を課すのが適切である。

　これら重過失の基準は、法的責任を課すことによって、スポーツの熱意、激しさを低下させることがないように、との政策判断に基づいて採用されている。これらアメリカ各州の裁判例を眺めてみると、スポーツの熱意、激しさと被害者の救済とのバランスについて苦慮し、結果的に、重過失の基準を採用するケースが主流となっている。

これに対して、過失の基準を採用したケースとして次の判断がある。

***Lestina v. West Bend Mutual Insurance Co.*, 501 N.W.2d 28（Wis. 1993）**
【事実】　地域サッカーリーグの試合中に、ゴールキーパーの「スライディングタックル」によって負傷した原告が損害賠償を求めた（通常、サッカーのルールではスライディングタックルは認められる行為であるが、当該リーグにおいては禁止されていた）。本件の1審は、被告に過失があるとしたがこれに対して、被告は、過失の基準ではなく、重過失の基準を採用すべきであると主張して、上訴した。これについて2審のウィスコンシン州巡回上訴裁判所は、過失の基準を採用すべきであるとした。
【ウィスコンシン州最高裁の判断】2審判決を支持
　次の要素から注意義務の違反の存否を決定するべきである。①ゲームの特徴、②ルール、③慣習、④ゲームに付随するものと合理的に予見しうる危険の範囲、⑤プロテクター等の使用の有無、⑥当該事故の具体的状況、年齢、スキル、地位、ルールの認識。
　当該裁判所が過失の基準を採用する理由は次の通りである。過失の基準は、当該状況の下で通常の注意を払うことを要求するにすぎず、状況に応じた柔軟な判断が可能となる。すなわち、激しいプレーを考慮しつつ適切な判断ができるのである。

　以上、重過失の基準を採用するケースと過失の基準を採用するケースを見たが、これらのケースを巡る個々の判断において過失（negligence）と重過失（recklessness）の境目は必ずしも明確ではないことに留意しなければならない。加えて、過失の基準を採用していても、当該スポーツの状況で被告に求める注意義務のレベルによっては、重過失の基準を採用した場合と同じ結論をもたらすことがある点にも留意する必要がある。
　いずれにせよ、アメリカのケースの特徴として、スポーツ事故においては、できる限り加害者の法的責任を免責し、スポーツ参加のインセンティブを阻害しないようにとの配慮が随所にみられる点が挙げられる。スポーツにおいて過失責任を問う訴訟を認めることになれば、言いがかり的訴訟が増加

するという懸念もあながち的外れではないといえよう。

5）指導者の責任

　指導者は、その受講者に対して健康・安全を確保するための合理的な注意義務を負っており、これに違反した場合、過失（negligence）に基づく損害賠償責任を負う。たとえば、陸上界のスター選手がアメリカンフットボールのタックル練習中、首に重傷を負ったケースで、ニュー・ジャージー州裁判所は、この陸上選手にはタックルの指導がほとんど与えられておらず、これは準備として不十分であり、安全な環境を整える合理的な注意義務を欠いていたとしてヘッドコーチに40％の過失、ラインコーチに60％の過失を認定した[1]。

　このように指導者の注意義務違反によって事故が発生した場合には、指導者はその事故についての賠償責任を負うことが原則であるが、ボランティアの指導者については、事故の法的責任を免責あるいは軽減する立法政策も見られる。

　青少年のスポーツ指導者が、事故のケースを巡り多額の賠償責任を負ったことで、議論が巻き起こり、1997年を境に、連邦および州においてこうした責任を軽減あるいは免責する法律が制定されたのであった。たとえば、リトルリーグでフライの打球を見誤り、ボールをキャッチしそこなった少年が目に重傷を負ったケースで、その少年の母親からコーチ等関係者に対して75万ドルの損害賠償訴訟が提起されたことなどが、こうした動向を後押ししたとされる。

　スポーツ事故において指導者の過失責任を免責する法律は、青少年のスポーツ団体の運営管理者あるいは指導者がボランティアで社会や地域に貢献するための環境を整え、法的責任の負担や危惧から指導者らを解放させた点

1　650万ドルの賠償請求が認容された。
Woodson v. Irvington Board of Education (1987) (Walter T. Champion, Jr., *Fundamentals of Sports Law* § 3.1, at 73 (2004) (citing Woodson v. Irvington Board of Education, no. L-56273-85 (Essex County, N.J.; Nov. 19, 1987; Coburn, J.); 3 Nat.l Jury Verdict Rev. & Anal. 10 (no. 8, July 1988)).

で、スポーツ振興や地域活性化に少なからぬ影響をもたらした。

そのほか、施設賠償についても「施設提供者の免責 (recreational use immunity)」によって、公共利用のために土地所有者が無償でその土地を提供する場合、利用者に対する賠償責任を免責されるという法理がある。各州によりその内容は異なるが、地域スポーツの発展に寄与する者を法的に保護することによって、その活動を助長しようとする共通の政策展開は注目に値する。

従来、コーチや教員に対する訴訟はほとんど見られなかった。とくに地域社会において教員やコーチは尊敬の対象とされ、彼らを被告とする賠償訴訟が提起されることはほとんどなかった。しかし、近年、教員やコーチが訴えられるケースが増加する傾向にある。負傷した学生選手の訴訟に対する意識の変化、後述の政府免責 (sovereign immunity) の部分的撤廃がその要因といわれる。

もっとも、多くのケースでは、教員やコーチが被告にはなるが、使用者責任 (vicarious liability) により、最終的には学校に賠償責任が課せられている。将来的には、コーチや教員が個別に訴えられるケースが出現する可能性もあろう。

ところで、コーチや教員が責任を負うケースとしては、適切な監督、指示およびトレーニングや医学的処置に関する注意義務に違反したとされる場合である。そこで、指導者が日頃から留意すべきポイントを上げると以下の通りである。

1 指導においては学生の安全に配慮すること。
2 懲罰的な練習については特に配慮が必要であること。
3 学校管理者がコーチと教員の活動を認識していなければならないこと。
4 コーチおよび教員が法的責任に関する知識を持っておくこと。
5 コーチおよび教員が学校区および体育協会の規則に関する知識をもっておくこと。

以上のポイントは、法的リスクを軽減する上でも極めて重要となる。比較的、近年に指導者の過失責任が争われたものとしては、以下のようなケースがある。

Santho v. Boy Scouts of America, 857 N.E.2d 1255（Ohio Ct. App. 2006）
【事実】 スケートのイベントで、経験者である少年がリレーに参加したところ、転倒して頭蓋骨を骨折する重傷を負ったことについて、ボーイスカウトのリーダーが、ヘルメットを着用させるなどの注意義務を怠ったとして損害賠償を請求した。
【オハイオ州上訴裁判所の判断】原告（上訴人）の請求棄却
① 当該少年は、スケートの経験を有しており、転倒して負傷する危険を引き受けている
② リーダーが当該活動のリスクを無謀に増加させたとはいえない
として訴えを退けた。

Fintzi v. New Jersey YMHA-YWHA Camps, 765 N.E.2d 288（N.Y. 2001）
【事実】 サマーキャンプのリレーで負傷した少年（10歳）が湿った芝生のフィールドで転倒し、負傷した。このことについて、サマーキャンプの指導員が危険な場所でリレーをさせたことが問題であるとして少年の親が損害賠償を求める訴えを提起した。
【ニューヨーク州裁判所の判断】請求棄却
① 濡れた芝生で子供を遊ばせたことが過失ある監督（negligent supervision）に該当するとはいえない。
② 濡れた芝生の上でリレーをする決定をしたことをもって、危険を増加させたとはいえず、過失があったとは言えない。

Prejean vs. East Baton Rouge Parish School Board, 729 So. 2d 686（La. Ct. App. 1999）
【事実】 4年生と5年生のバスケットボールの練習試合にボランティアコーチが参加していた。当該コーチが誤って押し倒した選手が、原告の足に乗る形となり、原告が受傷した。これについて、原告がコーチに過失があるとして損害賠償を請求した。
【裁判所の判断】請求棄却
① 当該コーチがバスケットボールの試合形式の練習に参加することをもっ

て過失があったとはいえない。
② バスケットボールはコンタクトスポーツであり、コーチが生み出した危険は、他の参加者によっても同様に生み出しうる危険であったとして原告の訴えを退けた。

City of Miami v. Cisneros, 662 So. 2d 1272（Fla. 3d DCA 1995）
【事実】 市が主催するアメリカンフットボールの試合中、原告（約75ポンド）が128ポンドの相手選手にタックルした際、足の骨を折る怪我をした。当該試合についてコーチは、当該選手（原告）の両親に90ポンド以上の選手とコンタクトすることはないと約束をしていた。そこで、両親がマイアミ市に対して治療費を求めたところ、1審はこの主張を認めた。これに対して、同市は当該選手と両親がフットボールの試合の危険を引き受けているとして上訴した。
【フロリダ州上訴裁判所の判断】1審判決を破棄
　当該選手とその両親はフットボールの試合に付随する危険を引き受けているが、ここで引き受けている危険には、監督の過失は含まれない。なお、約75ポンドという原告が、当該試合に参加することで、具体的な危険が増加することを監督が予見できたか否かについては、陪審員の判断に委ねる。

Edelson v. Uniondale Union Free School District, 631 N.Y.S.2d 391（N.Y. App. Div. 1995）
【事実】 高校レスリングの選手（原告）が、上の階級の選手との対戦中に負傷したことにつき、階級の異なる対戦を学校が容認したことが注意義務違反に当たるとして損害賠償を請求した。
【ニューヨーク州上訴裁判所の判断】原告（被上訴人）の請求棄却
　裁判所は以下の点を指摘して原告の訴えを退けた。
① 学校の注意義務は、予期しない、隠れた、あるいは不合理に増加される危険から原告を保護することについて通常合理的な注意・配慮をするということにとどまる。
② 原告は経験豊富な選手であり、当該試合でどのようなリスクがあるかを適切に理解することができた。

③ 当該負傷の主因は対戦相手のサイズではなく、レスリングの動きによるものであった。

6) 施設管理者の責任

　施設管理者は、その利用者に対して合理的な注意を払う義務を負い、その義務を怠ったことによって生じた事故について過失責任を負う。これが原則である。なお、アメリカでは、施設利用者の立場を分けて、施設管理者の法的責任の有無が考慮されている。つまり、施設所有者から招待された者 (invitee：被誘引者) と施設所有者から当該施設利用の許可を受けた者 (licensee：被許可者) である。当該施設の所有者または占有者は、前者 (被誘引者) に対しては、その場所の安全性について相当の注意 (reasonable care) を払う義務を負い、後者 (被許可者) に対しては、所有者が知りえた危険のみを通告する義務を負うにとどまる。

　なお、プロスポーツスタジアムなどにおいては、観客が被誘引者とされ、施設所有者あるいはその占有者は、観客に対して、相当の注意義務を負うとされるが、その「相当の注意義務」の内容は極めて限定的である。日米の比較で象徴的なのが、野球場の防護ネットである。

　アメリカでの伝統的なファウルボールのケースを見てみよう。

Schentzel v Philadelphia National League Club, 173 Pa. Super. 179; 96 A.2d 181 (1953)

ミルウォーキー・ブルワーズのミラーパーク

【事実】　原告は夫に連れられて、フィラデルフィア球場に初めての野球観戦に行った。原告の夫は野球観戦のチケットを購入する際、ネット裏を指定したが、実際の座席は約15フィートもネットから離れた場所であった。夫は、バックネット裏の通路が大変混

雑していたため、チケットおよび座席の変更をあきらめ、その席で見ることにしたところ、運悪くファウルボールが原告に直撃し受傷した。そこで、フィラデルフィア球団に注意義務違反があったとして損害賠償を請求した。
【ペンシルバニア州裁判所の判断】請求棄却
　原告は野球場に通常付随するリスクについては引き受けなければならない。
　球場ではファウルボールによる負傷のリスクは周知のことであり、球団はファウルボールの危険を観客に知らせる義務を負うわけでない。
　チケット変更ができなかったことについても球場側に過失があったわけではない。

　このようにアメリカでは野球場でのファウルボールの事故については、通常付随する危険として、そのリスクは観客が負うとの考え方が浸透している。つまり、通常、被害者に危険の引受があったとして処理されるか、あるいは球場側に、注意義務違反がなかったとして処理されることになる。
　これに対して、スタジアムの観客席ではなく、スタジアム内の中央通路にいた観客にファウルボールが当たったケースでは、球場側の賠償責任が認められている。

Jones v. Three Rivers Management Corporation, 483 Pa. 75; 394 A.2d 546 (1978)
【事実】　野球場のライト側のスタンド裏側の中央通路にいた原告の目に、打撃練習中のファウルボールが当たり、受傷した。当該通路は、フィールドが見渡せるように間口が広くなっている場所であった。
【ペンシルバニア州最高裁の判断】原告（上訴人）の請求認容
　スタジアム内の通路でファウルボールに当たって負傷するというリスクは通常、予期できないのであり、このようなケースでは被告（球場側）が危険の引受の抗弁を主張することはできない。
　「No-duty」ルール（被告が原告に対して注意義務を負わないとする法理）は通常、発生しうる予見可能な危険について適用されるのであり、本件はこれに該当しない。したがって、本件においては、被告はスタジアム内の通路にい

る観客にファウルボール等が当たらないようにする注意義務を負っていると解すべきである。

ところで、ファウルボールではなく、バットによる負傷事故についてはどうであろうか。たとえば、ミシガン州では、次のようなケースがある。

臨場感を味わえる東京ドームのエキサイトシート。安全確保のため球場スタッフが配置されている点など、日米で大きく異なる。

Benejam v. Detroit Tigers, 246 Mich. App. 645; 635 N.W.2d 219 (2001)
【事実】 原告はデトロイト・タイガースの試合観戦で、3塁ベース側のフィールドに近いシートに座っていた。原告は防護ネットの後ろにいたが、折れたバットの破片が防護ネットに沿って回り込んで侵入し、原告に当たって受傷した。
　原告は①防護ネットの長さが不十分であった、②球場側による危険についての警告が不適切であった、として損害賠償を求めた。
【ミシガン州上訴裁判所の判断】原告（上訴人）の請求棄却
　ミシガン州上訴裁判所は、①防護ネットや観客に対する注意喚起など、事故の予防策は適切であった、②野球場においてバットやボールが直撃する危険は周知のことである、として原告の請求を棄却した。

7）政府免責（Sovereign Immunity）・公益法人免責（Charitable Immunity）

　日本では国家賠償法により、国または地方自治体の過失によって生じた事故について損害賠償請求が可能であるが、アメリカでは、政府を相手に賠償責任を追及する道は歴史的に閉ざされてきた。その理由として「王は間違いを犯さない」として、行政による不法行為責任を免責してきた政府免責が挙げられる。その後、この政府免責は、政府を被告とした個人訴訟により社会

福祉の財政をひっ迫すべきでなはないという見解に支えられながら維持されてきた。こうして、たとえばスポーツ活動中、公務員による過失で負傷した被害者が、市などを相手に損害賠償請求することは不可能とされてきた。しかし、近年、政府免責は必ずしも合理的な根拠に支えられているわけではないとして、政府に賠償を求める個人訴訟を認める傾向にある。ただし、多くの州が賠償額の上限を設定しており、個人間の賠償訴訟との差別化を図っている。

　他方、これに類似するものとして、公益法人免責がある。公益法人免責とは、公益法人の過失に基づく賠償責任を免責するというものである。その趣旨は、①公益法人の財は一定の目的をもった寄付によるものであり、その目的以外に法人の財産が使われるべきではない、②被用者はボランティアの行為によって経済的利益を生み出すものではないので、使用者責任は適用されない、③公益法人による慈善サービスを受ける者は、慈善行為の過失も引き受けるべき、④公共を保護する公益法人の能力は賠償責任の免除により確保される、というものである。ただし、この抗弁も政府免責と同じく、徐々に州法において廃止または制限される方向にある。

8) 免責約款の効力

　同意免責とは、あらかじめ当事者間で、不法行為責任を免責あるいは軽減することを約束することである。スポーツ、レクリエーション、その他の社会活動への参加に際して、こうした活動を巡って生じる事故について、関係者の過失があったとしても、この責任を問わないことを当事者で合意するケースはよくある。こうした不法行為責任を免責する契約の有効性については次のように考えることができる。①当事者の自由な意思による契約は法的効力が認められる、②ただし、契約の内容が法令に違反するものや公序良俗（パブリックポリシー）に反するものについては法的効力が認められない。たとえば、ラフプレーや故意の身体的攻撃によって負傷させるような行為については、仮に被害者が同意していたとしても効力が認められないというべきであろう。そうすると、スポーツ事故のケースでは他人の過失責任を免責する程度にとどまる。

もっとも、こうした同意について、強要がある場合、同意内容が不明確な場合、または同意の内容が相手方に理解しづらいような場合にも、当該契約は無効になる。たとえば、スポーツ参加者が署名するだけという体裁を採る契約書で、目立たないところに細かい文字で免責条項が記載されているような場合には、その効力が否定されることがある。

　なお、近年では、未成年の課外活動と免責約款の効力について議論が再燃している。未成年者は、契約を有効に締結する能力を欠くと考えられており、通常、親（法定代理人）が未成年者に代わって契約を締結する、または親の同意を得ることで未成年者が締結した契約の効力を認める。園児や児童の課外活動について、免責約款への署名が求められることが多々あるが、こうした場合、親が免責の同意をすることになる。この同意ははたして有効なのであろうか。この問いは、他の参加者や引率者等の過失によって事故が発生した場合、被害者となった未成年者が本来有する損害賠償請求権を親が本人に代わって放棄することの妥当性に向けられている。

　ミシガン州では、親が未成年の子に代わって同意免責をすることはできないとしたケースがある[2]。わが子の5歳の誕生日会を室内運動場で開催したところ、この子が滑り台から飛び降り、足を骨折したため、親が子に代わって当該施設管理者に損害賠償を求めた。このケースでは、事前に親が子供に代わって、施設利用の際に生じる事故等に関する管理者の責任を免責する免責約款に署名していたことが問題となった。この点について、ミシガン州最高裁は、「同州では、親が未成年の子に対して、このような約款に拘束させる権限を有しないとするコモンローが成立している」として、当該免責約款の効力を否定した。当該判決は、権利主体として、親子関係における子供の「個」を強く認識している点において、アメリカの個人主義が顕現したケースといえよう。

　なお、アメリカでは、同意免責の効力について、学校で企画される活動と民間企業が営利目的で企画する活動を区別した判断が示されている。生活の一部、あるいは社会生活に不可欠な学校での活動については同意免責を容認

---

[2]　*Woodman v. Kera*, 486 Mich. 228; 785 N.W.2d 1; 2010 Mich. LEXIS 1125.

しない。その一方で、ラフティングやダイビング、バンジージャンプといった民間のレクリエーション活動については、同意免責を容認する傾向にある。この違いは自由な選択とそれに伴う自己責任の有無にある。つまり、学校の活動は社会生活に不可欠な点で、原告（被害者）側に選択の余地が限定されると考えるのに対して、民間レクリエーションの活動は、原告（被害者）があえてその企画を選択して接近し、自由意思で、免責約款に同意したことに自己責任を認めることになるわけである。

なお、自動車レースについては、レーサーは、当該レースに付随する危険を十分認識したうえで、レースへの出場の有無を決定できるとして、大会主催者の過失を免責する同意が有効とされる。他方、観客については、レースの危険性を十分認識しておらず、またレース会場での合理的な安全性の確保があると一般に認識されているとして、同意免責の効力が否定される傾向にある。

9）使用者責任

使用者責任とは、雇用関係にある被用者（employee）がその職務に関連して第三者に与えた損害について、使用者（employer）が負う責任をいう。コーチや監督の過失責任が問題になる場合、彼らの雇用主（使用者）の使用者責任が同時に問題となる。

ところで、プロスポーツでは、乱闘など、選手の不法行為責任について、その使用者たる球団が賠償責任を負う可能性もある。たとえば、*Tomjanovich*事件[3]では、NBAの試合中に相手チームの選手の暴行によって負傷した選手が、加害選手ではなく、そのチームに損害賠償を請求し、これが認められた。

NBAヒューストン・ロケッツのルディ・トマノビッチ選手が、チームメイトとロサンジェルス・レイカーズのカーミット・ワシントン選手との喧嘩を制止するために介入した際、ワシントン選手からパンチを受けた。これにより、顔面（顎、鼻など）および頭蓋骨が骨折し、これにともなう後遺症が残

---

[3] *Tomjanovich v. California Sports Inc.*, No. H-78-243, 1979 U.S. Dist. LEXIS 9282（S.D. Tex. Oct. 10, 1979）.

った。そこで、トマノビッチ選手がレイカーズに対して、使用者責任および監督者の過失責任に基づいて損害賠償を求めた。本件で裁判所は、ワシントン選手の暴行について、レイカーズが責任を負うとして、3.6億ドル（内1.5億ドルは懲罰的損害賠償）の支払いを命じたのであるが、その後、当事者間で和解に至った。

この事件を機に、NBAは統一選手契約書に、「選手間の暴力行為において、被害者は、加害者の所属チームに損害賠償を求めることができない」旨の規定を置き、選手契約締結時に使用者責任を放棄する仕組みを導入した。

10）労災補償

アメリカでは、プロリーグに所属する選手は労働者であるとされ、全国労働関係法（NLRA）によって団体交渉権等が付与されている。こうして労使交渉により選手は傷害補償を含める様々な労働条件を改善させてきた。これに対して、公正労働基準法（Fair Labor Standard Act）では、プロリーグ選手は、季節労働者（seasonal employee）としてその適用（保護対象）から除外されると解されている。また、労災補償制度については、各州が立法権を有し、独自の制度運営がなされている。すなわち、プロスポーツ選手の取り扱いについては、各州で以下のように大きく異なっている。（1）制定法による労災の部分的または全面的対象除外。（2）判例法による労災の対象除外。（3）リーグ内の労災制度と州法規定の労災制度の選択制。（4）リーグによる州労災給付の相殺（州労災給付額の範囲でリーグの補償額を減額）。

ところでMLB、NFL、NBA、NHLのいわゆるアメリカ4大リーグでは選手会との合意に基づく労働協約に独自の労災補償制度が整備されており、公的労災補償制度のメリットは皆無に等しい。これに対して、マイナー・スポーツあるいはマイナー・リーグの選手については、リーグ内の労災補償制度が不十分であることに加えて、州によっては公的労災補償制度の対象外とされている。このように、低収入の選手が労災におけるリスクを負うという点で社会正義上の問題が生じている。

小 括

　スポーツ参加者同士の事故を巡る不法行為責任について、アメリカでは以下の2点にその特徴をみることができる。すなわち、①賠償責任の有無をオール・オア・ナッシングの二者択一で判断する傾向がある点、②参加者に過失責任を課すことで、スポーツへの参加意欲を後退させ、ひいてはスポーツ活動の発展を妨げてはならないとの配慮が見受けられる点、である。
　こうしたアメリカの特徴には、以下の価値判断が色濃く表れている。すなわち、スポーツ活動には社会的意義がある一方で、これに付随する事故のリスクも伴うのであり、このリスクについては、参加者が自己の責任において負担することで、その活動を巡る法的紛争を抑制し、ひいてはスポーツ活動の拡大・発展が実現する、というものである。
　これに対して、日本では、事故の当事者間で責任を分担させる傾向にある。つまり、加害者の責任を認めたうえで、賠償額を減額し、加害者と被害者双方にとって責任の所在を曖昧にする、いわば、「痛み分け」の解決である。さらに、この「痛み分け」の発想は、現実の事故当事者のみならず、潜在的な被害者と加害者も負担すべきとの論理に帰結し、スポーツへの事故保険制度や共済制度導入推進の論拠となる。
　こうしたスポーツ事故の責任負担のほか、同意免責を巡る日米比較も興味深い。アメリカでは、学校の授業や課外活動については、同意免責の効力を否定する傾向があるが、他方、学校教育から離れた、レクリエーションやエンターテインメントについては、被害者があえてその危険を引き受けたものとして、同意免責の有効性を肯定する。つまり、学校など生活に密着する活動については、参加者の活動に対する選択が限定的である点を考慮し、同意免責の効力を否定する一方で、生活に密着しない活動での同意免責については、自由な選択における自己責任の観点からこの免責の効力を肯定するわけである。
　これに対して日本では、身体、生命に危険が生じる場合まで免責をする旨の条項は公序良俗に反するため無効とし、契約当事者の意思・自己決定にかかわらず、司法介入をする姿勢を示している。また、スキューバダイビング等、一定の危険を伴うエンターテインメントについては、そもそもリスクを

伴う活動によって利益を上げる業者が、そのリスクを負担すべきとの価値判断が表れる。

最終章

スポーツとグローバリズム
―日本プロ野球選手のMLB流出と法的論点―

▶ 野茂選手の移籍を巡る日米紛争
▶ ポスティング制度の導入
▶ 選手獲得競争のグローバル化

1. グローバル化を巡る法的議論への誘い

1）プロ野球とグローバル化

　1994年、時あたかも野茂英雄選手がMLBを目指してアメリカに渡った年、MLBを中心とするアメリカプロリーグは、それぞれ史上最大の労使紛争に直面し、その対応に追われていた。その後、アメリカプロ野球の経営は様変わりをすることになる。長期のストライキによってファンを失望させたMLBはその後のリーグマネジメントの改善により収益を大幅に上昇させ、もはやアメリカ国内に赤字球団の存在しない健全経営のリーグを作りあげたのであった。その間、NPBではイチロー、松井秀喜選手ら球界を代表する選手がアメリカに渡り、また2004年にオリックス・ブルーウェーブと近鉄バファローズの球団合併を巡る労使紛争が日本プロ野球史上はじめてのストライキへと激化した[1]。これを機に、球団経営の限界と球界の根深い構造問題が露呈されることになったのである。しかし、これを球界改革の好機と捉え、各球団において様々な経営努力が試行され始めたこともまた事実である。

　現在、MLBへの移籍を求める日本人選手が年々増加し、NPBのタレント流出は球界の大きな懸念材料となっている。一方、MLBにとって、日本人選手の獲得はチーム補強に加え、日本企業のスポンサー獲得等、日本市場の開拓という経営戦略上、重要な意義を持つとともにMLBに大きな利益をもたらしている。今後も、国際的に人材獲得競争が拡大し、新たな市場獲得戦略が展開されていくことは間違いない。

　近年、アメリカでは、日本人選手に熱い視線が送られている。たとえば、2008年、スポーツ専門チャンネルのESPNがダルビッシュ選手を取り上げ、

※　本章は川井圭司「ポスティング制度の法的検証―プロ野球選手契約の拘束力と海外移籍規制―」同志社法学60巻7号1081頁（2009年）に加筆・修正したものである。
1　球団合併の1年間の凍結および来季の新規球団参入について、労使で折り合いがつかず、2004年9月18日（土）と19日（日）の2日間に渡って選手会によるストライキが実施された。なお、当該ストライキを巡る労働法上の論点については川井圭司「プロ野球界の望ましい労使関係構築に向けて」季刊労働法207号117頁（2004年）参照。

同選手がポスティングにかけられた場合、そのポスティング額は7,500万ドル（当時約83億円）に上るとの試算を披露し、全米の野球ファンを仰天させた[2]。NPB選手のMLBにおける市場価値の上昇には目を見張るものがある。

他方で、選手年俸の日米格差はますます拡大する傾向にある[3]。MLB選手（各チーム25人）の平均年俸は315万ドル（約3億5,000万円）。これに対して、NPBの出場選手登録（25人以下）の平均年俸は6,927万円。ちなみに2軍を含むNPB支配下選手（742人）の平均年俸は3,631万円である。この数字から単純に計算すると、1軍選手の日米間の年俸格差は5倍に達する。同じ実力の選手がMLBでは5倍の年俸を受けとれるという意味ではないにしても、この格差が選手をMLB移籍に駆り立てる1つの要因になっていることは間違いないであろう。加えて「ワールドシリーズ」と称するMLBの優勝決定戦は名実ともに、世界最高峰に位置付けられ、アメリカ国内はもちろん、アジアや南米における注目度もきわめて高い。周知の通り、アジア、中南米を中心とする国々が参加するWBC（World Baseball Classic）で、日本代表チームが2連覇という偉業を達成させたものの、やはりMLBの地位はそう簡単に揺るぎそうにない。そのMLBへの移籍を日本人選手が夢の舞台として目指すことはごく自然なことであり、その一方で、タレントの流出に対して、何らかの歯止め（規制）を求めるNPBの立場もまた十分に理解できる。本最終章では、MLBへの移籍規制を含めたスポーツのグローバリズムを巡る法的論点について、掘り下げて検証していきたい。

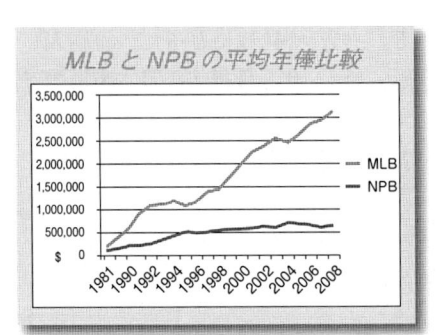

MLBとNPBの平均年俸比較

2　http://sports.espn.go.com/espn/eticket/story?page=darvish 参照。また、2008年にMLBシカゴカブスに移籍した福留選手の年俸は2001年にマリナーズに移籍したイチロー選手の2.5倍にまで高騰した（「スポーツビジネス完全解明」週刊東洋経済6122号57頁（2008年））。
3　現在ボストン・レッドソックスで年俸7億円を得ている松坂選手がNPB時代に西武から受けた年俸は3億3,000万円。

2)保留制度

　保留制度とこれを巡る日米の法的論点については、第1章や5章などで、触れたが、ここで、その仕組みをおさらいしておこう。保留制度とは、選手の意思にかかわらず、球団がその一方的な意思に基づいて選手を保有することを許される制度をいう。わが国では、パシフィックリーグおよびセントラルリーグに所属する12球団による合意である野球協約に当該制度に関する規定が置かれている（野球協約66条以下）。この野球協約は球界の憲法とも呼ばれ、日本プロ野球のあらゆる規則あるいは選手の労働条件について規定している。ただし、これは選手会との合意である労働協約（労働組合法14条）ではなく、あくまでもNPBに所属する12球団における合意である。

　一方、アメリカのMLBでは、選手の労働条件に影響するあらゆる制度が、選手会との団体交渉に基づく合意によって設定され、労働協約として、その効力を有している。そして、この一連の過程はアメリカ労働法（NLRA）による規制を受けている。

　さて、NPBでは保留制度について、野球協約で以下のように定められている。すなわち「保留球団は、全保留選手名簿に記載される契約保留選手、任意引退選手、制限選手、資格停止選手、失格選手にたいし、保留権を有する」。加えて、保留制度により各球団は70名までの選手を自己の保有選手として保留権を主張できる。球団が保留権を持つ全選手は、「外国のいかなるプロフェッショナル野球組織の球団をも含め、他の球団と選手契約にかんする交渉を行ない、または他の球団のために試合あるいは合同練習等、全ての野球活動をすることは禁止される」（68条）。

　なお、以上の保留権は、選手契約の存在に必ずしも連動していないことに留意する必要がある。契約関係が終了した後も引き続き保留権が及ぶことになっているからである。

　選手契約の期間は原則として1年であり（給与は2月から11月までの期間に対して支払われる）、各シーズン終了後に次年度の年俸等について球団・選手間で合意に達すれば契約が更新される。他方、たとえ選手が契約更新を拒否したとしても、翌シーズンについては球団側の一方的意思に基づいて契約関係を更新することができる[4]。この場合、年俸等の条件が合意に至るまで、報

酬は前年度の年俸の25％とし、日ごとに計算される。こうした球団の一方的意思に基づく契約関係は、当該翌シーズンを経た後消滅するが、球団は引き続き当該選手に対する保留権を主張できるのである[5]。

シーズン終了後の翌年1月9日を超えて選手が契約更新を拒否し続ける場合には契約関係が終了することになるが、保留権は球団のもとに残ることとされる。契約関係が終了しても引き続き保留権という形で就業活動を拘束されるのは、引退を表明した場合、あるいは不正行為等により選手が球界から追放された場合などあらゆる場合を含んでいる。

たとえば2011年のシーズン終了後の交渉において次シーズンの契約条件が合わないなど、何らかの理由で契約の更新を選手側が拒否したとしても2012年のシーズンについては球団が一方的に選手契約を更新することができる。さらに2012年シーズン終了後の翌年1月9日になると当該選手は資格停止選手というカテゴリに移され、この間、収入を得ることはできない。また当該選手が任意引退、資格停止、失格のいずれのカテゴリに位置づけられるにせよ、70名の保留選手名簿に記載されている限り、球団側の保留権が維持され、外国のチームへの移籍はもちろん、交渉すら許されないのである[6]。

3）FA（フリーエージェント）制度

FAとは、「日本プロフェッショナル野球組織…が定める資格条件を満たした選手のうち、いずれの球団とも選手契約を締結できる権利を有する選手をいう」（野球協約196条）。要するに一定の条件をクリアし、球団の保留権による拘束を解かれた選手のことである。

4　統一選手契約書31条は「球団が選手と次年度の選手契約の締結を希望するときは、本契約を更新することができる。(1)　球団は、日本プロフェッショナル野球協約に規定する手続きにより、球団が契約更新の権利を放棄する意志を表示しない限り、明後年1月9日まで本契約を更新する権利を保留する」と規定している。
5　ただし、次の場合には、選手側から選手契約の解除（解約）をすることができるとされている。①球団による報酬支払い条項違反があった場合（野球協約54条）、②契約保留選手が、参稼報酬減額制限額以上減額した参稼報酬を契約条件として選手契約の更新を申し入れたのに対して、球団がこれを拒否した場合（同70条）。
6　野球協約66条および68条。

日本では、1993年にこのFA制度が初めて導入され、選手の自由意思に基づく移籍が容認された。当初、FA資格獲得には、150日間の1軍登録を10シーズン経過することが要件とされていた。その後、1998年に稼働期間が9シーズンに、2004年のシーズンオフに登録日数が145日にそれぞれ緩和された。さらに2008年には、稼働期間について高卒新人選手が8シーズン、その他の大卒、社会人選手は7シーズンに緩和されるに至った。ただし、FA資格獲得後も、以下のように報酬および補償に関して一定の制限が課せられている[7]。
　第1に、移籍直前のシーズンにおける統一選手契約書所定の参稼年俸額を超えることはできない。ただし、特別の事情があることをコミッショナーが認めた場合には、例外が認められる。
　第2に、移籍の際の年俸額について調停を求めることができない。
　第3に、移籍補償制度があり、移籍先球団が元球団に対して金銭あるいは選手を補償として提供しなければならない。ちなみに、2008年までの制度では、①前年度の年俸の80％の補償金に加え、移籍先球団が指定する28人の選手以外から選手を獲得できることになっており、移籍元の球団が選手補償を求めない場合には、前年度の年俸の120％が補償額とされた[8]。なお、2009年以降、補償金については移籍選手の旧年俸額の順位に応じた基礎算定値（0から0.8の範囲）を乗じる仕組みが導入され、補償制度による制限的効果が緩和された[9]。
　もっとも以上はNPB内の移籍に対する制限であって、FA資格を得た選

FA資格の緩和

年度	稼働年数	移籍補償金	選手の類型
1993	10年	前年俸の150％	すべて
1997	9年		
2004		前年俸の120％	
2008	8年	年俸のランクに応じて決定（0％〜80％）	高校出身者
	7年		大学・社会人出身者

7　以下については、野球協約202条（選手契約の条件）、204条（金銭調停の不請求）、205条（球団の補償）。2009年度野球協約より「フリーエージェント規約」が別途定められている。
8　2回目以降のFAの場合には、前年度年俸の40％に加え人的補償、あるいは同年俸の60％の移籍補償が必要となる。ちなみに、2003年まで初回の移籍については前年度年俸の150％、2回目以降の場合は50％の移籍補償が必要とされていた。
9　FA移籍した選手の新所属球団が旧所属球団に支払う補償金も、選手の旧所属球団内の年俸順

手が海外移籍を求める場合には、該当しない。なぜなら、当該制度は NPB における戦力均衡維持および年俸高騰による弱小球団の財政的逼迫を回避することを目的とする、あくまでも NPB の 12 球団間での合意にすぎないからである。

2. MLB 移籍を巡る紛争の経緯

1）野茂選手のケース

経緯の概要　1994 年、近鉄バファローズの野茂英雄投手が引退を表明した上で、メジャー移籍を宣言し、日本国内に物議をかもした。その際、野茂選手は野球協約 59 条「任意引退選手」等に基づき、任意引退選手になれば何ら制限なく MLB への移籍が可能であると主張したのであった。これがきっかけとなり NPB 球団の有する選手保留権が海外移籍については必ずしも球団にとって効果的に機能しないという問題が露呈した。その「任意引退」とは引退後も NPB 元球団の保有権が及び、球界復帰の際には NPB 元球団への復帰に限定されるという趣旨の規定であった。すなわち、選手が自ら引退を求める場合、これに対する自由を与えるものの、球界へ復帰する場合には元所属球団に復帰しなければならないとして、引退を装った他チームへの移籍を不可能にし、保留制度を徹底するための規定であった。当時、この規定は海外移籍を想定したものではなかったため、野茂選手による MLB 移籍の試みが、保留制度に一石を投じ、保留権の効力およびその意義の再考を促す結果となったのである。

もっとも、当時「日米間選手契約に関する協定（1967 年調印）」が存在しており、日米が互いの選手市場を侵害しない旨の合意が交わされていた[10]。一

位によって減額または免除されることとなった。具体的には以下の通りである。(1) 年俸 1 位から 3 位は旧年俸の 80％（人的補償ありは同 50％）、(2) 同 4 位から 10 位は同 60％（同 40％）、(3) 同 11 位以下は補償金、人的補償ともなし。

10　日米間選手契約に関する協定は 1967 年 10 月 4 日調印とされている。また 1962 年 10 月にアメリカのコミッショナー、フォード・グリック氏と内村コミッショナーが会合し、相互に相手国の選手保有権を侵さないことを約した。その会談の内容は 1962 年 11 月 16 日に実行委員会に付議され、これが野球協約上の規定とされた。

般論としてはこの協定の存在ゆえに、対米関係において日本球団の保留権が脅かされることはないと考えられていたと思われる。同協定には、「日本のコミッショナーの回答により、もしその選手の身分が日本のいずれかの球団に所属しているか契約を保留されているものであれば、アメリカの球団は日本の球団と交渉する」(筆者下線)旨の規定が存在していたからである[11]。

任意引退選手と保留権　　ところが結果的に近鉄は野茂選手を放出せざるを得なくなった。その主因は保留期間と任意引退を巡る野球協約(1984年度版)の規定にあった。

1984年野球協約59条(任意引退選手)
「選手が参稼期間中または保留期間中、選手契約の解除を申し出で、球団がこれを承認する場合、あるいは選手が契約の存在または更新を希望しないと見做される場合、球団は78条の復帰条件を付して選手契約を解除することができる。この場合その選手は所属連盟会長によって任意引退選手として公示される。
任意引退選手は引退当時の所属球団の要求に基づいて、所属連盟会長が前項の公示を抹消したときには自由契約選手となる。」(筆者下線)

1984年野球協約68条(保留の効力)
「保留の効力は、前二条の手続き(60名の保留選手名簿提出と公示)が完了したときに発生し、第74条(保留期間の終了)に規定する保留期間の終了するときまで継続する。
保留選手は他の球団と選手契約にかんする交渉を行い、または他の球団のために試合あるいは合同練習等、すべての野球活動をすることは禁止される。」(筆者下線)

1984年野球協約74条(保留期間の終了)※1973年9月14日改正
「保留が保留選手名簿公示の年度の翌々年1月9日まで継続されたとき保留期

11　当該規定はアメリカ球団について書かれ、同様の規定が立場を変えて適用されることになっていた。

間が終了し、その保留選手は任意引退選手となる。
また、保留期間中保留選手が任意引退選手となった場合、および球団が保留権を喪失、あるいは放棄した場合、保留期間は終了する。」（筆者下線）

以上のように、契約の更新を望まない選手は任意引退選手とされ「保留期間は終了」する、と明記されていた。これにより、任意引退選手となった野茂選手が海外でプレーすることについて、引き続き保留権を主張する根拠を球団側が失うことになったからである。

厳密には、任意引退選手として保留権による拘束を解かれる場合、以下の2種類のうちいずれかの経過を辿ることになる。まず1）選手側が選手契約の解約を求め球団側がこれを承認した場合には任意引退選手となって保留期間が終了する。あるいは2）選手が球団との契約を拒否しつづけ、他方、球団側が選手名簿に記載を続けた、つまり保留権を行使し続けた場合には、野球協約74条により、そのままの地位で1年間のシーズンを終了し、年明けの1月9日に任意引退選手となり保留期間が終了する。こうして任意引退選手となり保留期間が終了した時点で球団側が一方的に契約更新する権利を失う。

もっとも、任意引退選手として保留対象外選手となった後、当該選手が球界復帰を求める場合には直近の球団の保留権が及ぶ（野球協約78条）。問題は、任意引退選手が日本球界から離れて外国のチームでプレーする場合であった。当時の野球協約は、球団が保留権を主張する根拠を欠いていた。おそらく当時、NPB側はそのような事態を想定していなかったと考えられる。

MLBの立場　　実は、その一方のMLBでは、任意引退選手についても保留権を主張できることになっていた。というのは、選手がFA資格を獲得しない限り、（つまり任意引退（voluntary retirement）選手についても）保留権が及ぶことがMLB30球団と選手会との合意である労働協約において明記されており、加えて日米選手契約に関する協定にも、保留選手が解雇される場合、あるいはFA資格を有する場合、を除いて、日本球団はアメリカ球団に無断で選手を獲得することはできない、と明記されていたからである。この取り扱いは現在も変更されていない[12]。ただし、任意引退選手に対する保留

権がMLB外の移籍に及ぶことについて選手側が合意したわけではなく、あくまでも日米の両リーグ間で協定を締結し、保留選手の引き抜きをしない旨の合意をしているに過ぎない。とはいうものの、こうした制限に対してMLBの選手が不満の声を上げた（その違法性を争った）という事実は確認できない[13]。思うに、それは現役メジャーリーガーとしての活躍が嘱望される選手がその地位を捨てて日本球界への移籍を求めるという状況があまり発生しないため、実質を欠く条項であり、現実的な紛争を生むことはなかったからであろう。仮に今後、NPBが世界の野球市場を席巻し、MLB現役選手によるNPBへの移籍が普遍化するような事態が起これば、選手側からこの規定の見直しが迫られることも考えられる。

　もっとも、反トラスト訴訟による救済は排除されるという結果も予想される。なぜなら、前述の通り、MLBの労働協約は労使の合意であり、6シーズンにわたる保留期間についても選手会が団体交渉において合意して、いや、むしろ自ら望んで設定した制限に他ならないからである。事実、当時、MLB選手会を率いたマービン・ミラー氏はFA移籍の人数を一定の範囲で制限することで、需要に対する供給を抑え、選手の交渉力を高める戦略に出たのであった[14]。こうしたFA制度導入の経緯は、日本のそれと大きく異なっている。ただ、労働協約には当該保留権が海外移籍の場合について及ぶか否かの明確な規定がない。したがって、現状ではMLBとNPBとの2者間で締結された日米選手契約に関する協定によって移籍の機会を奪われていることになる。

　ところで、野茂選手の移籍に際してMLB事務局がNPBに野茂選手の身分の照介を求めたところ、金井事務局長が「日本の任意引退選手が現役に復

12　CBA1990-1993 ARTICLE XX A, Attachment 14, Standerd Player Contract 7（b）およびCBA 2007-2011, ARTICLE XX A. Attachment 10, Standerd Player Contract 7（b）．
13　MLBの現役選手として活躍していた選手で日本に移籍した選手もいる。その代表的な選手はモントリオール・エクスポズからFA権の行使によって読売ジャイアンツに移籍したウォーレン・クロマティ選手と金銭トレードによりダイヤモンドバックスから西武ライオンズに移籍したアレックス・カブレラ選手である。ちなみにカブレラ選手がダイヤモンドバックスに在籍した期間は1年であった。
14　Marvin Miller, A Whole Different Ball Game: The Sport and Business of Baseball, Birch Lane Press, 1991, at 266-267.

帰したければ、日本国内を選ぶ場合は、元のチームとしか契約できない。言い換えれば、アメリカのチームとなら契約できる」という内容のファックスを送った(「金井・マレー書簡」)。この書簡が実務上、野茂選手の移籍を決定的にしたとされる[15]。

こうして、日米協定は歪（いびつ）な形となった。というのは、MLB球団は任意引退選手を含め、FA以外のあらゆる選手を対象にその保留権を主張し得たのに対して、NPB球団はFA選手に加えて任意引退選手についても、MLBに対して選手の保留権を主張することができなかったからである。日米両リーグがそれぞれ排他的に選手の保留権を確保するはずであったこの協定は、その目的とは裏腹に、NPB選手による出奔の抜け穴として機能することになったのであった。

その後、NPBは日米間選手契約に関する協定の解釈変更を行っている。すなわち、任意引退選手も「契約を保留されているもの」に含めるとの脚注を1996年に付け加えた。さらに、1998年11月改正の野球協約では68条が次のような規定に変更された。

「保留球団は、全保留選手名簿に記載される契約保留選手、任意引退選手、制限選手、資格停止選手、失格選手にたいし、保留権を持つ。…外国のいかなるプロフェッショナル野球組織の球団をも含め、他の球団と選手契約にかんする交渉を行い、または他の球団のために試合あるいは合同練習等、全ての野球活動をすることは禁止される」(また74条もこれにあわせて改正された)。

こうして選手契約が解除され、もはや当事者に契約関係が存在しない場合であっても、NPBの保留権が及ぶこととなり（この保留権拡張の法的効力については後述する）、野茂選手が抉じ開けた移籍の窓口はNPBの意向により封鎖されることとなった。ただし、こうしたNPBの手続きが選手はもとよりMLBに対しても打診することなく進められたため、後にMLBとの摩擦を生むことになる。

15　Robert Whiting, The Meaning of Ichiro, Warner Books, 2004, at 143–145.

2) 伊良部選手の移籍

　1995年、球団との間に軋轢を深めた千葉ロッテ・マリーンズの伊良部秀輝投手はFA資格取得まで2年を残していたものの、MLBへの移籍を求めた。そこでロッテがトレードによるMLBへの移籍を検討することとして、調整に入った。当時、ロッテはサンディエゴ・パドレスとの間に業務提携を結んでいたため、両球団の合意によりMLBへの移籍が実現されようとしていた。つまり、ロッテの保留権を前提としたうえで、金銭トレードの形でMLBへ移籍させる手続きが予定されたのである。ところが、伊良部選手がニューヨーク・ヤンキースへの移籍を求めたため、かかるトレードが暗礁に乗り上げたのであった。しかも伊良部選手は任意引退という「伝家の宝刀」を抜く構えを見せて、ロッテに対して強気な姿勢を崩すことなく、ごり押しともいえる主張を実現させた[16]。

　実はMLB側の対応も伊良部選手の要求実現への追い風となった。というのも、1997年初旬、MLBは、「NPB選手に対する排他的交渉権を選手の同意なくNPBがMLBのチームに移譲することは今後認められない」旨の宣言をしたのであった。これを受けたパドレスは伊良部選手の要求を受け入れ、金銭およびマイナーリーグの選手を対価とするヤンキースとのトレードに合意したのである[17]。このようにMLBがNPB選手の選択を尊重するとした背景にMLB選手会の突き上げがあったといわれている。MLB選手会事務局長のドン・フュアー氏はMLBが伊良部選手の獲得についてパドレスが排他的交渉権を持つとすることは労働協約に違反すると主張し、労働協約に基づく苦情処理手続きへの申立てを検討すると宣言していた。これに対して、MLB側は「日本人選手の扱いは労働協約の適用範囲にはなく選手会の主張は妥当しない」、と反論していたのであるが、結局、伊良部選手による訴訟提起とMLB選手会による後押しを懸念したMLBが折れる形となったのである[18]。

16　Jesse Crew, Note: In Irabu's Footsteps: Baseball's Posting System and the Non-Statutory Antitrust Exemption, 7 Va. Sports & Ent. L.J. 127（2007）.
17　Murray Chass, Padres Strike Deal with Team in Japan, N.Y. Times, Jan. 16, 1997, at B13.
18　See Murray Chass, Irabu of Japan Inching Nearer To the Yankees, N.Y. Times, Mar. 13, 1997,

この一連の騒動がMLB側に、当時の日米間協定の見直しが急務との認識をもたらすことになった。

3) ソリアーノ選手の移籍

　従来型の日米間協定の廃止を決定的にしたのが広島カープのアルフォンソ・ソリアーノ選手のMLB移籍を巡る紛争であった。1998年、ソリアーノ選手が年俸調停の結果を拒否して、任意引退選手となった後、MLBへの移籍を実行に移したのである。

　NPBは野茂選手の移籍後、日米間協定に脚注をつける形で任意引退選手にも保留権が及ぶとする変更を行ったことは先に述べた通りである。これにより広島はソリアーノ選手に対する保留権を主張できると考えていた。しかし、NPBによる変更がMLBへの打診なく行われていたことに不快感を持っていたMLBコミッショナーは、ソリアーノ選手は日本球団の拘束を受けない自由契約選手であるとの宣言をしたとされる[19]。その後、ニューヨーク・ヤンキースが310万ドルでソリアーノ選手との契約を成立させた[20]。

　この一件ではもちろん、広島カープ球団とソリアーノ選手、あるいはニューヨーク・ヤンキースとの法的紛争も想定された[21]。しかし、MLB側には、NPBの保留制度による拘束は少なくとも法的強制力のない (unenforceable) ものであるとの目算があった[22]。それは、日本球界の選手に対する拘束は、一方的であるうえに、制限の度合いが不当であると考えられたこと、および広島との選手契約締結当時、ソリアーノ選手が未成年であったことによる。

---

at B13.
19　Robert Whiting at 144.
20　2006年には1億3600万ドルの大型契約をシカゴ・カブスとの間に締結している (http://chicago.cubs.mlb.com/news/article.jsp?ymd=20061120&content_id=1743683&vkey=news_chc&fext=.jsp&c_id=chc)。
21　広島カープは、エージェントの団野村氏に対して110万ドルの損害賠償を請求する訴訟を提起している。2001年12月に和解に至っている。主な和解内容は、団野村氏が球団へ謝罪する、球団は賠償金を請求しないというもの。
22　William B. Gould IV, Globalization in Collective Bargaining, Baseball, and Matsuzaka: Labor and Antitrust Law on the Diamond, 28 Comp. Labor Law Policy Journal 283, 298 (2007).

3. ポスティング制度の導入

1)「1967年日米間選手契約に関する協定」の終焉

1967年以来、日米間で維持されてきた従来型の協定は一部のMLB球団からの反発が強まった。というのも、当該協定に基づいて一部のMLB球団がNPB球団との間に業務提携を結び、これをもとにNPB選手の移籍を実現させるという実務が定着しつつあったからである。単純に見て（NPBの12球団に対して）30球団のMLBでは半数を超える球団がNPB選手獲得の機会から事実上排除されることになっていた。そのうえ、NPB選手に対して、いずれかのMLBチームが排他的に交渉権を得るという従来型の仕組み自体がMLB労働協約に違反する恐れがあり、加えて反トラスト法に違反するとの見方もあった[23]。

他方、NPB側は野茂選手のケース以降、続いて伊良部選手、ソリアーノ選手の一連の移籍騒動に翻弄される形となり、NPB選手による無秩序な渡米に対して警戒と懸念を強めていた。こうしてMLB側およびNPB側の思惑が一致し、現行のポスティング制度が導入され、従来型の協定は廃止されることになった。興味深い点は、当該制度の発案はNPBではなく、MLB側からもたらされ、しかもNPBによる修正もほとんどなかったという点である。1998年に導入されたこのポスティング制度によりイチロー選手がMLBへの移籍を果たす結果になったことも、日本側からの要請で導入されたとの誤解を受ける要因となった[24]。

2) ポスティング制度の概要

FA資格を持たない選手がMLBへの移籍を実現するにはポスティング制

---

[23] Elliott Z. Stein, Note: COMING TO AMERICA: PROTECTING JAPANESE BASEBALL PLAYERS WHO WANT TO PLAY IN THE MAJOR LEAGUES, 13 Cardozo J. Int'l & Comp. L. 261, 272 (2005).

[24] See, Larry Whiteside, Sox Hoping to Get a Rise Out of Checo and Macha, Boston Globe, Dec. 5, 1996, at E6; Jim Allen, Breaking the Law, The Daily Yomiuri (Japan), Jan. 6, 2000, at 24.

度によることとされる。制度の内容は以下の通りである。FA 資格の獲得を待たずに MLB への移籍を希望する選手を保有する球団は、日本プロ野球のコミッショナー（日本・コミッショナー）を通じて、MLB コミッショナー（アメリカ・コミッショナー）にその選手が契約可能であることを通知し、これを受けてアメリカ・コミッショナーが MLB 全球団にその旨の告知をする。この手続きがポスティングと呼ばれる。そして、この連絡から 4 業務日以内に、対象者の受け入れに興味を持つチームは、選手との個別交渉成立時に移籍補償金として NPB 球団に支払う金額をアメリカ・コミッショナーに提示する形で入札を行う。その際の最高入札額がアメリカ・コミッショナーにより NPB 球団に通知され、NPB 球団がその金額を受諾する場合には、当該 MLB 球団は当該移籍希望選手との 30 日間の独占交渉権を獲得する。当該希望選手との交渉が成立した場合に、NPB 球団に当該最高入札額が支払われる。

　NPB 球団は、最高入札額の通知を受けた後、ポスティングを撤回することもできる。こうして NPB 球団はポスティングにより当該選手の MLB での市場価値を見極めてから同選手の放出の是非を判断することができるのである。また放出を決めたとしても選手と MLB 球団との個別交渉が成立しない場合には当該ポスティング移籍は成立せず、NPB 球団は入札額を手にすることができない[25]。

　つまり、ポスティング制度の下で、NPB 球団はその保留する選手について、MLB での市場価格（入札金）を確認し、十分な補償を確保できると球団が判断した場合に、選手と MLB 球団との個別交渉の成立を要件として当該選手の保留権を放棄する。そして、その代償として入札金を手にすることに

---

[25]　このように日本球団がポスティングを撤回した場合あるいは 30 日間の独占交渉期間において落札球団との個別契約が成立しなかった場合には、翌年 11 月 1 日まで当該選手はポスティングによって移籍はできないこととなる。2010 年、楽天イーグルスの岩隈久志投手がポスティング制度による MLB 移籍を求めた際、オークランド・アスレチックスが 1,910 万ドル（約 14 億円）の最高入札額を提示し、楽天がこれを受諾したことで、アスレチックスが岩隈投手との独占交渉権の獲得に成功した。ところが、その後の個別交渉において、アスレチックスが 4 年 1,525 万ドル（約 11 億 7000 万円）の条件を提示したものの、結果的に本人との契約締結には至らなかった。本件が、個別交渉の不成立によってポスティング移籍が失敗に終わる初めての事例となった。

なる。この手続きを民法（420条違約金）によって敷衍すれば次のようになる。すなわち、保留期間中の移籍は、選手契約の債務不履行と捉え、損害賠償については入札を通じて確定させるものを予定額と解する。そして、債権者たる球団は債務者たる選手から直接この賠償額を受けるのではなく、移籍先の MLB 球団から第三者弁済として賠償額を受け取るという法律構成が採られていると解することになる。このような構成を採れば、入札金が移籍補償金として NPB 球団に支払われるという理屈はむしろ妥当ということになろう。問題は、選手契約の期間と保留期間が必ずしも相関しないことである。

なお、ポスティング制度と FA 制度との決定的な違いは、移籍可能時期の早晩のほか、移籍補償金の有無にある。この移籍補償金は事務的あるいは経営的判断に大きく影響する。ポスティング制度で西武ライオンズからボストン・レッドソックスに移籍した松坂大輔選手のケース（後述）を例にとれば、仮に FA 制度によって MLB 移籍を果たしていたのであれば西武は約 60 億円という補償金（最高入札金）を手にすることはなかったのであるし、また NPB 内の他チームに移籍していたとしても旧年俸の 1.2 倍の補償にとどまっていた。こうしてみると、ポスティング制度は傑出した選手を保有する球団に、当該選手を海外に放出させる強い経済的誘因を与えることにもなる。このような誘因が今後、球団主導による MLB への移籍を加速させることになる可能性も十分にあり、この点は球界全体にとっての懸念となろう。

なお、アメリカから日本への移籍については従来通り、球団間の合意に基づくトレードによるものとされている[26]。

3) ポスティング制度への批判

ポスティング制度は 1998 年に導入され、イチロー選手がポスティングによる移籍の嚆矢となったが、全米でにわかに注目を集めたのは、むしろ 2007 年の松坂大輔選手の移籍に際してであった。ボストン・レッドソック

26　ポスティング制度が導入された後の 2001 年に、アレックス・カブレラ選手はアリゾナ・ダイアモンドバックスと西武ライオンズとの合意に基づき金銭トレードの形で来日し、現在に至っている。

スが5111万ドル（当時約60億円）ものポスティング金額を提示し、全米の野球ファンを騒然とさせた。この時に初めてポスティング制度の存在を知ったアメリカの野球ファンも多かった。日本の野球ファンの間では自国産の「松坂」選手が本場アメリカで高い評価を受けたことに加え、60億円という大金が日本へもたらされたことについて大いに歓迎する向きもあったように思われる。また、選手にとってFA権取得の9シーズンを待たずにMLBへの移籍が可能となる点において、実益をもたらしている。

ところで、アメリカではポスティング制度について次のような批判がある。

第1に、NBP所属選手の獲得競争の公平性と現行制度の矛盾についてである。

前述の通り、ポスティング入札金は課徴金制度（Competitive Balance Tax）の対象とはならない。課徴金制度とは1995年以降、MLBにおいて導入された制度であり、戦力均衡維持の実現を目的とする制度の1つである。選手人件費総額に対する上限が定められており、それを超えた球団は一定の割合で金銭をリーグにより課徴され、リーグの事業成長基金（Industry Growth Fund）や選手福利厚生（Benefit plan）としてプールされる（CBA Article

朝日新聞 2006年11月15日夕刊17頁

XXIII H)。こうして人件費の総額を一定以下に抑制するインセンティブが球団に働き、その結果、財力の格差による球団戦力の均衡を維持する仕組みになっている。ところが、入札金についてはこの課徴金の対象としないこととされているため、ポスティング制度を通じて日本人選手を獲得する場合、FA による獲得と異なり、財力のあるチームが絶対的に有利になる。このことは、実際にポスティングで NPB 所属選手を獲得したチームが、財力の面でも強豪ぞろいであることからも頷ける。このように財力のある球団が優位に立つポスティング制度は選手獲得競争に一定の課徴金をかけることで戦力均衡維持の実現を目指す MLB の現行 FA 制度との間に矛盾を生み出している[27]。

第 2 は、ライバル球団の獲得を不当に阻止することが可能となる制度上の欠陥である。たとえば、落札した米国球団が日本の選手との個別契約に失敗した場合、日本球団への入札金の支払いを含め、一切の金銭的負担を強いられないため、選手獲得を目的としない入札を可能にする面がある。このように意図的な個別交渉の不成立を前提とすれば、支払能力にかかわらず高額の入札が可能となり、結果的に当該選手の獲得を希望する他球団を妨害することができることになる。なお、この点について、コミッショナーのバド・セリグ氏が日米間協定において与えられた権限に基づいて、そうした制度の悪用を監視すると明言した[28]。ただ、同コミッショナーのリーダーシップによるコントロールが及ぶとしても、現行制度がライバル球団の選手獲得を阻止するという不当な動機の介在を完全に排除できないという点で、いまだ改善の余地が残る。

第 3 に、日本球団が多額の入札金を獲得することの不合理性についてである。

NPB 選手側から見た問題についてはすでに触れたが、他方、MLB の選手

---

[27] これについては、入札金も Competitive Balance Tax の対象にすればいいということになりそうであるが、現実的には極めて困難である。というのは日本球団へ流れる費用が MLB 選手の人件費に直接、割り込むことになり、選手会の合意を到底、得られないためである (William B. Gould at 293)。
[28] 「日米間選手契約に関する協定 (1998 年調印)」13 条。

側から見ても高額の入札金は望ましいとはいえない。なぜなら、球団利益の一部が海外の球団に流れるということは、現役選手の人件費に充てられるはずであった財源の一部を失うことを意味するからである。この点に関しては、NFL（アメリカンフットボール）型のサラリーキャップ制度のように、リーグの総収益の一定割合（人件費）を選手間で分配する形が実現されれば、ポスティング制度による入札金の行方が今後ますます批判的にクローズアップされることになろう。こうしたサラリーキャップ制度の下では、総収益が人件費の増減に直結するため、MLBの資金の流れについて選手が、よりセンシティブになるからである。

　第4に、ポスティング制度の前提となるNPBの保留制度の違法性の問題である。そもそもポスティング制度とはNPBと有効な契約を締結している選手の獲得を目的とする手続きである。少なくともMLB側はそのように考えている[29]。言い換えると、FA権取得までの9年間についてNPBが当該選手の保留権を有することを前提にしており、ポスティング入札額はあくまでも、選手契約の解約あるいは保留権の放棄に対する対価、つまり金銭補償である（日米間選手契約に関する協定9条　1998年）。ゆえにNPBの長期間にわたる移籍制限（保留権）が法的に支持されないものであるならば、そもそもMLB球団がNPBの選手の補償として日本球団に金銭を支払う根拠が揺らぐ、というわけである。

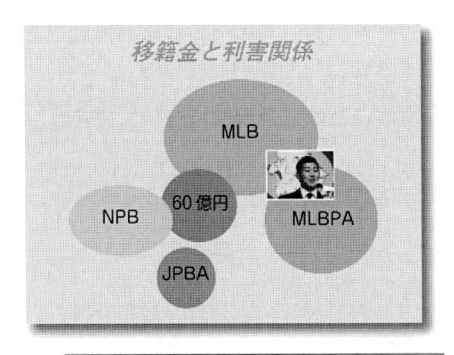

　もっとも、こうした法的効力の議論を超えて、ポスティング制度が導入されたという側面もあることは否めない。おそらく、日本人選手の乱獲というマイナス・イメージをMLBが日本の野球市場に与えないという政治的あるいは経営的目論見もあったと想像される。国内移籍について移籍金の発生を前提としてきたNPBでは、移籍元

移籍金と利害関係

MLB
NPB　60億円　MLBPA
JPBA

29　ちなみに、日米間選手契約に関する協定15条には「この協定の内容は、現在および将来の日米両国の法的規制を受ける」との規定がある。

の球団が移籍金を求める権利を当然とする向きがあるが、この点については、あくまでも法的に容認され、拘束力を持つ契約のみが、その不履行、あるいは一方的解約に対する補償の対象となるという法律上の原則に立ち返った認識が求められる。

その意味で日本側から見れば、保留制度の法的拘束力を確保することがポスティング制度の基礎を固めることになるのであり、この点を蔑_{ないがし}ろにしておくと、今後さらなる混乱の素因を内包することになる。

4. ポスティング制度の法的論点

1) リーグ内移籍制限とその合理性

プロスポーツリーグにおける選手移籍制限の効力いかんについて、日本では、独占禁止法および契約法に基づくアプローチが考えられる。前者は球団間のカルテルにより選手市場の競争を減退させること、つまり、当該制限により選手の自由な交渉や取引が制限され、人為的に選手の市場価値が抑制されることについての法的評価の問題である。これに対して、後者は「職業選択の自由」の要請とのかかわりにおいて、退職後の、労働者の自由な就業活動を制限する契約に対する法的評価の問題である。

これらにつき、いずれの理論構成によるとしても、制限の「合理性」あるいは「正当性」が当該制限の効力を決する、最大の争点となる。

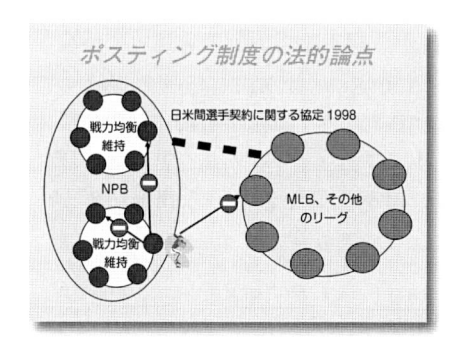

2) リーグ外移籍制限とその合理性

先に見たリーグ内における移籍制限に対しては、戦力均衡維持等を中心とする事業運営上の正当目的が認められ、一定の制限については合理性ありとして、法的効力が認められる可能性がある。他方、リーグ外への移籍制限については、チーム間の戦力均衡維持

という正当目的を、もはや主張することはできない。リーグ外のチームに移籍する場合は、究極的には、当該選手の引退を認めるか、という問題に過ぎないからである。つまり、契約をもって、当該選手にプレーの継続を強要できるか、ということになるのである。この点、憲法22条1項（職業選択の自由）を受けて、就業活動の自由を大幅に認めようとする日本の法理論において、リーグ外への移籍に対する制限は人材の囲い込みにほかならず、これを正当化するのは困難であるといわざるを得ない。また、文化保護政策的観点からこれを見た場合、外国人選手の参入規制を正当化できるとしても、やはり、NPB選手の流出を一方的に制限することはできないというべきであろう。

　では、どのような制限が法的な妥当性をもつといえるだろうか。

　まず、対等な交渉に基づいて選手の真正なる合意を得た制限は、それが労使以外の第三者に競争制限的影響を及ぼさない限り、もはや独占禁止法上の違法性を惹起させないし、また民法90条の公序良俗との関係においても、合理性が認められ契約としての効力を持つと考えることができる。つまり、実質的対等な交渉によって合意された競業制限については、労使自治の原則に立ち返り、特段の事情がない限り効力を認める立場である[30]。

　では、選手側の合意が得られない場合はどうであろう。こうした制限については、当該制限の目的の正当性、選手にもたらす不利益の程度、そして労使交渉の経緯等を総合的に考慮して、当該制限の合理性が判断されるべきであり、なかでも労使交渉の経緯を十分にその判断に反映させるべきであるという考え方が説得的である。

　こうした発想は、アメリカで1980年代から選手市場の制限を巡って活発に議論されてきたNon-statutory Labor Exemption（判例法による労働市場への反トラスト法適用除外の法理）とも共通する。アメリカでは選手市場の制限については、労使関係において解決可能な限り、つまり選手会が組合としての認証を受けている限り、反トラスト法の適用を除外するという判例法理が1996年の*Brown*事件連邦最高裁判決によって確立するに至っている（詳細

30　もっとも、プロ野球選手が労基法上の労働者性を容認されていない現状においては、選手契約に労組法16条の規範的効力が及ぶか否かの理論的分析が必要となる。

については第6章 スポーツと労働法152頁以下参照)。

3) 合理性が認められる制限の効力

　移籍制限の法的効力が容認される場合、仮に選手がその制限に違反して他リーグに移籍する際、球団はどのような救済を求めることができるのであろうか。具体的かつ現実的救済としては損害賠償請求と差止請求を挙げることができる。もっとも日本では、こうしたケースでの差止めについては、職業選択の自由に対する直接的な制約となる点に鑑み、「競業行為により使用者が営業上の利益を現に侵害され、又は侵害される具体的なおそれがあることを要し、右の要件を備えているときに限」るとされる[31]。

　この点、アメリカでは、契約違反によるプロスポーツの移籍に対してネガティブインジャンクション（日本における差止めに該当する）を積極的に認める向きがある（第7章 スポーツと契約181頁以下参照）。その根拠として、損害賠償額の算定が困難であること、かつ金銭補償をもっても代替選手の獲得が不可能である点が指摘されている。また、こうした処理は必ずしもスター選手に限定されるわけではなく、メジャーリーグの全選手が対象にあると考えられている。というのも、選手の能力がいかにユニークであり、代替性の低いものであるかを契約に明記したうえで（Unique Skill Provision）、保留制度に違反する移籍についてはインジャンクションによって救済されるとの合意をあらかじめ労使で交わすという実務が定着しているからである。

　今後、日本においても、スポーツ事業の特殊性、選手契約の特質に鑑み、契約に違反する移籍について差止請求を認めるべきとの議論も生じてこよう。この点も、今後スポーツ法において検討を要する論点の1つである。

4) アメリカにおける議論

　近年、アメリカにおいて日米間選手契約に関する協定の違法性を指摘する見解が数多く見受けられる。この見解は、仮にアメリカで日本人選手が日米選手地位協定の違法性を主張して反トラスト訴訟を提起した場合、どのよう

---

31 東京リーガルマインド事件・東京地決平7・10・16労判690号75頁参照。

な結果が生じるかという大変興味深いものである。

　アメリカ4大リーグのうち、NFL、NHL、NBAの3リーグでは、各選手会が反トラスト訴訟によって制限的取引慣行を廃止に追いやってきた経緯があり、このことがまさに反トラスト訴訟の歴史を形成してきた。これに対して、MLBでは1922年の*Federal Baseball Club*事件連邦最高裁判決が、野球は州際通商[32]に該当しないとし、反トラスト法の適用を除外して以降、長年にわたって反トラスト法の射程外とされてきた。そのMLBにおいても1998年のカート・フラッド法により、ようやく反トラスト法による救済を選手が求めることが可能であるとされた。こうして1922年以来、約70年の時を経て、MLB選手会は反トラスト法上、他の3大リーグと同じ地位を得るに至ったのである。しかし、1996年にNFLのケースで下された*Brown*事件連邦最高裁判決の影響を受けてカート・フラッド法は事実上、留保された状況にある。なぜなら、連邦最高裁は、NFL選手会が労働組合としての地位を維持する限り、団体交渉による解決を優先するという政策の観点から反トラスト法による救済を否定すべきであるとし、反トラスト訴訟を事実上封印したからである。先述のとおり、この考え方は、Non-statutory Labor Exemption（判例法による労働市場への反トラスト法適用除外の法理）と呼ばれ、選手市場の制限への反トラスト法の介入を否定する理論として確立するに至っている。

　では、ポスティング制度についてはいかんに考えるべきであろうか。

　ポスティング制度は団体交渉関係にあるMLB選手会とリーグ・球団の当事者以外の第三者であるNPB選手に反競争的効果が及ぶため、Non-statutory Labor Exemptionの対象に該当しないという理解もありえよう。しかし、NFLのドラフト制度を巡って争われた2001年の*Clarett*事件において、連邦控訴裁判所は、いまだ労使交渉の当事者になり得ない大学生選手の訴えをNon-statutory Labor Exemptionによって退けている[33]。つまり、制限的取引慣行により不利益を受ける者が潜在的な選手会メンバーといえる場合には、選手会がその者の利益を代表して制限の内容を交渉すべきであ

32　連邦反トラスト法の適用には、州を跨ぐ規模のビジネスであることが要件となっている。
33　*Clarett v. NFL*, 369 F.3d 124（2004）. 川井圭司「判例解説」アメリカ法2006-2参照。

り、ここへの反トラスト法の介在を否定するという趣旨の判断を下したのであった。

　こうしてみると、ポスティング制度についても潜在的な MLB 選手といえる NPB 選手への不利益に対する救済を求めるものであるという点で、NPB 選手にも *Clarett* 判決と同様の結論がもたらされる可能性が高い。ただ、ポスティング制度は、労働協約に規定されているドラフト制度とは異なり、日本のプロ野球選手会も、MLB 選手会も全くその決定過程に関与していない。この点については *Brown* 事件連邦最高裁判決等の先例から具体的指針を得ることができないため、今後の議論の展開を待たなければならない。

5. 田澤問題が示すもの

　実業団野球で活躍した新日本石油の田澤純一投手が 2008 年、NPB のドラフトを回避して MLB への移籍を求め、物議をかもした。当時、田澤選手は 156 キロの速球を持つ剛腕投手であり、2008 年に都市対抗野球大会で大会 MVP に当たる橋戸賞を受賞し、NPB 各球団の注目を一身に集め、NPB での活躍が嘱望されていた。しかし、田澤選手は日本球界入りを拒否し、メジャーリーグ挑戦を表明したのであった。

　その後、2008 年 12 月に田澤選手は MLB ボストン・レッドソックスと 3 年総額約 300 万ドル（当時約 2 億 8,600 万円）のメジャー契約を締結した。これは、日本のアマチュア選手が、NPB を介さずに MLB 入りをする初めてのケースとなった[34]。この一件は、日本球界のレベル向上を意味する朗報であったと同時に、他方、有望アマチュア選手が日本球界を経ることなく、MLB へ流出したという意味で、衝撃的な出来事であった。NPB は、今後、ドラフトを回避する形でのアマチュア選手の MLB 行きに対する対応に追われることになった。最終的に NPB は、ドラフトを拒否して海外のプロチームに入団した選手は日本への帰国後、高校出身者は 3 年間、大学・社会人出身者は 2 年間、ドラフト対象から除外する制約を設けることを決定した。

34　ただし、NPB を介さずにマイナー契約を締結し、最終的に MLB でプレーした選手として、マック鈴木選手、多田野数人選手がいる。

これによって、田澤選手が今後、日本でプレーする機会を実質的に、奪われることは言うまでもないが、NPB側にとっても、多くの球団が将来を嘱望した田澤選手が今後、日本でのプレーを望み、日本のファンがその活躍を見たいという思いを強めたとしても、NPBは自ら設置した制約により、これを受け入れることができないという自縄自縛に落ち入ることになった。いわば、両者ともに痛み分け、ともいうべき幕引きとなったのであった。
　こうした処理はブラックリストと呼ばれ、かつてのアメリカでも見られたが、1950年代の*Radovich*事件[35]において、その違法性が争われている。NFLデトロイト・ライオンズのウィリアムス・ラドヴィッチ選手が保留条項に反して新設のアメリカンフットボールリーグ（オールアメリカン協会：AAFC）のロサンゼルス・ドンに移籍した。その後、NFL傘下のサンフランシスコ・クリッパーズがラドヴィッチ選手を選手兼コーチとして採用することを試みたのであるが、これに対して、NFLが、保留条項に違反した選手はブラックリストに掲載されており、この選手と契約をしたチームには罰則が科せられると警告した。
　このブラックリストは反トラスト法違反であると主張してラドヴィッチ選手が訴えを提起したが、そもそも連邦反トラスト法がNFLの制限的取引慣行へ適用されるかが最大の論点となった。そして、連邦最高裁はNFLのブラックリストへの反トラスト法の適用を容認したのであった。最終的には、NFLが4万2,400ドルをラドヴィッチ選手に支払うことで和解に至っている。以来、このようなブラックリストは反トラスト法違反との認識がアメリカで浸透した。
　契約法上も他リーグへ移籍した選手を将来的に排除するという競争制限的な合意は、公共の利益（公序良俗）に反し、無効であると考えられている。これらの法的処理は、アメリカにおけるアメリカンフットボール業界でのリーグ間競争を促進させることが公益に資するという価値判断によるものである。
　翻って、田澤選手のケースを日本の独占禁止法に当てはめた場合、世界的

---

[35] *Radovich v. National Football League*, 352 U.S. 445 (1957).

な選手市場におけるリーグ間競争の促進が日本の独占禁止法によって担保されるべきか、というやや壮大とも思える議論を呼び起こすことになる。このたびのNPBの処置は、いかなる法的問題を孕んでいるのか、独占禁止法をはじめとする日本法との関係で、その限界もあわせて精査する必要がある。スポーツのグローバル化はこうした新たな論点をもたらすことになるのである。

なお、NPB対MLBの世界市場における選手獲得競争という観点から田澤問題を俯瞰すると、次のような論点も浮かび上がる。

紳士協定の存在　　1962年、日米の両コミッショナーは「アマチュア選手の獲得は双方自粛することが望ましい」とする紳士協定を交わしたとされる。ただし、MLB側の抵抗があり、明文化されることはなかった。ちなみに、MLBは公式には、「紳士協定など存在しない」と主張している。紳士協定が存在していると主張するNPBと、明文の合意がないと主張するMLB側。契約を巡る黙示と明示に対する両者の理解の違いが浮き彫りになった事例といえる。

ドラフト制度の趣旨　　選手の自由交渉が制限され、かつ偶然性を伴うドラフト制度は選手にとってリスクが大きい。それに対し、メジャーとの自由交渉は、行き先の球団と年俸等の労働条件を自由に交渉できるため、選手にとってメリットが大きい。そのため、日本のドラフトを回避してMLB球団に入団するという道はアマチュア選手にとって大いに魅力的な選択肢となる。

1993年以来、球団間の自由競争と選手の職業選択の自由確保という名目で、逆指名、自由獲得枠、希望枠など、その名称はともかくとして、一定の優秀な選手については、球団と選手の自由交渉を認めてきた。しかし、西武ライオンズの裏金問題を契機に、こうした制度はリクルーティングを巡る不正の温床になるとして、2008年に完全に撤廃されることになった。そして、現行制度では、1巡目について各球団が選手を指名し、この指名が重複した場合は抽選、2巡目以降は、ウェーバー方式（前年度の成績の低い順）と逆ウェーバー方式による指名を交互に行い、すべての球団が選択の終了を宣言するまでこれを続けるという方式を採用している。

2008年のドラフト改革により、NPBの各球団が自由交渉によって田澤選手を獲得する手立てを失い、その意味では、ドラフト改革が思わぬ落とし穴となった。逆の見方をすれば、NPBの新ドラフト制度の趣旨を蔑ろにする事態をMLBが引き起こす結果となったのである。

日本の選手市場と共同体意識
　日本でプレーするアマチュア選手は誰のものか？この問いに答えなければ、田澤問題の本質に辿り着くことはできない。サッカーは世界組織のFIFAを頂点として、各国にサッカー協会が存在し、プロアマ問わず、すべての選手がこの組織の傘下にある。そして、海外移籍については、世界共通のルールと基準に則って、移籍補償、育成補償金が移籍先から移籍元に支払われる仕組みになっている。

　他方、日本の野球界はプロとアマが分断された形となっており、アマチュア選手に対してNPBがコントロールする権限を持ち合わせていない。したがって、日本のアマチュア選手の去就について、「そもそもNPBが口出しできる立場にあるはずもない」というMLBの主張は、至極当然ということになる。

　ただ、NPBとMLBがそれぞれ契約によって拘束している保留選手の数に大きな開きがあり、この点に日米対立の素因が見え隠れする。MLBの傘下にはマイナーリーグがあり、これらの選手についてもMLBのコントロールが及んでいる。つまり、日本側が有望な人材を求めても、そのほとんどの選手にはMLBの保留権が直接的あるいは間接的に及んでいるのである。こうした構造の違いが、ある種の不公平感を日本にもたらすことになる点を看過して議論を進めるべきではなかろう。

　加えて、日本的共同体主義に根付いてきた道徳観が少なからず影響しているようにも見える。日本の球界で育った選手は、そこに貢献すべし、という倫理である。日本球界は、柳川事件[36]を巡る過去の遺恨からプロアマが制度的に分断されてはいるものの、いずれのプロ選手も少年野球、中・高・大学野球、社会人野球などのアマチュア野球を経てNPB入りを果たしているの

36　1961年に生じたプロアマ間の紛争。アマ側がプロ引退選手の登録を制限したことに対して、スカウトの時期に関するプロアマ協定を破棄し、柳川福三選手を獲得したことに端を発した。これ以後、30年にわたってプロアマ断絶状態が続いた。

NPB・MLBの保留概念図

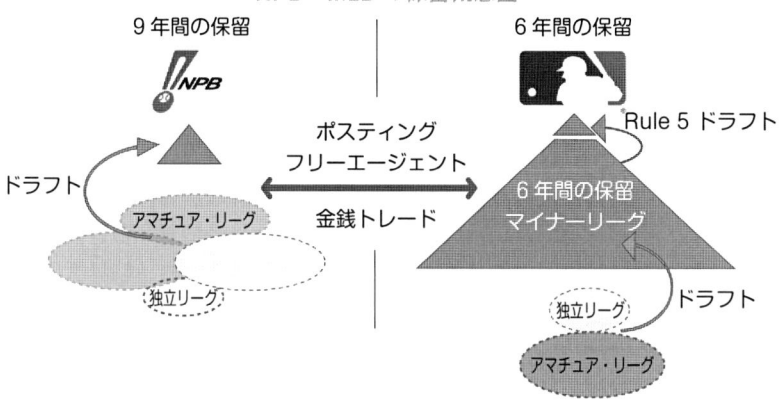

9年間の保留 | 6年間の保留

NPB | MLB

ドラフト　アマチュア・リーグ　独立リーグ

ポスティング
フリーエージェント
金銭トレード

Rule 5 ドラフト
6年間の保留
マイナーリーグ
独立リーグ　ドラフト
アマチュア・リーグ

であり、プロアマ分断の認識をもって球界を見ている人はほとんどいない。当然、日本球界で育った有望なアマチュア選手はNPBでプレーすることが期待されており、「この日本的文化価値を荒らす行為はけしからん。」という共同体意識が、田澤選手のケースを巡る世論の反応にも、少なからず見受けられた。

6. まとめ―海外移籍制限を巡る日米の対応の差異―

最後に、NPB選手のMLB移籍を巡ってNPBとMLBが対立したケースで、両者の対応や主張、議論の違いを整理し、ここに現れる社会的価値観を指摘しておきたい。

1）契約書に対する意識

野茂選手の移籍は、いわば選手契約と野球協約の盲点を突いていた。つまり、任意引退選手となれば、日本球団の保留枠から外れ、もはや契約関係は消滅するため、NPB以外のリーグのチームが獲得に乗り出すことができるわけである。アメリカでは、かつてリーグ間で選手獲得の競争があったため、任意引退選手についても、球団に保留権があることになっていた。

日本の立場からいえば、任意引退制度を介して MLB への移籍が可能という理解が成立すれば、そもそも日米選手地位協定の意義がなくなるため、およそ、そうした解釈は当該協定の趣旨からして許されない、という考えがあったと思われる。一方、アメリカでは契約の明確性（成文化）が原則であり、任意引退選手に対する保留権が消失すると書いている以上、これに反する解釈自体が契約の趣旨に反するという考えになるのである。
　加えて、契約の盲点、言い換えれば抜け穴（loophole）に対する評価・認識にも日米に文化的な違いがあるように見える。アメリカでは、抜け穴を見つけ、自分に有利に交渉を進めることは「頭がよくて有能」という評価を得るのに対して、日本では、「姑息な信頼関係の裏切り」というネガティブな評価を受ける向きがある。

2）協約締結関係、交渉における態度の公正と誠実

　1998年のソリアーノ選手の移籍を巡る日米の対立は、協約関係の在り方における「公正」について、日米の違いをも焙り出しているように見える。前述の通り、任意引退選手の扱いは日米に違いがあった。つまり、MLB で任意に引退をした選手については、NPB 球団は MLB の許可なく当該引退選手を獲得することはできないが、MLB の球団はその逆をすることができるというわけである。このような協定の内容は、NPB 側からみれば、不平等あるいは不公正であり、見直されるのは当然という理解があったように思われる。
　これに対して、MLB 側からみた場合、以下のような見解になる。すなわち、「NPB は始めからその旨の主張を堂々とすべきであった。両者にメリットがある内容であったために合意したのであるし、NPB は合意しない自由も持ち合わせていた。したがって、自ら合意した内容に縛られるのは当然である。にもかかわらず、MLB への打診もなく、日米間協定に、脚注をつける形で任意引退選手に対する保留権の変更を行った行為こそが、不誠実で不公正である。」と。

平均年俸格差の日米比較

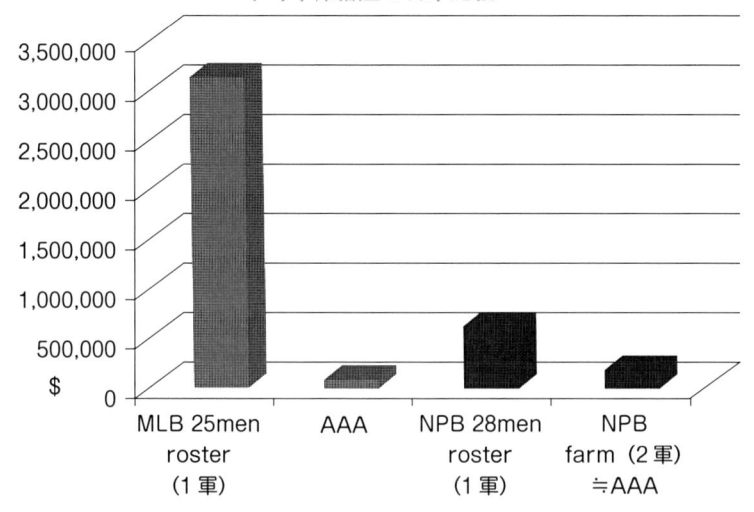

3,500,000	
3,000,000	
2,500,000	
2,000,000	
1,500,000	
1,000,000	
500,000	
$ 0	MLB 25men roster（1軍） / AAA / NPB 28men roster（1軍）/ NPB farm（2軍）≒AAA

3）給与格差に見る競争市場と相互扶助

　前述の通り、MLB 選手（各チーム 25 人）の平均年俸は 315 万ドル（約 3 億 5,000 万円）であるのに対して、NPB の出場選手登録（25 人以下）の平均年俸は 6,927 万円となっている。そして、日本の 2 軍に該当するマイナーリーグの選手は、AAA で 6 万 7,497 ドル（約 740 万円）となっているのに対して、日本の 2 軍選手の平均年俸は、1,970 万円である。1 軍と 2 軍の格差は、日米におけるそれぞれの格差社会をそのまま映し出しており、大変興味深い。日米の差は、競争市場社会と相互扶助社会がそれぞれもたらす結果の差といえよう。

　繰り返しになるが、マイナーリーグには選手会はない。MLB 選手会は、あくまでもメジャーリーガーの利益を代表しているにとどまるのである。労働法の趣旨に立ち返って、これを見た場合、極めて歪な状況にあるといわざるを得ない。なぜなら、労働法の趣旨は、交渉力の格差是正という点にあり、そもそも、交渉力のない者に法的保護を与えることであるからである。しかし、アメリカ的視点では、「マイナーの選手も独自の組合を組織する権

利があるのに、その権利を行使していないだけであり、その結果による不利益は甘んじて受けるべきだ」という主張となり、それなりに説得力を持つ論理となる。

　ちなみに、日本プロ野球選手会は2軍選手の利益も代表している。この点が、1軍と2軍の年俸格差に反映されていると見ることもできる。これを見て、日本人はメジャー選手がマイナー選手を搾取していると感じるのに対して、アメリカ人は、日本の2軍選手が1軍選手を搾取していると見る向きがある。

4) 入札金のなぞ

　入札金の使途は、同制度の意義を左右するように思われる。現時点では、ポスティングで得た入札金を球団がどのように使用するかについての明確なルールはない。しかし、その使途は、移籍する選手自身の感情面に大きく影響する。たとえば、入札金がNPB選手の労働条件の向上あるいは球界の発展に寄与するのであれば、移籍する選手にとっても古巣に対して（育ててもらったという意味においての）義理を果たす形になるといえる。こうした義理人情が反映される仕組みは、日本という土壌においてはかえって歓迎され、日本文化に適合するものと見ることもできる。

　これに対して、アメリカでは、選手個人の生み出す市場価値が入札金としてNPB球団に支払われることに疑問が投げかけられる。松坂選手を例にとれば、本来、松坂選手に対する評価は総額で約120億円（6年契約）であり、そのうちの半分もの金額（60億円）が松坂選手本人ではなく西武球団に支払われた、という点である。契約関係にある選手が契約関係を解消させて移籍をすることになるので、それなりの金銭補償を球団が求めることはできても、60億円という金額は、補償額としては破格であり、球団による搾取であるという批判が生まれてくる。もっとも、この批判は、海外への移籍資格を獲得する9年間という拘束期間が長期に過ぎるという価値観に裏付けられている。

国内外移籍制限の経緯

年度	稼働期間		移籍金	選手の類型
1993	10年		前年俸の150%	すべて
1997	9年		海外移籍については移籍金なし	
2004			前年俸の120%	
			海外移籍については移籍金なし	
2008	NPB	8年	年俸のランクに応じて決定 (0%〜80%)	高校出身者
		7年		大学・社会人出身者
	MLB	9年	移籍金なし	すべて

5）NPBの市場保護主義に対するアメリカの見解

　2008年、NPBは、国内移籍のFA資格については、その要件を従来の9年から高校出身者は8年、その他の選手は7年に緩和した。他方、海外移籍のFA資格については9年が維持され、9年以内の移籍についてはポスティング制度によるという従来の制限がそのまま維持されている。この状態はポスティング制度の法的な説明を困難にする。なぜなら、ポスティング入札金は日本球団が選手の保留権を放棄することに対する代償として支払われるという理解がMLB側にあるが、国内において保留権を失う選手に対して、なお代償を必要とする法的根拠を欠くからである。また、国内移籍と海外移籍について規制の基準が異なり、しかも海外移籍の方が制限的であるという仕組みは、リーグ内の戦力均衡維持を制限の正当理由とみる法的合理性の観点からは、矛盾が生じる。戦力均衡を図るにはむしろ国内移籍の自由を制限すべきということになるからである。前述の通り、日本法においてはNPB選手会の合意を得ることで、海外移籍制限の法的効力が正当化される。しかし、このことは、NPBの労使が国際選手市場を制御するために共謀しているとの疑念をMLB側に抱かせることにもなる。実際、現行の制限がMLBへのNPB選手の供給量を減少させ、その結果、各選手の市場価値が高まっている節もある。加えて、日本国内で保留権の拘束から解かれる選手に対して、なお入札金が必要であるとする論理を契約法から導くことも困難にな

る。こうした背景を考慮すると、今回の国内移籍制限の緩和は、ポスティング制度の見直し議論をアメリカで再燃させるきっかけになる要素を含んでいる。もっとも現時点では NPB の継続的かつ安定的な発展が MLB の利益に叶うともいえ、その意味では、MLB 側が NPB 側の要求に対して、法律論を超えて賛同する可能性は十二分にある[37]。

6) 選手会のジレンマ

海外移籍制限の在り方は、選手間の利益相反を生む可能性がある。仮に MLB への無償移籍が一般化すれば、日本球団の選手に対する初期投資が減退するというジレンマを生じさせる。この場合、MLB への移籍を望む一部の選手の利益が NPB 内でプレーする多数の利益を害することになる。その意味ではポスティング制度をはじめ海外移籍への移籍制限は意外にも NPB 選手一般の利益に叶う面がある。加えて、MLB への移籍制限の強化は、（供給減少により）傑出した NPB 選手の MLB に対する交渉力を高めることになる一方で、制限の緩和は（供給多寡により）そうした選手の市場価値を低減させるという一面も持ち合わせている。

アメリカでは、相互扶助の名のもとに、傑出した選手の市場価値を減退させることに対する強いアレルギーがある。才能ある者の能力をいかに引き上げるか、さらに、その能力をいかに評価するか、という点に社会的、そして経済的政策として重点が置かれている。そして、このことが、世界から一流のタレントを集結させる米国社会の土壌を作り上げてきたといえる。MLB もこの例外ではなく、MLB 選手会の活動や態度にもこのような価値観が随所に表れている。

---

[37] 以上の点を考慮した場合、NPB の市場保護を MLB に求めるというスタンスも検討しなければならない。その際、スタジアムの設置、運営、移転や放映権ビジネスの在り方など、プロスポーツ事業を巡る日米それぞれの法政策、文化的価値観がもたらす市場の相違について、詳細な分析と検討が今後、益々重要になる（こうした分析として、小林至『合併、売却、新規参入。たかが…されどプロ野球！』（宝島社、2004 年）参照）。

おわりに

　アメリカスポーツ法の論点は、変容する日本スポーツに実に多くの示唆を与えてくれる。スポーツを巡る訴訟が、アメリカ社会に透明性の高い議論を喚起し、時には、判決自体が政策的な観点からスポーツあるいはこれを巡るビジネスの方向を是正・修正し、またその発展を促進させてきた。その意味では、司法がアメリカスポーツ政策の骨格を作り上げてきたともいえる。そして、その骨格が必ずしも民意にそぐわなくなった場合には、立法によって、根本的な組み換えが行われてきた。そうしたスポーツへのいわば司法介入と立法政策の相互作業により、民意を反映させた形でのスポーツ政策が具現され、スポーツ大国アメリカの土壌が作られてきた、と見ることができる。

　一方、日本では、永くスポーツ組織の自律が求められ、スポーツ界は部分社会として、ここへの司法介入は忌避され、紛争や問題の解決は、関係者の善意と努力のみに依存されてきたといっても過言ではない。その結果、スポーツ界にある種の閉鎖性が生まれ、透明性の高い、建設的な議論によってスポーツ政策が具現することはなかった。他方、2004 年のプロ野球再編問題や、2007 年の高校野球の特待生問題などでは、国民を巻き込む議論に発展し、図らずも民意が反映された形での方向づけが実現した。また、スポーツに「法の支配」を浸透させるという社会的プロジェクトが始動し、2011 年 6 月に国家とスポーツの関係性を明確にするスポーツ基本法の制定が実現するに至った。同法は日本のスポーツ政策を健全な形で効率的に発展させていく基盤として大いに期待される。

　こうした動向のなかで、日本スポーツの文化的発展を実現させるには、本書で扱った論点の中でも、さしあたり、以下について、法律学のほか、教育学、社会学、経済学など学際的な観点から、より幅の広い検討が求められる。

　1　学校スポーツの在り方とアマチュアリズムの再考
　2　プロリーグにおける労使関係構築の意義

3　スポーツリーグ経営と独占禁止法の関係
　4　選手契約違反の法的処理。特にインジャンクションの是非。
　5　テレビ放映権を巡る競争制限行為と独占禁止法
　6　代理人規制の在り方
　7　スポーツ事故を巡るリスク負担
　これらの論点について、アメリカでの議論を日本に還元する際、それぞれの論点がどのような社会的背景から生まれているのか、という点を考察せずに、単にアメリカでの議論や制度の後追いをすれば事の本質を見失うであろう。その自戒から、各論点の背景を可能な限り浮き彫りにし、日米の制度や議論になぜ相違が生じるのか、などを考える際のヒントを得ようと試みた。本書では、その触りのごく一部が明らかにされたにすぎない。今後、読者や各界の関係者からのご指摘をいただき、認識不足を補いつつ、より確かな指標を模索していきたい。

　以上の論点のほか、日米共通の課題としてあげられるのが、スポーツのグローバル化の問題である。この潮流が今後さらに加速していくことは、誰の目にも明らかである。パンドラの箱はすでに開かれているのである。グローバル化は、市場拡大の過程で、それぞれの国や地域の価値判断の画一化・統一化を少なからず伴う。その意味でも、日米の価値基準を客観的に分析し、スポーツのグローバル化に伴い、新たに得られるものに代わって必然的に失われる日本的価値を正確に認識し、我々がその覚悟を決めておくことが肝要である。

　最終章では、日米の相違について、やや乱暴に特徴づけた感があるが、今から20年後は、こうした日米の差異にどのような変化がもたらされるのか。スポーツは社会の縮図、あるいは、その鏡といわれることがある。その点においても、今後の動向は大変興味深い。
　2007年、アメリカの著名なスポーツ経済学者、アンドリュー・ジンバリスト教授を、京セラドーム大阪での日本プロ野球観戦にお連れした際、ドームのゲートで、観客が持ち込もうとする缶ビールを、係員が丁寧に紙コップ

に移し替えるシーンに出くわした。日本ではよくみられる光景である。教授は、「これが普通か？」と目を丸くした。

　メジャーでは、このような光景はあり得ない。観客が忍ばせた飲食物を係員が取り上げることはあっても……。スタジアム内の飲食販売を収益の最大化につなげるというスポーツビジネスがアメリカでは徹底されている。帰国後、彼はスポーツビジネス誌に、こう記した。「日本のスタジアムでは……観客が持ち込みこむ缶ビールをスタッフが取り上げたかと思ったら、丁寧に紙コップに移し替えて、笑顔でその観客に手渡したのである。なんと牧歌的なことか……。」

　それから間もなく、2009年、NPBがプロ野球協約3条に掲げていた「わが国の野球を不朽の国技にし、野球が社会の文化的公共財となるよう努めることによって、野球の権威および技術にたいする国民の信頼を確保する」の一文が人知れず削除された。この文言は、2004年の球界再編の際、NPBはファンの声に忠実であれ、という主張の根拠とされることが多かったが、そのような外野の声に嫌気がさしたNPBの反応、という見方は必ずしも的を射ていない。NPBは、あくまでも利潤追求型の「プライベート（私的）」なビジネス組織として再構築していく決意をしたと見るべきである。その当否は別として、少なくともプロ野球においては、義理人情によって支えられてきた共同体主義に基づく、牧歌的なリーグ運営は、もはや過去のものになりつつあるのかも知れない。

　2000年以降の10年間は、「日本スポーツ界再構築の幕開け」と呼ぶにふさわしい。そして、これからの10年は、日本スポーツの在り方を民主的に決する極めて重要な時期に入ることは間違いない。この動向が、日本のアスリートにとって、ファンにとって、日本社会全体にとって、そして何より「スポーツ」そのものにとって望ましいものになるよう祈りつつ、筆を置くことにしたい。

参考図書

【邦語文献】

阿部竹松『アメリカ憲法（第2版）』（成文堂、2011年）
阿川尚之『憲法で読むアメリカ史（上）』（PHP研究所、2004年）
阿川尚之『憲法で読むアメリカ史（下）』（PHP研究所、2004年）
アンドリュー・ジンバリスト『60億を投資できるMLBのからくり』（ベースボール・マガジン社、2007年）
アンドリュー・ジンバリスト『球界裏・二死満塁―野球ビジネスと金』（同文書院インターナショナル、1993年）
有賀夏紀、小桧山ルイ『アメリカ・ジェンダー史研究入門』（青木書店、2010年）
朝日新聞スポーツ部『スト決行―プロ野球が消えた2日間』（朝日新聞社、2004年）
池井 優『メジャーリーグに挑戦する男たち』（日本放送出版協会、1998年）
池井 優『野球おもしろ文化論』（共同通信社、1988年）
池井 優『大リーグへの招待』（平凡社、1977年）
池井 優『白球太平洋を渡る』（中央公論社、1976年）
ボウイ・キューン『コミッショナーは戦う』（ベースボールマガジン社、1990年）
道垣内正人、早川吉尚『スポーツ法への招待』（ミネルヴァ書房、2011年）
原田宗彦『スポーツ産業論（第5版）』（杏林書院、2011年）
浜村彰、長峰登記夫『組合機能の多様化と可能性』（法政大学出版局、2003年）
早川武彦『グローバル化するスポーツとメディア、ビジネス―スポーツ産業論講座』（創文企画、2006年）
樋口範雄『はじめてのアメリカ法』（有斐閣、2010年）
樋口範雄『アメリカ不法行為法』（弘文堂、2009年）
樋口範雄『アメリカ契約法（第2版）』（弘文堂、2008年）
樋口範雄『アメリカ代理法』（弘文堂、2002年）
樋口美雄『プロ野球の経済学』（日本評論社、1993年）
広瀬一郎『スポーツ・マネジメント理論と実務』（東洋経済新報社、2009年）

ホゼ・カンセコ『禁断の肉体改造』(ベースボールマガジン社、2005 年)
古内義明『メジャーリーグの WBC 世界戦略』(PHP 研究所、2009 年)
古内義明『テレビではわからないメジャーリーグ・ビジネスの世界』(成美堂出版、2006 年)
生島 淳『大国アメリカはスポーツで動く』(新潮社、2008 年)
井上・小笠原・川井他『導入対話によるスポーツ法学(第 2 版)』(不磨書房、2007 年)
神谷宗之介『スポーツ法』(三省堂、2005 年)
川井圭司『プロスポーツ選手の法的地位―FA・ドラフト・選手契約・労働者性を巡る米・英・EU の動向と示唆』(成文堂、2003 年)
菊 幸一『「近代プロ・スポーツ」の歴史社会学』(不昧堂出版、1993 年)
小林 至『合併、売却、新規参入。たかが・・・されどプロ野球！』(宝島社、2004 年)
コータ『WBC の内幕―日本球界を開国した人々』(WAVE 出版、2009 年)
小寺昇二『実践スポーツビジネスマネジメント』(日本経済新聞出版社、2009 年)
藤本茂『米国雇用平等法の理念と法理』(かもがわ出版、2007 年)
マーティ・キーナート『文武両道、日本になし―世界の秀才アスリートと日本のど根性スポーツマン』(早川書房、2003 年)
升本喜郎『ショウ・ミー・ザ・マネー―アメリカのスポーツ・エージェントを巡る法的諸問題』(ソニーマガジンズ、2001 年)
松井茂記『アメリカ憲法入門(第 6 版)』(有斐閣、2008 年)
村上雅則『たった一人の大リーガー』(恒文社、1985 年)
メディア総合研究所『新スポーツ放送権ビジネス最前線』(花伝社、2006 年)
水町勇一郎『集団の再生―アメリカ労働法制の歴史と理論』(有斐閣、2005 年)
内藤篤、田代貞之『パブリシティ権概説』(木鐸社、2005 年)
中窪裕也『アメリカ労働法(第 2 版)』(弘文堂、2010 年)
中村哲也『学生野球憲章とはなにか―自治から見る日本野球史』(青弓社、2010 年)
日本経済新聞社『球界再編は終わらない』(日本経済新聞社、2005 年)
日本プロ野球選手会『勝者も敗者もなく―2004 年日本プロ野球選手会の 103 日

間』(ぴあ、2005 年)

日本プロ野球選手会『プロ野球の明日のために―選手たちの挑戦』(平凡社、2001 年)

小笠原・塩野・松尾『スポーツ六法』(信山社、2011 年)

岡田 功『メジャーリーグなぜ「儲かる」』(集英社、2010 年)

太田眞一『メジャーリーグ・ビジネス大研究―勝ち組球団にみる奇跡の経営力』(太陽企画出版、2002 年)

大坪正則『パ・リーグがプロ野球を変える―6 球団に学ぶ経営戦略』(朝日新聞出版、2011 年)

大坪正則『メジャー野球の経営学』(集英社、2002 年)

小関順二『2011 年版 プロ野球問題だらけの 12 球団』(草思社、2011 年)

ポール・ディクソン、水戸重之『メジャーリーグの書かれざるルール』(朝日新聞出版、2010 年)

李 啓充『レッドソックス・ネーションへようこそ』(ぴあ、2008 年)

ロバート・ホワイティング『野茂秀雄―日米の野球をどう変えたか』(PHP 研究所、2011 年)

ロバート・ホワイティング『菊とバット』(早川書房、2005 年)

ロバート・ホワイティング『イチロー革命―日本人メジャー・リーガーとベースボール新時代』(早川書房、2004 年)

ロバート・ホワイティング『日出づる国の「奴隷野球」―憎まれた代理人・団野村の闘い』(文藝春秋、1999 年)

ロバート・ホワイティング『日米野球摩擦』(朝日新聞社、1990 年)

ロジャー・エイブラム『実録メジャーリーグの法律とビジネス』(大修館書店、2006 年)

ロン・サイモン『スポーツ代理人』(ベースボールマガジン社、1998 年)

ロナルド・A・スミス『カレッジスポーツの誕生』(玉川大学出版部、2001 年)

坂井保之『激動！ニッポンプロ野球―2004 年熱い日々の記録から』(生活情報センター、2004 年)

佐野毅彦、町田光『J リーグの挑戦と NFL の軌跡―スポーツ文化の創造とブランド・マネジメント』(ベースボールマガジン社、2006 年)

佐々木亨『夢のつづき―海を渡った9人のマイナーリーガー』（竹書房、2008年）
佐山和夫『日本野球はなぜベースボールを超えたのか―「フェアネス」と「武士道」』（彩流社、2007年）
佐山和夫『大リーグが危ない』（新潮社、2006年）
佐山和夫『ベースボールと日本野球』（中央公論社、1998年）
ステファン・シマンスキー、アンドリュー・ジンバリスト『サッカーで燃える国 野球で儲ける国―スポーツ文化の経済史』（ダイヤモンド社、2006年）
菅野和夫『労働法（第9版）』（弘文堂、2010年）
鈴木友也『勝負は試合の前についている！米国スポーツビジネス流「顧客志向」7つの戦略』（日経BP社、2011年）
タック川本『メジャーリーグ世界制覇の経済学』（講談社、2003年）
玉木正之、ロバート・ホワイティング『ベースボールと野球道日米間の誤解を示す400の事実』（講談社、1991年）
田中英夫『英米法総論（上）』（東京大学出版会、1980年）
田中英夫『英米法総論（下）』（東京大学出版会、1980年）
種子田穣『アメリカンスポーツビジネス―NFLの経営学』（角川学芸出版、2007年）
種子田穣『史上最も成功したスポーツビジネス』（毎日新聞社、2002年）
谷口輝世子『帝国化するメジャーリーグ―増加する外国人選手とMLBの市場拡大戦略』（明石書店、2004年）
内海和雄『プロ・スポーツ論―スポーツ文化の開拓者』（創文企画、2004年）
ウイリアム・B.グールド『新・アメリカ労働法入門』（日本労働研究機構、1999年）

【英語文献】

Abrams, Roger. *Sports Justice: The Law & the Business of Sports*. Northeastern, 2010.
Abrams, Roger. *The Money Pitch: Baseball Free Agency and Salary Arbitration*. Temple University Press, 2000.
Abrams, Roger. *Legal Bases: Baseball And The Law*. Temple University Press,

1998.

Allison, Lincoln. *Amateurism in Sport: An Analysis and Defence* (*Sport in the Global Society*). Routledge, 2001.

Berry, Robert C. and Wong, Glenn M. *Law and Business of the Sports Industries: Common Issues in Amateur and Professional Sports*, 2nd ed. Praeger Publishers, 1993.

Berry, Robert C. and Gould, William B. and Staudohar, Paul D. *Labor Relations in Professional Sports*. Auburn House Publishing Company. 1986.

Bowen, William G. and Levin, Sarah A. *Reclaiming the Game: College Sports and Educational Values*. Princeton University Press, 2005.

Bryant, Howard. *Juicing the Game: Drugs, Power, and the Fight for the Soul of Major League Baseball*. Plume, 2006.

Champion, Jr. Walter T. *Sports Law in a Nutshell*, 4th ed. West Group, 2009.

Cozzillio, Michael J. *Sports Law: Cases and Materials*, 2nd ed. Carolina Academic Press, 2007.

Delaney, Kevin J. and Eckstein, Rick. *Public Dollars, Private Stadiums: The Battle over Building Sports Stadiums*. Rutgers University Press, 2003.

Gould, William B. *Bargaining with Baseball: Labor Relations in an Age of Prosperous Turmoil*. Mcfarland & Co Inc Pub, 2011.

Guttmann, Allen and Thompson, Lee. *Japanese Sports: A History*. University of Hawaii Press, 2001.

Guttmann, Allen. *Women's Sports: A History*. Columbia University Press, 1991.

Helyar, John. *The Lords of the Realm*. Ballantine Books, 1995.

Hogshead-Makar, Nancy and Zimbalist, Andrew. *Equal Play: Title IX and Social Change*. Temple University Press, 2007.

Jennings, Kenneth M. *Balls and Strikes: The Money Game in Professional Baseball*. Praeger Publishers, 1990.

Kuhn, Bowie. *Hardball: The Education of a Baseball Commissioner*. Bison Books, 1987.

Masteralexis, Lisa P. and Barr, Carol A. and Hums, Mary. *Principles And Practice*

Of Sport Management, 3rd ed. Jones & Bartlett Pub, 2008.
Miller, Marvin, *A Whole Different Ball Game: The Inside Story of the Baseball Revolution*. Ivan R Dee, 2004.
Mitten, Matthew and Davis, Timothy and Smith, Rodney and Berry, Robert. *Sports Law and Regulation*, 2nd ed. Aspen Publishers, Inc., 2009.
Noll, Roger G. and Zimbalist, Andrew. *Sports, Jobs, and Taxes: The Economic Impact of Sports Teams and Stadiums*. Brookings Institution Press, 1997.
Quirk, James and Fort, Rodney D. *Hard Ball*. Princeton University Press, 1999.
Quirk, James and Fort, Rodney D. *Pay Dirt: The Business of Professional Team Sports*. Princeton University Press, 1997.
Sack, Allen L. and Staurowsky, Ellen J. *College Athletes for Hire: The Evolution and Legacy of the NCAA's Amateur Myth*. Praeger Publishers, 1998.
Sharp, Linda and Moorman, Anita and Claussen, Cathryn. *Sport Law: A Managerial Approach*, 2nd ed. Holcomb Hathaway, 2010.
Shropshire, Kenneth L. and Davis, Timothy. *The Business of Sports Agents*, 2nd ed. University of Pennsylvania Press, 2008.
Shulman, James L. and Bowen, William G. *The Game of Life: College Sports and Educational Values*. Princeton University Press, 2002.
Spengler, John O. and Anderson, Paul and Connaughton, Dan and Baker, Thomas. *Introduction to Sport Law*. Human Kinetics, 2009.
Sperber, Murray A. *College Sports, Inc.: The Athletic Department Vs. the University*. Henry Holt & Co, 1990.
Staudohar, Paul D. *The Sports Industry and Collective Bargaining*, 2 Sub ed. Ilr Press, 1989.
Steinberg, Leigh and D'Orso, Michael. *Winning with Integrity: Getting What You're Worth Without Selling Your Soul*. Three Rivers Press, 1998.
Szymanski, Stefan and Zimbalist, Andrew. *National Pastime: How Americans Play Baseball And the Rest of the World Plays Soccer*. Brookings Institution Press, 2006.
Uberstine, Gary A. *Law of Professional and Amateur Sports*, 2nd ed. Clark

Boardman Callaghan, 1989.

VanderZwaag, Harold J. *Policy Development in Sport Management*, 2nd ed. Praeger Publishers, 1998.

Weiler, Paul C. and Roberts, Gary R. and Abrams, Roger I. and Ross, Stephen F. *Sports and the Law: Text, Cases and Problems*, 4th ed. West, 2010.

Weiler, Paul C. *Leveling the Playing Field: How the Law Can Make Sports Better for Fans.* Harvard University Press, 2001.

Wong, Glenn M. *Essentials of Sports Law*, 4th ed. Praeger, 2010.

Zimbalist, Andrew. *Circling the Bases: Essays on the Challenges and Prospects of the Sports Industry.* Temple University Press, 2010.

Zimbalist, Andrew. *The Bottom Line: Observations and Arguments on the Sports Business.* Temple University Press, 2006.

Zimbalist, Andrew. *May the Best Team Win: Baseball Economics and Public Policy.* Brookings Institution Press, 2004.

Zimbalist, Andrew. *Unpaid Professionals: Commercialism and Conflict in Big-Time College Sports.* Princeton University Press, 2001.

Zimbalist, Andrew. *Baseball And Billions: A Probing Look Inside The Big Business Of Our National Pastime.* Basic Books, 1994.

事項索引

あ

アイスホッケー ……………… 301
アシスタントコーチ … 63, 77
預かり保証金制度 ………… 42
アスレチック・ディレクター
　…………………………………… 62
アマチュア規定 …………… 14
アマチュア資格 …………… 73
アマチュアリズム …… 13, 18, 72, 79, 252, 259
アメリカテニス協会 …… 131
アメリカ4大プロスポーツリーグ ……………………… 115
　──の労使関係 ……… 137
アメリカンニードル社
　………………………… 130, 224
アルフォンソ・ソリアーノ
　…………………………………… 332
アンチ・ドーピング ……… 49
アンブッシュ・マーケティング ………………… 230, 231

い

移籍補償制度 ……………… 325
市場における独占力の濫用
　…………………………………… 114
違約金条項 ………………… 194
伊良部秀輝 ………………… 331

う

ウィリアム・バック・ユーイング ………………………… 184
ウェーバー方式 …………… 345

え

営利目的 …………………… 314
エージェント禁止規定 … 252

お

オリンピック・アマチュアスポーツ法 ………………… 235

か

海外移籍 …………………… 351
会議公開法 ………………… 70
解雇自由の原則 …………… 192
課外活動 …………………… 314
過失 ………………… 297, 306
　──の基準 ……… 304, 305
過失相殺 …………………… 298
課徴金制度 ………………… 336
合衆国憲法修正第1条 … 218
合衆国憲法修正第4条 … 278
合衆国憲法修正第13条 … 180
合衆国憲法修正第14条 … 278
カート・フラッド法 …… 154, 155, 342
我那覇和樹 ……………… 9, 51
金井・マレー書簡 ……… 330
カルテル …………………… 339
観客動員数 ………………… 61
完全ウェーバー制 ……… 160
がんばれ！ニッポン！キャンペーン！ ………………… 12
カンファレンス … 56, 57, 211

き

危険引受 ………… 297, 298, 299
偽証罪 ……………… 270, 274
季節労働者 ………………… 316
希望枠 ……………………… 345
義務的団体交渉事項
　……………………………… 35, 275
逆ウェーバー方式 ……… 345
逆差別 ……………………… 97
逆指名 ……………………… 345
逆認証 ……………………… 157
逆認証手続き ……………… 157
球界再編 …………………… 34
球界発展基金 ……………… 170
球団合併 …………………… 34
教育省公民権局 …………… 87
教員 ………………………… 307
競業禁止条項 ……………… 194
競業禁止特約 ……………… 195
競業行為 …………………… 341
強制許諾制度 ……………… 203
競争市場社会 ……………… 349
競争の保護 ………………… 133
寄与過失 …………………… 299
記録公開法 ………………… 71
記録の公開 ………………… 69

く

苦情処理・仲裁制度 …… 172
苦情処理・仲裁手続 …… 172
組合資格審査 ……………… 31
グループボイコット …… 131
クロス・オーナーシップ禁止規定 ……………………… 126
グローバル化 ……………… 321
「軍備拡大」競争 ………… 62

け

契約違反（債務不履行）とそ

事項索引　　　363

── の救済 …………… 180
契約関係への不法介入 … 190
契約金 ……………………… 159
契約の成立要件 ………… 179
契約法 ……………………… 339
ケネソー・ランディス … 101
ケーブルテレビ …… 200, 203
憲法 …………………… 41, 266
── 22 条 …………… 340
── 27 条 2 項 ………… 28
── 28 条 ……………… 28

こ

公益法人免責 …………… 313
公共の利益 ……………… 344
高校スポーツと薬物検査
 …………………………… 282
交渉事項 ………………… 33
交渉力の格差是正 ……… 349
公正取引委員会 … 30, 42, 45
公正労働基準法 ………… 316
公聴会 ……………… 270, 271
公民権局 ……………… 87, 89
高野連 …………………… 18
合理的な黙示の危険引受
 …………………………… 299
国際移籍 ………………… 44
国際オリンピック委員会 … 9
国際野球連盟 …………… 44
国内移籍 …………… 338, 351
コーチ …………………… 307
コーチ契約 ……………… 192
国家賠償法 ……………… 24
国際プロサッカー選手協会
 …………………………… 176
個別契約と薬物規制 …… 277
コミッショナー …… 101, 286, 334
── の権限 … 39, 102, 103
雇用保障 ………………… 159
雇用保障なしの契約 …… 158
五輪マーク ……………… 235

ゴルフ …………………… 303
コンタクトスポーツ …… 300
コンプライアンス ……… 87

さ

罪刑法定主義 …………… 267
最高入札額 ……………… 334
財産管理部門 …………… 223
財団法人日本アンチ・ドーピング機構 ………………… 49
裁判所侮辱罪 …………… 274
サイフォニング ………… 218
サッカー ………………… 305
サラリーキャップ … 114, 150, 151, 167, 338
3月の狂乱 ……………… 58

し

事業運営上の正当目的 … 339
自己責任 ………………… 315
施設管理者 ……………… 310
── の責任 …………… 310
── の法的責任 ……… 23
── の免責 …………… 306
実際かつ必須の費用 …… 75
私的自治 ………………… 47
指導者の責任 …………… 306
指導者の法的責任 ……… 24
支配介入 ………………… 36
市民権回復法 …… 84, 90, 91
社会的責任 ……………… 69
シャーマン法 1 条 … 113, 127, 128, 137
シャーマン法 2 条 ……… 114
収益分配制度 …………… 169
自由獲得枠 …………… 16, 345
重過失 …………………… 297
── の基準 … 300, 304, 305
州行為者 ………………… 68
自由交渉権 ……………… 43
州際通商 ………… 113, 138, 143
修正連邦平等権法 ……… 83

12 球団単一説 …………… 41
自由パッケージ ………… 207
出場選手登録 …………… 349
奨学金 …………………… 61
使用者責任 …………… 315, 316
肖像権 ……… 11, 216, 217, 238
肖像権ビジネス …… 12, 173
消費者契約法 …………… 26
消費者の利益 …………… 133
商標 ……………………… 223
商標権 …………………… 223
商標法 …………………… 227
── とオリンピック … 235
情報開示 ………………… 70
情報公開法 ……………… 71
情報提供義務 …………… 37
職業選択の自由 …… 41, 339, 345
職務著作 ………………… 217
ジョージ・J・ミッチェル
 …………………………… 267
女子テニス協会（WTA）
 …………………………… 130
女性スポーツ ………… 84, 85
新規参入 …………… 42, 122
新憲章 …………………… 19
紳士協定 ………………… 345
信認関係 ………………… 248
信認義務 ………………… 245
信認義務違反 …………… 249
シンボル ………………… 223
シンボルアスリート …… 13

す

スキューバダイビング …… 26
ステイト・アクター … 68, 69, 71, 278
ステロイド …… 267, 271, 273
ストライキ ………… 31, 321
── の違法性 ………… 38
ストリートドラッグ … 267, 287

スポーツ・エージェント
　……………………… 245, 247
スポーツ基本法 ………… 2, 26
スポーツ局 ……………… 84
　——の男女公正に関する情
　報公開法 …………… 89
スポーツ参加のインセンティ
　ブ ……………………… 305
スポーツ事故 ……………… 21
　——の法的責任 ……… 297
　——を巡る参加者の法的責
　任 ……………………… 21
スポーツ振興法 ………… 26
スポーツ代理人 ………… 47
スポーツ仲裁 …………… 9
スポーツの高潔性 ……… 281
スポーツプログラム … 84, 90,
　91
スポーツ放映権 ………… 200
スポーツ放送法 …… 124, 199,
　206
スポーツ立国 …………… 2

せ

性差別 …………………… 83
誠実交渉義務 …… 36, 37, 157
ぜいたく税 ………… 151, 171
西武裏金事件 …………… 16
政府免責 ………………… 312
税法上 …………………… 30
誓約書 …………………… 26
世界アンチ・ドーピング機構
　…………………………… 49
全国労働関係局 ………… 142
全国労働関係法 …… 142, 316
選手移籍制限 …………… 140
選手市場の制限 ………… 140
選手市場の取引制限 …… 114
選手会 …………………… 142
　——によるエージェント規
　制 ……………………… 250
　——による選手肖像権の管

理 ……………………… 224
　——のジレンマ ……… 352
　——の発足 …………… 158
選手獲得競争 …………… 345
選手組合 ………………… 142
選手契約の譲渡 ………… 188
選手個人のプライバシー
　……………………… 281
選手資格 ………………… 72
選手の肖像権 …………… 173
選手の暴行 ……………… 315
宣伝目的 ………………… 46
全米オリンピック委員会
　……………………… 235
全米高校協会 …………… 68
全米大学体育協会 ……… 55
戦力均衡維持 … 207, 339, 351
戦力均衡課徴金制度 …… 169
先例の拘束 ……………… 139

そ

相互扶助社会 …………… 349
相当の注意 ……………… 310
相当の理由 …… 280, 287, 288
ソフトキャップ …… 167, 168
ソフトボール … 22, 300, 301,
　303
損害賠償責任 ……… 21, 297

た

大学スポーツにおける薬物検
　査 ……………………… 280
大学スポーツの商業化 … 75
大学スポーツの放映権規則
　……………………… 212
大学フットボール ……… 59
大学フットボール協会 … 77
大学ライセンシング社 … 232
タイトル IX …………… 83
対面契約 ………………… 47
代理人交渉 ……………… 47
代理人 …………………… 248

田澤純一 ………………… 343
タッチフットボール …… 302
単一実体性 ………… 128, 129
単一実体説 ……… 42, 114, 127
男女間の均等な取扱い … 88
団体交渉 …………… 27, 33, 35
団体交渉権 …………… 30, 35

ち

地上波テレビ …………… 200
千葉すず選手 …………… 9
チャンピオン社 ………… 233
注意義務 ………………… 22
仲裁 ………………… 149, 181
仲裁制度 ………………… 147
懲罰的損害賠償 …… 96, 113,
　246
著作権法 …………… 199, 202
著作権料審判所 …… 202, 203
著作権料審判所改革法 … 204
著作権料仲裁委員会 …… 204

て

ディビジョン …………… 56
適正手続き ……… 67, 266, 278
デュープロセス ………… 67

と

統一選手契約 …………… 182
　——と労働協約の関係
　……………………… 187
統一選手契約書 …… 104, 179
同意免責 …………… 313, 315
独禁法 ……………… 30, 41, 42
独占 ……………………… 114
独占禁止法 ……………… 339
特待生制度 ……………… 18
特待生問題 ……………… 18
土地工作物責任 ………… 24
ドナルド・フュアー …… 270
ドーピング ………………… 9, 49
ドーピング・コントロール

事項索引

.... 49
ドラフト逆指名 16
ドラフト制度 41, 140, 141, 159
トレード 43, 188
トレード禁止条項 180
トレードマーク 223, 225

な
ナイト委員会 61
ナポレオン・ラジョイ ... 185

に
日米間選手契約に関する協定
.... 326, 330, 333
日米選手地位協定 348
日本オリンピック委員会
.... 10
日本学生野球協会 19, 20
日本学生野球憲章 16, 18, 79
日本高校野球連盟 18
日本スポーツ仲裁機構 ... 10
日本プロフェッショナル野球協約 31
日本プロ野球選手会 293
日本野球機構 31
入札金 334, 350
任意引退選手 ... 326, 328, 332, 347

ね
ネガティブ・インジャンクション 181, 182, 184, 185
ネグリジェンス（過失）
.... 306
年齢制限 131
年俸仲裁手続 149

の
野茂英雄 326
ノンギャランティー 158

ノン・バード条項 169

は
バイアウト 193
ハードキャップ 167
バド・セリグ 267, 270
パブリシティ 46
パブリシティ権 11, 217, 238
パブリックドメイン 240
バリー・ボンズ 274
反トラスト訴訟 76, 342
反トラスト法 79, 113, 137, 225, 344
――の規制対象 130
反ブラックアウト 218
判例法による労働市場への反トラスト法適用除外の法理
.... 340, 342

ひ
比較過失 298, 299
被許可者 310
ピッツバーグ薬物事件 ... 289
ヒト成長ホルモン 265
ピート・ロゼール 286
被誘引者 310
平等保護 278

ふ
ファウルボール 24, 310, 311
ファンタジースポーツ ... 239
フェデラルリーグ 138
不完全なプレーと債務履行
.... 190
不合理な黙示の危険引受
.... 299
不正な方法での市場の独占
.... 114
フットボール・チャンピオンシップ・サブディビジョン

.... 56
フットボール・ボウル・サブディビジョン 56
不当な捜査の禁止 266
不当労働行為 146, 150
不法介入 190
不法行為 297
不法行為責任 313
プライバシー ... 266, 267, 278
ブラックアウト 218
ブラックソックス事件 ... 101
ブラックリスト 131, 344
フランチャイズ移転の制限
.... 116, 120
フリーエージェント 324
プロゴルフ協会（PGA）
.... 130
プロスポーツスタジアム
.... 310
プロスポーツ選手の労働者性
.... 27, 28
プロスポーツと労使関係
.... 142
プロ野球選手会 31
プロ野球選手の肖像権 45

へ
ペッパー・ロジャース条項
.... 193

ほ
放映権一括管理 206
放映権一括販売 206
ボウルチャンピオンシップシリーズ 59, 211
補償的ドラフト 161
ポスティング 322
ポスティング制度 ... 333, 335
ポスティング入札金 336
ホセ・カンセコ 270
ボランティアの指導者 ... 306
保留権 323, 326, 328

保留条項 …… 43, 137, 147, 183, 184, 185
保留制度 ……… 137, 184, 323

ま

マーク・マグワイア …… 270
松坂大輔 ………………… 335
マービン・ミラー … 144, 329
マリオン・ジョーンズ … 265, 274
マリファナ ……………… 287

み

未成年者 ………………… 314
ミッチェル報告書 … 267, 270

む

無作為検査 …………… 282, 283
無作為の薬物検査 ……… 277

め

免責約款 ……………… 313, 314

や

八百長 …………………… 101
野球協約 … 31, 323, 326, 327
野球ゲームの独占契約 …… 45
野球最高の利益 … 40, 41, 102, 108
野球に関する特例 ……… 139
野球の反トラスト法適用除外 ……………………… 138
約因 ……………………… 179
薬物検査 …………… 265, 283
薬物検査プログラム …… 272
薬物使用 ………………… 276
薬物問題 ………………… 265
柳川事件 ………………… 346

ゆ

ユニークスキル条項 …… 186, 196

よ

4大プロスポーツリーグ … 27

ら

ライセンシング …… 223, 232
ライバルリーグ ………… 123
落雷事故 ………………… 24
ラリー・バード条項 …… 168

り

リーグ間の市場争い …… 123
リーグの単一実体性 …… 224
流水プール ……………… 23

れ

レクリエーション ……… 302
レクリエーション活動 … 315
レクリエーションスポーツ ……………………… 22
連邦最高裁判決 ………… 342
連邦商標法 ………… 225, 226
連邦通信委員会 …… 199, 204
連邦取引委員会 …… 215, 257

ろ

労災補償 ………………… 316
労使関係の対等化 ……… 176
労使自治 …… 30, 152, 176
「労使」自治 …………… 176
労働基準法 ……………… 28
労働協約 … 104, 147, 158, 172, 180, 181, 323
　──の締結 …………… 33
労働組合としての選手会 ……………………… 31
労働組合法 ……………… 28
労働条件の維持・改善 … 38
労働条件の対等な決定 … 30
労働法 …………… 27, 28, 266
労働法上の労働者 ……… 32
ロゴ ……………………… 223

ロジャー・クレメンス … 270
ロックアウト … 151, 152, 157, 168
ロッククライミング …… 22

A

American Needle 事件 … 133

B

BALCO 社 ……………… 274
Baseball Exemption …… 139
BCS ……………………… 59
Board of Regents of Oklahoma 事件 ……… 76
Brown 事件 …………… 114
Brown 事件連邦最高裁判決 …………… 152, 155, 340, 342
Brown 判決 ………… 167, 176

C

CAS …………………… 9, 51
CBA …………………… 158
CFA …………………… 77
Civil Rights Restoration Act ……………………… 90
Clarett 事件 …………… 342
Curt Flood Act of 1998 ……………………… 154

D

D1 …………………… 56, 60
D1-A …………………… 56
D1-AA ………………… 56
D1-AAA ……………… 56
DRC …………………… 44

E

Ewing 事件 …………… 185

F

FA ……………………… 324
FA 制度 …… 43, 114, 164, 325,

事項索引　　367

335
Federal Baseball club 事件 ················· 342
Federal Baseball club 事件最高裁判決 ················· 144
Federal Baseball club 判決 ················· 123
FIFA ················· 44
FIFPro ················· 176
Franklin 事件 ················· 84, 91
FTC ················· 215, 257

G

GPA ················· 73
Grove City College 事件 ··· 84
guest 法 ················· 298

H

HGH ················· 265, 271, 273
hold out ················· 190

I

IOC ················· 9

J

J リーグ ················· 50, 51
JADA ················· 49
JOC ················· 10, 12
JSAA ················· 10

K

KQV Broadcasting 事件 ················· 202

L

Lajoie 事件 ················· 185, 187
Lajoie 判決 ················· 186, 195
Law 事件 ················· 78
Law 判決 ················· 78, 79

M

MLB ················· 164, 169, 173
——の仲裁手続 ················· 147
——の薬物検査 ················· 289
MLB 選手会 ················· 293
——のストライキ ················· 149
MLB 薬物問題 ················· 270
MLB Advanced Media ················· 174
MLB Properties ················· 173
MLBAM ················· 174

N

National Labor Relation Act ················· 142
NBA ················· 161, 165, 171, 174
——の薬物検査 ················· 287
NBA 選手会 ················· 158
NBA Properties ················· 174
NBRPA ················· 174
NCAA · 55, 56, 57, 58, 76, 212
——と薬物検査 ················· 282
——のエージェント禁止規定 ················· 258
——の収益分配 ················· 60
——の政策実行 ················· 66
——の放映権 ················· 210
NCAA バスケットボール ················· 58
NFL ················· 161, 165, 170, 174
——の薬物検査 ················· 284
NFL 選手会 ················· 158
NFL と NBA のロックアウト ················· 157
NFL Properties ················· 174
NHL ················· 163, 165, 172, 175
——の薬物検査 ················· 291
NHL 選手会 ················· 158
NLRB ················· 142
No Agent Rule ················· 252
「no cause」条項 ················· 192
Non-statutory Labor Exemption ················· 130, 152, 340, 342
NPB ················· 31, 49

O

OCR ················· 87

P

Players Association ················· 142
Regents of University of Oklahoma 事件 ···· 212, 214, 216

R

Rozelle Rule ················· 141

S

SPARTA ················· 256, 257

T

Tarkanian 事件連邦最高裁判決 ················· 71

U

UAAA ················· 246, 253
Uniform Athlete Agent Act of 2000 ················· 246, 253
USOC ················· 235
USTA ················· 131

W

WADA ················· 49
WBC ················· 322
White 事件 ················· 78
Ward 事件 ················· 185

アメリカ判例索引

Amateur Softball Ass'n. v. United States, 467 F. 2d 312 (10th Cir. 1972) ……………… 75
American Football League v. National Football League, 323 F. 2d 124 (4th Cir. 1963) …… 123
American League Baseball Club of New York (Yankees) v. Johnson, 109 Misc. 138, 179 N.Y.S. 498 (Sup. Ct. 1919), aff'd, 190 A.D. 932, 179 N.Y.S. 898 (1920) ……………… 105
American Needle, Inc v. New Orleans Saints, 496 F. Supp. 2d 941 (N.D.Ill., 2007) 130, 225
American Needle, Inc v. New Orleans Saints, 560 U. S. ___ (2010) ……………… 130
American Needle, Inc v. NFL, 560 U. S. ___ (2010) ……………… 225
Association of Independent Television Stations, Inc. v. College Football Ass'n, 637 F. Supp. 1289 (1986) ……………… 214
Atlanta National League Baseball Club, Inc. v. Kuhn, 432 F. Supp. 1213 (N.D. Ga. 1977) ……………… 106
Bally v. NCAA, 707 F. Supp. 57 (D. Mass. 1988) ……………… 281
Banks v. NCAA, 977 F. 2d 1081 (7th Cir. 1992) ……………… 259
Barrett v. West Chester University of Pennsylvania of State System of Higher Educ., 2003 WL 22803477 (E.D. Pa. November 12, 2003) ……………… 94
Bauer v. Interpublic Group of Companies, Inc., 255 F. Supp. 2d 1086 (N.D. Cal. 2003) … 252
Benejam v. Detroit Tigers, 246 Mich. App. 645; 635 N.W. 2d 219 (2001) ……………… 312
Bennett v. West Texas State University, 525 F. Supp. 77 (N.D. Tex. 1981), rev'd, 698 F. 2d 1215 (5th Cir. 1983), cert. denied, 466 U.S. 903 (1984) ……………… 90

Blalock v. Ladies Professional Golf Association, 359 F. Supp. 1260 (N.D. Ga. 1973) ……… 132
Boston Celtics Limited Partnership v. Shaw, 908 F. 2d 1041 (1st Cir. 1990) …………… 181
Boston Professional Hockey Ass'n. v. Dallas Cap & Emblem Mfg., 510 F. 2d 1004 (5th Cir. 1975) ……………… 229
Boucher v. Syracus University, 164 F. 3d 113 (2d Cir. 1999) ……………… 93
Bourque v. Duplechin, 331 So. 2d 40 (La. Ct. App. 1976) ……………… 300
Brentwood Academy v. Tennessee Secondary School Athletic Ass'n, 531 U.S. 288 (2001) ……………… 69
Brown v. Pro Football, Inc., 518 U.S. 231 (1996) ……………… 152
Brown v. Woolf, 554 F. Supp. 1206 (S.D. Ind. 1983) ……………… 246
C.B.C. Distribution and Marketing, Inc. v. Major League Baseball Advanced Media, L.P., 443 F. Supp. 2d 1077 (E.D. Mo. 2006), aff'd, 505 F. 3d 818 (8th Cir. 2007) ……… 239
Central Sports Army Club v. Arena Associates, Inc., 952 F. Supp. 181 (S.D.N.Y. 1997) ……………… 191
Charles O. Finley & Co. v. Kuhn, 569 F. 2d 527 (7th Cir.), cert. denied, 439 U.S. 876 (1978) ……………… 107
Chicago National League Ball Club, Inc. v. Vincent, No. 92 Civ. 4398 (N.D. Ill. 1992) ……………… 108
Chicago Professional Sports Limited Partnership v. NBA, 95 F. 3d 593 (7th Cir. 1996) ……………… 209
City of Miami v. Cisneros, 662 So. 2d 1272 (Fla. 3d DCA 1995) ……………… 309

Clarett v. NFL, 369 F. 3d 124 (2004) ········ 342
Cohen v. Brown University, 101 F. 3d 155 (1st Cir. 1996) ·············· 91
Dempsey v. State, WL 3933737 (Del. Ch. December 21, 2006) ················ 65
Detroit Lions, Inc. v. Argovitz, 580 F. Supp. 542 (E.D. Mich. 1984), aff'd in part and remanded in part, 767 F. 2d 919 (6th Cir. 1985) ················ 249
Edelson v. Uniondale Union Free School District, 631 N.Y.S. 2d 391 (N.Y. App. Div. 1995) ················· 309
ETW Corp. v. Jireh Publishing Inc., 99 F. Supp. 2d 829 (N.D. Ohio 2000), affd, 332 F. 3d 915 (6th Cir. 2003) ·············· 238
Federal Baseball Club v. National League, 259 U.S. 200 (1922) ·············· 138
Fintzi v. New Jersey YMHA-YWHA Camps, 765 N.E. 2d 288 (N.Y. 2001) ············· 308
Franklin v. Gwinnett County Public Schools, 503 U.S. 60 (1992) ············· 84, 91
Fraser v. League Soccer, 97 F. Supp. 2d 130 (D. Mass. 2000) ············ 129
Gauvin v. Clark, 537 N. E. 2d 94 (Mass. 1989) ············· 301
Greene v. Athletic Council of Iowa State University, 251 N.W. 2d 559 (Iowa 1977) ············· 69
Grove City College v. Bell, 465 U.S. 555 (1984) ············· 84, 90
Gunter Harz Sports, Inc. v United States Tennis Ass'n, 665 F. 2d 222 (8th Cir. 1981) ············· 131
Hackbart v. Cincinnati Bengals, Inc., 601 F. 2d 516 (10th Cir. 1979) ············· 304
Haffer v. Temple University, 688 F. 2d 14 (3rd Cir. 1982) ············· 90
Hall v. University of Minnesota, 530 F. supp. 104 (D. Minn. 1982) ············· 69
Hansberry v. Massachusetts Interscholastic Athletic Ass'n, 1998 Mass. Super LEXIS 704 (Mass. Super. Ct. Oct. 21, 1998) ············· 71

Hart v. NCAA, 550 S. E. 2d 79 (W. Va. 2001) ············· 65
Hathaway v. Tascosa Country Club, Inc., 846 S.W. 2d 614 (Tex. Ct. App. 1993) ········· 303
Hennessey v. NCAA. 564 F. 2d 1136 (5th Cir. 1977) ············· 76
Hill v. NCAA, 865 P. 2d 633 (Cal. S. Ct. 1994) ············· 281
Holmes v. NFL, 939 F. Supp. 517 (N.D. Tex. 1996) ············· 277
Home Box Office, Inc. v. FCC, 567 F. 2d 9 (D.C. Cir.) cert. denied, 434 U. S. 829 (1977) ············· 218
Indianapolis Colts, Inc. v. Metropolitan Baltimore Football Club, L.P., 34 F. 3d 410 (7th Cir. 1994) ············· 227
Jones v. Three Rivers Management Corporation, 483 Pa. 75; 394 A. 2d 546 (1978) ············· 311
Kiley v. Patterson 763 A. 2d 583 (R. I. 2000) ············· 303
Kneeland v. NCAA, 850 F. 2d 224 (5th Cir. 1988) ············· 71
Knight v. Jewett, 834 P. 2d 696 (Cal. 1992) ············· 302
Law v. NACC, 134 F. 3d 1010 (10th Cir. 1998) ············· 64
Law v. NCAA, 134 F. 3d 1010 (10th Cir. 1998) ············· 78
Lestina v. West Bend Mutual Insurance Co., 501 N.W. 2d 28 (Wis. 1993) ············· 305
Los Angeles Memorial Coliseum Commission v. NFL, 726 F. 2d 1381 (9th Cir. 1984) ············· 117
Los Angeles Memorial Coliseum Commission v. NFL, 791 F. 2d 1356 (9th Cir. 1986) ············· 119
Los Angeles Memorial Coliseum Com'n v. NFL, 726 F. 2d 1381 (9th Cir. 1984) ····· 128
Mackey v. NFL, 543 F. 2d 606 (8th Cir. 1976) ············· 140
Major League Baseball Properties Inc. v. Sed

Non Olet Denarius, Ltd., 817 F. Supp. 1103, 1128 (S. D. N. Y. 1993) 228
Marchetti v. Kalish, 559 N.E. 2d 699 (Ohio 1990) 302
Mason v. MN State High School League, 2003 WL 231009685 (D. Minn. Dec. 30, 2003) 93
McCormick v. School Dists. Of Mamaronek and Pelham, 370 F. 3d 275 (2d Cir. 2004) 94
Mercer v. Duke University, 190 F. 3d 643 (4th Cir. 1999) 95
Metropolitan Exhibition Company v. Ewing, 42 F. 198 (C.C.S.D. N.Y 1890) 184
Metropolitan Exhibition Company v. Ward, N. Y. S. 779 (N.Y. Sup. Ct. 1890) 185
Mid-South Grizzlies v. NFL, 720 F. 2d 772 (3d Cir. 1983) 122
Milwaukee American Association v. Landis, 49 F. 2d 298 (N.D. Ill. 1931) 105
Morio v. North American Soccer League, 501 F. Supp. 633 (S.D.N.Y. 1980) 146
Morris Communications Corp. v. PGA Tour, Inc. 364 F. 3d 1288 (11th Cir. 2004) 237
National & American League Professional Baseball Club, 66 labor Arbitration 101 (1976) 147
National Ass'n of Broadcasters v. Copyright Royalty Tribunal, 675 F. 2d 367 (D.C. Cir. 1982) 204
National Exhibition Co. v. Fass, 143 N.Y.S. 2d 767 (N.Y. Sup. Ct. 1955) 201
National Football League Players Ass'n v. NLRB, 503 F. 2d 12 (8th Cir. 1974) 146
National Football League Properties, Inc. v. Wichita Falls Sportswear, Inc., 532 F. Supp. 651 (W.D. Wash. 1982) 228
National Treasury Employees Union v. Von Raab 489 U.S. 656 (1989) 278
National Wrestling Coaches Association v. Department of Education, 366 F. 3d 930 (D.C. Cir. 2004) 97
NBA v. Motorola, Inc., 105 F. 3d 841 (2d Cir. 1997) 236
NBA v. San Diego Clippers Basketball Club, 815 F. 2d 562 (9th Cir. 1987) 120
NCAA v. Board of Regents of Oklahoma, 468 U.S. 85 (1984) 76,212
NCAA v. Tarkanian, 488 U.S. 179 (1988) 69
New England Patriots Football Club, Inc. v. University of Colorado, 592 F. 2d 1196 (1st Cir. 1979) 195
North American Soccer League v. NFL, 670 F. 2d 1249 (2d Cir.) cert. denied, 459 U.S. 1074 (1982) 126
North American Soccer v. National Football League, 670 F. 2d 1249 (2d Cir. 1982) 128
Othen v. Ann Arbor School Board, 507 F. Supp. 1376 (E.D. Mich. 1981), aff'd., 699 F. 2d 309 (6th Cir. 1983) 90
Pederson v. Louisiana State University, 213 F. 3d 858 (5th Cir. 2000) 96
People v. Sorkin,407 N.Y.S. 2d 772 (N.Y. App. Div 1978) 245
Philadelphia Ball Club, Limited v. Lajoie, 202 Pa. 210, 51 A. 973 (Pa. 1902) 185
Phillip v. Fairfield University, 118 F. 3d 131 (2d Cir. 1997) 65
Piazza v. MLB, 831 F. Supp. 420 (E.D. Pa. 1993) 122
Pittsburgh Athletic Co. v. KQV Broadcasting, 24 F. Supp. 490 (W.D. Pa. 1938) 201
Prejean vs. East Baton Rouge Parish School Board, 729 So. 2d 686 (La. Ct. App. 1999) 308
Radovich v. National Football League, 352 U.S. 445 (1957) 139,344
Rodgers v. Georgia Tech Athletic Ass'n., 303 S. E. 2d 467 (Ga. Ct. App. 1983) 193
Rodriguez v. New York State Public High School Athletic Association, 809 N. Y. S. 2d 483 (2005) 65
Ross v. Clouser, 637 S.W. 2d 11 (Mo. 1982) 301

アメリカ判例索引

San Francisco Seals, Ltd. v. National Hockey League, 379 F. Supp. 966 (C.D. Cal. 1974) ·················· 128
Santho v. Boy Scouts of America, 857 N.E. 2d 1255 (Ohio Ct. App. 2006) ················· 308
Schentzel v Philadelphia National League Club, 173 Pa. Super. 179; 96 A. 2d 181 (1953) ················· 310
Seattle Seahawks v. NFLPA & Sam McCllum, N.L.R.B. No. 110 (1989) ························ 146
Skinner v. Railway Labor Executive Assn., 489 U.S. 602 ·································· 278
Smith v. Pro Football, Inc., 593 F. 2d 1173 (D.C. Cir. 1978) ································ 141
Stanley v. University of Southern California, 13 F. 3d 1313 (9th Cir. 1994) ····················· 96
Sullivan v. NFL, 34 F. 3d 1091 (1st Cir. 1994) ························ 121
Tanaka v. University of Southern California, 252 F. 3d 1059 (9th Cir. 2001) ················· 74
Thomka v. Massachusetts Intersholastic Athletic Association, Inc. (MIAA), 2007 WL 867084 (Mass. Super. February 12, 2007) ·································· 66
Tomjanovich v. California Sports Inc., No. H-78-243, 1979 U.S. Dist. LEXIS 9282 (S.D. Tex. Oct. 10, 1979) ························ 315
Tondas v. Amateur Hockey Ass'n. of the United States, 438 F. Supp. 310 (W.D.N.Y. 1977) ······································ 76

United States v. International Boxing Club of New York, 348 U.S. 236 (1955) ······ 130, 139
United States v. Walters, 997 F. 2d 1219 (7th Cir. 1993) ································ 246
Univ. of Georgia Athletic Ass'n v. Laite, 756 F. 2d 1535 (11th Cir. 1985) ························ 227
Univeraity of Colorado v. Derdeyn, 863 P. 2d 929 (1993) ································ 281
University of Pittsburgh v. Champion Products, Inc., 566 F. Supp. 711, (W.D. Pa. 1983) ······································ 234
University of Pittsburgh v. Champion Products, Inc., 686 F. 2d 1040 (3d Cir.), cert. denied, 459 U. S. 1087 (1982) ················· 233
USFL v. NFL, 842 F. 2d 1335 (2d Cir. 1988) ······································ 125
Vanderbilt University v. DiNardo, 174 F. 3d 751 (6th Cir. 1999) ························ 193
Vernonia School District v. Acton, 515 U.S. 646 (1995) ································ 279
White v. NCAA, CV06-0999 (C.D. Cal. January 29, 2008) ························ 78
Wichita State University Intercollegiate Athletic Association v. Swanson Broadcasting Co., Case No. 81C130 (Kan. Dist. Ct. 1981) ································ 203
Woodman v. Kera, 486 Mich. 228; 785 N.W. 2d 1; 2010 Mich. LEXIS 1125 ························ 314
Zinn v. Parrish, 644 F. 2d 360 (1981) ······ 248

著者紹介

グレン M. ウォン（Glenn M. Wong）

マサチューセッツ大学アーモスト校スポーツマネジメント学科教授・弁護士（MA）

1952年、マサチューセッツ州ボストンに生まれる。ブランダイス大学卒、ボストン大学ロースクール修了（J.D.）。学内では、マサチューセッツ大学スポーツマネジメント学科長、同大学体育学部長代理、アスレチック・ディレクター代理、NCAA大学代表（FAR、1993-2012年）、学外では、MLB年俸仲裁人、ボストン・レッドソックス外部弁護士を歴任。現在は、ボルチモア・オリオーズ外部弁護士。

主要著書

Essentials of Sports Law, Fourth Edition（2010）, *The Comprehensive Guide to Careers in Sports*, Second Edition（2012）, *Essentials of Amateur Sports Law*（1994）, *Law and Business of the Sports Industries: Common Issues in Amateur and Professional Sports*, Second Edition（1993）

川井　圭司（かわい・けいじ）

同志社大学政策学部教授

1969年、京都に生まれる。同志社大学法学部卒、同大学法学研究科博士課程退学、博士（法学）。関西外国語大学専任講師、同志社大学政策学部准教授、マサチューセッツ大学アーモスト校スポーツマネジメント学科客員研究員（2007-2009年）を経て、2011年より現職。スポーツ法学会理事、日本スポーツ仲裁機構仲裁人候補。

主要著書

『プロスポーツ選手の法的地位』（成文堂、2003年、冲永賞受賞）、『詳解スポーツ基本法』（共著、成文堂、2011年）、『スポーツ法への招待』（共著、ミネルヴァ書房、2011年）、『導入対話によるスポーツ法学（第2版）』（共著、不磨書房、2007年）、『スポーツの法と政策』（共著、ミネルヴァ書房、2001年）

スポーツビジネスの法と文化
アメリカと日本
──────────────────────────
2012年6月1日　初版第1刷発行

著　者　　グレン M. ウォン
　　　　　川　井　圭　司

発行者　　阿　部　耕　一
──────────────────────────
〒162-0041　東京都新宿区早稲田鶴巻町514番地
発行所　　株式会社　成　文　堂
　　　　　電話 03(3203)9201(代)　Fax 03(3203)9206
　　　　　http://www.seibundoh.co.jp

製版・印刷・製本　シナノ印刷
©2012　G. M. Wong　K. Kawai　Printed in Japan　検印省略
☆乱丁・落丁本はおとりかえいたします☆
ISBN978-4-7923-8070-0　C3032

定価(本体3500円＋税)